大国之道

世界性强国兴衰更替的逻辑

肖德甫◎著

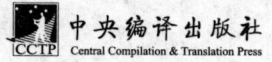

前言
Preface

近代以来，为着国家和民族的富强抑或世界大国、世界领导国的地位，人类上演了多少波澜壮阔的历史活剧。数以百计的国家兴替，浩如繁星的英雄传奇，读来无不荡气回肠。放眼世界性大国的发展，人们不难发现：所有大国创造繁荣的过程极为相似，而其衰亡也经历了类似的轨迹。人类发展规律的客观属性，历史科学的万古长青，理应是后来者的良师。虽然人们不能自由地选择历史，但人们可以从历史中自由地选择学习的榜样。

（一）

无论从哪个角度对人类历史进行区分，以哥伦布发现美洲新大陆为标志，公元1500年前后的地理大发现无疑是一个空前的事件。

正是从这时起，人们才结束了天圆地方、笔直远航会掉下深渊的传说，相信了地球是圆的，知道了完整的世界究竟是什么模样。

正是从这时起，人类的生活才开始消除彼此隔绝和散居的状态，不同的文明才开始相互注视，各民族相互平行的历史才开始结束，自此也拉开了相互对抗和角逐的世界历史大幕。

也正是从这时起，世界性的大国才相继出现。而在上古、古代和中世纪，则只有区域性大国而没有世界性大国。尼罗河流域的古埃及，两河流域的古巴比伦，黄河流域的夏商周，应是文明初曙时期的区域性大国。盘踞在欧亚大陆东西两侧的汉帝国、罗马帝国，以及处于两者之间的波斯帝国、马其顿帝国及其几个继承者，应是公元纪年开端时的区域性大国。到了13、14世纪，明帝国、奥斯曼帝国、莫卧儿帝国、莫斯科大公国和德川幕府时期的日本，也都不过是区域性大国。只是由于哥伦布的远航，新大陆的发现，大航海时代的到来，才加速了世界历史的进程。先是工业文明代替农耕文明成为世界经济发展的主流，接着是划时代的工业革命的爆发，使轮船、火车、飞机等交通工具和电报、无线电等通讯工具得以出现和使用，才为一些区域性大国演变为世界性大国创造了条件。

什么是世界性大国？

虽然国家的强大并不完全由领土大小、人口多少、资源盈缺、地理优劣、历史长短来决定，但还是有一些基础性因素对世界性大国作了界定。

一般，世界性大国总是一个能保卫自己并可以对付世界上任何别的国家的强国。这其中至少有四个方面的含义：(1)国家实力特别是经济和军事实力强大，在世界上明显占优；(2)是某一地区或某一国家集团的领导者；(3)对世界事务具有特殊的权力和影响力，并且这种权力和影响力被别国认可和接受，能够带动别国跟进和效仿；(4)同世界第二阵营的国家有代差。

按照这些标准，如不论及中国的话，五百年来的世界性大国大致是：葡萄牙、西班牙、荷兰、法国、英国、俄国、德国、日本和美国。然而，尽管它们都曾以世界性大国的地位出现在近现代史上，但结局却是各不相同的。有的虽然成为世界性大国，但后来衰败降格很多；有的虽然强极一时，但很快又坠入深渊；有的虽然跌宕起伏，但最后又终成正果。它们中的唯一佼佼者是美国。自登上世界舞台的中央后美国即鹤立鸡群，屹立不倒，在全球事务中起主导作用已达一个世纪之久。不过，总起来看，以上这些国家都曾先后成为不同时代的主角，创造了属于自己的辉煌。

（二）

虽说世界大国的兴衰更替是历史长河中的一种常见现象，世界大国的版图变化远没有结束也不可能结束，但是，世界大国的价值却是恒久的、永存的。

这就是：世界大国的更替不是宿命，也不是简单的机械轮回，而是有着历史的必然。领先者让位于新来者，新来者复又被后面的新来者所超过，总有它合乎逻辑的道理。由此，总结出带共性的启示性的政治遗产、精神教训和治国至理就更为重要。

这就是：世界大国的地位是世界上最稀有的资源，有时甚至是独一无二的资源。虽然竞争这种资源的最终结果一般都是非此即彼，落选者往往会处于比先前更为被动和更受压抑的境地；但是，如不主动争取，不积极努力，一个国家即使条件再优越也永远不可能成为世界大国。世界大国的头衔是从来都不会自动地无缘无故地降落在一个国家的头上的。

这就是：世界大国的更替从来都不是轻而易举就能实现的，而是一个真正的、十足的全球性复杂问题。既有国际体系和已成世界大国会如何对待新兴大国崛起的问题，也有新兴大国应该如何应对崛起过程中难以预测的种种挑战，以及新兴大国崛起后将用何种方式影响和作用于既有国际秩序的种种问题。所有这些问题，都需要高度的政治智慧和恰当的政治战略才能得以判明和加以解决，并且在漫长的崛起过程中丝毫容不得战略上的失误。

世界大国的价值还包括：人类群体之间的关键差别是人们的价值观、信仰、体制和社会结构，而不是人们的历史、语言、民族和肤色。大国的兴衰更替莫不取决于国家的政治现代化程度。政治先进则国家强大，政治落后则国家衰败。这已被五百年来世界性大国的历史变迁所一再证明。

葡萄牙和西班牙是在一盘散沙的欧洲政治中最先形成民族国家的，由此，两个国家都迅速地强大起来了。凭着坚船利炮，一个个海上战略要点相继成为它们的囊中之物，两国曾各自垄断半个地球的商务，共主16世纪的全球海上贸易。然而，沉湎于过去则必然落伍，拒绝变革则必然衰败。到了16世纪末，曾经拥有无以计数的金银和无比强大的国家机器的葡萄牙、西班牙，终于在世界性的演出中开始谢幕。

曾经，凭借着一系列现代金融和商业制度的创立，荷兰缔造了一个称霸全球的商业帝国。其东印度公司曾在全球开设15000多个分支机构，悬挂着荷兰三色旗的1万多艘商船曾在世界五大洋上游弋。然而，后来的历史又证明，一个没有独立和主权的国家体是不可能有大发展的，即使发展起来了也会很快落伍。

大不列颠曾通过推行自由贸易、建立全球市场、率先实现工业革命和率先建立现代国家制度，长久地保持了一种稳定的发展状态，引领世界达一个世纪之久。但是，拒绝作出适应时代潮流的政治调适，死守殖民政治的僵尸，又使英国未能保持国家的可持续发展。

由于政治上的团结和统一，德意志曾成为欧洲大陆第一强国，世界第二强国。但是，20世纪上半叶又同样因为政治上的原因而给德意志民族带来了灭顶之灾。德国的教训是，极权主义可以推动经济甚至是整个国家的高速发展，但却不能保有经济或整个国家高速发展的成果。

因为19世纪60年代的一次政治变革，日本成了一个全新的国家，并在不长的时间里即称雄亚洲，跻身于世界强国俱乐部。但由于明治维新后的政体仍然是建立在结构性的利益冲突之上的，本质上还有封建残余，因而为其自我毁灭埋下了祸根。直到第二次世界大战结束后，其政体才又被改造。

苏联的兴起和衰亡同样是国家的政治变迁在起主导作用。1917年十月革命后，斯大林模式是集政治、经济、军事、文化为一体的高度集权体制。这种模式的历史功绩是利用无所不在的国家力量把国家迅速推向了现代化。但是，政治僵化、社会窒息、丧失了个人能动性的体制是难以持久的。更何况，高度的个人集权又使国家的政治生活扭曲变形，现代化终难以为继，结果导致悲剧性后果。

而从美国举世无双的超强地位来看，其成功不仅仅表现在经济、军事、科技、文化方面，而且更表现在政治方面。公民普遍享有的民主权利，全社会根深蒂固的法治观念，大众广泛的政治参与，社会多渠道的舆论监督，政府内部有效的分权制衡机制，既构成美国政治现代化的立体图景，也成为美国社会赖以发展的活力之源。

虽然以上只是部分大国的脚步，但留下来的思考是长久的、无穷尽的。人类政治的不断发展——从专制到民主，从集权到分权，从人治到法治，从一元治理到多元治理，从管制政府到服务政府，从靠世袭或流血产生政治领导人到靠竞争和选票产生政治领导人，尽管其间不乏挫折、反复和逆流，但毕竟方向洞明，航路开通，且取得了划时代胜利。有理由相信，人类终将实现民主化、科学化和人性化。

（三）

2003年11月24日，胡锦涛主持中共中央政治局第9次集体学习时曾对学习和借鉴历史提出特别要求。他强调："中华民族历来就有治史、学史、用史的传统。我们不仅要学习中国历史，还要学习世界历史；不仅要有深远的历史眼光，而且要有宽广的世界眼光。"[①]

学习借鉴历史之所以重要和必要，全在于它能够对正在进行着的事业有所帮助。为着这一功用和主旨，本书以近代以来陆续崛起的葡萄牙、西班牙、荷兰、英国、法国、德国、日本、俄罗斯和美国作为解读的对象，对它们历史上曾经有过的思想观念、政治体制、社会生活以及军事、教育、文化等若干关系大国成长的主要方面进行了重点辑要，既展现它们的强国之路或衰落历程，以期体现出它们各自鲜明的不可重复的时代特征和民族个性，也探讨了它们崛起或衰落过程中所表现出来的带共通性的规律。在具体成书过程中，对以下三个方面给予了重点考虑。

第一，尽可能地把历史同现在和未来联系起来。虽然历史上的事大多时空久远，但并不意味着它们只有存在价值而没有使用价值。重要的还在于，应以一种对现在和未来有意义的思维方式来研究，这就是，应注意并突出历史与现实之间的关联。所以，本书除在每一具体事件或每一特定内容的叙述中对此加以重视外，还在每一章之后都有一篇称为"历史的启示"的总结。

第二，尽可能地把重大历史事件发生过程中的思想机理揭示出来。这不仅是因为这样做比起过度地转述历史上那些战争、革命或社会发展的具体过程在篇幅上更为节省，而且还因为蕴涵在这些历史事件中的思想往往代表着更高的人类成就，对现实具有更强的指导意义。正如法国思想先驱伏尔泰所

[①] 总政治部编：《著名学者与中央领导讨论文化历史问题》，北京：解放军出版社2005年版，第1页。

说,"了解前人是如何想的,比了解他们是如何做的更有益"①。尽管对于时过境迁的历史事件很难加以全面考察,甚至连历史上清晰界定的时代精神整体也很难窥见,但是对于这种追寻的努力不应停止。

第三,尽可能地用比较灵活的方法或曰文学透视的方法来叙述比较陌生和比较沉重的久远历史话题。虽然历史不是任人打扮的女孩子,坚持实事求是、严格地忠于历史事实,是历史题材写作的最基本最起码要求,但是,在这个前提下采取一种更有利于深化历史主题的思想方法和研究方法则是必要的、可取的。这也有助于阅读和传播。更不消说,各个民族各个国家历史上发生的事是如此的不同,各种历史事件之中的关系是如此的复杂,人类的行为和情感是如此的丰富、微妙和可变。所以,尝试着用一种新的方法——"讲故事"的办法,对历史上严肃而重大的事件进行辨识、思考、组织和叙述,既讲述研究对象的基本特征和一般成因,又明示或隐含研究问题的深沉主题,以期收到一种更为有效的效果,无论如何是值得一试的。

用历史启迪思维,让历史照亮未来,借鉴别人成功的经验,规避自己路上的危险,如果历史的第一次出现是悲剧,就让它的第二次出现成为喜剧,这就是本书最庄严的目的。

但愿以上的种种努力,不会成为记忆的负担。

作　者
2009 年 3 月于北京

---

① 〔美〕罗兰·斯特龙伯格:《西方现代思想史》,刘北成等译,北京:中央编译出版社 2005 年版,第 3 页。

目 录
Content

第一章　观念维先——国家的全部尊严就在于思想 / 001

　　未来属于科学和民主。自由展翅的科学上升得越高，它的视野就越宽广，科学知识应用于生活实际的可能就越充分。正如大家都知道的那样，在自然界，没有什么东西比人脑更奇妙，没有什么东西比思维更美好，没有什么东西比科学研究的成果更可宝贵。科学万岁！

葡萄牙、西班牙：从天圆地方到地球是圆的——观念一新，遍地黄金 / 003
荷兰：从锁国到开放——"哦！看哪，满载财富的船正向岸边驶来！" / 009
法国：从神权到人权——启蒙思想成为大革命的灵魂 / 013
美国：从邦联到联邦——以大辩论开国 / 018
德国：从兽性到人性——勃兰特跪下了，德国却站起来了 / 023
历史的启示 / 027

第二章　政制维新——所有的一切都在变化，唯有变化不变 / 029

　　世界上没有一成不变的东西，也没有只可以向一个固定方向改变的事物。社会内部永恒地存在着演化的动力，促使其走向不适应。变化就如同一团永不熄灭的火，时时刻刻在焚烧着社会结构。没有一个社会能够仅仅通过其制度内在的调节力就使自己永远处于适应状态，在人类历史上也还没有一种制度永盛不衰。

英国：光荣革命带来两个世纪的光荣 / 031
法国：路易应当死，因为祖国必须生 / 038
美国：创新制度——危机即转机 / 041
日本：两次维新，两次新生 / 053

苏联：为国务活动家的错误付出代价的是民族 / 059
历史的启示 / 064

第三章　民族维和——没有统一就没有大国的成长 / 067

> 当一个共和国里存在各种派别时，较弱的一派并不比较强的一派受害更大，真正受害的是共和国。

德国：统一即意味着强大 / 069
美国：南北之战后开始起飞 / 073
日本：民族大和的国度 / 079
俄罗斯：有一种痛痛到无法被安慰 / 087
历史的启示 / 093

第四章　社会维流——民主自由是长盛不衰的源头活水 / 095

> 民主、法治、自由、人权、平等、博爱，这不是资本主义所特有的，这是整个世界在漫长的历史过程中共同形成的文明成果，也是人类共同追求的价值观。

丘吉尔："在黑夜中入睡的是不列颠，在黎明时醒来的却是英格兰" / 098
希拉克："自由、平等、博爱，捍卫了法兰西共和国" / 103
杰斐逊："上帝在赐予我们生命的同时也赐予了我们自由" / 108
季诺维也夫："母亲，早就到了该用理智理解俄罗斯的时候了" / 116
历史的启示 / 126

第五章　法治维公——正义是政府的目的 / 131

> 国家的终极目标不在于统治人，以恐惧的手段束缚他们，迫使他们屈从别人的意志。倒不如说，其目标是使其公民安全地开展其灵魂和身体，无拘无束地运用其理性。

英国：上帝面前人人平等，法律面前人人平等，人人生而平等 / 134
美国：宪法是正义的保障书 / 139

苏联：一个超级大国的自残 / 153
历史的启示 / 158

第六章　政风维廉——这是一个老故事，但永远是新闻 / 161

　　舟所以比人君，水所以比黎庶，水能载舟，亦能覆舟。

葡萄牙：在一个没有发展动力的社会，财富的作用往往是负面的 / 163
西班牙：当欲望翻越理性的高墙，帝国就开始缓缓坠落 / 166
日本："财源"政变终结了"一党优位制" / 171
苏联：执政党失去了免疫力 / 178
英国：第一个制定反腐败法律的国家 / 181
美国：阳光是最好的防腐剂 / 184
历史的启示 / 191

第七章　图强维本——建国君民，教学为先 / 195

　　国家的进步和财富的增长，首先是体制和文化；其次是钱；但从头看起而且越看越明显的是，决定性因素是知识。

德国：国家是一个珠宝盒，国民是珠宝 / 198
苏联：列宁要求青少年，第一是学习，第二是学习，第三还是学习 / 203
日本：教育托起经济腾飞 / 208
美国：建校先于建国，从殖民时代起每拓荒一个地区先办教堂和学校 / 213
历史的启示 / 227

第八章　武道维仁——世界上没有任何政治事业能够成为残害无辜生命的理由 / 229

　　国虽大，好战必亡。
　　在一定时期内，一个国家的资源总数是固定的，如果把过多的资源用于军事，那么用于经济的资源就肯定减少。这是一个从古到今困扰着战略家和经济学家及政治领袖的难题。

英国：殖民扩张——超强帝国衰微的根 / 231
法国：广大的武装群众之出现只是由于革命才成为可能 / 234
德国：第三帝国随"争夺生存空间"而崩溃 / 237
日本：麦克阿瑟"垂帘"——大东亚之梦的恶果 / 242
美国：在错误的时间错误的地点进行的一场错误的战争 / 248
历史的启示 / 252

第九章 报国维志——一个国家，总要有一些仰望星空的人 / 255

世界急需能担当新领袖的人——这些人有自己的远见，因而有勇气；他们清楚地意识到我们的航行刚刚开始，必须学习一套崭新的航海术。他们将不得不做多年的学徒，不得不跨越各种障碍，才能奋斗到最上层。当他们到达驾驶台时，一群忌妒的船员发生叛乱，可能会杀死他们。但终有一天，有个人会站出来，把这艘船安全地带入港口，他将是时代的英雄。

伊丽莎白——"她终身未嫁，但却像老母鸡一样孵育着英吉利的成长" / 257
华盛顿——美利坚合众国之父 / 268
俾斯麦——德国统一的缔造者 / 272
斯大林——备受争议而又曾名列俄罗斯历史榜首的伟人 / 279
戴高乐——"他死了，法国变成了寡妇" / 289
历史的启示 / 297

第十章 文化维我——万物从此始，万物归此宗 / 301

本来你的马车不会输给任何一辆马车的，但忽一日，人家改用汽车了，你的马车再好，也不过是马车罢了。

美国：安于现状不是美国人的特点 / 304
日本："这是世界上最讨厌的国家又是世界上最值得学习的国家" / 309
法兰西：一个靠思想文化造就的大国 / 315

俄罗斯:"即使把我们洗上七次也洗不掉我们的俄罗斯本质" / 322
德国:人文精神是一切事业的基础 / 327
历史的启示 / 335

主要参考文献 / 339

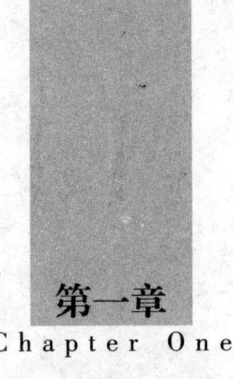

第一章
Chapter One

观念维先
——国家的全部尊严就在于思想

未来属于科学和民主。自由展翅的科学上升得越高，它的视野就越宽广，科学知识应用于生活实际的可能就越充分。正如大家都知道的那样，在自然界，没有什么东西比人脑更奇妙，没有什么东西比思维更美好，没有什么东西比科学研究的成果更可宝贵。科学万岁！

——〔俄〕高尔基①

---

① 王杭等选编：《历史上最伟大的演说辞》，天津：天津社会科学院出版社2006年版，第269页。

第一章 观念维先——国家的全部尊严就在于思想

思想观念，特别是政治和社会领域的思想观念，是人们心中的政治和社会应有的存在方式，是民族的价值准则和社会态度，它们构成人们的精神世界并代代相传。思想观念伴随着人类历史和人类政治文明的发展而演进，同时也在人类历史和人类政治文明的进程中起着重要的作用。

近代以来的历史表明，那些最先拥有先进思想观念并藉此有效地挣脱落后思想观念的束缚，从人类活动的一个领域转入另一个领域的国家和民族，总能占据世界之先，获得全球性利益。

葡萄牙、西班牙：从天圆地方到地球是圆的——观念一新，遍地黄金

中世纪时的西欧，由于地处传统的被侵路线，极易受到来自东方的进攻。历史上曾出现一批批游牧入侵者——匈奴人、日耳曼人、阿瓦尔人、马扎尔人、蒙古人和突厥人，只要有机可趁，这些游牧民族便利用自身无与伦比的机动性闯入西欧。长期以来，西欧诸国的人也觉得自己被孤立在欧亚大陆的西端，毫无安全感。

然而，自16世纪以来，随着生气勃勃的新兴西欧的崛起，这一古老的格局被颠倒了。新西欧在技术上尤其是在武器和船舶制造方面占上风，这就使西欧人在世界各大洋上获得了如同以往一向为欧亚大草原的游牧民在陆地上所享有的同样的机动性和优势。

不过，导致世界格局发生这一变化的根本原因却并不是工具或武器，而是从陆地到海洋的观念变化，只是由于这一新的思想观念的驱使，人们开启了大航海时代，才最终导致了伊比利亚的崛起。

缘起哥伦布

在整个中世纪及其以前的欧洲历史上，人们一直以为，地球就如同一张方桌，不仅是平的，而且笔直走下去就会坠入深渊。中世纪的地理学理论还认为，地球上85%是陆地，15%是海洋。虽然十字军东征教会了人们自由旅行的艺术，但也很少有人敢于偏离传统的线路。13世纪末，威尼斯商人的波罗兄弟率先穿过蒙古大沙漠，越过耸入云端的高山，发现了通往元朝大汗宫殿的道路，并有了后来的《马可·波罗游记》一书，才使人们知道了东方的财富和传奇。尽管书中的中国和印度"遍地黄金，香料盈野"，曾让许多读过这本书的人萌发到东方发财致富的念头，但由于顾及旅途的漫长和危险，人们最后还是望而却步。

中世纪末西欧人也存在从海路旅行的可能，只是人们那时的活动领域主要是在陆地而不是海洋，因而束缚了手脚。而且，那时能够用于海上航行的船也比较小，一般只能搭载20到50人。人们住在肮脏而低矮的船舱里，没法站直身子。因为厨房设施差，没有罐装食品，吃不上新鲜蔬菜，长时间航海生存也很困难。再加上，中世纪的人对微生物一无所知，由于喝不干净的水，经常会有船员死于痢疾或伤寒。最早的航海者死亡率惊人，能有60%的人返回就属正常；如遇不幸，则全部船员的白骨就可能丢弃在某个荒凉的岛屿。

但是，未知领域和财富毕竟是诱人的。威尼斯人和热那亚人是地中海上的伟大航海者，真正的探险者。他们中的许多人跟运气打赌，生活对他们来说就是一次光辉的探险。就是在极端困难和恶劣的条件下，他们实现了本来无望的目的。哥伦布就是这些探险者中最杰出的代表。

哥伦布生于1451年，从小惯于航海做生意。虽然未受过正式教育，但哥伦布却在悠闲的海上生活中利用余暇读了很多书，学会了拉丁文，吸收了正在欧洲普及的地理学知识。他还仔细地研究了圣经中有关预言的部分。在新旧世界大交替的历史洪流面前，哥伦布不愧为时代的弄潮儿。他是一个既信奉上帝而又掠夺成性的拜金狂，还是一个勇敢非凡而又具有科学头脑的冒险家。

从少年时代起，哥伦布就喜欢看《马可·波罗游记》，后来还进行了研究。

第一章 观念维先——国家的全部尊严就在于思想

在位于西班牙塞维尔的哥伦布纪念馆中,至今仍保存着那本被哥伦布写满眉批的拉丁文的《马可·波罗游记》。哥伦布之所以爱读这本书,不只是因为它像《天方夜谭》那样有趣,更主要的是它符合一个冒险家兼拜金狂的理想。哥伦布很仰慕葡萄牙的航海人物亨利王子,更艳羡中国和印度的金银珠宝,他处心积虑地要闯出一条抢先到达东方世界的航路。在一封信中,哥伦布曾说自己日夜都在祈求上帝赐给他产金的土地。他在信中写道:"黄金是一切商品中最宝贵的,黄金是财富,谁占有黄金,谁就能获得他在世上所需要的一切,同时也就取得了把灵魂从炼狱中拯救出来并使灵魂重享天堂之乐的手段。"①

为了组织远航船队,哥伦布先后请求过英王、葡王支持,但都遭到了拒绝。后来他又求助于西班牙国王,经过许多周折,直到15世纪末西班牙完成统一后,国王才批准了哥伦布的计划。

1492年,西班牙国王授予哥伦布"海军大将"军衔,预封他为"新发现土地"的世袭总督,能够把新土地上总收入的十分之一据为己有。这年的8月3日,哥伦布率领88名水手、3艘帆船,从巴罗斯港出发,经过69天的艰苦航行后,于10月12日黎明到达了巴哈马群岛中的一个小岛——萨马纳礁岛。在远航几乎绝望的时刻发现了这个小岛,哥伦布异常兴奋,遂将小岛命名为"圣萨尔瓦多",意为"救世主"。直至逝世以前,哥伦布都误以为这里是亚洲的一个海岛,该地是印度。为了探寻黄金产地,哥伦布又继续从这个小岛向南航行,先后到达古巴(10月28日)和海地(12月6日),最后在海地北部建立了西班牙的第一块殖民地,留下39人驻守。1493年3月15日,哥伦布返回西班牙巴罗斯港。这就是他的第一次远航。

后来,哥伦布还有3次远航,相继到过牙买加、波多黎各、多米尼加等岛,其足迹曾深入南美海岸和中美的洪都拉斯和巴拿马附近。但是,由于哥伦布始终未能找到中国和印度,便逐渐失去了西班牙国王对他的信任,1506年在疾病与贫困交加中去世。

虽然哥伦布没能到达中国和印度,但是他发现了西半球的美洲新大陆,发现了加勒比海中几乎所有重要的岛屿,开辟了横渡大西洋的新航线,带回了在这个大陆的另一面还存在着一个"南海"的消息。所有这些重要的地理发

---

① 殷涵等编:《世界五千年历史故事》,北京:当代世界出版社2006年版,第187页。

现，大大地开拓了人们的视野，打破了长期禁锢人们头脑的传统地理概念。

无疑，哥伦布的远航是地理大发现的开端。后来，哥伦布抵达萨马纳礁岛的这一天——1492年10月12日，被定为西班牙的国庆日。

成于麦哲伦

自哥伦布远航成功以后，在欧洲人中掀起了一股前往新大陆探险的狂潮，人们试图寻找连接大西洋和太平洋的海峡，从而完成哥伦布所开创的沿西路到达东亚海岸的事业。葡萄牙没落骑士家庭出身的麦哲伦成了他们当中的佼佼者。

麦哲伦很早就想寻求大西洋通往"南海"的海峡，并曾设想渡过这个海峡到达摩鹿加群岛。他在葡萄牙提出的远航计划遭拒后也来到了西班牙。由于西班牙国王的支持，麦哲伦于1519年9月20日率领5艘帆船和265名船员，从塞维利亚圣卢卡尔港启航，驶入浩淼无际的大西洋，开始了人类有史以来的第一次环球航行。

经过一年多的航行，麦哲伦的船队于1520年10月21日到达美洲南端的海峡（后来被命名为"麦哲伦海峡"），接着转向西航行，驶入"南海"，因航行途中风平浪静，遂把"南海"称为"太平洋"。从此，这一名称得以沿用。

1521年3月6日，麦哲伦的船队抵达菲律宾群岛。为了占据这块新发现的土地，麦哲伦介入了岛上的内讧，不幸于4月27日被当地部落首领杀害。

麦哲伦遇害后，他的同伴继续航行，到达摩鹿加群岛。在这里装满了香料，并推选了新的船长，然后沿着葡萄牙原来通往印度的航路，穿过印度洋，绕过好望角，于1522年9月6日返回塞维利亚圣卢卡尔港。这时，环球远航船队只剩下1艘船、18人。

麦哲伦的环球航行虽耗时3年，付出了巨大牺牲，但它却证实了这样的事实：哥伦布发现的新土地不是印度的一部分，而是一个单独的大陆；地球是圆的，世界上的各大洋都是相通的，并且，地球上海洋的面积明显超过陆地面积。麦哲伦的这次环球航行，对于科学技术的发展和人们宇宙观念的改变，其重要意义是不言而喻的。

德国诗人歌德曾经这样评价新大陆的发现和环球航行对于人类的贡献："在哥伦布证实地是球形以后不久，地球为宇宙主宰的尊号也被剥夺了。自古

第一章 观念维先——国家的全部尊严就在于思想

以来没有这样天翻地覆地把人类的意识倒转来过。因为地球如果不是宇宙的中心,那么无数古人相信的事物将成为一场空了,谁还相信伊甸的乐园、赞美诗的歌颂和宗教的故事呢?"①

蕞尔小国开启了全球化的序幕

新航路的开辟,对于欧洲有着重大的影响。为了寻找新的发展空间,人们不再用大陆观念而是用海洋观念来看待世界。最热心新航路开辟的是葡萄牙和西班牙两国,自然,受益和改变最大的也是葡萄牙和西班牙两国。

从1492年哥伦布发现新大陆开始,葡萄牙和西班牙就被"黄金热"所驱使,不断地进行殖民扩张。这时的葡萄牙和西班牙两国业已完成政治上的统一和中央集权化过程,专制王朝把开辟新航路同开拓疆土、扩张版图结合起来,不遗余力地扩大海外收入来源。正如恩格斯所深刻指出的:"在15世纪末,货币已经把封建制度破坏和从内部侵蚀到何等程度,从西欧在这一时期被黄金热所迷这一点看得很清楚。葡萄牙人在非洲海岸、印度和整个远东寻找的是黄金;黄金一词是驱使西班牙人横渡大西洋到美洲去的咒语;黄金是白人刚踏上一个新发现的海岸时所要的第一件东西。"②

在葡萄牙的鼎盛时期,曼努埃尔国王是欧洲自罗马皇帝以来最穷奢极欲、挥金如土的君主,其名字被认为与"富足"同义。

16世纪上半叶,葡萄牙殖民帝国横跨140个经度,纵贯70个纬度,印度洋、阿拉伯海、太平洋一带几乎成为葡萄牙的"内海"。在从好望角至波斯湾4000英里和从波斯湾至香料群岛15000英里的海域内,葡萄牙都建有商站,一度垄断了世界的香料、食糖和奴隶贸易。在1500年至1520年间,非洲平均每年流失黄金700多公斤,其中大部分落入葡萄牙人之手。整个16世纪,葡萄牙从非洲掠夺黄金达到270吨以上。在统治巴西的300年里,葡萄牙掠夺黄金总值6亿美元以上,钻石总值3亿美元以上。

葡萄牙诗人当时称,在从直布罗陀到中国的广阔大地上:

---

① 孙铁主编:《影响世界历史的100事件》,北京:当代世界出版社2005年版,第137页。
② 恩格斯:《论封建制度的瓦解和民族国家的产生》,见《马克思恩格斯全集》第21卷,北京:人民出版社1992年版,第450页。

> 我是最伟大的人，
> 把世界踩在脚下！
> 我财大气粗，
> 拥有无限的权势；
> 我是权杖、王冠和王位，
> 能使大地和海洋颤抖！
> 我的威名远扬，
> 家喻户晓；
> 归根结底，
> 我就是葡萄牙，
> 我比整个世界都大！①

历史证明，葡萄牙人的骄傲不是没有道理的。

16世纪末时，葡萄牙的人口不过100多万，国土面积不过9万多平方公里，但却以自己的实力称霸全球，以致一部世界历史如果忽略这个小国就断然不会完整，其世界性影响过去三四个世纪之后仍然依稀可见。可以说，正是在15世纪末至16世纪初的这些年里，葡萄牙率先完成了思想观念的转变，再加上葡萄牙人敏锐的商业嗅觉和追逐利润的强烈欲望，才使葡萄牙走向好望角，走向印度，走向大西洋彼岸，从而开启了全球化之先。

西班牙同样是因为面向海外寻求财富才成为称霸一时的大帝国的。16世纪上半叶，西班牙平均每年从美洲运回黄金2900公斤，白银30700公斤；在此后的一个世纪里，欧洲共从美洲运回白银1.6万吨，黄金180吨，其中绝大部分为西班牙所有。16世纪末时，西班牙曾占有全世界贵金属开采量的85%。

思想观念的革命，不仅使葡萄牙和西班牙异军突起，而且从此改写了世界历史。西欧新兴的资本主义由海道向全球扩散，逐步突破了亚欧大陆农耕世界自然经济的闭塞性，使人类从此步入了全球性的资本主义时代。恩格斯说："美洲的发现、绕过非洲的航行，给新兴的资产阶级开辟了新天地。"②马

---

① 〔葡〕J.萨拉依瓦：《葡萄牙简史》，王全礼等译，北京：中国展望出版社1988年版，第177页。
② 《马克思恩格斯选集》第1卷，北京：人民出版社1972年版，第273页。

克思指出:"在 16 世纪和 17 世纪,由于地理上的发现而在商业上发生的并迅速促进了商人资本发展的大革命,是促使封建生产方式向资本主义生产方式过渡的一个主要因素。"①

荷兰:从锁国到开放——"哦!看哪,满载财富的船正向岸边驶来!"

阿姆斯特丹,荷兰海运博物馆。每个星期天,这里都要举行一个特殊的活动,目的是让孩子们通过在博物馆的切身体验来学习荷兰的历史。这样的活动年复一年地重复着,哪怕只有一个孩子参加也不间断。现场的教师由不同职业的志愿者担任,他们一丝不苟地带领孩子们重温 300 多年前荷兰水手的生活。今天,荷兰的成年人经常向孩子们重复这样一句话:"荷兰之所以还是荷兰,是因为我们的祖先照顾好了自己的生意。"

其实,荷兰人的祖先当时不仅仅是照顾好了自己的生意,而且还垄断了几乎整个欧洲的海上贸易。如果说,最早开始远洋冒险的葡萄牙和西班牙主要是靠武力到海外掠夺财富的话,那么,紧随其后的荷兰则走的开放自己、依靠商业贸易来积累财富的道路,同时也积累了一个世界性帝国所需要的实力,并进而拥有了整个 17 世纪。

1640 年代前后是荷兰的鼎盛时期。这时的荷兰,人口不足 200 万,却拥有商船 1.6 万艘,运载吨位占欧洲总吨位的四分之三,相当于葡萄牙、西班牙、英国、法国 4 国的总和。其东印度公司、西印度公司,在全球拥有 1.5 万个分支机构,贸易额占世界总贸易额的一半以上。

在东亚,它们占据了中国的台湾,垄断着日本的对外贸易。

在东南亚,它们把印度尼西亚变成了自己的领地。

在非洲,它们从葡萄牙手中夺取了新航线的要塞好望角。

在大洋洲,它们用荷兰一个省的名字命名了一个国家——新西兰。

---

① 《马克思恩格斯全集》第 25 卷,北京:人民出版社 1975 年版,第 371 页。

在南美洲，它们占领了巴西。

在北美大陆的哈得逊河河口，它们建造了新的阿姆斯特丹城。

这时，"海上马车夫"的头衔降到了全球商业帝国荷兰的头上。

虽然不能把荷兰的成功完全归功于其思想观念的先进，其中还有地理条件、航海传统、造船技术，以及政治稳定、某些社会集团的经济动机等原因，但是，挣脱了封建专制的阴霾后迅速实行开放的国家方针，无疑是荷兰赢得整个17世纪的一个决定性因素。

荷兰是在尼德兰革命后于1581年7月建国的。历史上，尼德兰曾是许多封闭的封建领地。虽然16世纪时尼德兰的社会经济发展在一定程度上加强了全国的经济联系，但由于历史的原因，尼德兰各省基本上还是实行自治。每省设有省议会，有权批准征税和分配税额，地方事务由议会和省长共同处理。在各大城市，选举产生的委员会也拥有传统的自由与特权，且都很重视维护各自的权利。这样的政治和社会局面导致中央权威很难建立，社会经济发展也很缓慢。

针对这种状况，荷兰国父威廉早在1566年时就指出，要使尼德兰社会和经济发达，必须开放口岸、发展对外贸易，"因为本国的繁荣全靠它们……我们的国家不能形成一个自我封闭的世界，不能与它的邻居隔绝开"。①

威廉1581年7月成为新生的联省共和国领袖后，即马上提出"商贸就是荷兰政府的政治"的主张，不失时机地把眼光转向国际市场，把发展对外贸易视为荷兰的基本国策。

采取灵活的外交政策，尽量争取和平的国际环境

它充分利用欧洲列强的矛盾，根据形势变化不断地调整政策和策略，努力使自己保持和获得最有利的地位。在欧洲1618—1648年的"三十年战争"中，荷兰利用英国、法国、丹麦、瑞典等国家不愿意德国和西班牙过分强大的心理，成功地削弱西班牙的霸权，成为战争中的主要受益者。英国逐步强大后，英荷矛盾随之突出。在1652年至1653年的英荷战争中吃亏以后，荷兰及时调整外交政策，与法国结盟共同对付英国。此后，法国又逐渐强大起

---

① 许海山主编：《欧洲历史》，北京：线装书局2006年版，第157页。

第一章 观念维先——国家的全部尊严就在于思想

来,并以姻亲继承为由,于 1665 年发动了对西班牙的战争。荷兰担心法国与西班牙之间的战争波及自身,遂又转而与英国、瑞典结成同盟,共同支持西班牙反法,最后迫使法国签订了和约。随着海外贸易的发展,荷兰与英国的矛盾渐趋尖锐,法国乘机入侵荷兰,而荷兰则又成功地利用法德、法、西矛盾,与德国、西班牙联合抗法,同时尽量缓和同英国的矛盾,使英国恪守中立,最终保全了自己。

尤其是,在整个 17 世纪,欧洲战火连绵,几乎所有的西欧强国都曾被政治或宗教纠纷拖进内战的泥潭。而唯独荷兰,除 1672 年发生过几个星期的局部骚乱外,整整一个世纪都维持了国内稳定,为国家的商贸经济发展提供了良好的内部环境。

设立强大的集经济、外交、军事、政治功能为一体的全能型公司

荷兰最大的公司——东印度公司成立于 1602 年,成立伊始即被政府赋予广泛的权力,包括管理殖民地事务。根据政府授权,东印度公司可以铸造钱币,建立城堡,组建军队,对外作战,任免殖民地官吏,开设法庭和行政机构,没收在其独占领域航行的任何外国船只等。这个公司曾长期垄断由好望角至麦哲伦海峡的贸易权,并一度使整个印度洋和太平洋上的海湾都成为该公司的独占范围和管辖地。

荷兰设立的另一个全能型公司——西印度公司成立于 1621 年。就在这一年,荷兰的第一块长久性海外殖民地——新西兰建立。1625 年,西印度公司在新西兰的统治者又从印第安人手中购得整个曼哈顿岛。接着,荷兰殖民者向东扩张到康涅狄格河的哈特福特,向南延伸至特拉华河群,建立了新尼德兰殖民地。在拉丁美洲,荷兰于 1623 年占领圭亚那后,又于 1630 年至 1640 年间从西班牙手中夺得加勒比海上的 5 个岛屿,并同法国殖民者共同占领了圣马丁岛。17 世纪中叶,西印度公司还在黄金海岸和奴隶海岸建立了 40 多处领地和商站,并一度占领毛里求斯。

在世界近代史上,荷兰与英国都设立过东印度公司,英国的东印度公司成立于 1600 年,比荷兰的东印度公司成立还早两年。然而,就其资本、功用和影响来看,荷兰的东印度公司更引人注目。该公司成立时,一个月之内就征集到总数达 642 万荷兰盾的资本,相当于英国东印度公司成立时资本的 10

倍。荷兰的公司不仅汇聚了传统意义上的公司私人资本，并且获得了国家政权的大力支持。从建立时起，公司就是商人与国家两者利益相结合的产物，政府执政当局有的时候直接就是公司首脑，因此公司具有强大的扩张实力和政治、经济、军事诸方面的综合职能。在海外各个荷属殖民地，公司实际上也就是国家派驻的代表机构。这种具有强大的政府职能的公司机构的建立，也是荷兰国家组织体制为适应海外商贸而进行的制度创新。

建设世界级对外开放口岸

在地理条件和空间位置方面，荷兰有着天然的对外开放优势。欧洲的主要水道——斯海尔德河、马斯河和莱茵河这些大河的入海口都在荷兰境内，为荷兰提供了面向大西洋的优良港口。同时，荷兰背靠巨大的德国内地，傍通欧洲两条古老的商船航线：一条为南北方向，从卑尔根到直布罗陀；一条为东西方向，从芬兰湾到英国。再加上荷兰境内四通八达的运河网，这一切都为荷兰成为西欧主要商品集散地提供了条件。

在荷兰建设的对外开放口岸中，最著名的自然是阿姆斯特丹。时至今日，在阿姆斯特丹港依然保留着一座古老的灯塔。千百年来，荷兰渔夫的母亲和妻子们，曾站在塔下送自己的儿子和丈夫出航，又在凛冽的海风中默默地等待着他们归来。这座灯塔承载着荷兰这个商业帝国在奠基时代所付出的勇气、毅力和牺牲，是荷兰人心目中的一座丰碑。在阿姆斯特丹港，这里曾船只云集，热闹非凡。16世纪末，就是从这里开始使局限在狭隘范围内的地中海贸易扩展为世界性贸易。从那以后，阿姆斯特丹也成为全欧洲的商贸中心，港内经常泊船逾2000艘，常驻居民达10万人以上，是欧洲最富裕的城市之一。

与此同时，以阿姆斯特丹为心脏地带，周围的城市也形成了合理的分工：莱顿和哈莱姆、代尔夫特的工业欣欣向荣；布里尔和鹿特丹以造船业闻名；多德雷赫特主要从事莱茵河贸易；鹿特丹在城市规模上仅次于阿姆斯特丹，在地理位置上靠近北海，承担着对法国和英国的贸易；南荷兰省省会海牙则是一个政治中心，其影响力辐射全欧洲。

大力发展造船业，并在欧洲长期处于领先地位

荷兰的商船建造技术一直是西欧国家学习的榜样。16世纪，荷兰人率先造出了新式小型帆船，这种船因为速度快，便于分装货物，可借此减少海盗袭击而造成的损失，所以备受商家欢迎。后来随着保险业的发展，大船航运的利润变得可观，荷兰人又不失时机地制造出大型三桅商船。这种船，体宽底平、货舱开阔、易于操纵、节省人力，是世界造船史上的重大技术突破。由于荷兰的船只性能优良，设备先进，所以许多国家从荷兰进口。即使造船业发达的英国，在17世纪末也有1/4的船只为荷兰所造。英国商人沃尔诺在阿姆斯特丹船厂目睹了荷兰商船的生产过程后说，"当地船料仓库里船帆、帆桁、索轮、铁锚、缆绳等部件一应俱全，一旦船体建成，船只经几小时装配后便可下水"。荷兰造船厂的机械化程度、造船速度享誉欧洲，俄罗斯彼得大帝也曾两次到荷兰学习造船技术。

率先在世界上建立起现代经济的核心——银行体系

位于阿姆斯特丹的荷兰第一家银行成立于1609年，比英国成立银行整整早一百年。在此之前的1602年，阿姆斯特丹还成立了世界上的第一个股票交易所——阿姆斯特丹证券交易所。英国银行博物馆馆长约翰·基沃恩评论说，是阿姆斯特丹银行"发明了我们现在所说的信用"。西方学者普遍认为，荷兰人在发展商业和对外贸易过程中所创造的股份集资、股份公司、股票交易、银行信用乃至期票结算、商品交易所等手段和组织方式，是促成现代市场经济体制建立和市场经济发展的一系列基本要素，是对人类现代社会发展的历史性贡献。

法国：从神权到人权——启蒙思想成为大革命的灵魂

俄罗斯作家车尔尼雪夫斯基曾经讲道，革命就是"在几年时间内，迅速推

翻用好多世纪才扎根的制度，这些制度似乎特别坚固，不可摇撼，甚至最热切的改革家都不敢在自己的作品中攻击它们。革命就是一个国家的社会、宗教、政治、生活的一切核心，在短时间内土崩瓦解"。①

在18世纪时的法国，发生了车尔尼雪夫斯基所说的这样一场革命。由于这场革命，不仅一举结束了法国1000多年的封建统治，给处于封建专制统治下的欧洲各国带来了希望之光，也对人类社会从封建时代走向资本主义时代产生了深远的影响。

虽然这场革命发生在18世纪80年代末90年代初，但是，为这场革命提供思想准备和舆论宣传的却是革命前持续已久的法国启蒙运动。如果不是早先的启蒙运动为这场革命奠定思想基础，提供理论指导，这场革命的成功和后世影响是很难想象的。

始发于英国的欧洲启蒙运动被誉为欧洲历史上的第二次思想解放运动，是欧洲文艺复兴运动的继续。

在中世纪的欧洲，整个封建社会的政治思想是以神学的形式表现出来的。神权政治论的核心思想是：人和人的理性都是上帝的创造物，上帝之国高于地上之国，一切人都必须服从上帝，世俗统治者必须服从教会统治者。神权政治论的代表人物——神学家奥古斯丁和经院哲学家托马斯·阿奎那还认为，以《圣经》为信仰的绝对权威和判断是是非的唯一标准，上帝创造一切、高于一切的观念是观察一切政治问题的依据，人们首要的行为规范和道德标准是"爱上帝"，教会与国家、教权与王权的关系是服从与被服从的关系，一切权力都来自神，来自教会。

到了14世纪至16世纪的文艺复兴运动时期，虽然提出了要摆脱教会对人的思想的束缚，打倒神学和经院哲学的权威，要以"人"为中心，用"人"的眼光、从"人"出发来观察和说明政治社会等等主张，但在现实的政治社会中，权力并没有代替神意成为国家和法律的基础，在社会思想领域也并没有从敬神轻人转为尊人重世。所以，在发生文艺复兴运动之后，欧洲历史上又出现了第二次思想解放运动——启蒙运动。这次运动的目标和宗旨，就是启迪和开导人们的反封建意识，反对蒙昧主义、专制主义和宗教迷信，传播新思想、

---

① 〔美〕亨德里克·威廉·房龙：《人类的故事》，秦立彦等译，北京：中国人民大学出版社2003年版，第239页。

第一章 观念维先——国家的全部尊严就在于思想

新观念，给尚处在封建、蒙昧时代的人们带来光明与希望。

启蒙运动从兴起到发展长达一个世纪之久，涉及宗教、哲学、伦理学、政治学、经济学、文学艺术、史学、美学和教育等众多领域。其主要思潮，仍然是人文主义，倡导用"人道"反对"神道"，解放人的个性，追求个人幸福；摆脱宗教对人的思想的束缚，打倒经院哲学和一切传统教条；承认人的尊严和人的伟大，认为人能够凭借自己的努力去为自己造福，而不必等待上帝的恩赐。

虽然启蒙运动最初源于英国，后来发展到全欧洲，但这场运动的中心却是在法国。只是因为法国，启蒙运动才得以全面展开；也只有法国的启蒙运动，才最具典型意义和现实社会意义。

在法国，启蒙运动的思想家们把着力点放在平民社会，着重从思想上动员民众。启蒙先驱比埃尔·贝尔以理性主义、怀疑论为武器，率先对神学发起攻击，向人们揭露教会的虚伪和欺骗，教育人们从教会所宣扬的蒙昧主义盲从中解放出来。另一位思想家爱尔维修以无神论和人性论为武器，向人们宣传唯物主义的观点，呼吁人们应该关心人间的幸福和现实的利益，禁欲苦行、弃绝享乐，是完全违反人的自然本性的。以狄德罗为首的百科全书派，则以编撰的《百科全书》为阵地，对18世纪以前所有的科学成果进行综括，广泛传播进步的思想观念，开启人们的心智，唤醒沉睡中的人们投入反封建反特权的斗争。

在法国，声势浩大的启蒙运动一经兴起，就具有鲜明的特点和指向，从一开始就把目标锁定为反对神权、王权和特权，砸烂旧世界，建立新世界。孟德斯鸠针对封建专制主义，提出了"三权分立"的思想，为建立新生政权奠定了理论基础。伏尔泰猛烈抨击天主教会的黑暗和封建专制统治的独裁，宣扬自由平等，指出了新社会的灵魂所在。卢梭则提出，国家的最高主权属于人民，主张建立民主共和国。启蒙思想家们争相为人们奉献出了用"理性"的阳光驱逐现实的黑暗、用"理性"的王国代替专制王权和贵族特权，并进而建立自由、平等、民主的新社会的一系列思想成果。

在法国的启蒙运动中，还涌现出了一大批政治思想巨人。他们以文字和自己的行动为战斗武器，为使法国走出愚昧、走向强盛而展开了深刻的思考。在这些政治思想巨人中，人们公认，伏尔泰和卢梭是推动法国启蒙运动深入开展并为法国大革命奠定思想基础的灵魂人物，是法国崛起的启蒙双子星。

1694年，伏尔泰出生于巴黎一个富裕的家庭，其父亲是一个地区法院的公证人，母亲有着贵族血统。伏尔泰少年时就读于路易大王中学，在这所等级森严的教会学校里他受到种种歧视而播下了反抗神权和封建特权的种子。中学毕业后迫于父命，伏尔泰进入法律专科学校学习，但后来却又违背父命，喜好文学与诗歌。因为写诗讽刺朝廷和与贵族发生冲突，伏尔泰曾两次被投入巴士底狱，1726年又被驱逐出境，流亡英国达3年之久。伏尔泰深受洛克和牛顿思想的影响。从英国流亡回国后，由于他以犀利的笔锋猛烈抨击天主教的黑暗统治和封建当局的腐败，他又受到追捕，其著作也被查禁和当众焚毁。为躲避迫害，伏尔泰曾蛰居法国与瑞士的边境地区长达15年之久，直到84岁高龄时才重回巴黎。虽一生坎坷，但伏尔泰却从未停止过用笔和头脑进行战斗。他最著名的作品有《哲学通讯》《牛顿哲学原理》《路易十四时代》《论通史及各国习俗和精神》等。伏尔泰多才博学、文笔隽永，既是哲学家、史学家、政治家，又是诗人、小说家、剧作家。法国文坛巨匠维克多·雨果曾评价说，伏尔泰的名字所代表的不是一个人，而是整整一个时代。

与伏尔泰不同，卢梭1712年出生于瑞士日内瓦的一个钟表匠家庭。由于家庭境况不佳，卢梭抵达法国后过着艰辛的底层生活。只是靠着一位贵夫人的资助和朋友狄德罗的引荐，他才得以跻身巴黎的沙龙活动。然而，贫穷而不善于社会交际的卢梭尽管才华横溢却不能适应围绕着女性打转的生活，而对于贵族和富人的歧视与支使，卢梭则更不愿意接受。所以不久，卢梭即从沙龙生活中退出。

深受政治迫害的伏尔泰和深受社会冷遇的卢梭，两人最大的共同之处在于，他们都深切地感到，要使法国避免危险并富强下去，必须启蒙大众，指引人民舍弃对宗教的狂热，信任科学和理性。

伏尔泰是天主教会不共戴天的敌人。他从自然神论出发，对教会和宗教迷误进行无情的揭露、嘲讽和批判。他指出，教会是建立在"最下流的无赖编造出来的最卑鄙的谎话"之上的，是"最卑鄙的混蛋所作出的各种最卑劣的欺骗"的产物，是"分裂、内战和罪恶的根源"。在伏尔泰看来，教皇、主教和神甫都不过是一群"文明的恶棍"和"两足禽兽"。伏尔泰还愤怒地抨击宗教裁判所，对教会镇压异端深恶痛绝，指出：小偷仅仅是窃取你的财物，而宗教裁

第一章 观念维先——国家的全部尊严就在于思想

判官却剥夺你所有的一切,包括思想、灵魂和躯体。伏尔泰常常在书信中写上这样的格言:"踩死败类!"这句话成为人们向封建教会发起进攻的总口号。①

卢梭在抨击旧势力的同时,进而思考未来社会可能出现的困境,构设未来社会最理想的政治模式。他探讨了社会正义问题,从分析人类不平等的起源出发,提出了天赋人权、人民主权的理论,论述了自由和平等的重要。卢梭认为,是封建暴君的野蛮统治破坏了天赋人权,民众有权用暴力恢复天赋之人权,这是天经地义的。卢梭说:"以绞死或废黜一个暴君为目的的暴动,乃是一件与他昨天处置臣民生命财产的那些暴行同样合法的行为。"②同伏尔泰一样,卢梭也是文化巨人。他写的《爱弥尔》《新爱洛伊丝》等小说,曾风靡欧洲。

1778年,伏尔泰和卢梭这两位政治思想巨人都在这一年先后去世。10余年后,法国爆发了大革命,他们两人的思想和预言在大革命中都得到了验证。法国大革命的主导者深刻认识到伏尔泰和卢梭对法国的巨大贡献,因此两人身后同享哀荣。伏尔泰于1791年被革命者永久地送进先贤祠,人们在他的灵车上写着这样的句子——"他教导我们走向自由。"而卢梭则在雅各宾派掌权后也被送入同一地方安葬,并在他的棺椁前铸造出一只握着火把的手,以象征他对法国建立民主政体所起的指路明灯的地位和作用。

由于法国的启蒙运动作为一场反封建反教会的思想文化运动,不仅为法国的大革命作了充分的舆论准备,奠定了思想基础,同时还超越国界、跨越时代,在更宽广的领域和更长远的时间里发挥了深远影响,所以,伏尔泰和卢梭这两位政治思想巨人在世界近代以来的历史上也熠熠生辉,被法国人视为永远的骄傲。

---

① 参见沈炼之主编:《法国通史简编》,北京:人民出版社1990年版,第142页。
② 参见沈炼之主编:《法国通史简编》,北京:人民出版社1990年版,第144页。

美国：从邦联到联邦——以大辩论开国

在人类历史上，美国的成功无疑是一个奇迹。并且，奇迹在建国之初就发生了。历来，世界上各个国家的制度莫不是历史自然形成的，或是入侵者强加的，或是通过流血建立的，而美国却创造了一种前所未有的方式——先有地方政府，后有中央政府；国家独立13年之后，人民才拥有了自己的第一位总统。

不过，这种奇迹的发生并非偶然，而是源于一场争论：是邦联还是联邦？

世界上的国家形式，除了国家的政权组织形式以外，通常还包括国家的结构形式，即一国内部处理整体与部分之间关系的形式。一般说来，国家的结构形式主要有单一制、邦联制和联邦制3种。单一制国家结构形式的最大特点是中央政府单独享有全部主权和国家权力，地方政府分享其他权力。邦联制的国家结构形式，是两个或两个以上的国家体或政治实体为了达到某些共同的目的而组成的联合体，其成员国或政治实体仍然保留独立主权，只是在军事、外交等方面采取某些联合行动。联邦制的国家结构形式，是由若干国家体或政治实体或邦或州等联合组成的统一国家，联邦成立联合政府，具有最高的主权，统治涉及联邦境内各成员单位的共同利益。联邦制的基本特征是：联邦和各成员单位都有自己的宪法和权力体系；联邦的权力遍及全国，但联邦和各成员之间的权限划分由宪法规定，联邦政府无权改变。

1776年独立后，出于对强大中央政府的惧怕，美国实行的是邦联制，未设政府首脑，全部政务由大陆会议主持决定。但是，美国邦联不是一个真正统一的国家，而是一个松散的政治联合体。在这个联合体内，各州依然保持着独立、自由和主权，拥有自己的政府和军队。组成邦联的13州，实际上是13个在政治上相互独立的国家。它们当初组成邦联的主要目的是为了动员13州的力量共同进行对英战争，以彻底摆脱英国的殖民统治。在战争期间，虽然13个州相互之间存在着许多利益矛盾和冲突，但为了战胜英国这一最高利益，各州都表现出了极大的克制和忍让，从而保持了邦联的团结和统一。然

第一章 观念维先——国家的全部尊严就在于思想

而,独立战争胜利后,外部矛盾消除了,内部矛盾却逐渐暴露并日趋激化,邦联体制再也难以维系13个州的统一局面了,合众国面临着分裂。

何去何从?新生的美国站在了十字路口——要么在一个中央政府的领导之下成立联邦,结合为一个统一的国家;要么就保持13个彼此独立的主权实体而永远互相争吵。

美利坚是一个理性的民族。理性来源于思辨。就是在这样一种情况下,美国召开了历史上一次时间最为长久的会议——制宪会议。

1787年5月25日,来自7个州的会议代表抵达费城,达到了法定有效的会议人数。按规定,大会应有74名代表参加,但当时只有55人实际与会。

会议前4天的预备会议讨论了会议目的。最初,各州代表的授权书上都注明了会议的目的是修改《邦联条例》,以使条例更适于政府的需要和维护邦联。但经过4天的辩论,大多数与会代表认为,修改《邦联条例》已不能从根本上解决合众国所面临的重大问题,应该制定一部新宪法。于是,会议决定废除《邦联条例》,并从5月29日开始将会议转为制定新宪法的会议。

在制定新宪法的过程中,代表们围绕中央政府的设置问题、联邦和各州的权限问题、税收和商业管理问题等展开了激烈的辩论,其中最突出、争论最为激烈的是各个州在联邦的平等代表权问题。因为那时,一个州实际上就是一个国家,也各是一方水土一方人。在独立前,北美殖民地的居民并非都把自己视为美利坚人,而是视为纽约人、弗吉尼亚人、宾夕法尼亚人……他们只是在对英国的战争问题上携手,而在其他问题上则依然保持着独立的民族观。因此在互相关系中,地位与尊严十分敏感和重要,尤其是对于小州。

这次会议尽管有华盛顿担任制宪会议主席,有德高望重的时年已81岁的科学家、政治家富兰克林担任制宪会议副主席,但整个会议还是进行得异常艰难。

在几次大的辩论中,富兰克林都以他那特有的威望和智慧,劝说着每一个州的代表。他说:"我们的代表各执一词,互不相让,这是令人非常痛心的。我们需要一种政治智慧,我们在努力地搜寻这个智慧。我们研究过古代历史中的政治模式,我们还调查了不同形式的共和制,许多国家在建国之初就播下了迷茫的种子,生生死死;我们也研究过欧洲列国,但没有一部宪法适合我们美国。我们今天是靠智慧来设计整个国家和政府的模式,我们不能将这些留给机遇、留给战争、留给征服!"①

直到这年9月17日,代表各州的会议代表才投票通过了新宪法,这次历时116天的会议也才终于结束。9月28日,邦联国会决议将新宪法提交各州审批。按照宪法本身的条款,新的宪法至少需要9个州的批准才能颁布生效。

新宪法在提交各州批准的过程中,与新宪法的制定过程一样,也经历了激烈的辩论,并且是在更大的范围。

为了促使新宪法得以批准,联邦党人进行了卓有成效的宣传和组织工作。鉴于当时新宪法制定完成后,普通民众并不了解它的内容和重要意义,而反联邦党人又在对新宪法展开猛烈抨击,易使公众对新宪法产生误解,因此,为了使更多的人了解新宪法和拥护新宪法,有必要阐明制定新宪法的目的和主要内容。为此,作为纽约州支持批准宪法派的公认领袖——亚历山大·汉密尔顿,便邀请约翰·杰伊和詹姆斯·麦迪逊共同撰写了一系列文章,深入剖析邦联体制的缺陷,明确指出合众国当前的危机不是专制,而是混乱和面临解体。文章一再向人们解释新政府的权力,指出拟议中的总统不是古代的或英国的专制君主,而更类似于合众国某些州的州长。文章还努力消除人们对联邦法院的顾虑,说明它不会威胁个人的自由,指出只要有人类的理性和正义感的存在,自由政府就会成为可能,而人类的感情冲动和不适当行为则必须由联邦法院来节制。

这一为数85篇的系列文章,以"普布利乌斯"的笔名在纽约的报纸上刊出后,对动员人们支持新宪法发挥了极其重要的作用。后来,这些文章又被结集出版,名为《联邦党人文集》。这部文集不仅被公认为是阐述制宪目的和解释美国宪法的名著,而且也被认为它已超出其学术价值而具有法律价值,是这部著作"把联邦制度从暂时的权宜之计转变成了一个信条,把它从历史上的偶然事件转变成了宪政原理的一个永恒形式"。直到今天,美国人也认为,"对于这些古老的政治理论,人们还从来没有作出过如此深远、如此实际、如此富有启发性的回答"。②

---

① 中央电视台《大国崛起》节目组编:《大国崛起·美国》,北京:中国民主法制出版社2006年版,第61页。
② [美]亚历山大·汉密尔顿等:《联邦党人文集》前言,张晓庆译,北京:九州出版社2007年版,第15、19页。

第一章 观念维先——国家的全部尊严就在于思想

众所周知，写这些文章的3位作者在美国都青史有名——亚历山大·汉密尔顿在华盛顿总统任期内担任财政部长，其影响力超出了所有的后继者；约翰·杰伊成为联邦法院的首席大法官；詹姆斯·麦迪逊在担任联邦议员的8年中，成为一位杰出的领袖人物，后来又出任国务卿和美国第4任总统。

在经过为期10个月的全社会性的辩论后，联邦新宪法终于于1788年7月获得批准生效。

新宪法的突出贡献在于既解决了邦联体制的缺陷和问题，又充分满足了创建新联邦的需要。具体体现在以下9个方面。

第一，依据新宪法，联邦享有主权。在邦联条例下，州是主权单位，邦联政府的法律对各州没有约束力。而新宪法将主权赋予联邦；同时，为了保障联邦政府真正掌握主权，又规定联邦宪法和法律为最高法律，使联邦政府对各州拥有强制性的约束力。

第二，依据新宪法，设置了独立的行政部门。在邦联条例下，邦联政府没有独立的行政部门。联邦新宪法则设置了民选的总统，并授予其行政权力，监督立法的制定和执行法律，以及统帅全国武装力量，这样就能迅速有效地处理国内外重大事项。

第三，依据新宪法，设置了独立的联邦司法体系。在邦联条例下，邦联政府没有独立的法院，邦联的司法诉讼案件由州法院审理。而联邦在州法院存在的情况下又设置了联邦法院，由其负责审理涉及联邦法律的案件。

第四，依据新宪法，联邦政府拥有了征税权。在邦联条例下，邦联政府没有征税权。新宪法则授权国会"征收直接税、间接税、输入税与国产税"。

第五，依据新宪法，联邦政府有权管理国内外商业。在邦联条例下，邦联政府无权管理国内外商业。联邦政府则拥有商业管理权，有利于促进国家工商业的发展。

第六，依据新宪法，国会议员的地位独立，责权明确。在邦联条例下，邦联国会实为各州的代表会议，代表无自主权，他们必须根据各州政府的指令发言和投票，并且随时可能被州政府召回。新宪法则规定，国会由各州选民直接选出的众议员和间接选出的参议员组成，议员有固定任期，在国会拥有自主发言、投票等一系列特权。

第七，依据新宪法，宪法修改办法作了较大变更。邦联条例须经各州一致同意方能修改,而新宪法则规定有 3/4 州的同意就能修改。

第八,依据新宪法,联邦国会不仅享有联邦宪法明文授予的权力,而且还有根据宪法条文引申出来的权力。而邦联国会只有邦联条例明文授予的权力。

第九,依据新宪法,中央政府能够直接对人民和各州政府行使其职权。而在邦联条例下,中央政府不能对人民直接行使职权。

就这样,通过一场举国大辩论催生的新宪法,结束了 13 个州各自为政的混乱局面,克服了邦联体制下国家政治权力高度分散的弊端,使美国成为了一个真正统一的国家。

从此,美国开始了新的一页。

曾有人说,美国是仅靠一纸宣言——《独立宣言》即建立的国家;是仅靠一部宪法——1787 年制定的宪法即维持了两百多年的国家;虽然《独立宣言》和《美利坚合众国宪法》代表了美国人所有的价值,但这样建国立国也太过于容易,太过于离奇。

曾有人说,世界上的大多数国家都是从贵族和国王开始的,只有美国是靠一个观念就聚合了人们,奠定了整个国家的基础,这个观念就是:"人人生而平等"。

还曾有人说,美国的国家制度是由一群聪明人坐在一起,凭着这些人自身对以往历史的了解,还有这些人自身的利益诉求及其未来打算而"设计"出来的,是完全靠人的理性"悟"出来的国家。

虽然要断定上述哪一种说法更为准确或是更为离谱都是困难的;但是,蕴含在这几种说法中的一个共同点则又是十分明显的、完全可以肯定的,这就是:美国确实是建立在一种思想——现代民主政治的思想之上的。正是这种思想,开创了美国的历史,导致了美国奇迹的发生。也正如尼克松所指出:"两个世纪前,美国军力弱小,经济贫困。但是在美国革命中诞生的这个国家对全世界是个鼓舞。我们的吸引力并非来自我们的财富或实力,而是来自我们的思想……归根结底,是思想而不是武器决定了历史。"①

---

① [美]理查德·尼克松:《1999 年:不战而胜》,王观声等译,北京:世界知识出版社 1989 年版,第 332—333 页。

第一章 观念维先——国家的全部尊严就在于思想

德国：从兽性到人性——勃兰特跪下了，德国却站起来了

有学者曾用这样的语言来形容德国：这是一个奇特的国家，它要么考问世界，要么拷打世界。当它用思想来考问世界时，它是伟大的；当它用战争来拷打世界时，便有了两次世界大战。

应该说，这样形容既形象又公允。

正是德国，在"战争不仅仅是一种实际上的必要，也是一种理论上的必要，一种逻辑上的要求，国家这一概念就意味着战争"的喧嚣声中，发动了第一次世界大战。这次大战像绞肉机一样，使人类损失2115万个生命，其中平民1262万人，军队853万人。

还是德国，导致了第二次世界大战的全面爆发。这场大战持续的时间虽然不到10年，但它对人类社会的摧残亘古未有，千年难消。仅在被德国军队横扫的欧洲大陆，死亡人数就达到4000万。

正是因为德国发起的这两次世界大战，在人类文明史上留下了最黑暗最血腥的记录，所以世人都格外瞩目，德意志如何对待自己曾经失去理性的时刻。战争中死去的冤魂在等待，受到伤害的欧洲和世界都在等待。

这一天终于来了。这是在20世纪的70年代初。

1970年12月7日这天上午，按照日程安排，正在波兰访问的联邦德国总理勃兰特一行，将前往华沙二战期间的犹太人隔离区，向那里的死难者纪念碑献花。

这是一个很寻常的华沙的冬日，天气寒冷，万木萧疏。这又是一个对两国民众来说都极为不寻常的一天——在这一天，波兰人民曾经不共戴天的敌国的领导人将来到这里。波兰人民内心愤懑，用沉默的目光注视着昔日仇国的代表。

自从1945年5月8日德国在柏林正式签署无条件投降书以来，25年已经过去了。可是，波兰人民怎能忘记纳粹铁蹄下那长达近6年的腥风血雨！

当年，德国妄图建立的包括全欧洲德意志人在内的"大德意志帝国"就是从德国东邻开始的。德国先是在1938年12月将奥地利变成了自己的一个省，又于1939年3月占领了捷克斯洛伐克。这时，在德国东面的邻国中，还没有归属德国的就只剩下波兰了。

1939年8月31日深夜，一股德国党卫军化装成波兰军人，在德波边境制造了一起所谓波军袭击德国的事件。随即，德国电台马上播发希特勒的讲话，声称德国受到了波兰的"侵略"。以此为借口，希特勒迅即向德军下达了进军波兰的命令。

9月1日凌晨4时45分，德军2500辆坦克、2300架飞机、150万兵力，从北部、西北和西南三个方向同时向波兰发起了攻击。在德军闪电般的袭击下，波兰的军事防线很快崩溃，波兰人民的厄运从此开始了⋯⋯

二战结束后，苏联、美国、英国和法国在柏林设立了盟国管制委员会，对德国进行了分区军事管制。1949年9月和10月，德意志联邦共和国和德意志民主共和国先后成立，东西两个德国才重新以国家的身份出现在世界上。从那时起到勃兰特出任联邦德国第4任总理，又是20年过去了。其间，曾是满目焦土、百废待兴的联邦德国，早已清除战争废墟，并创造了国民经济高速发展的奇迹。在对外关系方面，勃兰特的前任在获得西欧各国和美国信任的基础上，也同这些国家建立了良好的关系。但是，东欧各国人民对联邦德国的态度却仍然冰封一面，一如往日的仇视。

罪孽深重，噩梦难消。要想与东欧修好，身为联邦德国总理的勃兰特深知自己肩上担子的沉重。在1966年至1969年担任联邦德国外交部长期间，勃兰特就曾认识到，改变联邦德国在世界上被孤立的被动局面，在国际舞台上树立新德国的形象，已是这个国家的当务之急。所以在担任外交部长的3年期间，勃兰特把握时机，同波兰和捷克互设了贸易代表机构，与罗马尼亚建立了外交关系，与南斯拉夫重归旧好，使联邦德国同东欧国家的关系有了一定进展。

出任联邦德国总理以来，勃兰特更是加快实施他的"与东欧修好"的新东欧政策。他要与昔日的被占领国——捷克、波兰和苏联重建友好关系，要为祛除战争留下的冷战铁幕、融化凝结在东欧人民心底的坚冰打开局面，要让联邦德国重新走向世界。

第一章 观念维先——国家的全部尊严就在于思想

1970 年，勃兰特先于 8 月与苏联签署了关于消除边境武力对峙的《莫斯科条约》，又于 12 月前往波兰，要在修好东欧的道路上迈出更加重要的一步。

虽然 12 月 7 日这天，华沙的天气格外阴郁，好像特意为勃兰特一行备下了压抑的氛围。但是，划时代的瞬间还是发生了。

这天上午，当迎接他的仪式上奏起联邦德国国歌时，勃兰特仿佛看到了波兰人民悲愤的目光和眼里滚动着的泪水——他知道，当年的德国纳碎就是在这个歌声中，屠杀世界上的犹太人，屠杀波兰人和欧洲其他国家的人民的。

勃兰特走上石阶了，面前是巨大的、中部塑有人物雕像的青石纪念碑。沉重的石块，黝黑的人形，犹如代表千百万无辜的死难者在向这里默然注目——这里曾经是华沙犹太人隔离区的所在地。

1939 年年底，华沙约有犹太人 35 万，占城市总人口的四分之一以上。当时他们多居住在华沙老城的西部，那是世界上除纽约之外的第二大犹太人聚居地。1939 年 9 月德国法西斯占领波兰不久，盖世太保总头目即奉希特勒之命发出了"灭绝犹太人"的指令，于是，德军对犹太人的迫害升级，相继在东欧各地建起了众多的犹太人隔离区和集中营。华沙的这块犹太人隔离区就是在这一时期建立的。隔离区周围围起了高墙，架上了铁丝网，35 万华沙的犹太人和周边地区抓到的上 10 万犹太人，都被赶进了这块只占城市面积 4.5% 的狭小空间内。随后，纳粹军队就在这里开始了惨绝人寰的大屠杀。

1943 年 4 月 19 日，忍无可忍的犹太人在隔离区内举行了起义。但是，起义失败了，犹太人随之遭到了更为疯狂的杀害。到 1943 年年底，围困在这里的 40 多万犹太人几乎全部遇难，隔离区也随之被德军夷为平地。位于这里的死难者纪念碑，就是为纪念在这次起义中牺牲的人们而建立的。

勃兰特缓缓走来，将花篮放在了纪念碑前。他直立起身体，在无声的石像前肃立。就在他垂首致意的那一瞬间，他的双膝突然弯了下去——他跪在了冰冷的石阶上！

勃兰特的表情是凝重的。他仿佛看到了，他面对的是成千上万个死难者的尸骨。他仿佛想到了，二战中仅波兰就有 600 万人死亡，损失惨重。他仿佛还回忆起了，当年希特勒上台后，20 岁的他曾远走他乡，立志与纳粹法西斯战斗到底，后来虽然没能在战场上与纳粹直接搏斗，但今天却要与纳粹遗留下来的仇恨抗争。当然，他一定更清楚地明白了，一个不会反省的民族，一个极力掩饰其历史劣迹的民族,要想和世界其他民族友好共存下去,那是不可想象的。因为这样的民族既得不到别人的谅解,更得不到别人的尊敬。

这位57岁的反法西斯老战士跪立在纪念碑前了。他的随同人员手足无措,因为这一举动出乎意料,未在日程安排当中。现场的波兰人被这一举动震撼了,在他们的脑海中,德国人仿佛不曾是杀人不眨眼的屠夫。一时呆愣的各国记者们,终于在短暂的惊愕之后纷纷举起相机,随后即把一位跪守在冰冷石阶上的联邦德国总理的形象传遍了世界的各个角落。

勃兰特的华沙之跪,被认为是代表德意志民族和国家的忏悔之跪、赎罪之跪。有评论认为,勃兰特的下跪是"欧洲一千年来最强烈的谢罪表现"。这是一个国家的领导人真心地为自己的民族认罪,真诚地向曾被奴役的国家请求重归于好。

勃兰特自己后来也说,"在德国近代史的压抑下,面对百万受害者,我只是做了在语言力不能及的情况下一个人应该做的事","我们必须将眼光放长,将道德作为政治力量看待"。

12月7日这天夜晚,联邦德国的人彻夜未眠。他们拥在电视机前,收看反复播放的勃兰特下跪的镜头。他们被勃兰特的人格所撼动,产生了强烈的集体负罪感。

勃兰特的华沙之跪,也被认为是体现人类良知和向善的理性之跪、人性之跪。勃兰特跪下后,许多波兰人、欧洲人感动得热泪盈眶,在世界上所有爱好和平的人们心中激起了强烈的恒久的震荡。

1971年12月10日,当勃兰特获得当年的诺贝尔和平奖后,许多德国青年高举着火炬来到勃兰特的寓所,世界各地的祝贺信件雪片般地飞到勃兰特的手里。

有评论认为,"勃兰特是没有必要下跪的,而他却为那些应该下跪而没有下跪的人跪下了"。人们之所以认为他没有必要下跪,是因为——勃兰特本人既是纳粹法西斯的受害者,又是纳粹法西斯的坚决反抗者,同时还是纳粹罪过的积极弥补者。

勃兰特1931年加入社会主义工人党,并出任该党吕贝克地区党组织的主席。希特勒任纳粹德国总理后残害一切进步人士,勃兰特被迫转入地下工作。为了免遭逮捕,他乘坐游艇偷渡到丹麦,开始了长达12年的流亡生活。1937年

第一章 观念维先——国家的全部尊严就在于思想

他以战地记者的身份参加了西班牙内战和马德里保卫战。1940年在瑞典，他积极报道了德国对挪威的入侵。1957年10月3日，勃兰特恢复德国国籍后被选为西柏林市市长，第2年又当选为西柏林社会民主党的主席。从1966年12月勃兰特担任外交部长起，他为促进联邦德国与欧洲国家相互关系正常化的努力就再也没有停止过。所以人们认为他是没有必要下跪的。然而，勃兰特毕竟又跪下了。人们赞叹，这就是政治的理性、人类的人性和政治家的责任。

勃兰特的华沙之跪，还被认为是一个伟大的民族和国家觉醒后的重生之跪，崛起之跪。勃兰特勇于承担历史责任的华沙之行，被国际社会誉为标志着战后德国与东欧诸国改善关系的里程碑。从勃兰特的华沙之跪开始，联邦德国的国际形象和影响力也迅速提升。

1973年9月，联邦德国即与欧洲各国达成谅解，被批准加入联合国，重新回到欧洲的怀抱，也回到了世界舞台。

上个世纪90年代，完成统一不久的德国再次创造奇迹，成为仅次于美国和日本的世界第三大经济强国。

进入21世纪以来，在阿富汗战争、伊拉克战争、防止核武器扩散、全球环境保护和应对全球金融危机等方面，德国也成为世界上能与联合国5个常任理事国站在同一平台上发出自己声音的国家。

"谁愿意理解我，谁就能理解我"——这是勃兰特的华沙之跪后，面对一些非议和恶意攻击，勃兰特回答记者的一句话。思想的威力毕竟是巨大的。时间过去得越是久远，思想的光芒就越为亮堂。历史已经证明，作为一个负责任大国的政治家，勃兰特是用自己的思想——和平、理性、人性，代表德意志国家和人民向世界交了一份弥足珍贵的答卷。

历史的启示

自古以来，任何社会的发展变化都会不同程度地关涉到新旧思想的更替甚至思维方式的演化，新的思想观念往往产生于社会发展之先并引导社会转型。人类有史以来最大的解放莫过于思想观念的解放，最彻底的革命莫过于思想观念的革命，最本质的进步莫过于思想观念上的进步。

起始于五百年前的人类现代化，是人类文明发展的产物，体现为人类存在状态所能达到的最高境界。同时，现代化又是基于人的解放而形成的历史运动。人是万物之本，人的存在状态的变化，必然导致人的社会生产和社会交往的变化，以及在此基础上所形成的观念形态的变化。现代化的运动实质上是人类在新的逻辑起点上重构自身生产、生活和发展形态的一种运动。这种运动虽然没能割断历史，但却在新的历史起点上超越了历史，从而创造出新型的经济、社会、政治与文化，亦即现代经济、现代社会、现代政治和现代价值，而其中居于顶层的，无疑是人的思想观念。

以上列举了一些国家靠思想观念的转变而变法图强过程中的一些典型例子，有的是全面的，有的是单项的，有的是某一特定时期的，有的是某一特殊事件的，虽然摄取史例的具体场景、所处时代、所涉及的内容不尽相同，但无一例外的都是率先在思想领域获得解放或思想观念先行的结果。

所列举的这些史例证明，一个懂得尊重思想的民族，才会诞生伟大的思想；一个拥有伟大思想的国家，才能拥有不断前行的力量。正可谓观念新，国家兴；思想强，国家强。即使在面临危机的情况下，思想观念先进的国家也有可能如中国古语所言："倾可正也，危可安也，覆可起也，灭不可复错也。"[①]

所列举的这些史例证明，人类社会的历史从根本上说也是思想的历史。只有思想才是真正伟大的，自由的。它是普照世界之光，能够穿透那些顽固的世俗之墙，让人们蒙尘的心灵清新自然，光洁明亮。它是无比强大的力量，能够赋予人们信心、勇气和尊严。

所列举的这些史例还证明，人类的前途在很大程度上取决于人们的觉悟程度。在人类发展中，许多思想观点之所以是错误的，各种各样时髦的理论之所以像走马灯一样盛行一时便一闪而过，是因为它们所依据的是热情和信誓，而不是科学和理性。这种区别并不取决于先入为主的看法基础上的虚幻想象，也并不能归咎于非此即彼的知识误差和认识局限，而是取决于无畏的精神、求实的态度和崇尚与追求真理的境界。只有科学理性、合乎逻辑和规律，才能产生正确的思想；只有无私无畏、大智若愚，才能坚持正确的思想。

---

① 《管子·牧民》。

第二章
Chapter Two

政制维新
——所有的一切都在变化，唯有变化不变

世界上没有一成不变的东西，也没有只可以向一个固定方向改变的事物。社会内部永恒地存在着演化的动力，促使其走向不适应。变化就如同一团永不熄灭的火，时时刻刻在焚烧着社会结构。没有一个社会能够仅仅通过其制度内在的调节力就使自己永远处于适应状态，在人类历史上也还没有一种制度永盛不衰。

第二章 政制维新——所有的一切都在变化，唯有变化不变

政治制度作为一种社会规则，与人类的发展相伴而行。在社会生活中，政治制度以国家为中介而得以确立和推行；国家则借助政治制度实现其政治和社会功能，达到治理的目的。政治制度是国家实现其政治统治和社会治理的基本工具。

一国的政治制度由其国家的性质、政权组织形式、国家结构形式、政权体系机构以及为保证国家机器运转的诸种单项政治制度构成。它通常由法律来反映和确认，并用国家的强制力来保障。

政治制度一经确立，就具有相对的独立性、积极的能动性和长期的稳定性，对社会的发展起着这样或那样的作用，有时甚至是决定性的作用。然而，世界上又没有一成不变的东西，也没有只可以向一个固定方向改变的事物。变化就如同一团永不熄灭的火，时时刻刻地在焚烧着社会结构，从而在客观上要求变革政治制度。

英国：光荣革命带来两个世纪的光荣

1851年5月1日，世界首届博览会在英国举办。

位于伦敦的博览会会场完全由玻璃和钢铁组成，号称"水晶宫"。水晶宫占地19英亩，高20.7米，长563米，相当于伦敦圣保罗大教堂的3倍，是数千名工匠花了22周时间才建成的，总造价达8万英镑。水晶宫内陈列着14000家厂商提供的展品，其中英国自己的占了一半。英国提供的展品几乎全都是工业品，而外国提供的展品则几乎都是农产品和手工产品。大厅入口处陈列着一块重达24吨的整体煤块，让人一进门就感受到现代工业的巨大威力。英国展厅中展有自动纺纱机、织布机、700马力的海船发动机、31吨重

的火车头，举重能力1144吨的水压机，各种蒸汽机、起重机、机床，以及引人注目的隧道、桥梁、汽船的模型等。除此之外，也还有品种繁多的消费品，如火柴、钢笔、信封以及1840年在英国发行的世界首枚邮票。

此时，全体英国人——上至女王，下至普通老百姓，对这次博览会无不感到欢欣鼓舞。

在博览会开幕当天，维多利亚女王在一封信件中喜形于色："5月1日是我国历史上最伟大的日子，是有史以来最美丽、最庄严、最激动人的景观，是我心爱的阿尔伯特的成功。这是我一生中最幸福、最自豪的一天，我再也想不出别的什么了……这真是一次巨大的成功。"①

成千上万的普通英国人，眼中噙着泪水，秩序井然地走进展厅，他们每个人的脸上都洋溢着欢乐的色彩，他们为自己的国家而自豪。小说家夏洛蒂·勃朗特先后5次参观博览会，并在给父亲的信中写下了自己的体会："它的壮丽不是指某件物品，而是由所有东西组成的天下独一无二的大会聚；在这里你能找到人类工业所能创造的所有东西……这里的工业产品相当于阿拉伯的大集市，是阿拉伯神话中的神灵创造出来的集市，因为只有用魔法才能让世界各地的货物全集中在这里……资本主义的力量，犹如一双超自然的手，将这次博览会的展品装扮得色彩缤纷，魅力四溢。"②

无疑，这是一次向全世界宣示英国的繁荣、富足与强大的博览会。作为工业霸主，此时的英国登上了世界之巅。

19世纪50年代的英国，其生铁产量占到世界的53%，煤和褐煤的产量占到世界的50%，消费的原棉占到世界原棉产量的50%。英国工业的生产能力相当于欧洲生产能力的55%—60%、世界生产能力的40%—50%，其人均工业化水平是法国和美国的3倍、中国的15倍、印度的20倍。与此同时，英国始终保持着相当于别国两倍以上规模的强大海军，而其实际战斗力有时可能超过任何别的国家的3支海军或4支海军，基本上等同除自身以外的世界海军实力的总和。悬挂着英国国旗的商船队，占到世界商船队的三分之一强。伦敦是全球的贸易中心、金融中心、政治中心和新闻中心。英国的殖民地遍

---

① 郭家宏等：《维多利亚女王》，长春：吉林人民出版社1998年版，第142页。
② [英]托马斯·麦格劳：《现代资本主义：三次工业革命中的成功者》，赵文书等译，南京：江苏人民出版社2000年版，第56—57页。

第二章 政制维新——所有的一切都在变化，唯有变化不变

布全球各大洲。在整个 19 世纪，英国是世界领导国。

如此悬殊的国家实力和地位，在英国之前还没有出现过。以往的世界大国从未像英国这样因开创一种新的文明而引导了世界的潮流，让整个世界都走上了工业化的道路。不少大国历史上也出现过繁荣昌盛的局面，但从未像英国这样，一个国家的实力竟然等同于世界所有其他国家的实力。

追根溯源，虽然英国的大国地位奠基于它对现代工业文明的开启，由于其在现代工业发展上的成就才使国家登上世界顶峰，但是，就其起始原因和决定性因素来看，则又是英国"光荣革命"的必然结果。

英国历史上的光荣革命，是在复辟国王查理二世驾崩后发生的。

查理二世 1685 年去世后，由其弟弟詹姆士二世继位。由于詹姆士二世上任之初就颁布一些很不得人心的政策，立即引发了社会动荡和不安。他取消人身保护法，遭到了社会的普遍反对。他降低法国商品的入口税率，工商界愤慨至极。他同查理二世一样也从法国国王路易十四那里领取补助金，贵族对此极为不满。

更为严重的是，他明目张胆地着手恢复天主教的计划，任命一批天主教徒为军官，这立刻在全国引起了轩然大波。反对这一举动最激烈的是资产阶级新贵族，因为天主教比国教更反动，更不利于资产阶级新贵族的经济活动。同时，过去一贯追随斯图亚特王朝和查理二世的保王党人也反对詹姆士二世。这是因为，天主教一旦恢复，国教教会就有可能让位给天主教会，而这是他们所不能容忍的。

于是，1688 年，为了阻止天主教的恢复，也为了防止英国君主作出任何违反资产阶级新贵族利益的事，代表资产阶级新贵族的辉格党人便和代表国教僧侣及封建贵族的托利党人联合起来，决心发动一次革命：废黜詹姆士二世，同时请詹姆士二世的女儿玛丽和女婿——荷兰执政威廉到英国来，分别尊之为英国女王和英国国王。之所以做出这样的决定，是他们认为：（1）荷兰是法国海上贸易的死敌，如果威廉任英国国王，英荷两国可以联合起来共同对付法国这个竞争者；（2）威廉是新教国家荷兰的元首，玛丽是国教教徒，他们夫妇入主英国，可以杜绝天主教的恢复；（3）玛丽是詹姆士二世的女儿，有继承王位的权利；（4）威廉是荷兰的一国之主，拥有相当的军事力量，可以调动荷兰军队来镇压詹姆士二世的反抗。

1688年11月5日，求之不得的威廉接受英国议会的邀请，率领15000名士兵、600艘军舰，在英国西南部的托匀基海港登陆，随即向伦敦进军。威廉到英后受到了贵族和乡绅们的拥护，许多高级军官亲自到威廉的驻地表示支持，甚至詹姆士二世的第二个女儿和女婿都投向了威廉。在走投无路的情况下，詹姆士二世逃到了法国。

1689年2月，英国议会便正式宣布威廉为英国国王，玛丽为英国女王，实行双王统治。

至此，光荣革命成功了。

光荣革命后，虽然英国仍然以国王为元首，共和国的理想永远地告别了英国人，但是，光荣革命在英国的历史上是一个划时代的事件。它不仅将英国1640年以来的革命成果以温和妥协的方式巩固下来，并且以此为出发点，奠定了现代英国的基础，开启了现代英国之路。

第一，光荣革命后，英国建立了新的政治体制。

如果仅仅从形式上看，光荣革命似乎更像是一次家族变动，完全不像是什么革命，因为只改变了一个国王，并且接替王位的又是国王的女儿和女婿。但是，事件的实质却远非如此。

通过这次光荣革命，议会缔造了一个国王——如果没有议会的决定，这个国王是不可能登上王位的。并且，根据议会的条件，登上王位的国王要服从议会。这样，议会和国王的关系就完全被颠覆了，不再是议会屈从于国王，而是国王从属于议会。从这以后，专制主义在英国就结束了，今后统治国家的不再是国王而是议会。

通过这次光荣革命，履行议会执行功能的内阁成员不再由国王个人的宠臣组成，更多的是从下议院多数党领袖中挑选。这意味着一种新的政治机制的产生，即与立法分开的行政权逐渐变成集体行使。

通过这次光荣革命，专制时代固有的矛盾也被解决了。在专制时代，国王是以民众代言人自居而统治国家的；而现在则由民众自己掌握国家，议会是民众的代表，尽管控制议会的在当时还只是大土地所有者。这为英国后来的发展提供了道义基础。

第二，光荣革命后，英国形成了新的社会结构，创造了一个自由宽松的社会。

第二章 政制维新——所有的一切都在变化，唯有变化不变

光荣革命后不久，英国便开始了一场巨大的社会结构的分化与组合。出现的结果是，一种适合于现代工业发展的独特社会结构形成了，先前那种封闭而刚性的社会结构，逐步让位给了具有开放性、流动性的弹性社会结构——三层式宝塔结构。

三层式宝塔结构的顶端是大土地所有者。光荣革命后，圈地变成了政府行为，议会通过立法对圈地行动进行确认。早先是一宗一宗在议会里通过，后来则一批一批地通过。大规模的圈地将农村小土地所有者渐次消灭，逐渐产生了一批大土地所有者，并促使农村也形成了新的社会分层——地主出租土地，农场主经营农场，农业工人耕种土地。这是一种资本主义的生产结构，这就为工业资本主义的到来做好了准备。

三层式宝塔结构的中间是中产阶级，主要包括农村中的中小土地所有者、城市中的商人和作坊主等。在工业化之前，"商人"是中产阶级的主要力量，他们中有银行家、企业主、手工业者等，拥有的财富不等。

三层式宝塔结构的底层涵盖面比较广，包括城市工匠、小生产者、劳工、仆役、流民、失去土地的农民等。

在这种三层式宝塔结构的社会中，虽然社会的主导者仍然是贵族和大土地所有者，但在一个相对宽松的政治和社会框架中，各阶层的创造力更容易得到发挥，经济活动也不再受约束。这就为英国开始现代化进程提供了适宜的土壤。

第三，光荣革命后，英国形成了新的社会价值，为工业革命和国家工业化准备了条件。

通过光荣革命，英国在社会价值领域取得了两个最主要的成果，一是为私有财产正名，二是产生了新的经济思想。

英国的许多思想家都一再地阐述私有财产的合理性。最杰出的代表是约翰·洛克，他更重视强调私有财产的不可侵犯性，认为这是一种"天赋人权"，政府必须予以严格保护。洛克的思想被英国社会广泛认可。工业革命时，许多发明家、企业家，就是在私有财产不可侵犯的保护下而投入发明与创造的。

在新的经济思想方面，主要是自由主义经济理论的形成，其奠基者是亚当·斯密。

亚当·斯密在他出版的《国民财富的性质和原因的研究》一书中，系统地

提出了全新的经济主张,认为要顺利发展资本主义经济,就要有经济自由,就必须铲除封建制度和重商主义限制政策阻止资本主义生产发展的各种障碍。亚当·斯密说,资本的"唯一目的"在于"谋取暴利",当资本家使用资本时,"既不打算促进公共的利益,也不知道他自己是在什么程度上促进那种利益……在这场合,像在其他许多场合一样,他受着一只看不见的手的指导,去尽力达到一个并非他本意想要达到的目的"①。

这一著名的"看不见的手"的理论,否认国家对经济的任何参与,提倡"自由放任"。后来,大卫·李嘉图又发展亚当·斯密的思想,使"自由放任"成为社会的主导思潮。而英国的另一位思想家边沁则不仅给"自由放任"以充分的支持,并且还从伦理学的角度阐述了其存在的合理性,认为这包括两个基本原理:一是最大幸福原理,二是自利选择原理。边沁认为,追求幸福是每一个理性人的最大目标,"鼓励人们为他人造福并不是取得最大程度幸福总和的最好方法,最好方法是让个人尽可能自由地按自己的方法去追求自己的幸福"。边沁主张,国家权力的行使应限于最小限度,即只限于保护自由和财产安全,除此之外,政府不应作任何干预。②

这样,至英国工业革命开始之前,一种全新的社会价值即已汇聚成一股潮流,推动人们去追求财富,也刺激人们去创新技术。正是在这种新的价值取向的支持下,英国工业革命终于爆发了。

这次工业革命是人类将手工技术过渡到机械技术的伟大变革,是人类历史上生产力发展的一次巨大飞跃。它与普遍繁荣的近代科学一起,让英国和整个资本主义世界的工业生产成倍增长,农业经济空前繁荣,交通运输巨大改观,把社会的整个基础都革命化了。

所以马克思恩格斯评价说:"自然力的征服,机器的采用,化学在工业和农业中的应用,轮船的行驶,铁路的通行,电报的使用,整个整个大陆的开垦,河川的通航,仿佛用法术从地下呼唤出来的大量人口,——过去哪一个世纪能够料想到有这样的生产力潜伏在社会劳动里呢……资产阶级在它的不到一百年的阶级统治中所创造的生产力,比过去一切世代创造的全部生产力

---

① 邓蜀生主编:《影响世界的100本书》,南宁:广西人民出版社1995年版,第267页。
② 马啸原:《西方政治思想史纲》,北京:高等教育出版社1997年版,第419页。

第二章 政制维新——所有的一切都在变化，唯有变化不变

还要多，还要大。"①

第四，光荣革命开辟了英国式的政治变革道路。

在光荣革命前，英国的政治革命往往都是暴力的流血的。1649年，因为一次革命，国王查理一世被送上了断头台。1660年，因为对革命的"革命"，护国公克伦威尔已经腐烂的尸体被从坟墓里挖出来，先吊上绞架示众，然后再被砍头，同前国王查理一世一样身首分离……对此，人们已经不屑。

而在光荣革命中，旧制度中的合理部分可以保存，新的制度可以通过革命获得，更为重要的，它使人们明白了，政治制度的变迁可以通过非暴力的革命方式来完成，不必付出太大的社会代价。此后，这份光荣革命带来的最深刻最重要最独特的遗产，就在英国的历史进程中大放异彩。光荣革命后所进行的一系列后续改革，包括议会改革、政党制度改革、文官制度改革和司法改革，都是在议会的框架内通过和平与渐进的方式进行的。

可以说，正是因为有光荣革命的示范，英国才比较顺畅地完成了由立宪君主制向现代民主政治的过渡。光荣革命后的300多年来，英国再也没有发生流血的政治革命，再也没有出现过政治制度上的反复和倒退。这与欧洲大陆诸国在几个世纪中长期内乱和动荡不安形成了鲜明对比。

曾经无限风光的英国虽然今天不再风光无限，但是其留下的历史遗产却是长存的。英国光荣革命及其以后的史实证明：一国的振兴和强大，最根本的是靠先进的制度作保障；而当制度已经落后时，就应当通过制度革命来使它重新先进。英国之所以能够在300多年前崛起并且主宰世界长达两个世纪之久，就是因为它在许多关键时刻都站在历史的前沿，创造了领世界之先的政治和社会制度。它的议会体制，它的民族国家，它的政党政治，它的社会民主等，都曾在世界历史上领先，都曾被许多国家效仿，以致在今天的世界上也仍然有许多地方保存着英国制度的精髓。

英国光荣革命后所具有的世界地位不仅是物质的，也是精神的。

---

① 《马克思恩格斯选集》第1卷，北京：人民出版社1972年版，第256页。

法国：路易应当死，因为祖国必须生

"14日，星期二，无事。"

这是法国国王路易十六1789年7月14日在记事本上写下的一行字。

显然，这一天在国王看来很平常，甚至有些平淡。因为连经常进行的猎鹿游戏都没有，所以无事可记。但是，路易十六认为无事的这一天，却成为了一个改写法国历史的重要日子。

就在这一天，手持武器的巴黎市民正在进攻一座被当作监狱的中世纪的城堡——巴士底狱。尽管此时监狱里只关着7个人，但是市民们却为此激战一天，牺牲了98人。因为巴士底狱历来是专制王权的象征，摧毁它是推翻专制统治最具有代表意义的行动。

7月15日早晨，路易十六在听一位近臣的汇报。他吃惊而困惑地问："怎么？造反啦？"近臣回答说："不，陛下，这是一场革命。"[1]

这场革命被人们称为法国大革命。

路易十六刚刚从睡梦中惊醒时，革命已经开始了急风暴雨般的进程。法国的最高权力也很快就从国王手中转移到了由第三等级议会代表组成的国民议会手中。攻占巴士底狱之后仅仅20天，国民议会就宣布：废除一切封建特权。这就意味着120多年前由国王路易十四建立起来的绝对君主制寿终正寝了。

法国为什么会爆发一场摧毁绝对君主制的革命呢？在过去的一个多世纪里，路易十四和他所创建的制度究竟给法国带来了什么？

1661年，路易十四开始临朝亲政，这位君主在半个多世纪里掌握着高度集中的王权，并借此把法国带到了一个鼎盛时期。在巴黎西南郊的凡尔赛宫，是人们遐想300多年前法国盛世的最佳标本。这座富丽堂皇的宫殿，正是当年路易十四表演绝对王权的硕大舞台。年轻的路易十四亲政后，第一项措施

---

[1] 沈炼之主编：《法国通史简编》，北京：人民出版社1990年版，第160页。

第二章 政制维新——所有的一切都在变化，唯有变化不变

就是废除首相，把一切国家事务的决定权都揽在自己手中。政府内阁成员一共只有6个由他本人亲自选定的大臣，虽然每周也召集大臣们讨论国家大事，但做决定的永远只有国王自己。路易十四的口头禅就是"朕即国家"。

在路易十四时代，法国出现了空前未有的繁荣，财力、军力都曾强大无比。然而，在这位让法国第一次称霸欧洲的君主去世74年之后，法国大革命就推翻了曾经给国家带来巨大荣耀的绝对君主制。

为什么会这样呢？原来，为了争夺欧洲的霸权，路易十四在亲政的54年间就打了31年的仗，连年征战逐渐掏空了国库，因为税赋又累积和引发了不可调和的社会矛盾。到路易十四统治末期，走向衰老的就已不只是国王本人，还有绝对权力的整个国家政治系统，君主专制已经失去活力、筋疲力尽了。

不过，更糟糕的还在于他的继承人路易十五。这位国王玩世不恭，除了继承着他的先辈们奢侈的醉生梦死的生活，对国家大事毫无主见。人民对此怨声载道，每年用成百上千的小册子、海报和讽刺歌谣来发泄对国王的不满。摇摇欲坠的绝对君主制加上这样一位昏君，就注定了法国必然遭遇的危机。

1774年5月，路易十六继位。但先祖留给他的难题要远远超过荣耀。

在路易十六登基14年后的一场天灾中，法国社会长期积累的矛盾终于爆发了。连续性的全国农业歉收，使得1789年成为整个18世纪中面包价格最贵的一年。市民们几乎要花掉全部收入才能勉强吃饱肚子，而农民们却又在承担着比往年更重的税赋。就在这时，为了保障战争，路易十六又下令增加对特权阶层的征税。这就使国王成了包括贵族在内的全体国民的对立者。

为了解决财政危机，路易十六被迫召开已经中断了175年的三级会议，但是，国王和会议代表双方的愿望都落空了。愤怒的代表们成立国民议会，提出了制定宪法的要求；而路易十六则强令解散国民议会，并调动大批军队开赴巴黎。

国王与议会最后一次协商的机会丧失了。于是，愤怒的巴黎人民于1789年7月14日拿起武器，攻占了巴士底狱。这也成为法国大革命的标志。

巴士底狱被攻陷的消息传出后，极大地鼓舞了民众，革命如汪洋之势快速蔓延，猛烈地冲击着封建王朝。民众不仅要推翻国王，而且要用新的理想来设计国家。

在法国国家档案馆里，珍藏着一份记录了200多年前法国大革命理想的

文件。这份文件被历史学家们称为"新制度的诞生证书",这就是1789年8月26日国民议会正式通过的法国大革命的纲领——《人权和公民权宣言》。这个文件从根本上否定了旧时代的王权和特权,确立了人权和法制的社会理念。

但是,到了1791年秋冬,法国大革命的发展遇到了严重问题——在国内,因战争造成的生产停滞导致人民生活恶化,群众严重不满;在国外,以俄国、奥地利和普鲁士为代表的欧洲封建君主势力组成"反法同盟",公开干涉法国内政。为了保卫革命成果,法国国民议会于1792年4月向奥地利宣战,但由于战前动员不充分,再加上王党势力出卖情报,导致了战争失败。

"祖国在危急中!"国民议会向全法国人民发布了这样的信息。

与此同时,国民议会还规定:国家一切行政机关都处于戒备状态,日夜办公;凡能够参战的公民都必须动员起来,领取武器,保卫祖国。

数天之内,仅巴黎一地就有15000人报名参加义勇军。全国各地也纷纷组成义勇军并陆续到达巴黎。

1792年8月10日,巴黎举行了第二次起义,人民占领了王宫。在起义群众的要求下,国民议会通过决议:停止国王的一切职权,迅即召开国民公会;把路易十六当作囚犯押送监狱,等候审讯。

1792年9月22日,于两天前以国民议会为主成立的法国国民公会召开会议,一致决定废除君主制,建立共和国。

就这样,在人民革命的洪流中,统治法国上千年之久的君主政体被冲垮了,法兰西第一共和国诞生了。

共和国建立后,围绕如何处置国王路易十六的问题,代表工商业资产阶级利益的吉伦特派和主要代表中小资产阶级利益的雅各宾派产生了激烈的争论。

还是在1791年12月18日的国民议会大会上,雅各宾派领导人罗伯斯庇尔即在演说中两次疾呼:"路易应当死,因为祖国必须生!"[1]在国民公会这次讨论如何处置国王路易十六时,罗伯斯庇尔又尖锐地指出:对路易十六的审判不是一般的刑事审判,而是对待敌人一样的政治判决;这是保卫国民的必要行动,是拯救祖国的必然措施。[2]

---

[1] 王杭等选编:《历史上最伟大的演说辞》,天津:天津社会科学院出版社2006年版,第85页。
[2] 沈炼之主编:《法国通史简编》,北京:人民出版社1990年版,第179页。

第二章 政制维新——所有的一切都在变化，唯有变化不变

当革命烈火燃烧得使人们失去理智时，罗伯斯庇尔的这些论说无疑是火上加油，导致了更高火焰的燃起。

1793 年 1 月 20 日，法国国民公会对是否以极端的方式来清除帝王统治进行了彻夜讨论。在当晚参加投票表决的 700 多名国民公会代表中，有 361 人主张对路易十六无条件地判处死刑，有 26 人主张判处死缓，有 357 人主张监禁或放逐，有 5 人弃权。最后，国民公会以微弱的多数同意处死路易十六，并决定于次日押赴断头台。

1 月 21 日清晨，天空飘落着蒙蒙细雨。在断头台上，国王向他的臣民们发表最后一次演说："我虽无辜而死，但我宽恕一切。我饶恕我的敌人，同时祈求我的鲜血将造福于法兰西，并祈求我的鲜血可以平息上帝的愤怒。"①

路易十六还想再说些什么，但行刑的鼓声淹没了他的话。片刻之后，路易十六的人头落地。刽子手提起国王的头颅，高举着示众。人群中顿时吼声四起："共和万岁！""自由万岁！""平等万岁！"

至此，法国大革命告一段落。虽然命运多舛的法兰西民族离建立真正的共和政体还路途遥远，但毕竟迈出了具有决定性意义的一步。

美国：创新制度——危机即转机

2008 年 9 月，以美国联邦政府接管房利美和房地美两家房地产机构、拥有 158 年历史的雷曼兄弟公司和拥有 94 年历史的美林公司在一天之内同时破产为标志，美国正在经历一场自 20 世纪 30 年代以来的最为严重的经济危机。这场经济危机会酿成美国的全面危机吗？美国真的会由此衰落吗？仅仅一场经济危机就能摧毁美国这个世界超级大国吗？人们正拭目以待。

不过，不应该忽视的是，美国在过去的岁月中曾遭遇过若干次危机，有经济的、社会的，也有政治上的。而目前的这场危机，只不过是美国建国 230 多年来所遇到的诸多危机中的一个。有意义的是，人们不难发现，无论是经

---

① 中央电视台《大国崛起》节目组编：《大国崛起·法国》，北京：中国民主法制出版社 2006 年版，第 110 页。

济、社会或政治危机，美国每次都能安然度过——或者通过国家制度的弹性和适应力化解危机，或者通过国家制度的创新来化解危机，并且在危机过后愈发强大。所以对美国而言，危机也往往就是转机。

在 230 多年的历史中，美国通过制度的弹性、适应力以及制度的创新，曾化解 3 次国家分裂危机

第一次是在 1787 年。

美国独立后不久颁布实施的第一部宪法性条例——《邦联条例》——运行到 1786 年时，由于条例本身的缺陷和人们对于合众国体制的不同认识，邦联国会即已无法履行职能。不仅各州政府已开始不服从邦联政府的领导，邦联财政岌岌可危，州际矛盾和冲突不断加剧，并且欧洲的一些国家已经窥见到美国正处在瓦解的边缘，相应调整了自己的对美政策，有的国家甚至已经开始筹划在美国分裂时如何瓜分美国的领土或扩大在北美的势力。种种迹象都表明，由 13 块殖民地联合组成的新国家正面临分裂的危机。

如前所述，值此危急时刻，美国的开国元勋们迅速采取措施，于 1787 年制定出一部新宪法，将国家的体制架构由邦联改为联邦。从此结束了 13 州各自为政的混乱局面，从宪政意义上标志着美国革命的完成以及美利坚合众国作为一个统一的民主共和国的真正诞生，并为美国的政治和社会发展提供了一整套荫及后世的制度。

这次分裂危机看似是由宪法层面的问题而引起的，但在根本上反映出的却是国家的体制问题。虽然《邦联条例》既在内容方面有缺陷又存在权威和刚性不够的问题，但最本质的还是对国家的定性有问题，是国家的制度不足。

应该说，美国开国以后取得的第一个最重要的成果，就是通过制定新宪法，成功地进行了由邦联体制到联邦体制的制度创新，从而使新生的合众国得以化险为夷。

第二次是在 1832 年安德鲁·杰克逊任总统期间。

应该说，美国确立的联邦制是在经过了历史的检验之后才为人们所真正认识的，前进道路上并不平坦。在联邦体制运行初期，由于联邦政府享有国家主权及国家最高权力，使它能够有效地运用职责权限，解决国家内部诸如财政经济方面的问题，很快稳定政局。但是，潜伏在奴隶制背后的政治分裂

第二章 政制维新——所有的一切都在变化，唯有变化不变

隐患依然存在。发生在 1832 年安德鲁·杰克逊任总统期间的这次分裂危机，就是联邦体制经历的又一次政治考验。事件是因联邦关税引起的。

1832 年 7 月 14 日，杰克逊总统签署了一项关税法，虽然税率较以往温和，但仍然具有保护性质。这立即遭到了南卡罗来纳州的反对。11 月，南卡罗来纳州在哥伦比亚召开州代表大会，通过了一项拒绝执行联邦关税法的法令。大会还特别颁布《联邦法律废止公告》，宣布联邦关税法从 1833 年 2 月 1 日起无效，并声称，如果州的权威受到联邦政府的武力挑战，州有权脱离联邦。

几周后，杰克逊总统又发表了一个措辞强硬的声明，警告南卡罗来纳州必须遵守关税法律，并将其颁布的《联邦法律废止公告》斥为"与联邦的生存势不两立"。杰克逊总统说："没有联邦，我们的独立和自由将永远不会取得，也不能维持。一旦我们被划分成 24 个独立的地区（指美国当时的 24 个州）或者更小的区域时，可以预见，我们的国内贸易便会有无数的限制和捐税；在不同的地点或区域，相互间的沟通要么是被阻隔，要么就是被切断。一旦这样，我们的子孙就必然把现在还是和平的土地变成血的战场。由于必须征税以维护陆军、海军，就必然会使大多数人民陷入贫困，而那些仰仗着拥有常胜军队的军事领袖，便会成为我们的法律制定者和法官。自由、良好的政府、和平、繁荣和幸福等必然会随着联邦的瓦解而丧失。"①

这场纷争，表面上看是关税问题，而实质上则是州与联邦的权力之争。

针对南卡罗来纳州的分裂活动，联邦政府迅速采取了一系列措施，其中最主要的是国会通过了两项法律。一项是妥协税法，即《1833 年关税妥协方案》，决定将关税税率在 10 年内递减到原税率的 20%，以缓和南卡罗来纳州的对抗情绪。另一项是武力法案，授权总统使用武力执行关税法，立即向南卡罗来纳州增派联邦军队。这实际上是动用武力制止分裂。

鉴于联邦政府的强大压力，再加上联邦政府又采取了缓和措施，这次危机终以南卡罗来纳州议会撤销其州的抵制法令而告平息。

在这次危机化解中，虽然是联邦政府首次运用国家最高权力成功地制止了一次州政府带头策动的分裂行动；但更具有长远意义的，则是在联邦法律

---

① ［美］威廉·德格雷戈里奥：《美国总统全书》，周凯，等译，北京：社会科学文献出版社 2007 年版，第 122 页。

中,从此赋予了总统在国内事务中动用军队的权力。这是对国家宪政的重大修正。

第三次是在 19 世纪 60 年代南北战争期间。

这次与 1832 年南卡罗来纳州闹分裂可以说是同根同源。只不过,这次的范围更大,危机更深刻,以至引发了美国 230 多年历史上唯一的一次内战。

这次危机之所以发生,主要还是南方奴隶主阶级与北方工业资产阶级之间的对抗。正如马克思当时所深刻指出的:"当前南部与北部之间的斗争不是别的,而是两种社会制度即奴隶制度与自由劳动制度之间的斗争。这个斗争之所以爆发,是因为这两种制度再也不能在北美大陆上一起和平共处。它只能以其中一个制度的胜利而结束。"①

19 世纪中叶,随着工业革命的兴起,资本主义经济在美国北部获得了迅速发展,南部诸州奴隶制的存在便成为美国社会经济发展的最大障碍。一边是种植园,另一边是耕地;一边是奴隶,另一边是自由劳工;一方产生了土地贵族,另一方产生了律师和企业家;一方越来越保守并害怕改变现状,另一方则普遍兴起了社会改革与宗教复兴,南北形成了两种迥然不同的社会和政治特色。特别是,南北之间的矛盾在争夺西部"自由土地"的问题上表现尤为激烈——南方奴隶主力图把奴隶制扩大到西部,主张把西部新州确定为蓄奴州;北部则热衷于把资本主义生产关系推广到西部"自由土地"上去,主张在西部新州内禁止奴隶制度。

1860 年 11 月,共和党人亚伯拉罕·林肯当选美国第 16 任总统,在南部奴隶主之中引起了更大的不满和恐慌。

又是南卡罗来纳州带头滋事。12 月,该州首先宣布退出联邦。接着,密西西比、佛罗里达、佐治亚、路易斯安那、亚拉巴马和得克萨斯州相继退出联邦,并于 1861 年 2 月宣布成立"南部同盟",推举密西西比州的州长杰弗逊·戴维斯为南部同盟临时总统,佐治亚州的州长亚历山大·史蒂文斯为南部同盟临时副总统。

1861 年 4 月 13 日,南部同盟攻占萨姆特要塞。4 月 15 日林肯政府发布讨伐令,战争爆发。不久,弗吉尼亚、阿肯色、田纳西和北卡罗来纳 4 个州又

---

① 《马克思恩格斯全集》第 15 卷,北京:人民出版社 1963 年版,第 365 页。

第二章 政制维新——所有的一切都在变化，唯有变化不变

退出联邦并加入南部同盟。此时，北部联邦只剩下23个州，宣布退出联邦的南部同盟达到了11个州。由于南部同盟在军事上准备较为充分，又拥有更多的军事人才，所以战争初期南部同盟在战场上曾取得若干胜利。

但是，为了扭转战局，林肯政府随后颁布了一系列法律和政策措施。主要包括：1862年5月20日颁布宅地法，规定一切忠于联邦的成年人，只需交纳10美元登记费，就可以在西部取得160英亩公有土地，在此土地上耕种5年后即可领取土地执照而成为所有者；1862年9月22日，林肯发表《黑奴初步解放宣言》，宣布自1863年1月1日起，凡当时仍在叛乱的任何一个州的所有奴隶都永远获得自由。这两项决策威力巨大。宅地法的颁布堵住了奴隶制向西部扩张的路子，争取到了西部民众对北部的广泛支持。《黑奴初步解放宣言》促使几十万黑奴逃往北方，许多人踊跃参军，成为反对奴隶制的重要力量。

正如林肯政府所期望的，从1863年起战场形势便发生变化，优势逐渐转向联邦军队。至1865年4月，南部同盟军总司令罗伯特·李率领叛军投降，南北战争以北部联邦军队的胜利而告终。

这场历经4年的战争挽救了联邦，使美国度过了历史上最重大的分裂危机，从此美国再没有发生内乱。

通过这场战争，美国在国家政治制度层面进一步增大了总统的权力，完备了联邦政府行政体制。

出于集中一切力量维护联邦的目的，联邦国会在战争开始后赋予了总统许多宪法没有明确赋予的特别权力，包括征兵、军事指挥、封锁南部、取消人身保护权等。同时，在没收财产、课税、货币管理、国家补助教育、资助经济建设、管理关税、组建联邦银行系统等方面，总统的权力也有扩大。所以有评论认为，林肯总统"通过一系列措施有效地、果断地将联邦政府变成了一个新的联邦体制的领导者，主导了一个从松散的联邦到一个真正的联邦的联邦国家在体制上和思想上的转化"。

战争期间，随着社会的发展和战争的进程，美国还从组织机构和管理制度上比较系统地充实和完善了政府行政体制。包括：建立了农业部，成立了移民局，设立了国家科学院，国会通过了新的移民法案。通过以上这些步骤，大大提高了美国行政体制的完备程度。

通过这场战争，美国在联邦法律制度上也有重要突破。

南方奴隶主阶级分裂联邦时有一个借口，即任何州有权自行决定是否退出联邦。1860年12月24日，南卡罗来纳州在宣布其退出联邦的理由时说："我们认为联邦政府应遵循独立宣言所主张的一项基本原则，即契约法……在两方或多方之间订立的每项契约中，义务是互相的；如果订立契约的一方未能执行协议的实质部分，这同时也完全免除了另一方的义务；在缺乏仲裁人的地方，每一方都享有裁判权来决定是否履行契约及其所带来的一切后果。"①

对于州能不能自行退出联邦，虽然联邦宪法未作明确规定，但林肯从维护国家统一的立场出发，认为州无权自行决定退出联邦。他在1861年3月4日首任总统就职演说中说："如果联邦因一个州或部分州造成毁坏是可能合法的话，那么联邦在宪法面前就是不完整的，因为它已丧失生命的永存性。据此，无论何州都不能根据自己的意愿通过法律退出联邦，宣布退出联邦的决议和法令是无法律效力的。根据目前环境，在任何州发生的反对合众国权力的暴力行为都是叛乱。"②

后来，林肯的这一主张被联邦最高法院予以默认并沿袭。

在230多年的历史中，美国通过制度的弹性、适应力以及制度的创新，曾化解了若干宪政危机

在美国宪政史上，因总统选举纠纷、弹劾纷争、总统被暗杀或突然死亡，曾造成不少宪政危机。但每次都靠宪法的力量、机制的灵活或制度的创新得以度过。比较典型的有以下几次。

一次是1801年的正副总统选举之争。

本来，在竞选阶段，无可争议的共和党领袖托马斯·杰斐逊是作为总统候选人被提名，另一位共和党人阿伦·伯尔是作为副总统候选人被提名，这一点是明确无疑的。但在选举结束后，杰斐逊和伯尔所得的选举人票相等，都为73票，这时伯尔拒绝承认杰斐逊当选总统。这样一来，根据当时的选举制度，他们两人都不能称为获胜，只能进入众议院投票阶段，由众议院在他

---

① 张定河：《美国政治制度的起源与演变》，北京：中国社会科学出版社1998年版，第106页。
② 张定河：《美国政治制度的起源与演变》，北京：中国社会科学出版社1998年版，第106页。

第二章 政制维新——所有的一切都在变化，唯有变化不变

们两人之间作出谁任总统的选择。结果，从1801年2月11日至2月17日，一共进行了36轮投票，才最终决出杰斐逊任总统，伯尔任副总统。

之所以出现这次正副总统的选举僵局，在制度上的一个重要缺陷是，当时只要求投票人在选票上写出一组候选人的姓名，而并未要求投票人在选票上写明谁任总统，谁任副总统。所以，为了防止类似的事件再次发生，美国国会遂于1803年12月12日，出台了宪法第12条修正案，重点明确，"选举人须在选票上写明被选为总统之人的姓名，并在另一选票上写明被选为副总统之人的姓名"。

再是1881年总统被暗杀身亡，出现权力真空后。

凶手查尔斯·吉提已经悄悄尾随詹姆斯·加菲尔德总统好几个星期了，之前有3次他都携带武器并且可以击毙总统，但每次都退缩了。终于在1881年7月2日这一天，当总统同国务卿布莱恩慢步穿过华盛顿的巴尔的摩和波多马克火车站的候车室时，吉提把一颗子弹射进了总统的后背。吉提在1880年的大选中曾支持过加菲尔德，但当他来到华盛顿要求获得一个外交职位作为回报时，被加菲尔德总统拒绝了。因此，这位受挫的官位寻求者就认为加菲尔德必须要丧命。

加菲尔德总统被暗杀不治于两个月后身亡时，依照联邦宪法，遂由联邦最高法院法官约翰·布拉迪来到副总统亚瑟的家里，宣布亚瑟就任总统。但是，由于亚瑟当时是在纽约市来克星顿大街123号的家而不在首都华盛顿，这样就无法进行宪法所规定的继任仪式，也无法选举产生副总统以及参议院的主席。如果亚瑟此时也被暗杀或者突然死亡，美国历史上就将会出现总统空位期，而这种情况无论在法理上还是在实践上都是不允许出现的。因此，为了防止发生这种变故，亚瑟当天就起草了一份声明，宣布参议院进入特殊会议时期，然后即把声明邮寄到了白宫。第二天，亚瑟一回华盛顿即进行了宪法所规定的总统继任仪式，并正式以总统的身份再次宣布参议院进入特殊会议时期，以便依法定程序再产生副总统以及参议院的临时主席。

就这样，继林肯总统被暗杀身亡、实现和平交接后，在美国历史上又一次实现了总统岗位的平稳接替。以后虽然又发生了两次总统被暗杀身亡（1901年9月麦金利总统被暗杀身亡、1963年11月肯尼迪总统被暗杀身亡），但都按照美国宪法，毫无悬念地由其副总统继任，没有造成任何政治动荡。

对于美国政治体制的这种特殊机制和功能，接任加菲尔德的美国总统亚瑟这样评价："人的生命有限，但自由国家的制度不会因此而动摇。证明民选政府的力量和永恒存在，其最好事实就是：虽然民选的国家元首死于非命，但是根据宪法，他的继任者风平浪静地接任了这个职位，而没有引起震惊或紧张，人们只是为逝去的人而感到哀痛。"①

曾引起世人瞩目并受世界推崇的是，在2000年的总统大选中，美国又开创了由联邦最高法院最后判决总统胜出的先例，不仅有效地解决了这次选举危机，并且在刷新美国的民主政治制度中又写下了崭新的一页。

这次选举危机的两位主角，分别是民主党的总统参选人戈尔和共和党的总统参选人布什。

2000年的大选投票结束后，11月7日全国开始计票，戈尔与布什互相交替领先，双方都拿下了自己的"票仓"州和估计获胜的州。民主党如果再拿下佛罗里达州，总统宝座就非戈尔莫属了。但问题偏偏出在佛罗里达州。

大约到了东部时间晚9点，根据一家专门对投票选民进行科学抽样分析的权威机构提供的数据，各媒体宣布戈尔拿下了佛罗里达州。消息传来，戈尔的支持者欢声一片，准备开庆祝会了。然而，在老家得克萨斯州等消息的布什则不以为然——因为他的弟弟在佛罗里达州当州长，共和党又控制着州议会，所以他认为媒体的结论下得太早了。果然，晚10点刚过，媒体即宣布数据有误，佛罗里达州的结果还未最后确定。

到了半夜两点，美国有线电视网宣称小布什赢了佛罗里达，并以总票数271张选举人票险胜戈尔。戈尔颇为大度，马上打电话给小布什祝贺他当选。一时，"小布什赢了"的头条新闻在报馆里开印，世界各国领袖也纷纷发来贺电向新总统示好。戈尔给小布什打完电话后也驱车前往田纳西州州议会大厦，准备公开承认认输。但是，就在戈尔的车队快要到达目的地时，负责佛罗里达州选举事务的州检查长(民主党人)电告戈尔，且慢承认失败，因为戈尔与布什所得选票的差距不到0.5%。根据佛罗里达州的选举法，在这种情况下需要重新计票。于是，戈尔又打电话给小布什，宣布收回认输和祝贺。而这时的小布什却不愿相信这是真的，因为他正准备向狂热的支持者发表接受胜利

---

① 〔美〕威廉·德格雷戈里奥：《美国总统全书》，周凯等译，北京：社会科学文献出版社2007年版，第339页。

第二章 政制维新——所有的一切都在变化，唯有变化不变

的演讲，但他还是无奈地接受了现实，并努力安抚其支持者。世界各国领袖也很尴尬，又纷纷收回了祝贺。此时，全美国甚至全世界都在盯着佛罗里达州。据认为，2000年的总统大选是继1876年拉瑟福德·海斯和塞缪尔·蒂尔登之后争夺最激烈最残酷的一次。

11月8日下午，佛罗里达州总算完成了67个县的计票工作。在大约600万张选民的投票中，布什赢得2909135张，戈尔赢得2907351张，布什比戈尔多得1784张（仅仅相当于佛罗里达州选票总数的0.0299%）。对于戈尔及其支持者来说，这一不到2000张选民票的微小差距，充满了巨大的诱惑。他们相信，通过对选票的重新计算可能会改变选举结果。再则，小布什只是以不到2000票的微弱优势胜出，在这种情况下，根据佛罗里达州选举法的规定，必须由机器重新清点各县的选票。

11月10日，佛罗里达州完成了机器重新计票，虽然布什仍然领先，但与戈尔的差距缩小到了令人难以想象的327票。这一情势促使戈尔方面要求对棕榈滩县等若干属于民主党势力范围的选区进行人工重新计票。但这一提议遭到了共和党的反对，因为按照佛罗里达州的法律规定，虽然在获得相近数目选票的情况下可以进行人工重新计票，但这项法规在重新进行人工计票的程序上并不完善。为此，两大政党互不相让，接下来展开了激烈的角逐。

直到12月12日，经历了无数次的地区法院、州法院的判决与驳回之后，联邦最高法院最终才以5:4的裁决结果，确定了小布什在这次总统大选中胜出。

事后，当选的小布什说："这次权力的和平过渡在历史上是罕见的，但在美国是平常的。我们以朴素的宣誓庄严地维护了古老的传统，同时开始了新的历程……站在这里，我很荣幸，也有点受宠若惊。在我之前，许多美国领导人从这里起步；在我之后，也会有许多领导人从这里继续前进。""这就是美国史：它不是一部十全十美的民族发展史，但它是一部在伟大和永恒理想指导下几代人团结奋斗的历史。这些理想中最伟大的是正在慢慢实现的美国的承诺，这就是：每个人都有自身的价值，每个人都有成功的机会，每个人天生都会有所作为。""血缘、出身或地域从未将美国联合起来。只有理想，才能使我们心系一处，超越自己，放弃个人利益，并逐步领会何谓公民。"①

---

① ［美］威廉·德格雷戈里奥：《美国总统全书》，周凯等译，北京：社会科学文献出版社2007年版，第823页。

事后，总统落选人戈尔也称："我们都属于一个民族，有着共同的历史和共同的命运。"①

至此，这次总统大选出现的危机又一次烟消云散了。

在230多年的历史中，美国通过制度的弹性、适应力以及制度的创新，还化解了若干经济危机

最具代表性的是20世纪30年代的经济大危机。在这次危机中，通过"罗斯福新政"的实施，不止挽救了美国的经济，而且挽救了美国的资本主义制度。

"罗斯福新政"是在美国的经济繁荣戛然而止、社会处于极度恐慌、资本主义制度乃至整个西方文明面临严峻挑战的时刻出炉的。

1929年10月24日，纽约证券交易所出现了灾难性的股价暴跌。这一天，有1300万股股票在一片慌乱中竞相抛出，道·琼斯工业指数降幅达到22%。这一前所未有的反常现象引起了股市的大恐慌。到10月29日，华尔街刮起了更猛烈的股票抛售风潮，当日交易中售出的股票多达1641万股，50种主要股票的平均价格狂泻近40点，被称为"黑色星期二"。不出两个月，纽约市场的股票价值总共下跌了450亿美元左右。

这在美国的历史上是从未出现过的，美国延续10年的繁荣至此结束了。从1929年至1932年间，有101家银行、近11万家企业先后破产。全部私营公司的纯利润从1929年的84亿美元降为1932年的34亿美元。外贸进出口总额从1929年的93亿美元下降到1932年的30亿美元。国民收入也从1929年的878亿美元降到了402亿美元。到1933年3月，美国完全失业的人达到1700万，破产的农户约102万，全国总人口的28%无法维持生计。

罗斯福总统就任时曾这样形容此时的美国："购买力已经萎缩到难以想像的程度；税收增加；人们的支付能力下降；各级政府机构面临着严重的经费削减；现行的贸易交易途径被冻结；工业企业枯枝败叶般四处飘零；农场主无法找到产品销售市场；成千上万家庭多年的积蓄丧失殆尽。更为严重的是，大批失业的市民们面临着严酷的生存困境，而众多的人们只能以艰苦的劳作

---

① 任东来等：《美国宪政历程：影响美国的25个司法大案》，北京：中国法制出版社2005年版，第450页。

第二章 政制维新——所有的一切都在变化，唯有变化不变

换取微薄的报酬。只有盲目乐观的人才会无视现实的严峻。"①

这次经济危机不仅引起了美国生产力的大倒退和大破坏，而且加剧了政治危机，出现了社会大动荡。1932年3月，约3000名失业工人在底特律的福特汽车厂门前示威，警察在驱散游行队伍时向人群开枪，打死4人。这年夏天，又有2万多名退伍军人向华盛顿进军，联邦政府于7月28日出动军队镇压。终于，经济危机导致政府使用暴力，人民流血了。

就是在这样险恶的情况下，美国开始实施"罗斯福新政"，这是一项史无前例的联邦政府计划。其主要内容包括：（1）为应对银行危机，禁止黄金出口并使美国货币正式脱离金本位制；（2）成立联邦紧急救济署，负责向穷人提供帮助；（3）雇用300多万名18~25岁的青年，实施民间筑路、护林、保土工作计划；（4）颁布并实施《农业调整法》；（5）颁布并实施《工业复兴法》；（6）实施田纳西流域工程计划；（7）成立联邦证券交易委员会；（8）颁布并实施《住房法》；（9）成立联邦工程进度管理署；（10）成立联邦农村电气化管理局；（11）成立联邦劳工关系局，颁布并实施《瓦格纳法》；（12）颁布并实施《社会保障法》。

罗斯福是从政治稳定、国家发展的大局来看待这些政策措施的。他在1938年4月致国会的咨文中指出，如果不改变人民处于依附和贫穷的状态，国家的民主和自由就不会是安全的。所以，在罗斯福新政期间，罗斯福政府共发布700多项法令，设置了35个具有社会和经济职能的行政机构，动用了350亿美元的联邦资金，来恢复秩序、恢复生产、整顿金融、调节劳资关系、实行大规模的社会救济和社会保险，以重建美国。

"罗斯福新政"不仅是美国历史上一次死里逃生的经济复苏和改革，同时也是美国历史上一次最具革命意义的政府制度创新。

首先，鉴于自由放任式市场经济存在的致命缺陷，联邦政府全面加大了干预社会经济事务的力度。除了运用立法、行政、司法权力和政策手段之外，还凭借国家垄断资本与私人资本相结合产生的力量，采取"国有化""计划化"的方式来指导全社会的经济活动，以此实现控制、管理和调节再生产的目的。

---

① 〔美〕J. 艾捷尔编：《美国赖以立国的文本》，赵一凡等译，海口：海南出版社2000年版，第392页。

其次，为了创造安定的社会条件，保证扩大再生产和劳动力的再生产都能够顺利地进行下去，联邦政府大力推行"福利国家"政策，使政府的社会职能逐步涵盖了社会生活全领域，包括公共教育、交通建设、医疗、社会保险、贫困救济等。尤其是1935年《社会保障法》的推出，是美国社会保障制度和社会保障体系建设的一个分水岭，它标志着美国政府从此大规模地介入到社会福利事业。

再次，在管治国家的方式上，联邦政府以全社会统治者的姿态出现，并从此获得民众认可。以往，美国人在经济和社会领域是比较保守的，即使面临全国性的灾难也是如此。人们认为政府不应该干预经济和社会事务，主张政府应该放任经济和社会生活自由发展。然而经济大危机改变了人们的看法。为了保护个人免受经济损失和不测之灾，人们不再顾及宪法中州权和保留权利等条文的限制，也不再束缚于以往凌驾于政府头上的不要多加干预的传统理论框架。

经过20世纪30年代的经济大危机和"罗斯福新政"后，美国政府已经不再是单纯的政治制度和社会秩序的维护者，而是国家经济的管理者、各种经济法规的制订者和执行者，全社会和社会全领域的统领者和治理者。而政府这些角色的新变化，应该归功于这一时期的美国政府制度创新。

在230多年的历史中，美国通过制度的弹性、适应力以及制度的创新，还化解了若干社会危机

比较有代表性的是上个世纪60、70年代。当时的美国社会，种族歧视、妇女和青年争取平等权利与参政的斗争、社会暴力、吸毒、颓废和全社会的物质主义、反对越南战争等，诸多矛盾和问题都交织在一起，互为影响，推波助澜，出现了危机四伏的局面。第37任总统尼克松曾指出："自20世纪60年代以来，暴力犯罪率增长了560%以上。非婚生子女增长了400%。离婚率增长了4倍。生活在单亲家庭的儿童增加了2倍。每8名儿童中就有1名靠福利救济生活，比1960年增加了2倍。未成年人自杀率成倍增长。每天有16万名学生因担心受暴力袭击而呆在家里不敢去上学。滥用药物的现象在逐渐增多，美国的中心城市仍在承受着200多万可卡因瘾君子造成的灾难性后果。""面对一种精神上的危机，我们需要一种精神上的回答。这些回答是行动，而

第二章 政制维新——所有的一切都在变化，唯有变化不变

不是状态。"①

针对这些情况，美国主要是从进一步扩大公民的民主权利、进一步促进社会公平入手，重点在国家制度层面解决黑人、妇女和青年人争取平等权利与积极参政的问题。自那以后，美国就再没有发生过大的社会冲突和政治性流血事件，激进的游行示威也大为减少。

在国家制度和政策方面，美国历来就是通过不断地调整变革来实现自己的与时俱进并日益满足社会的发展需要的。所以，第 42 任总统克林顿说："我们的民主制度不仅是世界的典范，而且是我们自我振兴的动力。"②

日本：两次维新，两次新生

1989 年 1 月，日本政治家石原慎太郎与索尼公司董事长盛田昭夫合著的《日本可以说"不"》一书，一经出版便不胫而走，在日本国民中争相传阅。这部一年之内连版 9 次、销量超过 100 万册的书，大胆直率地对第二次世界大战后的日美关系提出了全面质疑，认为日本与美国的关系已经发展到了一个新的阶段，日本不必再对美国唯唯诺诺，而应该在必要时直言相争。

一石击起千层浪。这部书不仅在日本列岛舆论哗然，如同鼎沸，同时也引起了国际社会尤其是美国的广泛关注。美国情报人员把这部书当作日本霸权主义故态复萌的苗头而加以高度警觉，有的甚至主张将这部书列为美国国会议员和国防部人员的必读物。

尽管这部书受到日本国内外的强烈指责，但是石原还是言犹未尽，又与他人合作接二连三地抛出了《日本还要说"不"》《日本坚决说"不"》两部续集。非但如此，石原还在两部续集中对《日本国宪法》《日美安保条约》中的一些重大原则问题进行激烈抨击，呼吁日本国民从战败意识中摆脱出来，实现"精神

---

① 〔美〕理查德·尼克松：《超越和平》，范建民等译，北京：世界知识出版社 1999 年版，第 192、196 页。
② 〔美〕威廉·德格雷戈里奥：《美国总统全书》，周凯等译，北京：社会科学文献出版社 2007 年版，第 777 页。

自主"。

石原虽然是日本政界著名的鹰派人物，在对外关系方面一贯持强硬立场，然而，如此大张旗鼓地对美国展开咄咄逼人的舆论攻势，一改战后几十年来日本在外交方面的谨小慎微态度，这在以往是绝难想象的。客观地看，日本战后的重建中有很多方面都是受益于美国的。美国除了向日本提供大量的经济和技术援助，还为日本提供"核保护伞"，使日本节省了巨额的军事支出。战后的日本之所以对美国毕恭毕敬，原因也盖出于此。这是作为政治家的石原再清楚不过的。那么，石原又为何连续抛出3部向美国以至向全世界挑战的书呢？

原来，二战结束后的日本经过几十年的迅速发展已经一跃成为仅次于美国的世界第二大经济体，并且正向着政治大国、科技大国和军事大国的宏伟目标迈进。如此的实力和地位，在石原看来，日本当然可以向美国以至于向世界大胆地说"不"了。

回望日本近代以来的历史，二战后的迅速崛起其实已经不是日本的第一次了，第一次应该是明治维新后的那一次。并且，日本的这两次迅速崛起都是靠国家制度的根本变革实现的。

开国后，通过明治维新，日本走上富国强兵的道路，实现了第一次崛起。

自17世纪初开始，日本这个封建小国曾度过了两百多年闭关自守的时光。在1633年至1639年的7年间，德川幕府5次颁布《锁国令》，禁止与外国通商通航。直到1853年，美国4艘军舰才在日本叩关成功。1854年3月，随着德川幕府与美国人签署《神奈川条约》，日本锁国的大门进一步被西方列强打开。此后几年，英国、荷兰、俄国又相继同日本缔结了类似的条约，日本面临着沦为半殖民地的危机。

不过，日本在遭遇巨大危机的同时，也迎来了弃旧图新的机会。

1866年至1867年间，日本发生了历史上空前规模的反侵略反封建运动，其核心是反幕倒幕。因为到德川幕府末期，日本的封建社会已经维系了1200年，加之德川幕府在长达264年的统治中实行严酷的封建专制，已经导致国内矛盾日趋激化，农民起义和城市暴动风起云涌，整个国家都处于风雨飘摇之中。

就是在这种情势下，明治维新运动开始了。

第二章 政制维新——所有的一切都在变化,唯有变化不变

1867年12月9日,反幕倒幕势力打出"尊王讨幕"的旗号,拥立17岁的睦仁为天皇,发动了"王政复古"政变。迫于强大的压力,德川幕府还大政于天皇。随后,睦仁天皇发布《王政复古大号令》,废除幕府,建立了新政府。

1868年3月14日,日本新政府发表了施政纲领及新政规范,被概括为5条誓文:(1)广兴会议,万机决于公论;(2)上下一心,盛行经纶;(3)文武一途,下至庶民,各遂其志,人心不倦;(4)破除旧有陋习,立基于天地之公道;(5)求知识于世界,大振皇基。这5条誓文实际上是新日本的宣言。它宣告日本从此将破除封建制度,学习西方资本主义,走富国强兵的道路。

根据这个施政纲领,日本政府陆续采取了一系列具体政策和措施,以把维新运动推向深入。

在政治上,重点建立近代资产阶级国家制度。1868年6月,天皇颁布《政体书》,明确由天皇掌管国家权力,下设太政官辅佐天皇。1868年9月,宣布定江户为东京,改年号为"明治",并规定日本天皇一代只用一个年号,以强化集权。1869年6月,明治政府令各藩主交出领地领民,使其丧失了领主权。1871年又废藩置县,实行府县制,把全国划分为3府72县,由中央政府任免知事。这之后,明治政府还废除了公卿、诸侯之称,借此取消了封建等级,实行皇族、华族、士族和平民的身份,"四民平等"。1885年12月,明治政府又宣布废除太政官制,改行内阁制,由伊藤博文任第一届内阁总理大臣。1889年3月,明治政府颁布《大日本帝国宪法》,规定天皇为国家元首,总揽统治权。至此,明治政府彻底废除了封建幕府,巩固了天皇制政权,形成了中央集权的统一国家,成为维新运动中的一次深刻的革命性变革。

在军事上,明治政府于1872年11月公布征兵令,制定了各种扩充军备的措施,对军制进行了改革。模仿英国皇家海军创建了日本近代海军,模仿法国陆军创建了日本近代陆军。

在经济上,明治政府打出"殖产兴业"的旗帜,把发展工业作为一项主要任务。1868年5月,颁布《商法大意》,废除行会特权,实行买卖自由;1869年废除箱根及各道关卡,改商法司为通商司;1870年设工部省,负责制定殖产兴业计划;1871年允许农民种植自由,兼营工商业;1872年废除封建驿马制度,取消对交通的限制,并按照英国的模式建立了现代的电报和铁路;1873年实行地税改革,承认土地私有和买卖自由。后来,又通过财政改革和

颁布银行条例，建立起近代金融体系，为资本主义的发展创造了条件。

在文化教育上，明治政府推行"文明开化"政策。1872 年 8 月以法国的学校区划制度为样板颁布了学制，按照美国的模式开办了大学。与此同时，政府还广聘外籍人才到国内施教，大量选派海外留学生，直接吸收西方文明。

在生活习俗上，明治政府颁布了一系列指令，改变旧的生活习惯，倡导近代文明生活习俗，如剪发、易服、食肉等。

在外交方面，明治政府成立不久便开始了修改不平等条约的努力。

终于，到 19 世纪末期、20 世纪初期，日本在明治维新后用不到半个世纪的时间，就基本上完成了从封建社会向资本主义社会的转型，走完了西方资本主义国家用两百年左右的时间才得以完成的工业化路程。

近代以来，日本第一次崛起了。

但是这次崛起也给日本带来了灾难的祸根。明治维新开始后不久，日本迅速发展的经济同狭小的国内市场之间发生了尖锐的矛盾。由于基础脆弱、资源贫乏，日本难以通过商品的自由竞争在世界市场上夺取英美法德等西方列强的势力范围；再加上，明治政府的富国强兵政策是以军事工业为主导来带动国家的工业化的，这样，通过武力为经济扩张开辟道路便成为日本的基本选择，这就促使日本迅速地走上了军国主义道路。政治和军力一旦失去理性，就必然会毁坏别人，同时也招致自己的毁灭。

第二次世界大战结束后，通过非军事化、民主化改造，日本走上复兴腾飞之路，实现了第二次崛起。

1945 年 8 月 30 日，麦克阿瑟乘坐的飞机徐徐降落在日本神奈川县厚木机场。往年这个日子，晚夏午后的直射阳光会照得人眼睛发疼。可是今年的这天，天空却一碧如洗，秋意甚浓。

飞机准确无误地停在停机坪上。机头上画的吕宋岛地图格外醒目。机舱门打开了，麦克阿瑟踏着银白色的舷梯走下来。他身材高大，穿着土黄色军服，肩上佩着五星上将肩章。虽然他的职务是美国驻远东军总司令、太平洋战区盟军最高司令官，但实际是肩负着从根本上对日本进行一次天翻地覆的改造的任务而来的。

麦克阿瑟右手握着一支用苞米棒做的烟斗。这种烟斗向来是开拓者的爱用之物，是美国历史上开发西部时人们爱用的一种小物品。麦克阿瑟也爱用

第二章 政制维新——所有的一切都在变化，唯有变化不变

这种烟斗，6年后他由羽田机场返回美国时，手里握着的依然是这种烟斗，因为他一向以美国在远东的开拓者自居。

麦克阿瑟抵达日本时，日本是动荡不安的。经过长达8年的战争岁月，日本国民对一切都麻木了，日本岛到处都是残垣断壁和弹痕累累的焦土。战争虽然结束了，但民众的生活却依然痛苦不堪，国家的经济也陷入绝境。

在1943年11月，就处理日本的问题，中美英3国曾举行开罗会议，在《开罗宣言》中明确了基本原则。1945年7月，以中美英3国名义发表的《波茨坦公告》又详细地阐明了处置日本事项。其主要内容包括：日本无条件投降，解散日本法西斯军队，严惩战争罪犯，对日本实行军事占领并对日本进行非军事化和民主化改造。

1945年8月，美国根据《波茨坦公告》又发布了《美国战后初期对日政策》。根据这份美国占领日本期间的纲领性文件，"盟军最高统帅总司令部"于同年9月成立，麦克阿瑟任总司令，负责战后日本事宜。麦克阿瑟这次来日本，就是来履行这一职务、完成上述使命的。

盟军最高统帅总司令部除下设有关军事职能的机构外，还成立了全面控制日本政局的民政、民间情报、经济科学、天然资源等9个局。这些机构以"盟总指令"或"备忘录"的方式指挥日本政府。按照同盟国关于处置日本的一些基本原则，也出于压制日本这个美国在远东地区竞争对手的需要，美国在占领日本期间对日本的政治、经济、军事及社会生活的各个方面，都进行了一系列改革，促使日本走上了非军事化和民主化的道路。

战后初期在促使日本非军事化方面采取的主要措施包括：(1)遣散军事人员，销毁军事装备。大约有700万名日本士兵被遣散，价值数十亿美元的战争物资被销毁。(2)逮捕战犯和政治整肃。以东条英机为首的7名罪大恶极的战犯被远东国际军事法庭判处绞刑。共取缔支持日本军国主义的政党、社会团体147个，这些机构中的20多万人被解除公职。(3)废除了在煽动日本军国主义狂热中起重要作用的神道教。(4)改革了有助于战争的日本警察制度。

在实施民主化改造方面，日本在麦克阿瑟和盟军最高司令部的监控下，采取了如下主要步骤：

——修改宪法。于1946年11月公布了新的《日本国宪法》。新宪法把过去总揽统治大权的天皇变成了象征性的天皇。日本学者称，让天皇"两手空空

却霞光四射，一无所有然而却取之不尽"①，是一种绝妙的做法。与此同时，天皇专制主义的支柱——军部被予以解散；国家的最高权力机构转移到了由众议院和参议院组成的国会手中；内阁由众议院中占多数席位的政党组成，掌管国家的行政权力；司法机关也由天皇的一个从属机构成为与国会、内阁并列的独立机构。这样，日本政治制度中的封建主义因素、法西斯主义因素即被革除了，立法、司法、行政三权分立的政治体制即建立起来了。新宪法中还特别规定，日本"永远放弃作为国权发动之战争，放弃以武力威胁或行使武力作为解决国际争端的手段"。

——解散财阀。日本的财阀以家族为中心，与政府、皇室关系密切，具有极强的封建性和排他性。在战争期间，他们控制了国家的经济命脉，操纵着日本的政治生活，成为法西斯主义在经济上的重要支柱。为此，美国占领当局督促日本政府对财阀采取了限令解散的措施，勒令财阀家族及财阀公司负责人一律辞职。1947年4月和12月，日本国会又分别公布了《禁止私人垄断法》和《经济力量过度集中排除法》，以防止解散的财阀复活。这次解散财阀和禁止垄断，为日本的工业现代化开辟了道路。

——农地改革。为改变农村寄生地主制的土地制度，日本从1945年底开始推行农地改革方案，规定不在村的地主的全部土地、在村的地主超过一町步(约合14.8亩)的土地、自耕农超过三町步的土地及其他应由国家收购的土地，一律由政府强制征购，并通过农地委员会(由地主2人、自耕农2人、佃农5人组成)售给无地农民，用货币地租代替实物地租。通过农地改革，寄生地主制被废除了，以自耕农为主的农村经济建立起来了。

日本战后的非军事化和民主化改革，是在日本被打败、美国单独占领日本的特定历史条件下，由美国占领当局监督日本政府进行的，尽管存在着不彻底性和不可避免的局限性，但这是日本历史上一次反封建主义、反军国主义和反法西斯主义的重大变革，具有划时代意义。在政治上，实现了政治体制的民主化，从而保证了战后日本政局稳定与经济的高速发展。在经济上，废除了财阀，为日本的企业管理和经营体制的现代化创造了条件。战后日本的变革是日本发展史上的里程碑，它开启了日本的复兴腾飞之路。

---

① 〔日〕斋藤荣三郎：《中曾根首相的思想与行动》，共工译北京：商务印书馆1984年版，第106页。

第二章 政制维新——所有的一切都在变化，唯有变化不变

战后经过仅10年的调整恢复之后，日本即迎来了近20年的飞速发展时代。在整个20世纪60年代，日本的国民生产总值平均每年增长11.1%，为美国的2.8倍，西德的2.3倍，英国的4倍。虽然在20世纪70年代的石油危机中增长速度有所放慢，但除个别年份外，日本的年增长率仍居西方各发达国家之首。

从1980年起，日本已经在一系列发展指标上确立了其无可置疑的经济大国地位。1985年底，日本超过英国成为世界的最大债权国，海外净资产达到1298亿美元。1987年，日本获得4项世界之最：外汇储备达到686亿美元，超过西德居世界第一；人均GDP达到19564美元，超过美国居西方七国之首；国民总资产达到43.7万亿美元，为世界第一；在全球25大银行中，日本占了22家。到1989年，日本的对外投资达到441亿美元，又超过英美而居世界第一。

与此同时，日本还连续不断地向世界推出若干高技术产品，日货所向披靡——其摩托车将英国的摩托工业挤出了世界市场；其照相机产业迫使最有名的德国同行退居次席；其音响横扫北美市场；其汽车更令美国汽车界的巨子食不甘味，寝不安席；其钟表业比起世界著名的瑞士钟表业也毫不逊色。从1986年至1991年，日本连续6年被洛桑管理协会和世界经济论坛评为国际竞争力最强的国家。

日本二战后如此迅速地崛起在当时的世界史上是绝无仅有的。它是日本通过脱胎换骨的国家制度变革，带给世界的又一个奇迹。

苏联：为国务活动家的错误付出代价的是民族

在人类历史上，很多大国的崛起是制度原因决定的，很多大国的衰落也同样是制度原因决定的。20世纪，苏联的衰落及至最后解体，在国家制度方面的教训也是极为深刻的。

1917年，十月革命一声炮响，人类历史上第一个实行社会主义制度的国家诞生了。

曾经，从1917年到1936年，苏联只用20年时间，便使国民生产总值跃升至欧洲第1位、世界第2位，把一个落后的农业国建成了一个先进的工业国。

曾经，在第二次世界大战人类经历的历史大浩劫中，苏联红军把正义的旗帜插到柏林帝国大厦的屋顶，为夺取世界反法西斯战争的胜利作出了卓越的贡献。

曾经，苏联是国际共产主义运动的中心，巨大地缘政治同盟的领袖，世界上唯一能与美国抗衡争霸的全球超级大国，全人类历史范围的一种文化和意识形态现象。

但是，历史在这一天停止了脚步。1991年12月25日，克里姆林宫上空那面为苏联几代人所熟悉的印有镰刀锤子图案的苏联国旗在夜幕的寒风中悄然落下，再也没有被升起。晚22时，戈尔巴乔夫面对架在总统办公室的苏联中央电视台和美国有线新闻电视台的摄像机，向全苏联和全世界发表声明，宣布辞去苏联总统职务。随之，苏联最高苏维埃通过最后一项决议，宣布苏联停止存在。至此，矗立世界74年的苏维埃社会主义共和国联盟正式解体。

分析苏联的发展史和国家制度史，人们不难看到，苏联在初创时期的制度是先进的和优越的，虽然从一开始即埋下集权主义的基因，但在总体上是适应苏联社会的前进和发展的，问题是后来未能与时俱进地保障其制度的先进性和优越性。特别是，其政治制度的刚性有余，弹性不足，民主政治建设严重匮缺，没有建立起有效的自我更新机制，失去了再生能力。

这样一来，就如同近代以来几乎所有的世界性大国都是通过制度上的革命才实现其大国梦想一样，苏联也是通过制度上的革命——并且是人类最彻底最先进的制度上的革命才实现其大国梦想的；然而苏联却没有能通过后续的制度上的革命或变革来巩固和发展自己的大国梦。最后阶段的苏联，看起来似乎是因为制度上的改革失败而导致了崩溃，但其实质却是，苏联的崩溃恰恰不是因为制度上的改革——不仅不是因为制度上的改革，而且还是因为长期不对制度进行改革而最后又在制度的改革上失误而导致溃败的。

从大的段落看，苏联领导人的错误主要在下述3个方面。

一是斯大林个人独裁的错误，导致了专制和制度的绝对化。

赫鲁晓夫在苏共第20次代表大会上分析斯大林错误的原因时曾经指出，

第二章 政制维新——所有的一切都在变化，唯有变化不变

斯大林个人独裁的形成，既有当时特定的历史条件，也有深刻的社会思想根源；既有斯大林个人品质和性格特质上的缺陷，也有党内特别是一些高层领导人思想不健康的因素。应该肯定，赫鲁晓夫这样的分析结论是公正的。

在俄罗斯的历史上，个人专制和对权威的崇拜可以说是根深蒂固地存在于人们的头脑和生活方式中的。普京即指出："俄罗斯自建立伊始就是一个超级中央集权的国家，集权现象是深入民心的思想。"① 苏维埃建立之初，限于当时的历史条件，实行的也是高度集权的政治体制。虽然列宁已经发现并着手解决过度集权问题，但他还没有来得及实现自己的想法就去世了。列宁在世时，曾一直把党政军大权分归3个人掌管——斯大林任党的总书记，托洛茨基任军委主席，他自己担任人民委员会主席。而列宁去世后，斯大林不仅长期担任党的总书记，后来又兼任人民委员会主席（部长会议主席）、国防委员会主席和苏联武装力量最高统帅，集党政军大权于一身，直至去世。

这中间的问题不在于中央权力的高度集中，而是斯大林进而把党内民主与党的统一纪律混淆起来，认为"党内民主就是提高党员群众的积极性并加强同党的统一，加强党内自觉的无产阶级纪律"。② 事实表明，斯大林虽然从1894年15岁起就参加革命运动，可是他的思想深处却受封建君主专制的影响很大，所以一掌权就暴露出贪权、揽权和独裁的倾向。到后来，他更是接受个人崇拜，奉行极权，把党和国家的权力完全集中到了自己一个人手中。

在这种情况下，苏联党和国家政治制度的约束力和集体领导原则就被严重削弱了。

档案资料记载，从1939年至1952年，苏联共产党长达13年没有召开党的代表大会；从1947年到1952年9月，长达6年没有召开中央全会。在这期间，斯大林出言为法，一切大政方针基本上由他一个人决定。1952年10月，苏共19大上确定的25人中央主席团名单（相当于中央政治局名单），也只是由他与一两个领导人圈定后即公布。在19大之前，苏联共产党未设政治局常务委员会，而党的最高领导核心"五人团""七人团""九人团"等，其人选变动全系斯大林的主观意志。19大之后虽设立了政治局常务委员会，但其成员也仍然是由斯大林个人确定，没有经过任何选举程序。

---

① 《当代世界与社会主义》2006年第1期，第111页。
② 《斯大林全集》第8卷，北京：人民出版社1955年版，第131页。

令人遗憾的是，尽管斯大林的这些做法缺乏基本的民主基础，但还是对苏联的党政领导体制起了某种定型作用，因而成为后来各种弊端的根源。

二是斯大林的继任者们屡失改革良机，导致了制度的老化僵化甚至向反方向强化。

本来，社会主义并没有一个固定不变的模式，同人类任何一种社会制度一样，社会主义社会也是一个不断发展与变革的社会。但是，自1936年宣布建成社会主义社会时起，苏联就把斯大林模式的社会主义固定化，把其20世纪20年代、30年代搞社会主义的一套做法，如工业化道路、集体农庄、单一公有制经济、指令性计划以及凌驾于这一套做法之上的制度，都视为社会主义唯一的不可捍动的规律，以至于斯大林去世后，其一个又一个的继任者在这样的惯性思维之下，又一次次地错过了制度创新发展的良机，使其逐步僵化、老化，直至腐朽。

美国未来学家阿尔温·托夫勒曾对类似情况出现的原因进行过分析，他认为："没有来自下面的巨大压力，我们无法期望许多今天名义上的领导人会向他们的制度挑战，不管这个制度多么不合时宜。因为这个制度给了他们威望、金钱和权力的幻觉。"[1]

也许正是因为这样，所以斯大林的一任任后继者们虽然都看到了斯大林体制的弊端，但他们毕竟又是这种体制的受益者并希冀从中继续受益，因此就使得这种体制长期惯性运作；甚至在新的情况下还有所发展。

赫鲁晓夫靠反对斯大林搞个人崇拜和个人专制起家，但没过多久自己就搞起个人崇拜和个人专制来了。后来的苏联部长会议主席雷日科夫评论说："他毕竟是斯大林的学生，是斯大林体制培养出来的人，因而他最终仍是力图独裁，力图得到对他的个人崇拜。在他身上，对独裁和个人崇拜的渴求远远胜过对民主原则的渴求。"[2]

同样，勃列日涅夫也是在抨击赫鲁晓夫独断专行、搞个人崇拜的谴责声中上台主政的。初期阶段也还比较重视集体领导，在政治局内形成了所谓的"三驾马车"；但从20世纪70年代中期开始，"三驾马车"即开始瓦解，集体

---

[1] 〔美〕阿尔温·托夫勒：《创造一个新的文明：第三次浪潮的政治》，陈峰译，北京：三联书店1996年版，第108页。

[2] 〔俄〕尼·雷日科夫：《大动荡的十年》，王攀等译，北京：中央编译出版社2006年版，第288页。

第二章 政制维新——所有的一切都在变化，唯有变化不变

领导名存实亡。到1977年，勃列日涅夫又兼任苏联最高苏维埃主席团主席，独揽党政军大权。与此同时，对勃列日涅夫的个人崇拜也不断升温。1976年5月他被授予苏联元帅称号。这是在苏联所有最高领导人之中只有斯大林才获得过的殊荣，而斯大林获此殊荣时是在指挥反法西斯战争的军队最高统帅岗位上。

而到了戈尔巴乔夫时期后，正如雷日科夫所指出的，"戈尔巴乔夫时期不仅没有结束俄罗斯专制主义的历史，反而继承了专制主义的传统"①。特别是在戈尔巴乔夫担任苏联总统职务后，基本上不再有什么集体领导，而是由总统个人决定重大问题，总统委员会也不过是总统的咨询机构。

由此看来，斯大林虽然逝去了，但个人专制与个人崇拜却并没有同他一道逝去。他的继任者们几乎无一例外地都在重复着一些同样的错误：一方面反对对前任的和对别人的个人崇拜，一方面又接受对自己的个人崇拜；一方面在上任之初信誓旦旦地提出要坚持集体领导，一方面到后来又个人独断专行，根本不改革旧的体制。再加上，苏共党章和苏联宪法从未明文规定领导人的任期，这就难免不带有封建君主专制的色彩。

三是戈尔巴乔夫混乱急速的错误改革，导致了制度的最终崩溃。

20世纪80年代中期是全球改革风起云涌的时代，也被称为是"制度化的时代"，戈尔巴乔夫就是在这时走上苏共中央总书记岗位的。

上任伊始，戈尔巴乔夫即提出了改革的任务。虽然以前苏联曾丧失了一些改革良机，但这时如能认真总结过去的经验教训，采取正确的改革方略，还是有可能解决历史遗留的问题，克服体制上的种种弊端，使形势好转起来的。然而，以戈尔巴乔夫为首的苏共领导集团却一而再再而三地犯了一系列重大错误，最终激化了苏联社会的各种矛盾，爆发了全面的混乱和危机，进而导致了执政党解散，国家解体。

从党和国家制度层面的改革来看，问题主要出在两大方面：前期冒失激进，后期又背离改向。

戈尔巴乔夫1985年发起改革时，由于历史上的延误，国家已积累了大量的政治、经济和社会问题。但是，戈尔巴乔夫集团对此并没有充分的思想准

---

① ［俄］尼·雷日科夫：《大动荡的十年》，王攀等译，北京：中央编译出版社2006年版，第292页。

备，还是盲目冒进，习惯于急于求成。结果，欲速不达，反而造成了混乱；而这种混乱又反过来促使其指导思想发生了急剧转变，即从对改革企望过高，转而又对改革甚至对整个社会主义制度丧失信心。

于是，以公开性、民主化开路，改革的矛头直指国家的基本制度。在戈尔巴乔夫的强力主导下，一步步地转移权力重心，建立了总统制；取消共产党的领导地位，实行了多党制；取消生产资料公有制，加速了向全面私有化过渡。这样一来，经济改革没有成功，政治改革从一开始就陷入误区，改革的性质和社会主义的性质就从根本上被改变了。

苏联领导者们的错误，再一次地证明了俄罗斯伟大思想家别尔嘉耶夫的名言："为国务活动家的错误付出代价的是民族。"①

历史的启示

纵观近代以来世界性大国政治变革的历史，人们似乎可以看到这样一条清晰的变革轨迹，人类的政治体系正在朝着从专制到民主、从集权到分权、从人治到法治、从一元治理到多元治理、从管制政府到服务政府、从靠世袭或流血产生政治领导人到靠竞争和选票产生政治领导人的方向演变。在这一演变过程中，制度上的改革或创新对于国家的兴盛衰落有着决定性的意义。国家与国家之间的竞争在很大程度上就是国家制度的竞争，制度创新能力的竞争。

人类已经在政治、经济、科学文化和社会生活各方面全面进入全球化、信息化时代，时间和距离的含义已经被彻底改变，国与国之间的联系和交往是如此地紧密。如果上个世纪中苏联尚可在一个相对封闭的环境里成长为一个仅次于美国的世界强大国家的话，那在全球化、信息化和世界快速变化的今天，不消说独自成长为世界大国，即使是偏于一隅独自建设自己的国家也是决然行不通的。要想成长为一个正常国家，抑或还步入世界大国，就必须

---

① 〔俄〕罗伊·麦德维杰夫：《苏联的最后一年》，王晓玉等译，北京：社会科学文献出版社2005年版，第253页。

第二章 政制维新——所有的一切都在变化,唯有变化不变

融入世界,在全球化、信息化的大潮中搏击。对于世界大国,全球化、信息化应该是幸运而不是灾难,是转机而不是危机。

在全球化、信息化的时代,没有一个社会能够仅仅通过其制度内在的调节力就使自己永远处于适应状态。社会内部永恒地存在着演化的动力,促使其走向不适应,走向新的社会结构。这种内在的力量演化向人们宣告了生命历程的辩证法:凡是产生出来的东西注定要灭亡。在人类历史上还没有过一种制度永盛不衰。历史也并不会站在任何人一边。人们从大国兴衰更替过程中能够吸取的教训就是,任何制度都容易受到挑战,在很大的程度上,国家的可持续能力即依赖于能否对受到的挑战做出有效的回应。正是从这个意义上,变革和创新是大国成长的永恒动力。

在全球化、信息化的时代,人们所进行的政制变革和创新比历史上的革命更困难更艰巨。革命可以摧毁一切,推倒重来,胜利的革命更是可以直接改变历史。但是政制改革则不可。一国的制度现代化过程是一个制度不断累积、不断完善和不断发展的过程,在这个漫长的过程中,任何一项完备制度的形成不是通过一次创新实践就能够完成的,往往必须经过多次反复才能臻于完善。如果革命有如熔炉,不去理性地控制它,得到的将会全部焚毁;那么变革则有如艺术,如果不去精心地雕刻和呵护它,仅存的也会随之化为泡影。告别了革命的年代,如何以非革命的手段来达到革命才可以达到的结果,是人们面临的时代性课题。

在全球化、信息化的时代,政制变革必须以现代化为方向。虽然一国实行什么样的政治制度,应该由该国的国情、国家性质和社会发展状况来决定;但是,大国政制发展的历史和实践又证明:无视或忽视人类社会的普遍存在,任何政制变革是不可能成功的。在全球政治觉醒的今天,政制变革不可能有普世的标准,但肯定有普世的价值;不可能有统一的模式,但肯定有最适合自己的方式。各国实现政制现代化的道路可以有很大的不同,但必须坚定人类政制发展的朝向。民主、自由、法治、正义、人权、福利这些目标,是人类政治文明的产物,是世界共有的精神财富。目前及今后政制发展中存在的种种问题,理应在这些价值的引领下加以克服。

总之,全球化、信息化的时代很可能是一个制度主义的时代,要成为一个世界大国,制度是纲,其他都是目。当一国一民族富于制度创新时,其社

会往往是生气勃勃蒸蒸日上的，而一旦丧失了制度方面的进取精神，则必然变得死气沉沉，走向衰落。"周虽旧邦，其命惟新。"在制度竞争日盛的今天，着力解决制度供应不足、制度错位虚位以及制度的惰性、制度的不作为等问题，实是政制现代化之紧迫问题，对于后发大国和转轨大国尤其如此。

第三章
Chapter Three

民族维和
——没有统一就没有大国的成长

当一个共和国里存在各种派别时，较弱的一派并不比较强的一派受害更大，真正受害的是共和国。

——[法]孟德斯鸠[①]

[①] [美]威廉·夏伊勒：《第三共和国的崩溃》，尹元耀等译，佛山：南海出版公司1990年版，第2页。

第三章 民族维和——没有统一就没有大国的成长

有史以来，人类的政治板块在很大程度上是按照两种基本渊源建构的。第一种是血缘制，即以人身、血缘和遗传因素来决定社会的基本秩序。婚姻、家庭、氏族、部落、种族、民族等也都是以血缘关系为核心而建立起来的。这种以血缘关系为中心的人类社会组织形式到今天依然有效。现代社会中的诸多基本核心结构仍然是以血缘关系为中枢的。第二种是地域制，即根据对一定空间位置的占有或以此引申到其他的社会物，藉此来区分基本的人类社会组织。

进入近代以来，虽然以地域制为渊源的人类组织形式已经决定性地胜过以血缘制为渊源的人类组织形式，但是历史又表明，基于以血缘制为渊源的民族国家在其成长为世界大国的道路上，与民族的统一有着紧密的联系，几乎所有的世界性大国，都是通过民族内部和周边区域的统一来实现其世界性梦想的。在他们的成长过程中，有的历尽千辛，终成大业；有的始终如一，民族大和；有的得而复失，遗恨不已……他们的经验教训是耐人寻味的。

德国：统一即意味着强大

1990年10月3日，对于德意志民主共和国和德意志联邦共和国的人民来说，是一个非同寻常的时刻。在这一天的零时，随着柏林议会大厦前一曲国歌声的响起、一面黑红黄三色国旗的上升，分裂的德国再次统一了。总理科尔在演说中激动地说："这是本世纪德国历史上最伟大的日子！"

在这一天，统一的德国举行了隆重的庆典。世界各国的首脑或是临场参加观礼，或是发来电报祝贺，世人都被德国人的狂欢感染了。

德国人举国相庆是有道理的，为了这一天，他们毕竟等待得太久，付出得太多，历尽了坎坷。分裂、统一；分裂、统一；再分裂、再统一，在民族和解与强盛的道路上，他们孜孜以求已近两百年，经历过三次大的起伏。

第一次是在邦国林立的基础上，于 1815 年建立了"德意志同盟"，虽然后来被认为是勉强的统一，但毕竟是在建立统一的民族国家的道路上迈出了第一步。

在德意志的土地上，曾经有过一个"德意志民族神圣罗马帝国"。尽管它号称"帝国"，并且存在了长达 8 个世纪之久，但在内部却并没有形成一个统一的整体。从公元 12 世纪起，帝国更是颓废成各个封建邦国和自由市的联盟。当英法等国已经建立民族国家并开始起飞时，帝国却还在进一步分裂。至 17 世纪上半叶，在德意志的土地上竟然涌现出 300 多个独立的邦国、4 万个世俗领地和 4 万个教会领地。各领地的面积是如此的狭小，以致邦君们不敢进行军事操练，害怕稍不留神炮弹就会掉入邻邦，酿成祸端。所以人们当时形容说，"在德意志境内，一年有多少天，就有多少个国家"。

德意志的这种分裂主要是因为宗教纷争引起的。根据 1555 年帝国议会上签订的《奥格斯堡和约》，信仰路德派的诸侯们享有同天主教诸侯同等的权力，每一世俗统治者可以在两种信仰中选择一种作为其臣民的宗教信仰，并且规定，每一领地上只准许一种信仰存在，即所谓"教随国定"。就这样，随着路德派与天主教这两种不同信仰的不容，德意志陷入了长期的分裂之中。

各自为政的局面，使德意志饱受煎熬。因为邦国林立，加之多数邦国都有自己的度量衡制度和货币制度，导致关卡遍地，税赋沉重，经济凋零，民不聊生。在德意志西北部，从美因茨到科隆不足 200 公里的路程上竟设有 13 道税卡。如果在易北河航行则会遇到 32 道税卡。从柏林到瑞士要经过 10 个邦国，办 10 次手续，换 10 次货币，交 10 次关税。后来虽然加快了大邦兼并小邦的进程，但到建立德意志同盟时，仍然存在 30 多个邦国；到成立德意志帝国时，境内还流通着 126 种硬币、108 种银行钞票和 42 种国家货币。

1815 年，当拿破仑从欧洲政治舞台上消失的时候，德意志终于有机会将 314 个邦国进行归并了。虽然这时的德意志同盟仍然由 39 个拥有主权的邦国和城市组成，充其量不过是一个政治联合体，但毕竟是在邦国林立的基础上，朝着建立统一的民族国家的方向迈出了第一步。

然而，命运多舛，不幸的是 1848 年欧洲三十年战争结束时，德意志又被

第三章 民族维和——没有统一就没有大国的成长

碾得粉碎。恩格斯形容这时的德国说："到处是一片人去地荒的景象。当和平到来的时候，德意志已经无望地倒在地上，被踩得稀烂，撕成了碎片，流着鲜血。"①

第二次统一是于1871年成立德意志帝国时。新的帝国曾一度如日中天，但是后来又陷入更深重的政治罪孽，所以不长时间即再度分裂。

19世纪中期，灾难和战争进一步唤醒了德意志人的民族意识。人们强烈地感觉到，建立统一的、中央集权的民族国家，是德意志告别中世纪、迈进现代社会门槛、维持统治稳定的唯一有效的政治方式。于是，这之后的国家发展，中心任务是民族统一。

1861年，威廉一世继位为普鲁士国王。次年，他任命俾斯麦为首相。俾斯麦掌权以后便立即着手以强硬手段和发动对外战争来积极争取德意志的统一大业。

当时，在德意志的数十个邦国中，最大和最强有力的两个邦是普鲁士和奥地利。这两个邦国的统治者都曾竭力争夺在全德意志的统治地位，但一直都未能决出胜负。

1864年，欧洲的局势明显有利于普鲁士，俾斯麦抓住时机发动对丹麦的战争，并利用奥地利意欲侵占丹麦领土的愿望，拉拢奥地利作为同盟。战争开始不久，丹麦被迫签订了丧权辱国的和约。根据和约，普鲁士和奥地利分别占领了丹麦的一部分领土。

对丹麦的战争结束后，普鲁士与奥地利之间的矛盾又迅速上升。1866年，俾斯麦派军队驱逐占领丹麦领土的奥地利势力，结果引起了普奥战争的爆发。由于普鲁士的军力明显压倒奥地利，奥地利不得不忍辱求和。根据双方签订的和约，奥地利有条件地放弃了同普鲁士争夺德意志的主导权。这样，普鲁士从此就完全垄断了德意志民族的统一事务。

1867年，在普鲁士的主导下，北德国联邦正式成立。它包括美因河以北的19个邦和3个自由市，约占全德意志三分之二的领土和人口。同年，所制定的北德国联邦宪法在法律上确认了普鲁士在联邦中的统治地位。

1870年，法国向普鲁士宣战。结果，德国南部的诸邦与北德国联邦并肩

---

① 《马克思恩格斯全集》第19卷，北京：人民出版社1956年版，第366页。

同法军交战，普鲁士遂赢得了这场战争。战争一结束，德国南部的诸邦便与北德国联邦签订条约，正式合并成立"德意志帝国"。

1871年1月18日，普鲁士国王威廉一世加冕为德国皇帝。至此，德国完成统一，成为独立的民族国家。

统一后的德国，由于行政和法律制度划一，国内市场统一，随即迅速步入通向世界强国之路。用了大约30年的时间，德国即完成了工业革命，在1884年超过法国，1895年超过英国，势不可当地成为欧洲列强之首，跃入世界强国前列。

然而，巨大的成功又孕育了巨大的危险。经过漫长的分裂之后终于得到了统一的德意志民族并没有珍惜胜利的果实，理性之舟又在欲海中迷失了。曾经令世人瞩目的德意志帝国，在20世纪上半叶自己导演的世界大战尤其是第二次世界大战中又兵败国亡了。

第二次世界大战给德国人造成的最大伤害，莫过于统一的德国被分割为两个国家——德意志联邦共和国（西德）和德意志民主共和国（东德）。这是两个在政治制度、意识形态和经济模式上都完全不同甚至根本对立的国家。

1961年8月，东德以制止"公民自由外流和非法活动"为由，组织大批人力在东柏林、西柏林交界处构筑了隔离设施，包括高墙和铁丝网等，总长度达100多公里，被称为"柏林墙"。东德领导人还下令，凡是强行翻越柏林墙的居民都格杀勿论。由此，一道围墙将围墙两边民众的生活彻底改变了。

由于东西两个德国之间各方面存在的巨大差距，每年都有一些东柏林人想方设法跑向西柏林。自柏林墙修建几十年来，虽然许多人成功逃脱了，但也有许多不幸者为冲破大墙的阻碍而付出了沉重的代价，先后有80多条鲜活的生命永远地倒在了人为设置的大墙下。

不过，尽管高墙阻隔，高压震慑，但民族重新统一的理想并没有熄灭，无论是东德人还是西德人从来都不曾放弃。双方唯一的恐惧，是民族的分裂永久化。

德国的第三次统一是在噩梦醒来后的1990年，德意志民族终成一统，从此回归了世界，也回归了正常。

1989年10月7日，东德举行了建国40周年庆典。这之后，全国许多城市爆发了大规模的群众示威游行，要求政府发扬民主，实行改革和新闻自由，放宽对出境旅游的限制。随后，东德发生了严重的社会动荡，领导人昂纳克被解职，新上任的党中央总书记最终作出决定：从11月9日星期四午夜开始，柏林墙全部无条件开放，所有东柏林人可以自由进出。

对东德人民来说，1989年11月9日午夜是他们盼望已久的时刻。午夜刚过，坚如磐石的柏林墙终于敞开了豁口，人群立即潮水般地涌向西柏林。几天之内，进入西柏林的人就达到数百万，并且很快得到了签证。

1990年3月18日，东德举行了历史上第一次党和国家领导人的民主选举。这之后，东西两个德国迅速展开统一谈判，并与二战后占领德国的4国达成最终协议，允许统一之后的德国成为完全独立自主的国家，4个占领国的特权全部取消。

1990年10月3日，东德并入西德，终于完成了德国的统一。分裂长达45年之久的民族终于团圆了！

统一后的德国拥有7810万人口和35.7万平方公里的土地。在经济上，国民生产总值仅次于美国和日本，居世界第三位。在政治上，彻底摆脱了战败国地位，获得了全部主权，对欧洲和国际事务有着举足轻重的影响。历经两百年的现代化进程，德国终于由一个传统、分裂、专制、独裁和落后的农业社会，发展成今天这样一个现代、统一、自由、民主和高度发达的工业社会。历史学家们认为，没有德意志民族的统一，是不可能有德国今天的地位和富足的。

美国：南北之战后开始起飞

在美国230多年的历史上，曾有过若干迅速发展并繁荣兴旺的时期，如进步主义时代、二战时期和克林顿时期等。但迄今为止，被美国历史学家们所公认的发展速度之最，还是南北战争后的30年。史家们称，这30年是代表美国发展历史的"镀金时代"。

追寻美国历史学家们得出这一结论的根据，原来是建立在以下一些事实基础之上的。

——南北战争后的30年,美国迎来了工业革命。

从经济角度看,1861年至1865年的南北之战实际上是北方工业文明同南方大庄园经济之间的战争。随着北方获胜,联邦统一经济制度的建立,工业企业所需劳动力市场和原料市场的形成,美国从此迅速地走向了工业化时代。1869年时,联邦的农业产值还占工农业总产值的63.8%,而到1889年时,工业产值即已占工农业总产值的77.5%。在1870年之前,社会生产主要是由个体来组织和进行的,而到1890年以后,社会生产则主要由以股份公司为代表的大企业来操控了。1860年时,美国的工业总产值还不到英国的二分之一,而到1894年时,美国的工业总产值则超过英国,跃居世界首位。

——南北战争后的30年,美国的西进运动达到了高潮。

如前所述,就在南北战争期间,林肯总统签署了《宅地法》。该法规定:成年美国公民只需交纳10美元的登记费即可在西部获得160英亩的土地,耕种5年后就能够拥有这片土地的产权。这项法律迅即点燃了美国人到西部去创造未来的巨大热情,已经推行了半个多世纪的西进运动在这时出现了高潮,使美国的发展从根本上突破了东部沿海的狭长地带,延伸到了更为广阔的西部腹地。

到19世纪90年代末,经过开垦和耕种的西部大草原变成了沃土良田,曾经荒无人烟的地区成了美国的重要粮仓。30年间,西部新开垦的土地达到2.5亿英亩,相当于北美过去270年垦殖土地面积的总和。在这些新开垦的土地上,西部形成了三大专业农业区:中西部地区的小麦王国,墨西哥湾地区的棉花王国,西部草原地区的畜牧王国。三大农业区的形成不仅确立了美国现代农业发展的基本格局,也为美国的整个经济发展奠定了雄厚的物质基础。

——南北战争后的30年,美国加快了城市化进程。

南北战争前,美国的城市化水平相当低,在南部甚至连成规模的工业社区都比较少。而到1900年时,美国三分之一以上的人口已成为城镇居民。全美当时最大的城市——纽约的人口已达到343万,第二大城市芝加哥的人口为169万,第三大城市费城的人口为129万。

在加速城市化的同时,美国这时还创造了城市大众文化。城市单元住房、都市报纸、百货商店、舞场和剧院,以及电影、体育、舞会、音乐、酒吧等各种文化体育类的休闲生活,都是从这一时期萌芽的。很难想象,如果不是这一时期的美国人开启了现代的生活方式和价值观念，人们后来的生活会怎样。

——南北战争后的30年，美国进入到教育发展和科技发明的高峰时期。

1860年时，美国还只有182所大学，而到1900年时即增加到400所，入学人数增长了20倍。由于各种各样的科技发明如雨后春笋般地在南北战争后涌现，所以这一时期在美国的历史上也曾被称为"创新时代"。1865年至19世纪90年代中期，经美国政府批准登记的发明专利达到了64万多件，平均每年2万多件。这在当时是一个惊人的数字，因为从1790年颁布专利法到1800年的10年间，美国批准登记的发明专利平均每年不到3件；即使1850年至1860年的10年，美国平均每年批准登记的专利也不过2000件。而到了1865年后的30年间，平均每年批准登记的专利就增长了10倍。

在这一时期，最引人注目的科技发明和技术进步是电灯的问世和电力系统的应用，它们使美国开创了电气时代，成为电力工业的故乡。正是凭借这些科学创造和雄厚的科技实力，美国才在第二次工业革命中独占鳌头，独领风骚。

被誉为世界发明大王的美国发明家爱迪生也出现在这一时期。1879年12月25日大雪纷飞，格外寒冷，但仍有3000人在晚上来到离纽约40公里的新泽西州门罗公园。不过，人们这次并不是来庆祝圣诞节，而是来参观爱迪生的又一项最新发明。夜幕降临后，人们被眼前突然出现的光芒弄得神魂颠倒，目瞪口呆——这是60盏电灯同时释放出来的光明。这是人们从未见过的，也是人类的第一次。人们忘记了寒冷，到深夜还不想散去，人们高喊着："爱迪生万岁！"

门罗公园是爱迪生在1876年时建立的一个发明王国。这里有实验室、工厂，还有图书馆。在这里一共诞生了1097项国家发明专利。这是一项空前的记录，这简直令人难以置信。人们认为"爱迪生不是一个人，而是一个概念"。

——南北战争后的30年，还是美国的军事力量尤其是海军力量大发展的时代。

1890年，美国人口普查局宣称，边疆消失了，大陆上再没有一块可以作为边疆地区来开拓的地方了。恰在此时，美国海军学院院长马汉的一本书出版了。这本名为《制海权对历史的影响》的书出版后引起了巨大轰动——因为，当富于开拓的美国人无陆地可以开拓的时候,在眼前又出现了一望无际的海洋。只不过,海洋的开拓无法采取传统的方式。于是,建造一支现代化海军的任务便突出出来了。

从1890年起,美国仅仅用5年时间就把海军力量从在世界上占第12位迅速提升到了在世界上占第5位。凭着这一力量,美国于1893年占领了夏威夷,1898年在马尼拉湾击败了西班牙舰队。终于,崛起于美洲新大陆的国家击败了400年前发现这片新大陆的西班牙。美西之战也是美国第一次在非美洲地区向世界亮出了自己的利剑。

——南北战争后的30年,美国还统一了国家意志,从此树立了联邦的权威。

南北战争之前,美国的政治生态基本上是由三个区域性的利益集团构成的。联邦北部是工业和商业比较发达的地区,南部主要是种植园经济,西部则大多是中小规模的农场。由于不同的经济结构和利益,三个地区往往产生不同的政治和经济主张。

北部赞成保护关税,以保护其制造业不受外国的竞争;主张建立强大的银行系统,以保证货币的稳定和信用;支持西部提出的由联邦拨款改善公路和运河等交通条件,因为这也有利于北部扩大贸易;不赞成西部提出的低价出售土地,因为向西部移民会减少北部工厂所需要的自由劳工。

南部为了扩大种植园经济,希望获得西部的土地和把奴隶制扩展到西部,赞成西部土地廉价出售;反对西部提出的由联邦出钱改善交通;反对联邦保护关税,因为保护关税会提高南方人所需的进口商品的价格。

西部除主张由联邦出钱改善交通、主张西部土地廉价出售外,还主张货币贬值,以便易于借贷。同时,虽然支持联邦保护关税,但反对建立全国性银行。

长期以来,南部和北部对联邦的性质也历来存在着争论。北部强调维护联邦的统一,认为联邦的权力来自人民,是人民的联盟,而非各州间的契约;联邦高于各州,只有联邦最高法院才有权裁决联邦国会的法律是否违宪;并且宣称,联邦永远是统一的和不可分割的。南部则强调州权,认为联邦主要体现在与各州之间缔结的契约上,各州享有废除国会法令的权力和必要时从联邦分离的权力。

第三章 民族维和——没有统一就没有大国的成长

显然，各个区域从各自的利益出发理解宪法、联邦以及联邦政府的权力，已经势不两立。但是，南北战争后，南部的叛乱平息了，西部各州被争取了，国家的统一得到了维护和巩固。这就极大地树立了联邦的权威。所以，第28任美国总统伍德罗·威尔逊评价说，南北战争"在美国创造了一种前所未有的东西——国家感。联邦不是得救了，联邦是复活了"①。

总之，南北战争后的这30年在美国历史上是一道分水岭，是整个国家开始腾飞的时代，是美国后来争得无数世界第一的进攻出发阵地。

那么，美国为什么会在南北战争后起飞呢？南北战争后的30年为什么会成为美国发展的黄金时代呢？

原因固然很多，但最根本的一条，是奴隶制的被废除，种族的大融合，最大程度地解放了人，最大程度地释放了社会的活力。

美国虽然是一个没有历史包袱的国家，但由于南北战争前奴隶制的存在，它极大地限制了黑人的人身自由，剥夺了他们接受教育、参与政治、享有经济发展成果的平等权利，于美国社会发展无疑是一道巨大的屏障，难以逾越的障碍。

在人类的发展史上，在人们出现的种种歧见、种种隔阂、种种樊篱中，比民族、地域的不同而更容易产生距离的，莫过于种族的不同、肤色的区别，而其中尤其又以白人和黑人为甚。

在美国，黑人被沦为奴隶的历史可以追溯到17世纪初叶。1619年，随着一艘荷兰快速帆船将20名黑人卖给弗吉尼亚移民，从此即开始了在北美大陆贩卖黑奴的罪恶行径。17世纪60年代，弗吉尼亚首先制定了有关奴隶制的法律。17世纪末，北美整个英属殖民地都在法律上肯定了奴隶制度。1700年时，北美的黑奴人口为2万人，1776年美国独立时已达到50万人。直到1808年国会出台停止贩运非洲奴隶的法律后，美国才遏制了奴隶贸易的发展。但这时，奴隶制在联邦南部已根深蒂固，为满足种植园劳动力的需求，南部便大力推进奴隶的自然繁殖。由此，南部奴隶的数量很快即由1790年时的75万人增加到1860年时的400多万人，其中，90%以上的在种植园劳动。这时的南部虽然黑奴的各种反抗活动从未停止过，但在白人群体中不仅没有反对

---

① 中央电视台《大国崛起》节目组编：《大国崛起·美国》，北京：中国民主法制出版社2006年版，第126页。

奴隶制的声音，而且还广泛流行为奴隶制辩护的种族主义理论。对此，时任总统布坎南曾抨击，"这是一种巨大的政治罪恶，也是一种巨大的道德罪恶"①。

如前所述，南北战争时虽然最初的动机是以维护联邦的统一为基点的，林肯派联邦军队镇压南部叛乱之初并没有想到解放奴隶，但随着形势的发展和联邦北部从政治上道德上谴责奴隶制的声音进一步高涨，战争遂演变成一场解放奴隶、挽救联邦的伟大斗争。而奴隶制的被彻底摧毁，存续已久的社会枷锁被彻底粉碎，其意义是怎么评价也不为过的。正是因为奴隶制的被黜，广大黑奴获得了自由，才使美国不仅赢得了道义上的胜利，而且在政治和经济制度上也完成了对传统的革命，在历史上第一次为合众国所有的人提供了通过竞争、依靠才能而获取政治地位与经济报酬的均等机会，才真正给美国社会松了绑，使美国开始了起飞和腾飞。

美国第20任总统加菲尔德曾经这样评价废除奴隶制的意义："使黑人的地位从奴隶上升到充分享有公民权是自实行1787年宪法以来我们所知的最重要的政治变化。有识之士都会认识到这一变化将会带给我们的制度和我们的人民多么有益的影响。它使我们永远不用担心战争爆发和国家解体了；它极大地增强了人民的道德和工业力量；它使主人和奴隶从一种错误而又两受其害的关系中解脱出来；它使500余万人获得了自身的监护权，而且他们中的每一个都将享受自由，人尽其才；它给白人和黑人在自立能力上一个新的启示，因为对于一方来说劳动变得更为光荣，而对于另外一方来说劳动变得更为必要。随着时光的流逝，这股力量将会产生越来越大的影响，结出越来越丰硕的果实。"②

南北战争结束一百多年来，虽然种族歧视仍然是美国社会的一大毒瘤，黑人与白人的纷争也许永远都不会停息，但随着这一天——2008年11月4日——的到来，美国的历史又被改写了。

还是在1988年2月27日，当天出版的美国《新闻周刊》公布了一项盖洛

---

① 〔美〕威廉·德格雷戈里奥：《美国总统全书》，周凯等译，北京：社会科学文献出版社2007年版，第238页。
② 〔美〕威廉·德格雷戈里奥：《美国总统全书》，周凯等译，北京：社会科学文献出版社2007年版，第323—324页。

第三章 民族维和——没有统一就没有大国的成长

普民意测验。这项测验结果显示，有62%的黑人和56%的白人认为，在2008年之前，美国可能会出现一位黑人总统。真难以想象，盖洛普调查公司20年前所进行的这项预测是如此的正确。

11月4日深夜，超过10万人把美国芝加哥格兰特公园变成了狂欢的海洋。第44任、第56届美国当选总统贝拉克·奥巴马在这里向支持者宣布："变革已降临美国。美国终于迎来了变革。"

当奥巴马与妻子米歇尔手挽着两个女儿——一家人身穿黑色和红色服装，奥巴马特意系一条红色领带——走上演讲台时，格兰特公园沸腾了，人群中爆发出一阵阵狂欢声。此时，奥巴马充满激情，他说："如果还有人怀疑美国是否为一切皆有可能的国家，还有人困惑于我们建国者的梦想是否仍存在于我们的时代，今天就是答案……不管你是年轻人还是老年人，是富人还是穷人，是民主党人还是共和党人，是黑人还是白人，也不管你是拉丁美洲人或亚洲人还是本土美国人，这是美国人共同的答案。"①

此前，奥巴马的竞选对手——共和党总统候选人约翰·麦凯恩已经致电奥巴马表示祝贺。麦凯恩称这次总统选举具有历史性意义。他说，一个世纪前，前总统西奥多·罗斯福邀请一位非洲裔美国教育家赴白宫共进晚餐曾招致强烈反对，如今，美国诞生了首名非洲裔总统，足以证明这种残酷可怕的偏见已不复存在，"我的心为这个国家而感动……奥巴马是新任美国总统，也是我的总统。"②

在这次历史性的大选中，奥巴马赢得338张选举人票，远远超过了当选所需的270张选举人票。奥巴马是以很大的优势当选的。

人们相信，跨越了种族歧视这一门槛后，美国一定会有更加光明的未来。

日本：民族大和的国度

在近代以来的世界大国中，日本是民族和文化最为统一的国家。现有的

---

① 《环球时报》2008年11月6日，第7版。
② 《环球时报》2008年11月6日，第7版。

近1.3亿人口中，99%以上是日本人。有资料披露，目前仅仅在北海道还留存着虾夷人，人数不足2万。在日本居住着大约60万朝鲜人，他们基本上是在第二次世界大战期间移居日本的。另还有不到5万名中国人。而在日本的欧美人则为数很少，并且他们几乎全都是暂住在日本。所以日本基本上是一个单一的同种族社会。

由于日本是个岛国，经常遭受台风、海啸、火山和地震的袭击，频繁的自然灾害使日本人有一种天然的危机意识，从客观上要求人们在生活和生产方面进行合作，否则社会将难于生存和发展。同时，日本国土狭小，人口拥挤，资源贫乏，严重依赖外部，这也进一步强化了日本人的向心力和危机感。

共同的血统、种族和风俗习惯，共同的历史、语言和自然地理条件，条条纽带都把日本人牢牢地拴在一起，形成了一损俱损一荣俱荣的"日本大部落"，以致在日本的历史上出现了一些极为相悖的现象：民族内部理性而宽容，而对外族则曾开展野蛮的屠杀竞赛；处于政治上层的人不无倾扎，而下层平民则风平浪静；遇有国际争端全民慷慨一致，而遇部族内部纷争则又会化为乌有。

应该说，日本社会长期的"村落共同体"结构，培养了日本人为现代社会所期待的良好行为习惯，日本人的意识和行为不仅仅是自律性的，更是他律性的。正是这一鲜明的品质，成就了日本人和日本社会，维系了日本民族的大和。日本人的这一品质特点，可以分解为下述若干方面。

虔敬的天皇意识

也许有中国文化的浸润，日本人自古以来就以政治统一为中心，把国家在政治上的一体看得高于一切。而在日本人的政治中，最悠久最重要的又莫过于天皇及其天皇制。

日本以天皇为最高统治者的天皇制国家制度，是从公元646年即大化二年开始建立起来的。大化革新中形成的以天皇为中心的中央集权制存续时间约200年，这期间是由天皇名副其实地统治着全国。后来天皇大权旁落，宫廷贵族和武士出身的幕府相继掌权，天皇的统治才徒具形式。到了德川幕府时代，天皇的权力进一步削弱，不仅在惯例上而且在法制上也明文规定，天皇必须遵守幕府制定的法令。1868年明治维新时，通过"王政复古"实行了君主立宪天皇制，天皇才又凌驾于国会、内阁、法院之上，总揽一切大权，并直接统帅军队。1945年日本战败后，根据新的《日本国宪法》，天皇已不是国家的权力中心，只是"日本国的象征，日本国民整体的象征，其地位以拥有主权的全体日本国民的意志为依据"。这一被称为"象征天皇制"的制度一直延续至今。

不过，对日本人来说，天皇及其天皇制从来就不止是政治制度和政治体系的一个方面，而且还是作为一种观念、一种根深蒂固的思想意识而存在的。

在日本人的心里，天皇象征着至高无上的权力，也象征着至高无上的神。明治维新时期，明治政府发布的文告即称，"天皇是最高的神，从开天辟地起就是日本的主人"。正是因为日本人接受天皇既是神化的领袖又是世俗的统治者的观点，所以天皇才具有了双重的身份和作用，一方面他是日本神道的宗教领袖，另一方面他又是日本国家的世俗君主。1966年，日本国会通过"建国纪念日"法案后，日本民间曾举行盛大的庆祝活动，后来每年也组织纪念活动。其实，这一活动的实质就是恢复日本已经废除的宣扬"万世一系天皇"及国家神道的"纪元节"。

因为在日本人看来，尽管天皇只是作为国家的象征，并无什么实权，但是他的权威是不容挑战的。他是日本人的精神支柱，国民必须忠于天皇。如果有人贬低或侮辱天皇，不光在政治上不允许，在道德上也会受到谴责和惩罚。1960年11月，日本《中央公论》杂志发表了一篇有损天皇及皇太子形象的小说，就曾立即引起社会不满，甚至有人持刀闯入《中央公论》杂志社社长家行凶。1986年昭和天皇在位60周年时，日本又举行盛大的国家庆祝仪式，政府要人和各党派人士、财界商贸人士、工会负责人等都一应出席，"天皇陛下万岁"的口号声响彻会场。

可见，日本天皇在二战后虽然失去了统治实权，其神格也被否定，但是作为日本国家及其日本国民统一的象征和日本传统精神文化中的天皇，在日本国民的思想中仍然是根深蒂固的。

很高的社会义理意识

在日本的社会生活中，义理作为一种责任、一种履行责任的礼仪、一种偿还别人情义的义务，长期表现在上位者同下位者、同事与同事、邻居与邻居之间的相互关系和交往礼节中。历史上不停的社会动荡并没有使义理准则丧失其调节作用,因为义理的观念已经深深地扎根在日本民族的心理之中。可以说,社会义理是所有的日本人都必须遵守的社会准则,是日本民族意识、民族感情和民族性格的一部分。

1983年,苏联的两位学者曾对日本的社会调节机制进行专门研究,他们得出的结论认为,义理是日本社会关系的标志,是日本"所特有的全民族的准则"。他们认为,日本人义理意识的突出之处在于:

——义理准则广泛存在于社会。有孩子同父母之间的义理、学生与师长之间的义理、下属与上司之间的义理、欠债人与债主之间的义理等。义理在日本的现代职场表现更为明显。下属对上司总是表现出义理。上司对下属也遵循义理,并且处处体现出庇护者的义理。按照现代日本人的理解,一家公司或者一个机构的头头如果和下属的交往仅仅限于业务活动,那他就违反了义理的准则。义理要求领导人关心下属的个人生活和家庭事务,而下属则按照义理的要求,无须敦促就为上司效劳,帮他料理私人的事情,如帮他处理家务等。

——无论何人无权要求另一个人履行义理的义务。他只能等待另一个人自愿地履行这些义务。在日本,一个人如果不履行他本应履行的义理,就被认为是应当受鄙视的人。但是,人们认为不应当强迫别人履行义理,强迫别人履行义理的人自己就违反了义理。任何一个人,不论是履行义理的人,还是接受义理的人,都是社会相互关系链条中的一个环节。

——义理关系是不变的。这种关系一旦在两个人之间产生,就可能一直存在到他们逝世为止。而谁如果背离了义理准则,谁就丢了面子。在周围人的眼中,他的威信就会大大降低,就会被看成是恬不知耻、没有道德的人。他自己也会感到羞耻,没有脸见人。

——虽然对义理的态度因年龄、性别和职业的不同而有一些差异:男青年可能认为义理是实用主义的,而且是陈旧的关系;女青年则可能认为这是一种美德,是利他主义的,而且是现代的关系;老一辈的人认为义理是最高的道德范畴,它反映了人类个性的完美无缺;中年人则又可能对义理持一定的保留态度;人们在缔结商贸契约时,往往会认为"不能亏待伙伴,因为那就破坏了义理原则";在朋友、熟人和邻居之间,义理还会表现为同甘共苦。但是，尽管存在差异，义理在日本终究是社会行为的基本准则，并且这一准则贯穿在日本的文化之中。①

很强的合群——集团意识

日本人喜欢合群和重视集团行动在世界上是有名的。在日本社会中，充满了形形色色、不计其数和个性色彩浓厚的业余爱好者团体，并在其成员的生活中一般都发挥比较大的作用。

上个世纪80年代，在一本美国学者的书中就曾把日本比做一群小鱼，秩序井然地朝着一个方向游动，直到一块石子投入水中，打乱了它们的队形，它们才转变方向朝另外一个方向游去，但仍然队列整齐，成群游动。可以说，这个比喻活灵活现地描绘了日本人喜欢合群和习惯于集体行动的特点。事实上，日本人在许多场合的确是习惯于成群结队地进行活动的。如在日本人的出国旅行中，人们经常看到这样的情景：向导举着小旗走在前面，旅行者一个接着一个跟着走，他们胸前挂着各自的名牌，像军人按照指挥官的指挥一样井然有序地进行活动。尽管他们这些旅行的人也是从四面八方临时聚集起来的陌生人，但他们可以毫不困难地融合在一起，并且自始至终地采取共同行动。

无论在日常生活还是在工作中，日本人都最珍视和谐一致，他们总是试图通过一种相互理解的过程来取得和谐，而不是通过作出决定来达到一致。他们觉得，即便要作出决定，决定也不应由任何个人作主，而应该通过协商由集体共同作出。这样做的目的是为了达成一致，因为开会的意义总是为了要达到普遍同意，不再有人持强烈的异议。在日本，个人发布命令，不管其权威多大，都是令人不快的，即使是由接近多数票通过的决定也未必能使日本人满意。为了使集体协商或会议更为有效，日本人也认为避免公开的对抗是可取的。在集体协商或召开会议时，每个参加者都十分谨慎小心，只有当看出了其他人可能会作出什么反应时才肯亮出自己的观点。多数人在讨论中都会拐弯抹角，含糊其词，因为这可避免公开出现尖锐对立。在日本，对这种不用明确的语言来交流而是通过五脏六腑的"悟"来达到目的的做法，还有

---

① 参见〔俄〕弗·普罗宁可夫等：《日本人》，朱文佩等译，北京：中国广播电视出版社1991年版，第115—116页。

一个专门的词汇来形容,即"腹艺"。

在相互关系中,为了避免对抗和维护集体的团结,日本人还广泛利用中间人从中调停的做法。对难以处理的事务,往往先由中间人摸清双方的观点,然后再找出避开矛盾的解决办法,或者中止继续联系与谈判,使双方不致面临公开对抗或丢失面子的危险。在居民的婚姻中,利用中间人的情况尤为普遍。人们认为,这样可以避免在处理婚事时常常发生的有伤感情、有失自尊心的尴尬局面。

日本人的这种合群—集团意识在公共领域体现得更为充分。在日本,几乎所有的集团,不论公司、学校或机关,内部都要经常举行名目繁多、内容丰富的活动,如新年会、忘年会、社典礼、文体比赛、艺术观赏、郊游、露营等。有时候集团的负责人还会刻意找出许多理由来举办各种临时性的活动。而对于上述各种活动,日本人是习以为常的,并表现出浓厚的兴趣和极大的热情。他们往往身穿漂亮的服装,胸佩集团的徽章,携带着眷属满心喜悦地参与。在这时,他们和同事们一起熙熙攘攘、又说又笑,充分释放其天性,显得十分的亲密、和谐与美好。

当然,日本人的合群—集团意识很强并不意味着抹杀个性。日本人绝不是一个顺从的、没有个性的、墨守成规的民族。恰恰相反,整个日本的历史已经表明了他们是非常有活力、具有坚强的自制力、能够进行迅速而目的明确的社会变革的人。事实上,在日本,对一致性的要求越强烈,它对社会的约束也越大,社会反抗一旦爆发出来,也就会更趋向极端。在日本发动一次社会反叛行动,比在较松散的社会往往需要更大的胆量和决心,因此其结果也可能会更激烈。只不过,在日本现代的社会生活中,具有合作精神和合群—集团倾向的日本人更具有自我约束力,更能够控制自己的天性。对于日本人来说,尊重他人,顺从社会,并不是软弱的表现,而是值得自豪的、受过锤炼的内在力量的象征。

合理的相对主义意识

在一个由独立而平等的个人所组成的社会里,任何组织原则几乎都必然是普遍性的,对一切个人也都是同等适用的。不管一个人的个人地位如何,他对待伦理道德或法律上的是非标准必须是明确不变的。但是,日本在这一点上的界线却并不能截然划分。在日本的社会生活中，虽然大多数日本人具有非常清晰的是非观念，他们也会一视同仁地用普遍性原则来衡量是非，但不能忽视的是，他们在实际判断事物和处理特殊关系时，往往会充分看待和强调事务的相对性。日本人认为，生活中并不总是存在着明显的罪恶领域，大多数行为只要不对其他人或对社会造成危害，就是可以允许的。日本人的概念，主要是节制而不是禁止。

日本人思想意识中的这种相对主义，以各种方式体现在日本的政治和社会生活中。

在政治领域，日本当代的政治生活在用词上可能是严厉的绝对的，但是人们在判断问题时，总的来说仍然采取相对宽厚的态度。即便让人感到愤慨、轻蔑并要加以谴责的地方，日本人也会更多地强调客观环境而为之开脱。2007年、2008年，接连两任被人们寄予厚望的日本首相都在上任不足一年即意外辞职，虽然很多人不解和不满，但当事人都得到了同事和国民的谅解。

在社会领域，日本现行的法律一向比较宽大。日本人在处理各种纠纷时，总是竭力采取妥协或调解并使双方都作出让步的办法来解决，而不是企求采取只有利于一方的黑白分明的法律办法来决定。在司法判决中，日本人认为，罪犯犯罪后的态度即悔悟程度，同罪犯犯罪前的动机一样同等重要，如果罪犯态度真诚就可以得到宽大处理。

日本人对待社会等级问题同样持有理性开放的相对主义态度。虽然人们个人之间的关系以及他们所属的团体之间的关系都是建立在等级观念之上的，但是，在日本又并没有出现因社会地位不同而产生的那种紧张气氛和不满情绪。人们认为，身居高位的人只是那些按年资或按成绩、才能先提升上去的人，而不是篡越权位的人。在一个机会均等的社会里，如果别人处于比自己更高的地位，那是因为他们的教育程度、考核业绩和个人机遇比人优异。在日本，人们把业绩的好坏、才能的高低看成是人与人之间存在差别的根源，而不是社会的不公正。这一点，也正是日本的各种团体之所以内部关系紧密、上下级关系融洽、下级对上级忠诚的重要原因。对日本人来说，社会存在着等级并根据各种等级来确定人与人之间的关系是很自然的，合情合理的。

不一样的社会交往意识

在人际交往中，人们交往的领域、进程及结果主要取决于交往者的社会立场以及他们在社会关系体系中所处的地位，这一点在世界上是共通的。然而，日本人的交往却又具有日本民族的心理特征，在具体细节上也存在许多差别。

在日本，人们认为，只有在自己人中间才能尽情地表现自己的感情和感受；而在其他人中间，同外人之间，则应当克制情感。这被认为是一种美德。所以日本人在交往中不提倡感情的流露，并且他们从小就受到不许公开流露情感的教育。日本人的这种含蓄并不是虚伪，而是一种行为准则，被认为是为人体面。

在日本，讲礼貌是人们日常生活方式的基本内容，是人们人际交往中的又一个核心的价值准则。在商店、在公园、在学校和其他公共场所，礼貌的场景随处可见。人们最推崇的一句话是，"一个人除了善良和礼貌之外，不应当听命于任何其他东西"。所以日本人对热情礼貌的商店店员、体贴入微的出租车司机和殷勤周到的餐馆侍者都已经习以为常了。

在日本，作为讲礼貌的一种特有方式，日本人一天之中要彼此鞠躬若干次。如在工作地点见到上司，第一次要行普通的鞠躬礼，身体向前倾斜20至30度，持续约2至3秒钟。在当天的后来见面时，要行轻微的鞠躬礼，身体和头部稍稍前倾，持续约1秒钟。在家里，当父母外出时，家里人应当送到门口；在他们归来时应当迎接。日本人在离去时通常要说"我走了"，在归来时则又要说"我回来了"。而在进行这些礼仪时，往往都是伴着鞠躬礼的。如果是在街上或其他公共场所，人们常常还可以看到这种情形：一个行礼的人抬起头来时，看见对方还弯着腰，于是他赶紧重新弯腰行礼。然后对方也这样做，谁也不愿意显得不懂礼貌。虽然日本人自己也认为鞠躬礼过于繁琐，但是它仍然一如既往地存在，因为人们的交往就是从它开始的。

在日本的人际交往中，还有一种世世代代的普遍的准则，即知恩报恩。其主要内容是互助、合作、扶危济困等。虽然知恩报恩这种美德的范围当初主要是在人际关系领域，但它的影响却随着时间的推移而逐步扩展到了经济和政治生活领域。在经济交往中，如果一家小公司过去曾经向大公司提供过某些商品，它现在又处境艰难，面临破产，那这家大公司就会按照知恩报恩的准则照顾这家小公司，努力帮助它摆脱困境。在政治方面，主仆关系规律的作用也是显而易见的，并且在某些情况下这种主仆关系还越来越人道化社会化。因为它缓和了上司和下属在交往中产生的冲突，对巩固和维护日本的制度产生了良好的影响。在知恩报恩的观念引导下，上司同下属都必须互相殷勤、关怀甚至是恭敬，这就会起着很重要的社会缓冲作用，有时甚至会化解很尖锐的社会矛盾。同时，因为知恩报恩与良心是密不可分的，而良心促使人们自尊自重，可以推动有道德的行为，这就自然推动了全社会道德水准的提高。

在动荡不安的国际局势和起伏多舛的社会发展中，日本人就是通过以上这些价值理念，促进和保障了自己民族的生生不息与和谐共荣的。

俄罗斯：有一种痛痛到无法被安慰

2002 年 11 月，北约首脑会议宣布，正式邀请立陶宛、爱沙尼亚、拉脱维亚、罗马尼亚、保加利亚、斯洛伐克和斯洛文尼亚 7 个东欧国家加入北约。这是继 1999 年春北约接纳波兰、捷克和匈牙利 3 国加入后的又一次北约东扩行动，也是北约成立 50 多年来规模最大的一次加入名单。此后不久，相继又有乌克兰、格鲁吉亚等属于前苏联的国家申请加入。

2007 年 10 月，美国总统布什在向美国国防大学的军官们讲话时，再次强调在欧洲部署反导弹设施的计划，包括在波兰设立拦截导弹发射台，在捷克设立雷达站。与此同时，正在捷克访问的美国国防部长盖茨也就启动美国的欧洲导弹防御计划问题与捷克方面进行了深度磋商。

至此，1991 年底苏联解体以来俄罗斯长期坚持的两条国家安全底线——反对北约在前华约成员国部署军事设施、反对北约吸纳苏联国家入约，即被北约长驱直入的东扩所击破了。

不过，这些还远不是问题的全部与结束。

2008 年 7 月，乌克兰总统尤先科借纪念斯拉夫民族皈依基督教 1020 周年之机,又正式向前来乌克兰首都基辅参加庆典的东正教最高精神领袖——君士坦丁堡大公宗主教巴尔多禄茂一世,提出了乌克兰东正教会要脱离俄罗斯东正教会而独立的要求。无疑,这是乌克兰去俄罗斯化、脱俄入欧的关键性发展,是要从文化和精神上割断与俄罗斯的千年历史渊源。

这一步骤的严重性,较之乌克兰申请加入北约和美国要在前华约成员国部署反导设施的举动有过之而无不及。这种对基辅罗斯故土的割舍,对圣弗拉基米尔东正教精神的分野,是俄罗斯历史的耻辱,是俄罗斯心灵的创伤。

当初,在俄罗斯这片广袤无垠、宝藏无尽、横贯欧亚的土地上,曾居住着100多个民族,2.6亿多人口,分属15个加盟共和国、17个自治共和国、6个自治州和10个民族专区,他们都是联盟大家庭不可或缺的成员。

当初,联盟共和国曾是与北约相抗衡的华约组织的盟主,拥有东欧各国国际事务不容挑战的话语权,并在整个欧洲地区拥有强大的政治与军事存在,与另一个超级大国平分秋色。

然而今天,颜色革命、北约东扩、反导系统、教会独立……这一系列问题的关键所在,其实就是民族歧视、政治冷漠和国家生存与发展空间的挤压。这是一个民族心上永远的痛!

但是,不能不看到的是,俄罗斯今天的这杯苦酒又是俄罗斯自己酿成的,包括民族的失和、大家庭的解体。

在过去,俄罗斯曾错误地肆虐弱小民族

20世纪初叶,由于历史上曾经有过300多年的血腥兼并和殖民扩张,俄罗斯境内的民族状况已极为复杂。从民族渊源看,有斯拉夫民族(俄罗斯、乌克兰、白俄罗斯族)、中亚突厥民族、高加索民族、波罗的海民族、东亚若干民族和原始部族、西欧部分民族等。从民族语言看,有印欧语系、高加索语系、阿尔泰语系、汉藏语系、乌拉尔语系、古亚细亚语系和闪语系等。从宗教信仰看,有东正教民族、伊斯兰教民族、天主教民族和佛教民族等。从文化类型看,有斯拉夫文化圈(俄罗斯族、乌克兰族、白俄罗斯族为代表)、北欧文化圈(拉脱维亚、爱沙尼亚、立陶宛、芬兰族为代表)、伊斯兰文化圈(中亚五国和阿塞拜疆为代表)和高加索文化圈(格鲁吉亚、亚美尼亚族为代表)。在全俄总人口中,俄罗斯族人占43%,其余为其他族人。

第三章 民族维和——没有统一就没有大国的成长

20世纪30年代后半期，随着苏维埃肃反运动的开展，苏联对一些认为不可靠的弱小民族曾进行强制迁移。卫国战争期间，这种强制迁移有增无减，其理由竟然是这些弱小民族中有人"背叛祖国和同德国人合作"。在具体实施过程中，往往是武力驱赶、武装押运，被迫迁移的民族受尽了凌辱。

后来统计，10多年间被强制迁移的有12个少数民族，500多万人。由于这种迁移多数是在艰苦的战争环境下进行的，路途遥远，运输条件恶劣，中途曾病死饿死数十万人。大批人员到达人烟稀少或无人居住的半荒漠地区后，因为饥寒交迫，疾病流行，又死去了不少人。特别是，除了物质生活上的苦难，人们还要遭受政治和精神上的折磨。在迁移安置区内，这些外来民族都被强制分散居住，各个居住地相互隔绝，活动范围受到严格限制，几近失去人身自由。这一在世界现代史上罕见的做法，不仅给受迫害的民族留下了痛苦的记忆，也给俄罗斯整个社会带来了难以愈合的创伤。

在过去，俄罗斯曾在政治上不平等地对待其他民族

几乎从苏维埃联盟建立之初起，就事实上存在着大俄罗斯民族主义。在联盟的政治、经济和社会生活中，俄罗斯族与其他族处于严重的不平等地位。

曾经担任哈萨克斯坦共和国总统的纳扎尔巴耶夫回忆说："很遗憾，尽管有各种声明、纲领和计划，但是在苏联历史上的任何一个时期，都未曾严肃地分析过民族间的不平等关系及其解决途径。当民族间的矛盾演变成冲突，冲突激化为流血对抗时，苏联最高领导人没有理论基础，而且实际上不了解形势。"①

曾经担任土库曼斯坦共和国总统的尼亚佐夫对联盟不关心民族地区的社会经济发展体会深刻。他说："自1985年起我作为苏联最高领导成员之一，得以从领导层内部观察到许多鲜为人知的真实情况。我的结论是，苏共奉行的是不平等不公正、一些人损害另一些人利益的政策。章程和口号虽然很漂亮，但实际执行却是另一回事。苏共政治局曾有专门决定，不得在苏联边界500公里范围内建设工业项目，所以苏联70年间没有在土库曼建设任何像样的工厂。1927年建设了唯一一座纺纱厂，但设备简陋，且只生产纱锭。卫国

---

① 陈之骅等主编：《苏联兴亡史纲》，北京：中国社会科学出版社2004年版，第759页。

战争期间从内地搬来两家设备陈旧的工厂———一家石油加工厂和一家水泥厂，还有几家50~70人的服装作坊，称不上工厂。战后谁都不愿意在本共和国建设生产尿素的化肥厂，于是建在土库曼。这就是土库曼全部的工业。所以加盟共和国都被排除在权力和管理机构之外，被排除在利润分配之外，难道不应该从这里着手研究苏联解体的深层原因吗？"①

曾经担任乌兹别克斯坦共和国总统的卡里莫夫更是尖锐地指出："中央推行的政策一直在损害我们共和国的发展，首先受损害的就是共和国的独立和民族的复兴。这种政策使共和国沦为单纯的原料基地。联盟所有管理部门，只关心让共和国提供棉花等原料，把这个义务总是放在首位，而把困难统统留给这里贫穷的人民自己解决。为了解决联盟的棉花自给问题，我们共和国付出了高昂的代价，联盟许愿给我们的东西，最后都落空。结果在这里造成肉、奶等人民生活必需品靠外地供应的局面。"②

在联盟体系中，还有一件事历来令各加盟共和国不满，即俄罗斯联邦共和国长期在政治上处于高于其他加盟共和国的特殊地位。苏联宪法曾规定，联盟内的各加盟共和国是相互平等的主权共和国。但是，自苏联成立到20世纪80年代，在党的组织领导机构方面，各个非俄罗斯族的加盟共和国都设有党中央机关，而唯独最大的加盟共和国俄罗斯一直未设党中央机关，其所属的各边疆区和州地方党组织都直接隶属苏共中央俄罗斯局领导，并由苏共中央总书记兼任俄罗斯局主席。与此同时，尽管俄罗斯联邦共和国也设立国家权力代表机关，但政府管理机构也由联盟中央政府代行俄罗斯联邦政府的职能。这实际上表明了，其他加盟共和国的党中央仅相当于俄联邦的边疆区和州一级的地方党组织，其他加盟共和国的中央政府仅相当于俄联邦的边疆区和州一级地方政府。这样一来，就背离了各民族平等的原则和联盟的联邦制原则。

在过去，俄罗斯曾盲目乐观，错误地估计民族关系；而当问题出现时，又由于缺乏准备而手足无措

长期以来，联盟中央从未真正认识到民族问题的长期性、尖锐性和复杂

---

① 陈之骅等主编：《苏联兴亡史纲》，北京：中国社会科学出版社2004年版，第756—757页。
② 陈之骅等主编：《苏联兴亡史纲》，北京：中国社会科学出版社2004年版，第757—758页。

第三章 民族维和——没有统一就没有大国的成长

性，往往讲成绩多，看问题少。

1952年10月，苏共19大的报告即认为，苏联各民族已经在完全平等的基础上，以一种坚固的友谊紧紧地联系在一起，"苏联已经成为全世界真正民族平等与合作的榜样和典范"。

1959年1月，赫鲁晓夫在苏共21大上宣布，苏联已经解决了民族关系问题。接着，在1961年10月召开的苏共22大上，赫鲁晓夫又说，由于社会主义在苏联已完全和最终地获得了胜利，苏联已转入共产主义建设阶段，因此，苏联也"已解决了人类世世代代所关心的，而资本主义世界直到现在仍然尖锐的一个极其复杂的问题，即各民族之间的相互关系问题"[1]。苏共中央在这一时期的指导纲领还提出，苏联各民族共同生活在社会主义的统一大家庭中，各民族共和国之间的边界已失去原有的意义。

1967年11月，勃列日涅夫在纪念十月革命50周年的大会上宣布，苏联已建成发达社会主义，在发达社会主义社会，"已形成了各民族共同和一致的政治、经济和社会文化生活，各民族利益已和谐地融合在一起"。在1972年12月庆祝联盟成立50周年的大会上，勃列日涅夫又进一步宣布，苏联的民族关系问题"已经彻底和一劳永逸地解决了"[2]。

基于以上这些言过其实、盲目乐观、报喜不报忧的错误估计，苏联在制定民族政策、处理民族关系等方面出现许多严重失误就在所难免了。

1990年7月，戈尔巴乔夫在苏共28大的报告中也反思说，过去总认为："民族问题早已解决……但是，如常言所说，生活给了我们一个严酷的教训。我们对所发生的事没有准备，在虚假的太平盛世掩盖下长期积累下来的极其严重问题终于爆发和暴露出来了。"[3]

指导思想上的错误必然导致行动上的失误。接下来，戈尔巴乔夫又连出两次败招。

第一次是立陶宛危机发生后，戈尔巴乔夫一味妥协退让，实际上助长了民族分离活动。

1990年2月，一贯持民族分裂立场的立陶宛"争取改革运动"在其共和国

---

[1] 许新等：《超级大国的崩溃》，北京：社会科学文献出版社2001年版，第85页。
[2] 许新等：《超级大国的崩溃》，北京：社会科学文献出版社2001年版，第86页。
[3] 《苏联共产党第二十八次代表大会主要文件资料汇编》，北京：人民出版社1991年版，第20页。

苏维埃选举中获胜后，立即宣布立陶宛独立。这是一个重大危机事件，必然会在波罗的海沿岸3国引起连锁反应。因为在历史上，波罗的海沿岸3国曾两次一道谋求独立并得手。一次是1917年俄国二月革命后，立陶宛、拉脱维亚、爱沙尼亚这3个民族即挣脱沙皇的统治，成立了自己的国家。另一次是，十月革命后的1918年至1919年间，这3国曾成为俄罗斯联邦的3个苏维埃共和国，但时间不长就被推翻了。1920年，俄罗斯联邦也曾宣布承认立陶宛、拉脱维亚、爱沙尼亚为独立国家。全苏联盟1922年12月成立后，也于1926年、1932年分别同3国签订了互不侵犯条约。后来的归并统一是在二战期间，通过苏军的强行进驻而实现的。从历史根子上看，3国独立的火种就从来没有熄灭过。

鉴于此，所以戈尔巴乔夫曾亲赴立陶宛与其领导人协商谈判。在协商与谈判失败、事态迅速蔓延到爱沙尼亚和拉脱维亚后，苏联最高苏维埃又做出决定，动用内务部队维持秩序。应该说，这并无大错，无可厚非。问题是，内务部队进驻不久，不待事态平息，戈尔巴乔夫迫于民族分裂势力和西方的压力，又下令内务部队从立陶宛、爱沙尼亚、拉脱维亚立即撤出。这样，局势就完全失去了控制。后来，这三个加盟共和国便首先从联盟中独立出来了。

第二次是没有珍惜和把握好制止联盟分裂的一次良好机遇。

这次机遇出现在1991年上半年苏联历史上曾举行的唯一一次全民公决投票。当时，苏联最高苏维埃决定，1991年3月17日在全苏就是否保存苏维埃社会主义共和国联盟问题进行公民投票。苏共中央政治局也就全民投票问题作出决定，要求各级党组织做好这一活动的准备工作，坚决回击各种破坏活动。戈尔巴乔夫也曾发表电视讲话，号召民众积极参与投票，并从多个方面说明了保存联盟的理由。

投票的结果远远超过预期，绝大多数民众拥护保存统一的苏维埃社会主义共和国联盟。遗憾的是，戈尔巴乔夫在全民公决投票前信誓旦旦、踌躇满志，而在投票结束后却又出现了动摇、右倾和幻想；再加上戈尔巴乔夫出访日本期间，俄罗斯、乌克兰、白俄罗斯、哈萨克、乌兹别克这5个核心加盟共和国的最高领导人在基辅会晤后重新协调了立场，再后来又发生"8·19"事变，所以这次全民公决投票就实际上没起什么作用，联盟痛失了保存的良机。

第三章　民族维和——没有统一就没有大国的成长

历史的启示

自从 15 世纪末英国在世界上开始建立第一个民族国家以来，5 个世纪已经过去了。虽然人们对全球化背景下民族国家到底还能存在多久提出了质疑，但无可否认的是，民族国家、主权国家在当代仍然是基本的生存单元；维护民族的独立、国家的主权也仍然是一个民族和国家的至高准则。极端的、狭隘的民族主义无疑是有害的，上个世纪的两次大杀戮已经清楚地告诉了人们；然而，历史又同样清楚地告诉人们，民族主义曾是被压迫人民争取民族独立和国家解放的动力源，也曾代表国际社会平等意识的苏醒。这里的关键所在是——温善而不极端，理性而不狂热，开放而不狭隘，这便是当代所需要的民族主义的主要特征。也唯有如此，民族主义才能与爱国主义在内涵上大致统一，在外延上大致重合，既符合特定国家的利益，也符合世界共同的利益。

一个民族一个国家被人为地分裂在现代史上是常见的，分裂的原因也可以是不同的，但人们渴望民族和国家统一的心情以及统一后的喜悦则是相同的。况且，对于任何一个民族一个国家来说，将它的发展进程首先纳入到一个统一的框架内来进行，总是比让这种进程处于分裂状态更有利。因为统一的发展框架就意味着直接的信息传播、便利的资源配置、活跃的劳动力流动和更为广阔的发展空间，实际上也就是更好的现代化条件。所以对于所有仍处于分裂状态的民族和国家来说，民族和国家的统一都始终应该作为一个问题、一项任务、一种理想突出出来。在今天的世界上，对立面的结合都几成现实，更何况同宗同脉的民族呢！

如同任何一项非凡的事业都必须经过磨难一样，当代民族和国家统一的阻力因素比较多，民族问题往往是与国际政治问题和国内社会发展中的其他各种矛盾交织在一起的，任何一国一民族都难以独自完成自己的统一。但是，要想成为世界大国就必须完成民族和国家的统一；如果连民族和国家的统一都实现不了，就不可能成为真正的世界大国。同时，一个有待实现统一的民族和国家，在成长为世界大国的过程中，就像人的一生一样，主要取决于关键的几步。如果关键的几步走对了，一切就会比较顺利，前景也会比较光明。

第四章
Chapter Four

社会维流
——民主自由是长盛不衰的源头活水

　　民主、法治、自由、人权、平等、博爱，这不是资本主义所特有的，这是整个世界在漫长的历史过程中共同形成的文明成果，也是人类共同追求的价值观。

——温家宝[①]

[①] 新华社：《温家宝在十届人大五次会议记者招待会上答记者问》，载《人民日报》2007年3月17日，第1版。

第四章 社会维流——民主自由是长盛不衰的源头活水

1846年,马克思和恩格斯在他们合著的《德意志意识形态》这部经典著作中,既论及了人的需要对于人的发展的重要性,同时更强调了人的需要、人的发展对于社会条件的依赖性。

马克思和恩格斯说:"一切人类生存的第一个前提,也就是一切历史的第一个前提,这个前提是:人们为了能够'创造历史',必须能够生活。但是为了生活,首先就需要吃喝住穿以及其它一些东西。因此第一个历史活动就是生产满足这些需要的资料,即生产物质生活本身,而且这是这样的历史活动,一切历史的一种基本条件,人们单是为了能够生活就必须每日每时去完成它,现在和几千年前都是这样。"①

马克思和恩格斯还指出,人类"只有在现实的世界中并使用现实的手段才能实现真正的解放;没有蒸汽机和珍妮走锭精纺机就不能消灭奴隶制;没有改良的农业就不能消灭农奴制;当人们还不能使自己的吃喝住穿在质和量方面得到充分保证的时候,人们就根本不能获得解放。'解放'是一种历史活动,不是思想活动,'解放'是由历史的关系,是由工业状况、商业状况、农业状况、交往状况促成的。其次,还要根据它们的不同发展阶段,清除实体、主体、自我意识和纯批判等无稽之谈,正如同清除宗教的和神学的无稽之谈一样"②。

在马克思和恩格斯看来,虽然人们最初的发展总是和人的生存需要联系在一起的,人的发展首先是获取物质生活资料的能力;然而,人的需要不只是生存需要,在生存需要得到基本满足之后,人又产生了新的需要——从事政治、科学、艺术、宗教等。这种需要的发展,是"人的本质力量的新的证明

---

① 中共中央马恩列斯著作编译局马列部编:《马克思主义经典著作选读》,北京:人民出版社1999年版,第11页。
② 中共中央马恩列斯著作编译局马列部编:《马克思主义经典著作选读》,北京:人民出版社1999年版,第9—10页。

和人的本质的新的充实"。马克思和恩格斯认为,人的发展和人的自由不应是出于生存的逼迫或社会关系的强制,而是人的本质和特征能够真正得到充分发挥和发展,是社会能够以人自己占有和自己享受人的本质为出发点和归宿点;人的自由全面发展、人的自由充分实现,是人类发展的必然趋向,是社会发展的终极目的,也是人类自由和解放的最高境界。

马克思和恩格斯告诉人们,人的自由和发展必须依赖于社会的发展与解放,只有实现社会的发展与解放,人的自由和发展才是可能的。社会不解放,人就不能自由。而没有人的自由,也就没有国家的自由。处于不自由的状态,国家和人民都不可能有什么大的发展,也不会有什么好的前途和命运。

丘吉尔:"在黑夜中入睡的是不列颠,在黎明时醒来的却是英格兰"

曾经获得诺贝尔文学奖并在民族危难时刻两度出任英国首相的丘吉尔在论及英国的历史时曾有一段名言。他说:"在黑夜中入睡的是不列颠,在黎明时醒来的却是英格兰。"①

丘吉尔在这里所指的不列颠,是英国历史上最黑暗时期的不列颠。公元7世纪初,刚刚结束罗马帝国的蹂躏,不列颠又遭遇日耳曼的染指,从此,英国进入到历史上的一个战乱频仍时期——"七国时代"。在历时300多年的厮杀中,不列颠四分五裂,社会发展停滞,历史仿佛在这里凝固了。

丘吉尔在这里所指的英格兰,是英国历史上第二次内战结束后建立的英吉利共和国。

1648年2月,南威尔士的王党进行暴动,从而开始了英国历史上的第二次内战。虽然王党在内战的开始阶段曾取得一连串胜利,但议会军在社会中下层民众的支持下很快扭转了战局。不出半年,王党即被击溃,内战以议会军的胜利而结束。

---

① 中央电视台《大国崛起》节目组编:《大国崛起·英国》,北京:中国民主法制出版社2006年版,第8页。

第四章 社会维流——民主自由是长盛不衰的源头活水

这次内战加速了英国革命的进程。虽然这一时期议会同国王之间的斗争、上议院同下议院之间的斗争都很激烈,但还是在内战结束后的第二年——1649年5月19日,议会的决议正式宣布:"英国的人民和所有隶属于它的领土和地区上的人民,都是并将由此构成、缔造、建立和团结成为一个共和国和自由邦,都将由这个民族的最高权力,即议会中的人民代表和他们所任命为人民谋福利的官员所统治,而不需要任何国王和贵族院。"①

就这样,英吉利共和国正式建立了。

虽然共和国建立后时间短暂,实际只存在5年,但它在英国的历史上却是破天荒的。这是英国第一次也是唯一的一次用国王的人头换来了新制度的建立,同时也是英国第一次也是唯一的一次建立了民主共和的国家制度。后来,英吉利共和国的建立在英国的历史上也被称为英国资产阶级革命的顶点。由此可见,丘吉尔把英吉利共和国的建立比作不列颠的黎明是正确而又贴切的。

不过,丘吉尔在这里所指的不列颠入睡的黑夜却是漫长的。那时,欧洲还处于长达1000多年的黑暗的中世纪时期,尽管英国率先走出了中世纪的黑暗,但不列颠的黑夜同样漫长难耐。难能可贵的是,在这漫长的黑夜中,不列颠自由的火种一直在燃烧,当欧洲其他民族还在黑暗中摸索时,不列颠却向着民主自由的方向在人类文明的道路上迈出了重要步伐。这就是——开始了建立具有现代意义的议会,颁发了《自由大宪章》,并且为随后到来的光荣革命开辟了道路。

开始建立具有现代意义的议会,可以说是英吉利共和国建立之前的一项关键性成果。

在"七国时代",最初存在于不列颠政治生活中的议事方式,是由国王与贵族代表组成的"贤人议会"。"贤人议会"的职能,主要是选举王位继承人,同时兼具辅助国王。

后来,诺曼国王威廉一世在"贤人议会"的基础上建立起了"大议会"。除了国王以外,组成"大议会"的成员主要是贵族及教会的头面人物。虽然"大议会"每年举行会议的次数有限,但其运转机制和权力行使方式越来越接近现代

---

① 蒋孟引主编:《英国史》,北京:中国社会科学出版社1988年版,第373—374页。

议会。特别是，这种尊重和吸收社会各方面力量加入的国家权力机构设置促进了英国民主宪政观念的形成。从这时候起，"国王未征求意见和未得到同意不得行动"的概念成为人们公认的准则。

再后来，由于金雀花王朝统治时期将参加"大议会"的代表扩大到各郡、市、镇，人数越来越多，于是便逐渐演变成按照参加代表的身份而区分的两部分，即由贵族代表组成的贵族院，是为上院；由地方代表组成的平民院，是为下院。

到了都铎王朝后期，英国的政府机构即主要由三部分组成——国王、枢密院和议院。其议院的上院，由国王任命的大贵族和教会首要人物组成；下院由地方选举出来的贵族和市民代表组成。这时的政治原则也更为严格和完善，国王的议案往往要经过上下两院的同意后才能成为正式法案。虽然在职权上国王可以自行公布法律，解散议院，但这往往是极不得民心的。所以在这一时期，即使是十分专制的国王也还在一定限度内一定形式上保留着召开议会、通过议会来讨论国家大事的传统。

到查理一世登上王位后，虽然固守"君权神授"的他一度中断了议会的会议，但到了1639年，为了进行同苏格兰的战争，需要议会批准征收赋税，查理又不得不恢复已经中断了10多年的议会。然而，历经查理的反复无常后，这时的议会已再不以他的意志为转移了。议员们展开了对国王的尖锐抨击，争先恐后地陈述无议会期间的种种弊政和人民的疾苦。议会还通过决议，撤销了国王的专制武器——王室法庭，废除了一系列不利于社会发展的经济政策，宣布未经议会的同意，国王的征税令一概无效。1641年5月10日，查理还被迫签署了一项新的法律：国王不得解散议会，不管国王召集与否，议会都有权定期召开会议。

英吉利共和国成立前夕——1649年1月4日，议会又正式通过决议，指出国家任何法律的最高源泉都是人民，由人民选举产生的议院是国家的最高政权机关。

虽然此时离建立完全现代意义的议会还尚需时日，但从这时起，英国议会已经成为一个独立于国王并可以定期举行会议的国家权力机构和最高立法机构。

颁布《自由大宪章》是英吉利共和国成立之前的又一项重大成果。与建立独立于国王的议会一样，同样是拓荒性的、划时代的。

第四章 社会维流——民主自由是长盛不衰的源头活水

《自由大宪章》是在大贵族与英国王室之间因为征税而引起的冲突中产生出来的。长期以来,英国王室同贵族之间在税赋问题上的斗争从来没有停止过。在由经济自主引发的政治自主的推动下,王室同贵族之间的关系在性质上也开始发生变化。1215年,国王约翰未经议会同意就下达了向贵族征收特别捐赠的法令,这一做法迅即引起大贵族的不满。为了抗议国王,大贵族们便拟订出《自由大宪章》,并且联合社会其他阶层,以武力相威胁,迫使约翰于同年6月15日在《自由大宪章》文书上签了字,以表示国王同意和遵守宪章。

根据《自由大宪章》的规定,国王征税必须召集贵族大会并征得他们的同意;不经过合法裁决和合法审判,国王不得逮捕和囚禁任何人;不得剥夺贵族的财产,不得宣布贵族不受法律保护。

同时,《自由大宪章》还规定,如果国王违背了自己的诺言,人们有权反对国王,拿起武器推翻国王的统治。

这样,《自由大宪章》的诞生就确立了这样一个原则:国王的权力并非是至高无上的,国王只能在法律允许的范围内行使权力,王在法下。

虽然这时的《自由大宪章》在内容上并无多大创造,只不过是把威廉一世以来的两百多年里贵族与国王之间的约定俗成的契约关系,第一次用明确的法律文书固定了下来,但是,《自由大宪章》这种宪法文本的问世,意义是非凡的。它不仅使契约精神得到强化,为后来提供了一种用和平谈判与相互妥协的方式解决政治问题的路子,而且奠定了英国宪政制度的基础,是英国通向现代民主政治的重要台阶。因此,《自由大宪章》被誉为英国宪政史上的第一个成文文件。

英吉利共和国的成立,最重要的成果还在于直接为1688年的光荣革命开辟了道路,提供了示范,奠定了思想基础。这主要体现在两个方面。

一是英吉利共和国的成立,催生了《权利法案》。

从英吉利共和国成立后的第4年开始,英国议会就厌烦了后来被封为护国公的克伦威尔的独裁统治。1658年克伦威尔去世后,人们对反攻倒算的王室复辟更是不能容忍。但是,人们这时已不想再流血,也不愿意再通过武力来推翻国王。于是人们等待着,希望出现用合法手段来解决问题的机会。

这一天终于到来了。1689年2月13日,议会为威廉夫妇举行隆重的加冕典礼。这次与以往国王的加冕仪式不一样的是,当议会代表向两位君主献上了王冠之后，随之又将议会精心制定的一份文件——《权利宣言》递了上去——这是事前商量好的条件，由新王夫妇当众宣读这份《权利宣言》。

这一宣言继承《自由大宪章》的精神，在文本中赫然写着：凡未经议会同意，以国王权威停止法律或停止法律实施之僭越权力，为非法权力；凡未经议会准许，借口国王特权，为国王而征收或供国王使用而征收金钱，超出议会准许之时限或方式者，皆为非法；向国王请愿，乃臣民之权利，一切对此项请愿之判罪或控告，皆为非法；议会议员之选举应是自由的；议会内之演说自由，辩论或议事之自由，不应在议会以外之任何法院或任何地方受到弹劾或讯问……

不久，《权利宣言》即更名为英国历史上著名的《权利法案》。依照这个法案，英国就从宪政上确立了议会高于王权的政治原则，逐步建立起了立宪君主制。也正是从这时起，才在英国开始了由一群人共同统治一个国家的历史。在人类史上，这是一个伟大的进步。

二是英吉利共和国的建立，带来了人的思想解放。

在革命的年代里，激烈的斗争总是伴随着思想上的较量而进行的。早在英吉利共和国建立前夕，随着封建制度的逐步瓦解，人们的思想观念开始发生变化。原来以信仰为基础的思想原则，逐步受到理性主义的挑战，犹如一个被浑身绑缚的巨人突然挣脱了身上的锁链，人们这时在思想上觉醒了。

尤其是思想家约翰·洛克的人权和法律理论给了人们很大鼓舞。洛克提出，人类社会在出现国家之前处于一种自然状态之中；在这样的状态下，人人过着充分自由的生活，不受任何权力的限制和侵犯，每个人都平等地享受着生命、财产、自由的权利，没有一个人有多过别人的权利，也不必服从别人的意志；每个人所拥有的对生命、财产、自由的权利，是天然的、上帝赋予的，因此不能把这些权利移交给另一个专断的权力；建立政府是为了保障这些权利而不是损害这些权利，因而政府也不能不经同意就取得或再分配财产。洛克关于法律的观点是，人们立法不是为了取消自然法或自然权利，而是为了赋予法律在自然状态下所缺少的明晰、精确以及公正的实施；自然权利应当保留，而且应该制约所有的人，立法者与他人平等。[①]

---

① 〔英〕格雷厄姆·沃拉斯：《政治中的人性》，朱曾汶译，北京：商务印书馆1995年版，第76页。

洛克这些在英国革命环境中产生的具有代表性的思想成果很快在社会中迅速传布开来，为革命服务。后来，这些思想理论不仅对英国的社会发展起了很大作用，而且还传播到欧美以及世界其他地区，对世界的政治发展也产生了深远影响。

总的看，以英吉利共和国的建立为标志的政治成果，虽然没有能马上给英国带来现代意义的民主政治，但它的确是英国现代民主政治发展史上的里程碑。议会制、《自由大宪章》和《权利法案》的精髓，无疑对英国后来的发展产生了极其重大的影响，而其中最为核心的平等、自由的思想，更是成为社会前进的动力。臣民与君主平等并荣辱与共，就会扩大人的胸襟，就会保证自由思想，就会释放人的潜能，就会激发社会活力，就会促使新观念新事物不断涌现，进而推动着历史滚滚向前。正如17世纪的英国伟大思想家约翰·弥尔顿所指出的，只有把一切门户都打开，让阳光照射到每一个角落，让每一个人都可以自由地思想，才能使真理永不枯竭，社会的发展永不停息。①

正是出于此，丘吉尔把17世纪中叶英吉利共和国的成立当作了英国历史上的黎明。

希拉克："自由、平等、博爱，捍卫了法兰西共和国"

1789年大革命以来，法兰西之路是坎坷的。有学者形容，法兰西的土地仿佛成了一个政治哲学的实验场：革命因反抗一个人的专制胜利了，不久却又以另一个人的专制开始了；一会儿是共和国，一会儿又是帝国；复辟与反复辟，自由的获得与得而复失，如此往复，在世界史上上演了一出独一无二的国家政治悲喜剧。仔细一看，法兰西的历史还真的不乏戏剧性。

在1789年至1959年的170年时间里，法国竟出现了4次革命，两个帝

---
① 蒋孟引主编：《英国史》，北京：中国社会科学出版社1988年版，第389页。

国,两个王朝,还有5个共和国。它们依次是:

1789年7月14日,以攻占巴士底狱为标志,法国大革命爆发,随后通过了《人权和公民权宣言》。

1792年9月22日,以《人权和公民权宣言》为纲领,法兰西第一共和国建立。

1804年12月2日,拿破仑在巴黎圣母院举行加冕典礼,标志着法兰西第一共和国结束,法兰西第一帝国建立。

1815年7月9日,路易十八在拿破仑百日政变失败后组成新内阁,实现了波旁王朝复辟。

1830年"七月革命"爆发,查理十世被推翻,但革命的成果被篡夺,路易·菲利浦新王朝建立。

1848年2月爆发第二次革命,在巴黎的墙壁上到处出现醒目的大字——"法兰西共和国!""自由、平等、博爱!"在如火如荼的革命中,法兰西第二共和国建立。

1852年12月2日,路易·波拿巴将第二共和国改为第二帝国,自己也由总统变为终身制的皇帝,称拿破仑三世。

1870年9月初,路易·波拿巴在色当投降并被俘,法国惨败于普鲁士,巴黎爆发第三次革命,人们高呼"打倒帝国!""共和国万岁!"于是,法兰西第三共和国于9月4日宣告成立。

1871年3月18日,巴黎再次爆发第四次革命,发生了震撼世界的"五月流血周",存在72天的巴黎公社被扼杀在血泊中。

1946年11月10日,根据全民投票通过的新宪法,法兰西第四共和国成立,实行多党议会制。

1959年1月8日,又一部新宪法付诸实施,国家政体由总统制代替多党议会制,法兰西第五共和国建立,戴高乐出任第五共和国首任总统。

在不到两百年的时间里,法国的政体如此频繁反复地变换,出现5个共和国,这在欧洲是绝无仅有的,在全世界也是绝无仅有的。

那么,这其中的原因是什么呢?作为体现现代民主自由的一种国家政体——共和制,为什么没有能够像美国那样一次性地建立呢?特别是,这种政体为什么又会在法国历尽艰辛、坎坷和流血,而最终又仍然永生呢?

第四章 社会维流——民主自由是长盛不衰的源头活水

不能够一次性地或尽速地建立民主共和政体，是法国的力量不够强大吗？不是！曾经，几世纪前的路易十四时代的法国就在政治和文化上聚焦了欧洲乃至全世界的目光；后来又依靠一代天骄拿破仑，踏遍整个欧洲。

不能够一次性地或尽速地建立民主共和政体，是法国为革命的付出不够多吗？不是！曾经，法兰西的土地上经常弥漫着战争的硝烟，人民为了革命理想已经失去得太多——1793年至1794年雅各宾恐怖时期，有4万多人未经审讯即被杀害；1848年的巴黎起义，死者上万；1871年的巴黎公社运动，又有10万人死亡。那时，整个巴黎到处都是白色恐怖，鲜血曾染红了塞纳河。

不能够一次性地或尽速地建立民主共和政体，是法国的革命理念不够先进吗？同样不是！曾经，"自由、平等、博爱"的口号响彻整个欧洲，人民的革命热情和理想主义气息感染了整个世界。列宁也曾经这样评价："整个19世纪，即给予全人类以文明和文化的世纪，都是在法国革命的标志下度过的。"①

而如果这些都不是，那是否还存在着其他什么原因呢？

不能够否认，在建立民主共和政体的道路上，法国人确实存在过犹豫和彷徨。一个时期，人们总以为共和国就应该没有任何瑕疵，是一个完全平等的社会；但是，在那个封建专制占绝对统治地位的时代，实现真正的平等实在太难了。于是，在人们的激情散去之后又往往是深深的失落，甚至觉得过去的君主制也不错。而当君主制一旦真的到来时，人们复又感到太压抑。这样便又是一次革命，又是一个轮回，又是一场新的牺牲与无奈。

不能够否认，在建立民主共和政体的道路上，由于缺乏稳定的政治环境和政策的连续性，法国的社会生产曾一度明显地落后于其他欧洲强国。这在法兰西的进步道路上影响是巨大的。在至关重要的两次工业革命时，法国又错过了时机，并因此在综合国力上被自己的对手——超越。

也还不能够否认，在建立民主共和政体的道路上，法国革命的残酷性、艰巨性尤甚。法兰西是一块最封建、最专制的土地，大革命的政治思想原则之所以长期未能在这块土地上确立和巩固，与封建专制的顽固不无关系。同时，剧烈而反复多次的革命与王朝复辟，在翻来覆去地改造社会的同时，也

---

① 唐晋主编：《大国崛起》，北京：人民出版社2006年版，第210页。

在极大地消耗着社会的财富和力量，使法兰西建立民主共和政体之路因此而变得格外曲折。

不过，以上这些原因固然有道理，也很重要，但法兰西第五共和国第5任总统希拉克却另有见解。在一次接受中国中央电视台记者的采访中，当谈及法国为何曾5次建立共和国，人们的共和国理想为何如此坚定，法国何以能以它卓尔不群的气质走出自己独特的发展道路时，希拉克说，是"自由、平等、博爱，捍卫了法兰西共和国"。①

希拉克的结论是独到而精辟的。法国人有理由为自己创造并践行"自由、平等、博爱"的人类精神而感到骄傲。

纵观法兰西建立5个共和国的艰苦历程不难发现，每一次共和国的成立或消失，无一例外地都与大革命最初的理想有着极为紧密的联系。无论人们的斗争是胜利还是失败，充满激情抑或陷入低潮，其实都是民主自由与专制王权的此消彼长。

1792年的第一共和国从根本上就是在"人人生而自由平等"的人权宣言中建立的。宣言开篇即鲜明地写道："就权利而言，人人生而自由平等，且始终如此。"②这实际上是从根本上否定旧时代的王权与贵族特权，确立以人权为基石的新的社会准则。因此大革命的纲领——《人权和公民权宣言》也在后来被称为"新制度的诞生证书"。遗憾的是，大革命的胜利并没有消除革命阵营内部的矛盾，更谈不上瓦解封建王朝和贵族社会的强大传统势力。随着罗伯斯庇尔的大恐怖、拿破仑的军事独裁和法兰西第一帝国的建立，民主自由的原则便荡然无存。

如果说法兰西第一共和国建立时突出的是"自由"和"平等"，那么法兰西第二共和国成立时则又在"自由""平等"的基础上增加并突出了"博爱"的内容。第二共和国建立不久，法兰西全体男性公民即拥有了选举权，使法国成了欧洲第一个实现全国范围内男性公民普选的国家。与此同时，社会还享有了比较普遍的出版、集会与宗教信仰自由。然而，法兰西第二共和国从它诞

---

① 中央电视台《大国崛起》节目组编：《大国崛起·法国》，北京：中国民主法制出版社2006年版，第223页。
② 中央电视台《大国崛起》节目组编：《大国崛起·法国》，北京：中国民主法制出版社2006年版，第100页。

生之日起也潜伏着自我毁灭的危机。原因是，第二共和国是资产阶级权贵们迫于各方面的压力而宣告成立的，权贵们在内心并不夙愿共和国。这时的各个政治派别也各有各的目的，虽然达成了暂时的妥协，但内部矛盾重重。尤其是以路易·波拿巴为首的共和派为了独占统治地位，不断地走向反面，直至最后动用武力来消灭异己。结果，使法兰西第二共和国只存在4年多就被颠覆了。

法兰西第三共和国存续时间比较长，达到了70年。在这期间，法国确立了议会民主制，形成了以多党制为特征的现代政党制度。还通过政治、经济、社会、文化、教育等各个领域的改革，基本完成了现代化的进程。对法兰西第三共和国的毁灭性打击出现在第二次世界大战期间。不过，第三共和国崩溃的根本原因不是因为战争，而是内部的体制危机和政策取向。

法兰西第三共和国政治制度的主要特征是议会制，即议会是国家政治权力的中心，总统对议会无制衡权。同时，由于实行多党制，内阁由议会多数派组成，而议会多数派往往是政党结盟，如果结盟的政党发生矛盾、出现分歧，就会连带出现议会多数派的变化，进而造成内阁频繁变动。实际上，从1870年到1940年的70年间，第三共和国即更换了108届内阁，平均每届内阁在任的时间仅8个多月。这种政治上的不稳，不仅影响到国家的政治决策，也造成了民众对政治的厌倦和不满。

比这更为严重的是，第三共和国末期实行的政策明显地趋向了独裁统治和上层权贵的利益。在政治上，停止了从国民议会到地方市政局的选举，解散了一切政党组织。在经济方面，解散了企业主联合会，转而由大垄断资本家控制工业和商业。在社会政策方面，解散了一切工会组织，对教会也采取了一些极为不当的政策措施。

这样，第三共和国就彻底地失去了人民大众的支持，同时也失去了自己。

法兰西第四共和国是由法兰西第二帝国更名过来的，因此在建立之初也就存在着不稳定因素。加之，第四共和国在殖民地问题上执迷不悟，一再出兵镇压殖民地人民的民族独立运动，不仅在政治上有违自己所坚持的民主自由理念，而且根本不符合二战以后的世界潮流。无疑，这都成为第四共和国崩溃的重要原因。

法兰西第五共和国是随着戴高乐"自由法国"的旗帜而到来的。虽然第五共和国的主要特征表现为总统不再是"虚位元首",总统和政府的权力大大增强、地位大大提高,但最根本的区别还是蕴含在国家政治体制和国家内外政策中的政治精神。特别是,通过结束对阿尔及利亚的殖民战争,法国彻底告别殖民主义,成了一个名副其实的现代民主国家;通过积极同东方阵营改善关系,充分体现了法国对于世界和平的热爱、对于人类多元文化的认同和对于"自由、平等、博爱"大革命传统的弘扬。尽管只是在历经了5个共和国之后法兰西民族才真正开始接近大革命时提出的理想,但这也证明了法国作为一个现代国家的成熟。

在经历了如此的曲折和起伏之后,法兰西第五共和国依然能够最终得以建立,法兰西民族依然能够在世界大国之路上前行,这不仅是共和制度的优势,而且是"自由、平等、博爱"思想的胜利。

规律实在是难以抗拒的。这就是法国大革命后5个共和国的命运留给人们的最宝贵财富。

杰斐逊:"上帝在赐予我们生命的同时也赐予了我们自由"

很久以来,美国在世界上就不只是作为一个超级大国及其强大的经济、强大的军事、强大的国际影响力而存在,在更多的时候,美国还是作为一种民主和自由的象征而存在于世的。

在美国,从政治家到普通民众,几乎从来就没有人怀疑过,美国从建国之初起即不仅仅是一个地理概念,而是代表着人类文明的理想和价值,这就是民主和自由。从那时起,以民主和自由这些元素为核心的价值观就已经渗透到社会生活中,成为人们的政治信仰和进行社会价值评判的导向与依据。在美国人看来,民主和自由是"美国政治文化最核心的部分","违背这些的任何事情在道德上都是错误的,都是亵渎神明的。放弃这些就等于放弃了美国最深刻的本质"。

在今天的美国,人们对于民主自由的深度信任有增无减。民主自由不仅早已成为美国人的稳定信仰,而且还把这些价值观念绝对化。美国人认为,民主自由是人类政治的唯一取向、终极标准和即时目标,值得不遗余力、不惜使用武力地向全世界输出,让全人类共享。即便发生了"9·11"这样的灾难性事件,并且在伊拉克战争欲罢不能的情况下,美国国家安全战略报告仍然认为,"这些原则对所有的人来说都是千真万确的。没有哪个国家可以独占这些追求,也没有哪个国家可以免除对这些目标的追求。美国必须坚决维护人类尊严不可妥协的要求"。第43任美国总统布什也坚称,"保护这些价值观免受摧残是对全世界热爱自由的男女老少的共同召唤",美国要把这一希望"带到世界的每个角落"。①

如今,以民主自由为核心的价值观在美国已经是一个不需要再讨论的问题,世界也同样这样评价民主自由在美国的根深蒂固和对美国国家发展的重大影响。

2008年2月12日,新加坡《联合早报》就美国第44任总统大选发表评论,认为不管谁入主白宫,一个明显的赢家已经显现,这就是美国制度文化的影响力在这次总统竞选过程中已经显著上升。这篇评论说,这次总统竞选充分展示了美国是地球上最开放、最具活力和最能够进行自我更新的民主社会。

法国战略研究基金会发表的文章也称,美国的"主要王牌是其惊人的活力",由于这种活力,美国"显示出持续的自我再生能力"。②

奥巴马当选美国总统后,美国人自己更是信心十足,认为在民主自由的社会氛围中,"一切皆有可能"。

当一种现象成为大多数人的共识或比较普遍的趋势时,就再也不能仅仅看成是政治誓言或信仰狂热。在美国,人们如此笃定民主自由这些价值观,与美国特殊的社会历史、民族文化和现实情况是紧密地联系在一起的。

从其社会历史和政治文化看,在美国,民主自由是历史的延续,传统的承袭

美国早期的黑人民权运动领导人伊利·泊克认为,是民主自由的观念聚

---

① 黄柏富主编:《"9·11"事件后美国国家安全战略文件选编》,北京:军事谊文出版社2002年版,第632、639页。
② 新华社《参考消息》,2007年12月23日,第3版。

合了美国人，奠定了美国的基础。他说："我们的肤色不同，我们的宗教信仰不同，我们的能力不同，我们的背景可能也不同。那么我们的共同点何在？是什么让我们都成为美国人？是一个观念。我们拥有相同的观念，那就是我们的共同之处。其他国家都不是从一个观念开始建立的；大多数国家都是从贵族和国王开始的。我们从一个声称人人生而平等的宣言开始，那个崭新而强有力的观念让全世界的人都激动万分。"①

美国哈佛大学政府学院在提供给全美大学广泛使用的教科书《美国政治文化》中，将美国定义为一个"天生自由"的国家，认为整个国家就是建立在民主自由的思想基础之上的。这部教科书指出，美国起源于一场反对英国殖民统治的革命，然而，与大多数流血革命不同的是，美国革命并不是反叛已经确立的社会秩序；恰恰相反，美国革命的目的还在于保护殖民地美洲所产生的新社会秩序，因为殖民地并不存在需要推翻的封建遗产，并且殖民地已经开创了一种让个人免受欧洲式贵族爵位统治制约的新的生活方式。同时，美洲这片广阔无垠、资源丰富的土地也为美国人追求自由的生活方式提供了可能。这部教科书还强调，美国从根本上就是民主自由的产物——早期的殖民是为了民主自由，后来的移民是为了民主自由，美国人热爱美国是为了民主自由，人们建设和发展美国的动力还是民主自由，并且是为了更大的民主自由。②

这部教科书的观点与法国19世纪思想家托克维尔的看法也是相似的。

托克维尔认为，17世纪初叶，一些最早从英国、德国和荷兰来到美国东北部的移民中，许多人就是带着精神自由的计划踏上这块土地的。他们的内心深处是反抗欧洲的政治专制和宗教专制。他们的真正需求是寻求内在的自由，精神的自由。在第一批英国殖民者飘洋过海涉足北美大陆的众多目的中，渴望民主自由是他们的最主要目的。

托克维尔在《论美国的民主》一书中写道：这些怀揣自由生活和自由崇拜上帝的殖民者，此刻已经不是漂洋过海去撞大运的一小撮冒险家，而是被上帝亲自撒在一片预定的大地上的伟大民族的种子。这些殖民者内心深处的理想和清教的教义，既是宗教学说又是政治理论，既有宗教的虔诚又有政治的

---

① 〔美〕乔伊·哈克姆：《自由的历程：美利坚图史》，焦晓菊译，上海：复旦大学出版社2006年版，第152页。
② 〔美〕托马斯·帕特森：《美国政治文化》，顾肃等译，北京：东方出版社2007年版，第7页。

第四章 社会维流——民主自由是长盛不衰的源头活水

庄严,既是一种宗教精神又是一种自由精神。虽然宗教精神和自由精神是两种完全不同的成分,"这两种成分在别处总是互相排斥的,但在美国却几乎彼此融合起来,而且结合得非常之好"。所以"在他们面前,社会内部产生的束缚社会前进的障碍低头了,许多世纪以来控制世界的旧思想吃不开了,一条几乎没有止境的大道和一片一望无际的原野展现出来。人类的理性在这片原野上驰骋","幸福和自由即于此生"。①

许多美国领导人对美国因民主自由而对世界其它国家产生的吸引力也深信不疑,津津乐道。

第37任总统尼克松说:"我们决不能忘记美国为什么在世界上有特殊的意义……即使在200年前美国还是一个软弱和贫穷的国家时,它就代表着一种比军事力量和经济财富更为重要的伟大思想——全面自由的思想。千百万人走上我们的海滩是因为美国代表着自由的国家、自由的人民、自由的市场、自由的选举、自由的表达意见和自由的宗教。对于我们来说,没有任何事情比向世界其他国家展示这种思想的力量更为重要。"②

第40任总统里根也说:"我相信,是上帝把这块土地放在两个大洋之间,让世界各地的特殊人物发现了它,致使这些人因酷爱自由而远离故土云集到这片土地上,使之成为一束夺目的自由之光照亮了整个世界。""我们对全世界来说就像一块磁铁,吸引人们冒着被子弹击中的危险,以生命为代价越过柏林墙来到这里,吸引人们冒着九死一生的危险乘一叶扁舟渡过波涛汹涌的大洋来到这里。这块土地和土地上的人民,能在这里兑现的梦想以及使之结为一体的自由——就是这些使美国能够高高地飞翔,一直飞到可以看见自由和希望的万里云天。"③

从其社会价值和政治取向看,在美国,民主自由是一种不容置疑的价值判断,已经深深镶嵌在整个民族的思想意识之中

虽然民主自由的理念和实践源远流长,在世界上也有多种解读,但在美国人的脑子里,民主自由的观念是笃定的,施行民主自由被认为是绝对正确

---

① 〔法〕托克维尔:《论美国的民主》,董果良译,北京:商务印书馆1988年版,第48页。
② 〔美〕理查德·尼克松:《超越和平》,范建民等译,北京:世界知识出版社1999年版,第279页。
③ 泽明等编:《外国首脑文集》,北京:中华工商联合出版社1997年版,第86—87页。

的，有道理的。

在美国早期的开国者们看来，民主自由作为一种价值是与生俱来的，是与生命等价的。

杰斐逊说："上帝在赐予我们生命的同时也赐予了我们自由。"①

华盛顿在总统告别演讲中说："你们是美利坚人，你们酷爱自由。你们身上的每一个细胞都充满了自由。我没有必要再提什么建议来加强和坚定你们的这个信念。"②

美国立国前夕，"自由之子"组织的领导人、弗吉尼亚总督帕特里克·亨利在群众集会上疾呼："难道生命如此珍贵，难道和平如此甜蜜，以至于非要用镣铐和奴役去换取它们？我不知道别人何去何从，我的抉择是不自由，毋宁死！"③

在美国，民主自由的维度是由政治领域逐步向经济和社会领域延伸的。在美国人看来，民主自由很重要的是一种社会政治经济制度，在社会政治经济制度中实行不实行民主自由，是区分先进与落后、善治与暴政、资本主义国家与非资本主义国家的根本标志。

对民主自由的内涵进行完整表述并得到人们广为尊崇的是美国第三十二任总统罗斯福的一席话。1941年初，罗斯福在国情咨文中说，美国将努力保证未来的安定，这种安定建立在四种基本的民主自由之上：首先，人人都享有发表言论和表达见解的自由；其次，每个人都能以自己的方式，享有崇拜上帝的自由；第三是免受贫困的自由；第四是免受恐惧的自由。④

罗斯福的这一思想见解和政策主张，可以说代表了美国人的心声。

对于言论自由，美国人认为："但凡有关公共事务的观点，都应不受干涉地得以自由表达。有秩序的社会进步，是在不加束缚的舆论自由推动下取得的。对没有公然行动的舆论进行惩罚，决不利于有序的进步。压制舆论只会

---

① 于歌：《美国的本质》，北京：当代中国出版社2006年版，第189页。
② 〔美〕雅各布·尼德曼：《美国理想：一部文明的历史》，王聪译，北京：华夏出版社2004年版，第90页。
③ 中央电视台《大国崛起》节目组编：《大国崛起·美国》，北京：中国民主法制出版社2006年版，第30页。
④ 〔美〕乔伊·哈克姆：《自由的历程：美利坚图史》，焦晓菊译，上海：复旦大学出版社2006年版，第283页。

第四章 社会维流——民主自由是长盛不衰的源头活水

招致暴力与流血。"①美国人还认为:"追求真理是一个群体参与的过程,没有哪一个人能够独自发现真理,也不能将自己的观点强加于别人。这样,言论的自由和思想的自由是不可分割的,当这两个自由被用来打开通向内心以及外在世界的真理的大门时,它们存在的意义是无可争辩的,它们能使个体的内心世界更趋完善,使群体的智慧和道德达到更高的境界。"②

对于宗教信仰自由,美国人认为,"没有宗教热情,就不会有美国"。美国宪法禁止政府设定某种宗教为国教。无论你是天主教徒、基督教徒、佛教徒,还是伊斯兰教徒或某种新兴宗教的信仰者,国家都保护不受任何来自政府或者民间的宗教迫害,美国宪法赋予公民拥有绝对的信仰自由。

对于免受贫困的自由,美国人认为,实行经济上的平等与民主,保证公民的财产与幸福,以及保护个人免受经济损失和不测之灾,是社会和政府的目标。民主自由"不仅指免除对肉体的约束,而且指个人有权签订契约,有权从事任何一种普通谋生职业;有权获取有用的知识……以及普遍地享有历来被认为是自由人和平等地追求幸福所必不可少的那些特权。"③

对于免受恐惧的自由,美国人认为,"唯一该恐惧的就是恐惧本身"。美国宪法第4条修正案明确:"人民的人身、住宅、文件和财产不受无理搜查和扣押。"第14条修正案又规定:"任何一州,都不得制定或实施限制合众国公民的特权或豁免权的任何法律;不经正当法律程序,也不得剥夺任何人的生命、自由或者财产。"④

在美国,民主自由也是与社会责任联系在一起的。对美国人来说,民主自由也意味着承担义务,承担自己行为的责任。美国人认为,民主自由只有在与责任一起运用时才发挥作用。如果没有责任感,任何民主自由的社会都不会繁荣。

第42任美国总统克林顿就此指出:"如果没有责任感,自由市场制度就会盛行欺骗消费者、内部交易、虐待雇员等现象。如果没有责任感,社会精

---

① [美]J.艾捷尔编:《美国赖以立国的文本》,赵一凡等译,海口:海南出版社2000年版,第164—165页。
② [美]雅各布·尼德曼:《美国理想:一部文明的历史》,王聪译,北京:华夏出版社2004年版,第20页。
③ 李其荣:《美国精神》,武汉:长江文艺出版社1998年版,第18页。
④ 李道揆:《美国政府与美国政治》,北京:中国社会科学出版社1990年版,第764、767页。

英的智力只会创造出一种狭隘的利益集团政治,为自己的无能辩解,而不能为更大的公众利益服务。如果没有责任感,个人的自由只不过是自私自利。"克林顿强调:"我们有言论自由,但同时也有根据民法来讲话的责任;我们有集会的自由,但也有和平集会的责任;我们有新闻自由,但也有真实、准确公正报道新闻的责任。"①

客观地看,美国建国230多年来,正是基于民主自由的政治理想和高度的社会责任感,才使其凝聚了全社会的政治共识,形成了强大的民族凝聚力。

从其社会实践和政治生态看,在美国,民主自由既是民众广泛参与的生动实践,又从政府、民间到全社会都形成了确保民主自由得以实现的稳定机制和良好氛围

可以说,一部美国发展的历史也就是一部美国人民全程参与、广泛参与的民主自由史。从1776年《独立宣言》的宣告,到1788年《合众国宪法》、1791年宪法前10条修正案生效;从杰斐逊民主思想的阐发到杰克逊"民主政治"的实施;从1863年林肯签署《解放黑奴宣言》和在葛底斯堡关于"民有、民治、民享"政策的演说,到1870年给黑人以充分民主权利的第15条宪法修正案的产生;从19世纪末的民粹主义运动到20世纪初的进步主义运动;从伍德罗·威尔逊的"新自由主义"纲领,到富兰克林·罗斯福的新政与"四大自由";从杜鲁门的"公平施政",到肯尼迪的"新边疆"、约翰逊的"伟大社会"纲领的实施,都是美国民众参与其中的成果。在美国,人民从来不是被动地等待着享受政府给予自己的民主自由,而是积极主动地参与国家政治生活的过程。

在美国人看来,民主是一种很重要的政治制度,即宪政民主,代议制民主,大众广泛参与的民主。实行不实行这种民主制度,是先进与落后、善治与暴政、民主国家与非民主国家意识形态的分野。

美国人认为,在这种民主自由的政治和社会制度中,人们可以通过或多或少定期安排的选举来选择政府。选举时,反对党不会受到压制,政治精英也不会发生意外,因为民主即意味着竞争,民主即意味着政党轮替。并且认

---

① 李其荣:《美国精神》,武汉:长江文艺出版社1998年版,第20、145页。

第四章 社会维流——民主自由是长盛不衰的源头活水

为,只有经过民主选举的政府,才具有唯一的执政合法性。

杰斐逊说,选举可以"温和地""安全地"矫正弊政,而在缺少这种补救办法的地方,弊政则常常需要用革命的刀剑才能斩除。"距离公民的直接的、经常的选举愈远,政府的共和性质就越少。"①

杜威说:"普遍的选举权、重复的选举、在政治上当权的人们对投票者负责以及民主政府的其他因素,这些都是我们所曾发现的实现以民主为一种真正人类生活方式的目的的有效手段。"②

可以说,在今天的美国,从政府、民间到全社会都已经形成了确保民主自由得以实现的稳定机制和良好氛围。

从美国的宪法、联邦的一系列政治文件和国家的政治体制机制来看,民主自由最基本的意义始终是"人民的统治""人人生而平等"。美国民主政治的出发点和归宿点都是人,即全体人民。在制度与人的关系上,人是制度的目的,国家的法律制度是为人民而设立而存在的。在政治过程或政治程序中,人民是决定性的环节。托克维尔形容,"人民之对美国政界的统治,犹如上帝之统治宇宙。人民是一切事物的原因和结果,凡事皆出自人民,并用于人民。"③这一表述可能过于绝对,但基本上是符合美国的实际的。

美国民众对联邦宪法在确立和保障人民的民主自由这一根本原则方面,也是普遍持认可的态度的。美国学者史蒂文生在他的《美国人民的生活与社会概貌》这部书中即写道:"宪法规定,最高权力不属于总统(行政部门),不属于国会(立法部门),不属于最高法院(司法部门),也不像其他国家那样属于某个政治集团或政党。它属于'我们人民',实质上和精神上都属于人民。"④应该认为,这是一个颇具代表性的声音。

目前,美国又处在20世纪30年代以来的最大经济危机之中,美国又在实施"奥巴马新政"。人们看到的是,虽然美国是这次全球金融危机的源头和中心,但美国人并没有比外人感到更恐慌。因为他们依然相信自己的政府,依然相信自己的制度,依然相信民主自由的价值观,依然相信美国一定还会是美国。

---

① 马啸原:《西方政治思想史纲》,北京:高等教育出版社1997年版,第375页。
② 〔美〕约翰·杜威:《人的问题》,傅统先等译,南京:江苏教育出版社2006年版,第37页。
③ 〔法〕托克维尔:《论美国的民主》,董果良译,北京:商务印书馆1988年版,第64页。
④ 〔美〕道格拉斯·史蒂文生:《美国人民生活与社会概貌》,吕佩英译,上海:上海外语教育出版社2003年版,第42页。

季诺维也夫:"母亲,早就到了该用理智理解俄罗斯的时候了"

2000年11月,俄罗斯作家、哲学家、社会学家亚历山大·季诺维也夫出版了他的《俄罗斯共产主义的悲剧》这部著作。

在这部著作中,季诺维也夫认为,二战以来,世界上发生的既丧失主权国家地位又丧失民族特征的社会悲剧,除了南斯拉夫、塞尔维亚外,"更大的悲剧的承受者就要算是俄罗斯和俄罗斯民族了"。季诺维也夫说:"俄罗斯悲剧具有古代希腊罗马意义上的悲剧特征。非同寻常的神谕成为它必然结局的因素……在俄罗斯民族的历史上还从来没有遇到过如此这般无法挽回的残酷的境地。一个民族在它的历史生命中只能有一次死亡,就如同它只能有一次诞生一样。尽管原苏联的所有民族都因发生在1985年之后的改革而身处痛苦的境地,然而只有俄罗斯民族的这个处境才是社会悲剧。"①

对此,季诺维也夫痛心疾首,感慨无限。他在书中写道:"母亲,早就到了该用理智理解俄罗斯的时候了!"②

在这里可以看到的是,季诺维也夫不是在探讨政治学术,也不是在进行文学创作,而是在呐喊——为国家和民族呐喊,为俄罗斯的未来呐喊。

季诺维也夫的这一呐喊,是从他的个人亲历中得出来的

季诺维也夫1922年10月出生在一个贫苦的粉刷匠家庭,1929年随全家逃难到莫斯科。1939年,季诺维也夫考入莫斯科文学历史哲学学院学习。卫国战争前因参与反对斯大林个人崇拜的暗杀活动而被捕,但后来逃脱。此后隐姓埋名,一直到1953年斯大林逝世。这期间曾加入苏联红军抗击德国入

---

① 〔俄〕亚力山大·季诺维也夫:《俄罗斯共产主义的悲剧》,侯艾君等译,北京:新华出版社2004年版,第190、191—192页。
② 〔俄〕亚力山大·季诺维也夫:《俄罗斯共产主义的悲剧》,侯艾君等译,北京:新华出版社2004年版,第261页。

侵。初期当过坦克手、骑兵，后来成为强击机飞行员，共参加过31次空战。战争期间两次负伤并获得苏联红星勋章。

1955年至1976年，作为苏联科学院哲学研究所的研究员和莫斯科大学的兼职教授，季诺维也夫出版了6本逻辑学方面的著作，发表了100多篇论文，其中大多数在西方出版和发表。

1976年是季诺维也夫个人命运的又一个转折点。这一年，他在瑞士洛桑出版了他完成于1974年的第一部长篇小说《黑魆魆的高空》。这部小说对苏维埃体制和苏联社会生活提出了一些批评，被视为公开反对政府的举动。很快，他就因"不称职和与称号不配"的名义被取消了研究员职务，同时被莫斯科大学和苏联科学院哲学研究所免去了公职。随后又被清除出苏联共产党的行列。转眼间，季诺维也夫便成了"妄图颠覆苏联分子"。

1978年，季诺维也夫同他的妻子、女儿一道，都被苏联政府剥夺了公民权，驱逐出境。他在被驱逐出境时表示："即使我所写的这些书要我付出生命作为代价，我也绝不会停笔。"

1978年至1999年，季诺维也夫一直居住在德国慕尼黑。其间，他在欧洲和美国的一些大学里以授课为生，写作出版了30多本书。这些书曾被译成世界上20多种文字广为流行。

1999年，被自己的祖国已抛弃20年的季诺维也夫同妻子、女儿结束流亡生活，一同回到了阔别已久的俄罗斯。回国后，季诺维也夫即受聘于莫斯科大学、俄罗斯科学院哲学所和社会科学院社会政治研究所任职。

季诺维也夫因其独特的政治立场、不屈服的精神和建设性的批判意识而被媒体称为当代的萨哈罗夫。但是他本人没有直接参加任何持不同政见者组织，并且在学术观点和政治态度上也与其他的持不同政见者多有分歧。特别是在对待社会主义和共产主义观念上，他坚持追求"真实的共产主义"，批判斯大林式的和当时苏联实行的"假的共产主义"，并且在1980年写成《真实性的共产主义》一书。季诺维也夫认为，苏联是"生了虫的苹果"——"生了虫的红苹果表面上看依旧使人垂涎欲滴，但红色光芒的背后阴影却是那么的不和谐。"①

---

① 〔俄〕亚力山大·季诺维也夫：《俄罗斯共产主义的悲剧》，侯艾君等译，北京：新华出版社2004年版，第9页。

季诺维也夫说,共产主义既不是善也不是恶,而仅仅是一定的社会组织类型。现在,从噩梦般的经验中,甚至连十足的傻瓜都开始明白,苏联灭亡并非是作为一种制度的共产主义的危机,相反,危机正是这样一种对常规的偏离。①

季诺维也夫甚至认为:"在任何情况下,俄罗斯民族只有成为一个共产主义民族才能够作为一个历史民族保留,无论建立其他任何制度,俄罗斯民族都注定会退化和灭亡。经验表明,对俄罗斯共产主义的打击就是对俄罗斯民族的打击。"②

2006年5月10日,季诺维也夫因患脑癌在莫斯科病逝,终年84岁。当天的俄罗斯各大媒体都做了长篇报导,称他是"世界范围的思想家和文学家""国际社会学的主教""共产主义、西方和后苏联模式的最严厉的和最后的批评者""苏维埃价值体系的最后守护人""生活在现代的柏拉图式的哲学家"。

季诺维也夫一生蔑视一切政治权威和世态庸习,但极其敬畏人类真理和思想自由。

在他接受的最后一次采访中,当被问及自己一生的坎坷时,季诺维也夫是以这样一句话来结束谈话的:"我当然不愿意生命是那样度过的,但社会不应该让人因言论而获罪。"

人的一生究竟应该怎样度过?人类究竟应该建立怎样的社会?这是他留给生者的思考。

季诺维也夫的这一呐喊,也来自他对同行同胞际遇的了解

在他的同行同胞中,作家、思想家、历史学家和社会活动家索尔仁尼琴是一个突出的代表。

曾经获得诺贝尔文学奖和被称为"俄罗斯良心"的索尔仁尼琴,一生同样充满坎坷,跌宕起伏。从他身上所折射出的沉重而强烈的政治情怀、道德责任感和民族主义心理,也同样发人深醒。

---

① 〔俄〕亚力山大·季诺维也夫:《俄罗斯共产主义的悲剧》,侯艾君等译,北京:新华出版社2004年版,第42页。
② 〔俄〕亚力山大·季诺维也夫:《俄罗斯共产主义的悲剧》,侯艾君等译,北京:新华出版社2004年版,第15页。

第四章 社会维流——民主自由是长盛不衰的源头活水

索尔仁尼琴生于1918年12月,而他的父亲则在他出世6个月之前即死于一场意外。为了身患重病的母亲,索尔仁尼琴中学毕业后就近考入罗斯托夫大学数学物理系。后来,为实现自己的文学梦又考入莫斯科文史哲学院学习。卫国战争前夕,索尔仁尼琴大学毕业,同时拿到了两个学位。

大学毕业后,索尔仁尼琴先是在中学教书,卫国战争爆发后应征入伍。曾任炮兵连长,两次立功受奖。不过,随着战事的进展他对战争的指挥有所不满,攻入德国境内后对红军的掠夺行为也深感震惊。他把这一切归咎于斯大林,并在给一个朋友的信中谈了这一观点。这封信被内务部的人看到后,索尔仁尼琴便在前线被捕,随后被判处8年劳改,罪名是"进行反苏宣传和阴谋建立反苏组织"。服刑结束后又被流放到哈萨克斯坦。直到斯大林去世3年后才被解除流放,恢复名誉,安排在一所中学任教。

10多年的劳改生活和流放,使索尔仁尼琴切身感受到了专制的可怕和人的尊严的重要,也彻底改变了他。苏共二十大后,随着对斯大林的批评逐渐展开,苏联的政治和社会气氛一度活跃。索尔仁尼琴遂以劳改营的生活为背景,写了一部名为《伊凡·杰尼索维奇的一天》的中篇小说,直到经中央总书记赫鲁晓夫批准后,这部小说才得以在当时颇有名气的《新世界》杂志上刊出。小说一经发表,立即引起了国内外的强烈反响,苏联社会一时掀起了"集中营文学"热。索尔仁尼琴这时也成了明星,于1963年加入苏联作协。

但不久苏联的政治气候变了。随着赫鲁晓夫1964年被赶下台,索尔仁尼琴也成了新当局的打击对象。不过,经历过劳改、流放、癌症和离婚的索尔仁尼琴此时已是一个勇敢的有良心的名作家。面对克格勃对自己的责难和对亲友的盘问,他没有退缩,而是给苏联作协写公开信,呼吁言论自由。结果遭到更严重的打击,被开除出作协。

但是,索尔仁尼琴没有选择沉默,而是参加了身居境外的"持不同政见者"萨哈罗夫发起的"人权委员会",并成为该委员会在苏联境内的一名颇具代表性的人士。1970年,索尔仁尼琴的作品获得了诺贝尔文学奖,国际社会纷纷呼吁苏联当局不要迫害他,让他说话。

这是苏联领导人所最不希望的——索尔仁尼琴成了西方攻击苏联的政治武器。

然而,对于索尔仁尼琴来说,压力愈大,反抗愈烈。1973年,他又把一部一直遭到封杀的名为《古拉格群岛》的小说，通过一名瑞典记者把手稿制成缩微胶卷偷运出境，迅速在巴黎出版。这样一来，就把苏联的监狱与劳改营内幕暴露在了世人面前。这让苏共领袖勃列日涅夫气急败坏。

古拉格是苏联劳改营管理总局的简称。据后来披露的档案资料，1940年时古拉格一共保留了800万人的资料，到1953年时则不少于1000万人。这意味着，在斯大林时代大约有1000万人被送进了古拉格的监狱。索尔仁尼琴在《古拉格群岛》这部书的卷首写下了这样的献辞："献给没有生存下来的诸君，要叙述此事他们已无能为力。但愿他们原谅我，没有看到一切，没有想起一切，没有猜到一切。"

一个月后，克格勃逮捕了索尔仁尼琴，剥夺了他的苏联国籍。1974年2月13日，索尔仁尼琴被送上一架飞往联邦德国的飞机，从此开始了20年的流亡生活。

索尔仁尼琴再次回到俄罗斯时已是苏联已经不复存在的1994年。为了感受这令他一往情深的土地，他和家人从海参崴出发，坐了56天的火车横穿俄罗斯。一路，索尔仁尼琴为俄罗斯所遭受的摧残深深地沮丧和愤怒。他下定决心，继续做一个社会的批评者。

索尔仁尼琴刚回来的时候，人们对苏联的声讨还没有结束。作为批评苏联的英雄，索尔仁尼琴在民众的心目中有着崇高的地位。一次民意测验显示，圣彼得堡的大部分市民希望索尔仁尼琴竞选俄罗斯总统。但是索尔仁尼琴不愿从政，也不愿同任何政党合作。他仍然以思想家的身份，用自己的言行和作品来指导社会，批评罔顾民生的政府，抨击只知有权不知有政的政客，谴责贪污腐败和世风日下。

长期以来，索尔仁尼琴几乎完全是以个人的力量在对抗专制和独裁。他认为，一个作家的任务，就是要涉及人类心灵和良心的秘密，涉及生与死之间冲突的秘密，涉及战胜精神痛苦的秘密，涉及那些全人类适用的规律。他说，在我的生命尽头，我希望我搜集到并向读者推荐的我们国家在昏暗的年代里所存在的残酷的历史材料、生命图景和人物，能够留在我的同胞们的意识和记忆中。

1970年获得诺贝尔文学奖后，索尔仁尼琴未能去领奖，但事后发表了他的演讲词。这篇演讲词，代表了一代苏联知识分子向往新的精神追求并为实

第四章 社会维流——民主自由是长盛不衰的源头活水

践新的精神追求所必需的民族使命感和自我牺牲精神。索尔仁尼琴在这篇演讲词中还号召他的同道们:"我们不应妥协、束手待毙,我们不应空度岁月沉沦在无意义的生活里,我们应该走出来参加战斗的行列。"①

索尔仁尼琴对人和人的尊严的重视让人震撼。索尔仁尼琴济世救民的强烈使命感和圣徒般的自我牺牲精神令俄罗斯骄傲。他是俄罗斯文化的产物。他是俄罗斯文化的偶像。

2007年俄罗斯国庆节这天,俄政府授予索尔仁尼琴俄罗斯人文领域最高成就奖——俄罗斯国家奖。在获得诺贝尔文学奖37年之后,索尔仁尼琴终于获得了自己祖国的肯定。

颁奖典礼结束后,普京前往莫斯科郊外的索尔仁尼琴家中拜访由于健康原因无法到克里姆林宫领奖的索尔仁尼琴。普京对他说:"我想特别感谢您为俄罗斯所做的贡献,直到今天您还在继续自己的活动。您对自己的观点从不动摇,并且终生遵循。"

是的,索尔仁尼琴是代表俄罗斯良知的作家。他的一生虽然饱经磨难,但却烛照未来。

2008年8月3日,索尔仁尼琴在自己家中去世。他曾这样总结自己的一生:"我一生中苦于不能高声讲出真话。我的一生都在于冲破阻拦而能够向公众公开讲出真话。"

季诺维也夫的这一呐喊,还产生于他对20世纪俄罗斯历史命运的认识

20世纪虽然是俄罗斯民族曾经达到辉煌顶点的世纪,创造历史传奇的世纪,但也是俄罗斯民族历尽苦难、心灵创伤最为深重的世纪。季诺维也夫深切地了解并绝大部分亲历了以下这样一些俄罗斯20世纪的痛苦事件:

——1905年俄日战争,以俄罗斯的战败蒙辱而告终;

——1914年至1917年第一次世界大战,俄罗斯死伤几百万人,经济陷入极度混乱;

——1918年至1921年内战,造成上百万人丧生,国家遭到严重破坏;

——20世纪30年代早期和中期的工业化和集体化运动,造成乌克兰和哈

---

① 王杭等选编:《历史上最伟大的演说辞》,天津:天津社会科学院出版社2006年版,第303页。

萨克斯坦的大规模饥荒和上百万人死亡；

——20世纪30年代中期和晚期的"大清洗"和"大恐怖"，几百万人被关进劳改营，近百万人被枪决，上百万人死于虐待；

——1941年至1945年第二次世界大战，平民和军人伤亡人数达到2000万以上，经济破坏惨重；

——20世纪40年代晚期的再次恐怖，再次发生规模性的逮捕和频繁的处决；

——从20世纪40年代末到20世纪80年代末与美国进行长达40多年的军备竞赛，造成社会贫困；

——20世纪70年代至20世纪80年代，为同美国争夺世界霸权，把苏联的力量扩展到加勒比海、中东和非洲地区而耗尽财力；

——1979年至1989年间，进行劳民伤财的阿富汗战争；

——1991年联盟突然解体，造成剧烈的社会动荡和经济休克。

作为俄罗斯的政治精英，使季诺维也夫痛彻心肺的，是上述这些事件给俄罗斯带来的社会生活窒息和其世界强国地位的丧失。

苏维埃自成立以来就是一个意识形态化的社会。在这个社会里，意识形态决定着执政党的路线、方针和政策，决定着整个国家和社会的发展。从斯大林到契尔年科的历届苏共领导人，都始终以一种固定不变的意识形态模式指导国家和社会体系的运转。这就使一种僵化、封闭、保守的思维方式和意识形态逐渐主宰了社会生活，以致后来把不同的思想观点也同政治问题混为一谈，动辄用"反苏""反党"等罪名，采取批判、取缔、流放、驱逐出国等方式，来消除异已，净化、禁锢人们的思想。一时，苏联社会已没有正常的意见表达渠道，人民既没有实现政治参与的合法途经也没有遂行政治参与的热情和兴趣，整个社会生活几近固化。

季诺维也夫认为：苏联的意识形态有着统一的、格式化的意识形态学说，这种意识形态学说的基础是马克思—列宁主义；但是该学说又不能归结为马克思—列宁主义，它比后者要宽泛得多。由于这种教育，人们就拥有了类似坐标体系的东西，它对于在当代社会的复杂环境中进行定位是必需的。问题是，扭曲了的理想主义和以理性作伪装的教条主义，压制了人的强烈愿望，扼杀了人的基本的自由本能，损坏、削弱以至最终使共产主义丧失了其活力。

第四章 社会维流——民主自由是长盛不衰的源头活水

季诺维也夫强调，一个明白无误的事实是，苏联社会思想的凝固、政治的僵化，囚禁了社会中最有创造力的人，从而导致了苏联社会的停滞。①

季诺维也夫的这些分析与美国一些政治家的见解有某种一致性。

上个世纪90年代初苏联倾覆时，美国曾从他们的角度研究苏联垮台的原因。"导致苏联解体的最主要因素到底是哪些呢？是国家意识形态的破产吗？是由于共产主义违反人性而命中注定要失败吗？是苏联经济的钙化与生锈最终使其不堪负重而发生内部爆炸，就如同一个不结实的屋顶因不堪积雪的重压而轰然倒塌一样吗？"②美国认为，政治的僵化、思想的凝固和自由的窒息是这一重大事件发生的主要原因。

第37任美国总统尼克松曾把苏联的情况同美国进行对比分析，他说："这个世界的意义不仅在于国民经济总产值的人均统计数字。几百年后当历史学家编写我们这个时代时，他们将记述对于人及其在世界上的地位的两种针锋相对的观点之间的一场波澜壮阔的斗争。美苏之间的竞争是两种截然相反的人间经历之间的斗争，它们分别以利剑和精神、恐惧和希望为代表。苏联的制度靠利剑统治；我们的制度以精神治理。他们靠征服扩大影响，我们则藉助于榜样。我们所熟悉的是自由、不受束缚、希望和自我实现；他们熟悉的是暴政、屠杀、饥饿、战争和弹压。"③

尼克松还说："对苏联制度的最大威胁是，他们的思想与我们的思想进行交流，他们的人民与我们的人民进行交流，他们的社会与我们的社会进行交流。这种交流会引起不受欢迎的对比，打破克里姆林宫对信息的垄断，播下有一天会开出和平演变之花的思想种子。""我们认为个人是第一位的；苏联人认为国家是第一位的。我们主张政府的权力应是有限的；他们则信奉由党和国家掌管一切权力的极权主义制度。我们的制度旨在使个人在不违反公共秩序和不侵害他人权利的前提下有最大的活动余地。而苏联人则建立了一个被

---

① 〔俄〕亚历山大·季诺维也夫：《俄罗斯共产主义的悲剧》，侯艾君等译，北京：新华出版社2004年版，第33—34、285—289页。
② 〔美〕彼得·施魏策尔：《里根政府是怎样搞垮苏联的》，殷雄译，北京：新华出版社2001年版，第1页。
③ 〔美〕理查德·尼克松：《1999年：不战而胜》，王观声等译，北京：世界知识出版社1989年版，第332—333页。

官僚机构窒息的停滞的社会。"①

曾任美国总统安全事务助理的布热津斯基在他的《大失控与大混乱》这部著作中也分析认为，苏联之所以在与美国的激烈对抗中失败，"是因为它对人的创造力的本性，特别是人的本性做出了错误的判断。它无法驾驭人的潜能，因为它摧垮了人的精神"。而美国之所以屹立不倒，是美国"具有吸引力的政体"，是自由的经济制度、自由的政治制度和人的解放。②

对于具有强烈大国情结的季诺维也夫来说，苏联自身轰然倒塌，俄罗斯超级大国地位的丧失，是令他最难以接受的。

自苏联解体之日起，俄罗斯即走向长达10年的全面衰落，两极分化、居民生活贫困化、人口危机等接踵而至。

1994年6月底，时任总统叶利钦宣布俄罗斯已有70%的工业企业实行了私有化，俄罗斯社会已有4000万人成为股票持有者。然而，社会学机构调查的结果表明，大多数人并不认为私有化使自己成为"真正意义上的所有者"，真正在私有化中得到好处的只有70万—90万人，能够分抢到最大蛋糕的更是极少数。因而，普通居民的收入和基本生活物质保障水平急剧下降，低于国家规定的"最低生活费标准"的贫困居民的比例大幅度上升，社会两极分化加剧。1992—2000年，贫困居民占总人口的比例达到25%—35%，个别季度达到或超过40%。而根据问卷调查结果，感觉物质状况"差"和"极差"的俄罗斯人约5000万，占俄罗斯居民总量的三分之一以上。俄科学院人口社会经济问题研究所的一项研究表明，在改革中得到好处的只占俄罗斯居民的20%，5%最富的人与5%最穷的人的收入差别达到100倍以上。

尤其引起社会忧虑的是，苏联解体后还使俄罗斯人口减少的进程大大提前，迅速发展为一场社会危机甚至是整个民族整个国家的危机。

俄罗斯人口学家预测，2025年俄人口将下降3300万，总人口将降至1.15亿。根据俄国家统计委员会2002年3月份公布的关于2050年人口的3种(乐观、比较乐观、悲观)预测数字，本世纪中期俄人口将降至1.26亿、1.00亿

---

① 〔美〕理查德·尼克松：《1999年：不战而胜》，王观声等译，北京：世界知识出版社1989年版，第160、333页。
② 〔美〕兹比格涅夫·布热津斯基：《大失控与大混乱》，潘嘉玢等译，北京：中国社会科学出版社1994年版，第67、109页。

第四章 社会维流——民主自由是长盛不衰的源头活水

或 0.77 亿。俄人口学家预言，如果政府不采取非常规措施制止人口下降，如果人口下降速度继续保持现在的水平，那么 2075 年人口将降至 5000 万~6000 万；100 年之后，俄罗斯人将在他们生活的土地上灭绝。据此，俄报刊惊呼，"第三个千年对于俄罗斯可能是最后一个千年"，"俄罗斯国家可能在 21 世纪寿终正寝"。①

普京当选总统第一年(2000 年)所发表的国情咨文将人口问题提升到"民族存亡"的高度加以重视。他说："俄罗斯公民，正在年复一年地减少。我国的人口数量已有几年平均减少 75 万人。如果相信预测——而预测是建筑在那些将毕生精力献给该领域的内行人扎实工作的基础上的，那么 15 年之后俄罗斯人口可能减少 2200 万。我请大家对这一数字进行深思：我国人口的七分之一。如果目前的这一趋势继续存在下去，民族生存将面临着威胁。"②

季诺维也夫对这些情况尤为焦虑。"现在所有人都声明爱人民，不论是政治家、杜马还是总统。但是俄罗斯人却每年成百万地减少。那么现在导致人口减少的最根本的灾难在哪里？"季诺维也夫认为，苏联的解体、1993 年 10 月莫斯科的流血事件的发生，是俄罗斯的"历史边界"，是它使"俄罗斯的时间联系断裂了"，所以才导致这些极端事件的发生。

季诺维也夫说："俄罗斯发生了完全的世代断裂——政治、民事、思想、心理、道德的断裂。完成了伟大的十月社会主义革命并将国家从废墟中振兴起来，在文化方面完成了史无前例的飞跃、捍卫国家不受外敌入侵、将国家变成工业化强国、为人类历史上最可怕的战争做好准备，消灭了世界上最强大的敌方军队，并将国家变成世界上第二超级大国的那几代人，已经退出历史舞台。""接替他们的，是一代叛徒、反复无常者、毁灭者。他们不仅批评父辈和祖父辈所做的一切，而且还毁灭了对上代人的整个继承机制。""现在俄罗斯的伟大历史结束了，并且是以最耻辱的方式结束的……她已经丧失了——我想，是永远地丧失了。"③

显然，季诺维也夫最后的结论有些悲观，但愿错误属于他。俄罗斯民族

---

① 《世界社会主义研究动态》2006 年第 61 期。
② 《世界社会主义研究动态》2006 年第 61 期。
③ 〔俄〕亚历山大·季诺维也夫：《俄罗斯共产主义的悲剧》，侯艾君等译，北京：新华出版社 2004 年版，第 112、114 页。

是伟大的民族。严冬都已经过去了,春天还会远吗?

历史的启示

　　在人类政治文明中,尽管因民族、宗教、自然地理、历史文化、政治传统的不同而存在着政治信仰、社会制度的不同,但有一些社会价值则又是共同的,在全世界都被认为是美好的。如科学、民主、自由、人权、法治、正义等。这些价值的普遍性、普适性,在人类政治觉醒的今天是不言而喻的。正如温家宝总理2008年3月12日在回答法国《世界报》记者的提问时所说:"民主、法制、自由、人权、平等、博爱,这不是资本主义所特有的,这是整个世界在漫长的历史过程中共同形成的文明成果,也是人类共同追求的价值观。"①

　　应该说,认同普世价值,是一个国家和民族走向光明未来的希望,是坚持正确前进方向的思想保障。每一个国家和民族都有自己的核心价值观或主流价值观。而科学的有效的核心价值观或主流价值观,应该是在吸收本国本民族的历史文化成果、借鉴外国外民族的历史文化成果的基础上,根据现时的国情和时代特点而创造性地构建出来的。历史上的优秀文化成果拿来今天用,别人的优秀文化成果拿来自己用,这种超越时代、阶级、民族、国界的"拿来主义",是任何一个先进的国家和民族都不应该拒绝的。承认普世价值的存在,认同世界普适的价值,是人类精神成熟的标志,更是欲成长为一个世界大国的最起码的前提。

　　"人就是人的世界,就是国家、社会。"②马克思的这一名句告诉人们,在国家和社会中,人是第一位重要的,人具有最高的价值,其他都不过是人的劳动成果。一切以人为中心——保护人的生命,保障人的幸福,促进人的发展,无论是对于国家还是对于执政团队来说,都是第一位的任务。

---

① 新华社:《温家宝在十届人大五次会议记者招待会上答记者问》,载《人民日报》2007年3月17日,第1版。
② 《马克思恩格斯全集》第1卷,北京:人民出版社1956年版,第452页。

第四章 社会维流——民主自由是长盛不衰的源头活水

中国古语说得好,"求木之长者,必固其根本;欲流之远者,必浚其泉源"。① 近代以来世界性大国的实践证明,在人类发展中,财富的积聚并不能保证大国长盛不衰,民主自由才是社会发展的源头活水。历史上,有的大国可以存活几百年,有的大国则几十年就衰落了。究其原因,社会政治生活中民主自由的多和少、有与无,对于大国生命期的长短具有截然不同的意义。民主自由,追求幸福和美好生活,是人性的主要方面。不管什么族裔,无论何种文化和宗教背景,以及怎样的经济条件,只要给人民机会,人们对民主和自由的呼唤是一致的。在一个民主自由的社会,人人都可以自由地思想,真理不是自上而下地摊派,无疑会最大限度地激发出人的潜力、社会活力和民族发展的原动力,无疑会催生出一个更加繁荣、更加和谐、更加美好的社会。

近代以来的大国实践还证明,建立民主自由的社会始终是一个需要不断探索、反复完善、理论与实践都兼而有之的重要问题。美国的成功、苏联的失败、英国和法国历史进程的曲折与反复,都证明民主自由不是在绝对专制与民主政治理想之间非此即彼的简单选择,而是进步的政治实践与先进的政治理想之间的相互塑造。历史和人们今后的实践仍将表明,民主自由在现代社会中的发展,仍然需要理性、勇气和探索。所以,下述几方面对于建立民主自由的社会极为重要。

其一,建立民主自由的社会,既不能简单拒绝,也不能盲目照搬。

一般而言,人类历史上奴隶社会、封建社会、资本主义社会、社会主义社会之所以向前发展,不同的社会形态之间的政治文明之所以相互更替,后一社会形态比起前一社会形态在国家民主和公民享有政治权利的广度与深度上,都总是有所前进有所拓展的。民主自由的历史性显示着民主自由的具体性和特殊性,而民主自由的社会性、继承性则显示了民主自由的一般性和普遍性。在当代,不能不看到的、挥之不去的事实是,当今世界上最稳定的国家是西方民主制国家,最富有的国家也是西方民主制国家。在一个重视现世的时代里,对于民主自由采取拒绝的态度是错误的。

然而,如果对于民主自由采取照搬照抄的办法,则同样是错误的,并且

---

① 《谏太守·十思疏》。

可能是更大的错误。因为，任何国家民主自由社会的形成，都有自己独特的历史条件和民族理念，都是在自己本土上生长和发展起来的。以自由、人权、人人生而平等为核心的美国民主观念，以公民选举和三权分立为特征的美国民主体制，都是在美国特殊的历史条件下产生和发展起来的。同美国一样，别的国家的民主自由也都会有着自己特殊的历史条件和民族性，都应该在本民族的具体历史条件、社会环境和发展水平下产生和发展。这是符合逻辑和规律的。对于美国民主自由的优点，可以吸收和借鉴，但不能简单模仿和照搬。每一国家的民主和自由都是独特的，其民主和自由不可复制。

其二，建立民主自由的社会，既不能失去自我，也不能降格以求。

当代存在着多种民主自由的制度。民主自由是具体的、相对的、发展的，而不是抽象的、绝对的、静止的。在历史上，不同文化背景、不同发展时期的国家，人们对民主的理解不同，所建立的政治制度也有差别，即使在同一国家的不同发展阶段，民主制度也是有差别的。一般，在特定的历史时期和社会发展阶段，对于一国一民族来说，凡适合自己国情的，有利于社会政治经济发展的，有利于民族团结、国家统一和社会稳定的，就是好的，就是自己所需要的；凡脱离国情、脱离实际的，不能解决自己的问题的，就是不适用的，自己所不需要的。从这个意义上，建立民主自由的社会，须臾不能脱离本国本民族的实际。

但是，不应该忽视的是，既然不否认普适价值的存在，就应该坚持普世的标准。如果一步到不了位，可以循序渐进；如果某些因子水土不服，可以改造更新。但无论是民族特色的彰显还是循序渐进的实现，都绝不应该是基本标准的降低或基本元素的缺失。允许有特殊性、具体性、发展性，但也必须坚持一般性、普遍性、国际性。作为一个世界大国，尤其应如此。

第三，建立民主自由的社会，既不能一蹴而就，也不能坐等其成。

历史已经证明，任何一种政治体制和民主模式的建立都是长期演化的产物，其中的复杂性、艰难性甚至残酷性不是一般情况下能够想象的。在宽容的政治文化和法治的社会环境形成之前，强行推行民主和自由其实无异于自我毁灭。自上个世纪90年代以来，许多国家实行自由选举后，便立即进入了混乱或战争状态。更有今天的伊拉克，当天真的美国人以为伊拉克人会拿着鲜花去欢迎他们的时候，而巴格达市民却在用"人间地狱"来形容他们的城市，

第四章 社会维流——民主自由是长盛不衰的源头活水

以致用皮鞋"招待"美国总统的记者也被伊拉克人视为自己的民族英雄。应该承认，多少罪恶都是输出民主自由而造成的。但作为当事国来说，更主要的原因还在于自己——如果没有民主自由的引进，怎么会有民主自由的输出呢？须知，处于现代化之中的国家，稳定和秩序应该是优先的。如果尚可有秩序而无自由的话，那么绝不能有自由而无秩序。

值得重视的是，民主自由不能急于求成也并不意味着民主自由可以消极地等来。正确的选择似应是：既不急于求成，又要只争朝夕；既不疾风暴雨般地砸碎现有的体制，也不冥顽不化地固守现存的格局。锲而不舍，愚公移山，通过永不停息的改革和创新，才有可能达到理想的彼岸。

历史是面公允而又无私的镜子。它给人告诫：封闭就等于落后，落后是要受欺负挨打的；它给人借鉴：开放不是失去自我，关键是找到外来养分与内部养分的辩证统一；它给人启迪：先进与落后都不会永远，选择正确的途径就能后来居上。

第五章
Chapter Five

法治维公
——正义是政府的目的

国家的终极目标不在于统治人，以恐惧的手段束缚他们，迫使他们屈从别人的意志。倒不如说，其目标是使其公民安全地开展其灵魂和身体，无拘无束地运用其理性。

——［荷］斯宾诺莎[1]

---

[1] ［美］亨德里克·威廉·房龙：《人类的故事》，秦立彦等译，北京：中国人民大学出版社2003年版，第1页。

第五章　法治维公——正义是政府的目的

法律的出现和存在是由人类的根本属性决定的。

一方面，人作为个体存在时，首先必须满足生存和发展的各种需要才能得以存续。另一方面，人作为类的存在，必须过群体或共同体的生活，只有群体或共同体存在时，类才能得以维系。但是，个体欲望的满足和共同体的维系往往既是统一的又是矛盾的。一般而言，个体的欲望是无限的，一定时期内共同体所能拥有的资源是有限的，这一矛盾就有可能导致共同体内部个体之间为了争夺资源而出现冲突，如果这一冲突超过了一定的度就会导致共同体的崩溃。由此，如何通过相应的措施来保证和巩固共同体内部的秩序便尤为重要。正是因为有了这样的需求，法律才产生了。

法治，按照朴素的解释，一是要有法，二是要有良法，三是要有良好的法的施行，三者缺一不可。

在这里，法治所创造的是一种法律的统治而不是人的统治。法治的主要内容是治权治官，用以规范政府的行为，防止政府越权或滥用权力，保障人民的民主权利。从这个意义出发，法治与民主是密不可分、相辅相成的，法治是民主的保障，民主又是法治的基础和前提。然而，真正意义的法治还不只是要有宪法和法律，也不只是要求依法办事，而应该是一种从传统中衍生出来的政治生活态度和政治生活方式，是一种民主、自由、公平、正义的政治文明秩序。因此，作为人类理性的产物，法治又是现代政治文明的重要理念和标志。

现代国家的概念是与宪法政治紧密地联系在一起的。国家是人民的事业，但人民不是随意聚合的人的集合体，而是基于法的一致和利益的共同而聚合起来的集合体。只有宪法政治才能建立政治制度的一致性、连续性和确定性，克服政治上的绝对、专断和反复无常，维护社会的公平正义，从而全面保障人民的权益。

1954年6月，毛泽东在一次起草新中国宪法的谈话中曾指出："讲到宪法，资产阶级是先行的。英国也好，法国也好，美国也好，资产阶级都有过革命时期，宪法就是他们在那个时候开始搞起的。"毛泽东还说，"我们对资产阶级民主不能一笔抹杀，说他们的宪法在历史上没有地位。"①

看来，毛泽东对英、法、美这些国家的法治是持肯定态度的。

英国：上帝面前人人平等，法律面前人人平等，人人生而平等

正义是法律的内在根据和法上之法，一切良好的法律都以正义为自己的核心价值。英国法律对于正义的尊崇同样也不例外。并且，不论是宪政中的正义思想还是宪政中的正义实践，英国对于现代社会的宪政文明贡献，都具有源头性意义。

还是在13世纪初产生《自由大宪章》时，英国人就提出了"上帝面前人人平等，法律面前人人平等，人人生而平等"的思想。虽然真正接近这些理念是在若干个世纪以后，但却一直在用法律这个武器捍卫和完善这些价值。其间，英国经历了漫长而又曲折的三个阶段。

第一阶段：从《自由大宪章》到《权利法案》

如前所述，在英国的历史上，虽然1215年《自由大宪章》诞生之前就有君主要守法、国王要公正的思想，但却一直没有社会实践，只是在《自由大宪章》颁布之后这些观念才变成白纸黑字的能够见诸社会生活的契约文书。

《自由大宪章》的本质和主题，除了厘定国王与法律的关系，明确国王要服从法律、国王不能独裁专制以外，还有一个很重要的内容就是：国王要公平地行使权力，坚持人人平等。英国的根本法典《法律全书》上清楚地记载了这两个最重要的条款："第一条，国王要宣誓——我对任何人行以公正，不向任何人出卖公正，人人享有公正；第二条，不可剥夺任何人的财产，逃犯、

---

① 《毛泽东选集》第5卷，北京：人民出版社1977年版，第127页。

流放犯、入狱者、被判死刑者等依据国家法律或其同胞的合法裁决而被判有罪的除外。"

这些条款为防止政府独裁和社会不公提供了根本依据。所以在英国的宪政史上,《自由大宪章》不仅是英国法治的第一块基石,也是英国通向公平正义的第一个台阶。后来,《自由大宪章》虽然反复颁布不下40次,但一直都坚持了公平正义这一核心要素。

《自由大宪章》问世400多年后,英国于1689年颁布了《权利法案》。当时,《权利法案》虽然只是作为与国王的交换条件——确立议会的最高权威——而出现的,也并未能使英国马上成为一个公平正义的社会,但是它却开启了英国社会公平正义的新篇章。这就是:它一劳永逸地确立起了人们可以依照国家的法律维护自己享有的各种权利的概念。

第二阶段:从《权利法案》到《人民宪章》

《人民宪章》及围绕《人民宪章》的立法而引起的"宪章运动",是英国19世纪上半叶的一次持久工人运动。

到19世纪30年代时,英国的工业革命基本完成了。但是,工业革命带给工人的是贫困、苦难和疾病。这时的工人们居住在狭隘肮脏的贫民窟,吸的是污染的空气,饮的是不清洁的水,很少享受到阳光。大量机器的采用又使劳动过度紧张,劳动条件也差。加之工资低,粮价不断上涨,大多数工人都挣扎在饥饿线上。残酷的现实教育工人阶级,为了改善自己的地位,必须开展政治斗争;而1834年政府颁发的"新济贫法",更是直接把工人阶级推上了政治斗争的道路。

早在1601年,英国就颁布过一部《济贫法》。那时,失业、流浪和贫困现象已经比较普遍地出现,为了稳定社会,体现社会的公平正义,伊丽莎白政府制定、出台了《济贫法》——后来被称为"旧济贫法",以区别于两个世纪以后出现的"新济贫法"。"旧济贫法"循着居住地原则、亲属责任原则和政府最后责任原则,采取了如下一些救助措施:(1)建立地方行政和征税机构,以募集救助资金;(2)为有能力劳动的人提供劳动场所;(3)资助老人、残疾人等丧失了劳动能力的人;(4)组织穷人和儿童学艺;(5)提倡公民的社会责任;(6)从富裕的地区征税补贴贫困地区。其中,最受欢迎的办法是建立"贫民习艺所"和"济贫院"——"贫民习艺所"强制性地要求贫民劳动,以杜绝流浪现象;"济贫院"则收容和救济没有劳动能力的人。

这种由国家通过立法直接出面干预或兴办慈善事业以救济贫民的方式,虽然开创了社会保障的先河,但"旧济贫法"的基础仍然体现着社会权利的不平等:一面是统治阶层享有支配臣民行动的社会权利;另一面则是平民缺乏人身自由和基本尊严。然而,还没等实施"旧济贫法"所带来的不平等得到消除,"新济贫法"则又带来了新的不平等。这就为工人们所不容了。

"新济贫法"的不平等突出体现在,它规定在全国各地建立"劳动院",凡要求得到救助者都要进"劳动院"。而新成立的"劳动院"对于贫民来说无异于集中营式的监狱,因为凡进入"劳动院"的人除了终日劳动、工资微薄外,还失去了自由,备受监工的欺凌虐待。而统治者之所以这样设置"劳动院",其中的一个重要目的即想通过这些措施使贫民对"劳动院"望而生畏,被迫去工厂做工,以便获得廉价的劳动力。于是,冲突爆发了,全英各地发生了许多反对"新济贫法"的暴动,喊出了用"火和剑"消灭宫廷、推翻政府的口号。在这一背景下,英国历史上持续时间长达20年的"宪章运动"便发生了。

1837年5、6月间,"伦敦工人协会"的领袖们和少数国会议员共同草拟了一个纲领,其中包括6条政治要求:(1)凡年满21岁,身体健康而未被处过徒刑的男子均应有选举权;(2)将全国划分为居民人数相等的300个选区,每个选区选出人数相等的议员;(3)取消候选人的财产资格及其他任何限制;(4)国会每年改选一次;(5)选举实行无记名投票;(6)每个国会议员应领取薪金。经过各工人组织和国会激进派议员共同协商,这个纲领于1838年5月8日以法案的形式公布,并命名为《人民宪章》。由此,为《人民宪章》而展开的立法斗争也被称为"宪章运动"。

《人民宪章》一经公布,立即得到广大工人和其他劳动阶层的热烈支持,很快就有成千上万的群众投入到争取宪章立法的斗争中来。各地举行的群众集会,动辄四五万人,多时达到10万人以上,使宪章运动不久就发展成为全国性的群众性运动。

在这场运动中,除了工人和城镇、农村劳动阶层的参加,还有知识分子阶层的加入。托马斯·潘恩作为当时激进主义团体和激进派人士中的代表人物,一如他在美国、法国宣传平等自由的思想一样,撰写了《人权论》的通俗

第五章 法治维公——正义是政府的目的

读本在英国中下层民众中广泛传播，呼吁劳动群众为自己的合法权益而斗争。潘恩还发表了《土地正义》一书，主张以赎买的方式向土地所有者购买土地来实现土地国有化，以减轻贫苦民众的负担。这本书与同一时期另一著名激进派人士发表的《政治正义原理探讨》一书共同作用，宣扬社会改革，主持社会公平正义，对促进宪章运动的深入发展产生了很大影响。

在宪章运动的思想者指导者中，还有马克思和恩格斯。正是在恩格斯的积极影响下，宪章运动的领导者才开始与欧洲各国的政治流亡者建立联系，并着手建立国际性的工人运动组织。1845年8、9月间，多国民主派人士在伦敦举行会议，宣布成立国际性的"民主兄弟协会"，以进一步推动工人运动的发展。作为这次会议的组织者和会议的东道主，英国宪章派加入了这个组织，使宪章运动向国际化道路迈出了重要的一步。马克思、恩格斯这时也加入了"民主兄弟协会"。从1845年起，他们不断为英国宪章派的报刊撰稿，从思想舆论方面为宪章运动的发展提供指导和服务。

这场从1838年开始的宪章运动直到1858年才基本结束。虽然运动结束时，《人民宪章》所提出的6条政治要求没有完全得到实现，但运动期间英国政府所通过的《10小时工作法案》《矿井法案》和《工厂法案》，都是在宪章运动的强大压力下颁布的。同时，《人民宪章》的诉求及其宪章运动还极大地推动了英国的社会保障制度发展。宪章运动结束后，英国即陆续颁发了许多社会改革法案。如《公共健康法》《失业工人法》《教育法》《退休金法》《劳工介绍法》和《国民保险法》等。

《人民宪章》及其宪章运动的历史意义是巨大的。列宁曾评价说，这次英国工人阶级的政治斗争，是"世界上第一次广泛的、真正群众性的、政治上已经成型的无产阶级革命运动"[1]。

第三阶段：从《人民宪章》到1948年首先建设福利国家

虽然英国的社会福利保障在欧洲不一定名列前茅，但世界上现代福利国家的建设却发端于英国。

1905年，英国政府即组成一个调查委员会，对全国济贫事务进行大规模

---

[1] 《列宁全集》第36卷，北京：人民出版社1990年版，第292页。

调查，产生了废除以惩戒穷人为主要目的的《济贫法》，代之以合乎人道主义精神、合乎公平正义原则的社会保障政策主张。根据这一理念，政府相继提出和通过了一系列关于失业就业、公民健康、公民教育和人身保险的社会改革法案。及至1946年颁布了新的《国民保险法》和《国民医疗保健法》，1948年又颁布了《国民救助法》，英国的国家福利保障体系基本建成。

这个体系的保障事项主要包括以下三大类：

——交纳国民保险金后享受的国民保险待遇。凡完成中等教育，已经就业，而又没有达到领取养老金年龄（男65岁，女60岁）的公民，只要参加了国民保险，交纳了保险金，在年老、失业、患病和遭遇人身伤害等风险时，都有权享受社会保险津贴。

——毋须交费就可以享受的福利待遇。如儿童津贴，生育津贴，单亲家庭津贴，严重残疾者津贴，战争受害者津贴等。同时，《国民医疗保健法》规定，全国的医院实行国有化，对全民实行免费医疗。

——对低收入者或无收入者实行社会救助，也称补充津贴。如低收入家庭补贴，低收入老人养老金补贴，低收入者住房补贴等。国家定期对低收入者、无收入者的身份进行确认。

随着这些法律的颁布实施，英国人的基本生活需求都得到了保障，英国逐渐靠近了现代福利国家的5项标准。这就是：(1)保障国民在任何情况下的体面生活；(2)保障国民的基本生活不受意外事故的影响；(3)帮助发展每个国民家庭；(4)把健康和教育当作公共事业，普遍地提高社会的物质和文明水平；(5)发展和改善公共设施，如居民住宅、城市环境等。所以，20世纪40年代末期，时任首相艾德礼宣布，英国已经建成了人"从摇篮到坟墓"都有完善保障的福利国家。

虽然这一宣示过于夸张，但英国政府这一系列旨在迅速完善现代社会保障的重要步骤，突出强调了国民在必要时享受生活保障的权利，即一种不再被看作是统治者和富人的恩赐与施舍，而被看作是国民自己应有的与生俱来的正当权利。这一改变的意义是重大而深远的。它意味着英国社会的公平正义又进入了一种新的境界。

正是因为有这一重大社会转型，所以在上个世纪50年代后相当长的一段时期内，英国社会保障的完善和社会经济的发展互为因果，社会保障发展最为迅速的时期也往往是英国社会经济发展最为繁荣的时期。国民普遍产生了一种社会安全感,一种对于个人生活和社会经济前景的信心,免除了他们的后顾之忧,给社会再生产创造了良好的环境和条件。反过来,经济的发展、社会的繁荣又使英国有能力以"福利"代替"济贫",使全体社会成员都可能公平地享有社会经济繁荣的成果,为英国的社会阶层趋于平等、社会保障实现全民化奠定了坚实的基础。

无疑,英国现代福利国家制度的建立和实施是英国政治经济和社会发展史上的一个里程碑。

美国:宪法是正义的保障书

"我们合众国人民,为建立更完善的联邦,树立正义,保障国内安宁,提供共同防务,促进公共福利,并使我们自己和后代得享自由的幸福,特为美利坚合众国制定本宪法。"①这是1788年生效实施并延用至今的美国宪法的开篇序言。

在这里,不难看到,正义是国家的宗旨,建立国家的一个重要目的就是匡扶社会正义。

在这里,不难看到,正义就是法的内容,正义就是社会的最高准则,正义不受权威挑战,正义受到国家根本大法的保护。

在这里,还可以看到,正义是国家安定、社会发展和人民幸福的根本保证。人们遇到民事诉讼可以付诸法律,企业同企业的发展纠葛可以付诸法律,政府社会政策的制定和政府项目的实施同样需要付诸法律。通过法律寻求正义,是一个根本途径。

所以对美国而言,正义不仅仅是思想原则、法律准则,而且是活的力量。

---

① 刘绪贻、李世洞主编:《美国研究词典》,北京:中国社会科学出版社2002年版,第1161页。

在美国，正义是联邦政府的首要价值

美国的开国者们在制定联邦新宪法时就意识到，在一个高度组织化和政治化的社会中，个人权利既不可能独立地存在也不可能独立地得到满足，政府的功能不是代表个人的利益而是代表群体的利益；作为这样的政府，应该把保护个人的权利与建立公平正义的社会统一起来，不能存在适者生存的状况，更不能允许政府成为富人的工具。

基于此，美国历代领导人都特别强调政府对每一个人的尊重，对每一个人合法权益的维护，对每一个人发展机会的提供；社会的公平正义被认为是政府的首要价值，联邦政府的良心。

美国《独立宣言》的起草者、第3任总统托马斯·杰斐逊在他的首任总统就职演说中，曾用四分之一的篇幅讲到美国政府工作的基本原则。其中，他首先强调的就是公平正义的政府价值。杰斐逊说："要给予人人以平等和公正的待遇，不问其地位或宗教上或政治上的信仰。"他指出，这一原则是"在我们前面照耀、指引我们前进步伐的星座。我们圣哲的智慧，我们英雄的鲜血，都曾奉献出来实现这些原则。它们应当是我们政治信念的纲领，公民教育的课本，测验我们所信托者的工作的试金石"。①

美国宪法之父、第4任总统詹姆斯·麦迪逊对正义这一政府价值是如此的看重。他在联邦新宪法提交各州批准过程中所发表的《联邦党人文集》第51篇文章中指出："正义是政府的目的。正义是人类社会的目的。无论过去或将来始终都要追求正义，直到获得它为止，或者直到在追求中丧失了自由为止。"②

在20世纪初叶的美国进步主义运动中，第26任总统西奥多·罗斯福强调，人类文明进步的主要目的是追求"机会的均等"，进步主义运动的本质内容是"均机会，灭特权"。他还提出用"公平施政"来代替"公平交易"，以创造出"更为均等的机会"。③

进步主义运动末期就职的第28任总统伍德罗·威尔逊同样强调："公正，

---

① 〔美〕J. 艾捷尔编：《美国赖以立国的文本》，赵一凡等译，海口：海南出版社2000年版，第377页。
② 〔美〕亚历山大·汉密尔顿等：《联邦党人文集》，张晓庆译，北京：九洲出版社2007年版，第679页。
③ 胡鞍钢等主编：《第二次转型：国家制度建设》，北京：清华大学出版社2003年版，第127页。

第五章 法治维公——正义是政府的目的

只有公正,才永远是我们的座右铭。"①

时至 1983 年,时任美国总统里根还引用《圣经》中的名句向全社会呼吁:"惟愿公平如大水滚滚,使公义如江河滔滔。"②

客观地看,将国家的政治生活纳入不以个人意志为转移的法治轨道,将社会公共领域的生活纳入公平正义的秩序轨道,历来都是美国政治家坚持宪政法治的建国治国观的核心内容。

在美国,正义是创立负责任政府的生动实践

确立了正义的政府价值以后,接下来就是按照这一价值标准创立政府。在美国,如果说联邦政府的产生及其后来职能的扩大和强化是社会发展使然——市场要求政府解决市场本身无法解决的问题的话;那么,人民要求公权力必须体现公平与正义,则是政府存在的目的,即美国《独立宣言》所示:为了保障"人人生而平等"的权利"才在人民中间成立政府","如果遇有任何一种形式的政府变成是损害这些目的的,那么,人民就有权利来改变它或废除它,以建立新的政府"。③

根据这一基本前提,美国在创立和塑造自己的政府时,坚持的是以下一些原则。

(1)人民主权原则

美国的制宪者们认为,要保障人民公平地享有自己的权利,就在于让人民拥有不可转让、不可分割、绝对至高无上的权力。如果不能保证这一点,就不成其为民主自由的国度。

1776 年通过的《弗吉尼亚权利法案》是美国《权利法案》通过之前有关天赋人权问题最著名的纲领性文件。作为《独立宣言》和《合众国宪法》的前奏与重要参考,《弗吉尼亚权利法案》率先指出:"所有的权力都属于人民,因而也来自人民;长官是他们的受托人与仆人,无论何时都应服从他们。政府是为了或者应当是为了人民、国家或社会的共同利益和安全而设立的;在所有各种形式的政府当中,最好的政府是能够提供最大幸福和安全的政府,是能够最

---

① 中国社会科学院美国研究所:《美国研究》杂志 2005 年第 2 期,第 12 页。
② 于歌:《美国的本质》,北京:当代中国出版社 2006 年版,第 193 页。
③ 刘绪贻、李世洞主编:《美国研究词典》,北京:中国社会科学出版社 2002 年版,第 1157 页。

有效地防止弊政危险的政府;当发现任何政府不适合或违反这些宗旨时,社会的大多数人享有不容置疑、不可剥夺和不能取消的权力,得以公认为最有利于大众利益的方式,改革、变换和废黜政府。"①

《弗吉尼亚权利法案》通过一个月之后,美国《独立宣言》即宣告:"政府的正当权力,则系得自被统治者的同意,""然而,当一个政府恶贯满盈、倒行逆施、一贯地奉行着那一个目标,显然是企图把人民抑压在绝对专制主义的淫威之下时,人民就有这种权利,人民就有这种义务,来推翻那样的政府,而为他们未来的安全设立新的保障。"②

1788年批准生效的《美利坚合众国宪法》又在序言中进一步确认了人民主权原则,宣称是"我们合众国人民"制定本宪法。这可以说是人民主权这一原则的合法性依据。

在制定联邦新宪法时曾引起广泛关注的一点是,宪法在第1条第9款中废除了贵族头衔和世袭职务,规定合众国所有公职向人民开放。这一规定,不仅与联邦各州当时已经开始的趋势相悖,而且还被看作是同当时仍盛行于欧洲的靠血统和门第取得统治权制度的一种决裂。

对这一点,新宪法主要起草者詹姆斯·麦迪逊在《联邦党人文集》第57篇文章中写道:"谁是公众选举的对象呢?凡是其功绩能赢得国家的尊重和信任的公民都是这种对象。财富、门第、宗教信仰或职业都不得限制人民的判断或者使人民的愿望受到挫折。"③

汉密尔顿也高度评价这一条款,称:"对于禁止授予贵族头衔的重要性,这里我无须多说。它真可谓是共和政治的基石,因为只要不摒弃这点,政府就永远不可能发生任何质变,它将永远都是人民的政府。"④

(2)代议制原则

美国宪法宪定了人民主权原则。然而,人民通过什么形式行使其权力才能体现人民主权的原则呢?美国的制宪者们采用了代议制,即由人民通过直

---

① 〔美〕J.艾捷尔编:《美国赖以立国的文本》,赵一凡等译,海口:海南出版社2000年版,第22页。
② 刘绪贻、李世洞主编:《美国研究词典》,北京:中国社会科学出版社2002年版,第1157页。
③ 〔美〕亚历山大·汉密尔顿等:《联邦党人文集》,张晓庆译,北京:九洲出版社2007年版,第741页。
④ 〔美〕亚历山大·汉密尔顿等:《联邦党人文集》,张晓庆译,北京:九洲出版社2007年版,第1097页。

接选举或间接选举能代表自己意志的"公意代表"来实现多数人的统治和对政府的控制。

对于美国采用代议制的理由,麦迪逊在《联邦党人文集》第10篇文章中作了阐述。他称共和政府是把"政府委托给少数公民来管理,而这些公民则是由其他人选举出来的"。他认为,代议制的优越性是,一方面"能够管辖更多的公民、更广阔的国土";另一方面,"提炼和扩大了公众的观点——这是通过一个选定的公民团体的审查来完成的。这个团体的成员是那样的智慧,他们最善于辨别什么是自己国家的真正利益,他们对国家是那样的热爱、对正义是那样的渴求,肯定不会为了一时的考虑和局部的考虑而牺牲国家的长远利益和整体利益。在这种制度之下,非常有可能发生这样的情况:由人民代表发出的公众呼声,会比人民自己为此目的而集会、自己提出意见更加符合公共利益"。①

(3)法治原则

美国人认为,政府既是必要的又必须防范滥用权力和官员独断专行,防范的办法之一就是实行法治而非人治。建国伊始,美国的开国元勋们在构建新联邦时即对国家的法治原则给予了高度的重视,把法治视为公平正义的重要保障。

美国强调,联邦政府的政治统治是法理性统治。认为,任何规范都可以由立法制定为法律,并要求或期待所有的人和政治势力都服从它;法律作为一个整体的规则系统,是理性立法的结果,而执法的任务则是把这些规则应用于具体的事件,政府行政也同样受法律规则的限制;占据权力位置的人并不是统治者本人,而是暂时任职的官员,只是由于职务的关系才享受有限的权力;人民是作为公民而不是臣民来服从依法设立的权威,人民服从的是法律而不是执法的官员。

美国强调,法律在全社会享有至高无上的地位和权威。在君主制下,国王便是法律,但在共和制下,法律便是国王。在君主政体下,国王不称职要通过武力才能撤换,但在共和政体下,领袖不称职可以通过投票来撤换。

美国强调,政府与人民的关系是主仆关系。人民是国家的主人,政府是

---

① 〔美〕亚历山大·汉密尔顿等:《联邦党人文集》,张晓庆译,北京:九洲出版社2007年版,第127、129页。

人民的创造物和所有物,是为人民服务的公仆。杰斐逊说:"成立政府的唯一的、正常的目的就是为在它下面联合起来的广大群众保证最大程度的幸福。""关照人民的生活和幸福,而不是破坏它们,才是好政府的首要的、唯一的、正当的目的。"①潘恩说,民主政府与封建专制政府最本质的区别就在于对待人民的态度,"一项世袭的王冠,一个世袭的王位,诸如此类异想天开的名称,意思不过是说人民是可以世袭的财产。继承一个政府,就是把人民当作成群的牛羊来继承",这是天理所不能容的,"天道并不赞成这种办法"。②

美国强调,无论何人在法律面前一律平等。不论贫富,不论权贵,所有的人都一视同仁,并不因特殊情况而有出入。公民不分性别、职业、种族、信仰、文化程度、财产状况,均享有选举权和被选举权,享有公民投票权,以及其他政治和社会权利。包括总统在内的任何政府官员,凡触犯法律皆绳之以法,任何人没有法外特权。

(4)限权原则

美国认为,人与人之间的政治斗争也许是不可避免的,因为人的天性中就有阴暗的一面。

宪法之父麦迪逊说:"如果人都是天使,就不需要任何政府了。如果是天使统治人,就不需要对政府有任何外来的或内在的控制了。在组织一种以人来统治人的政府时,最大困难在于必须首先使政府能管理被统治者,然后再使政府管理自身。毫无疑问,依靠人民是对政府的主要控制;但是经验教导人们,必须有辅助性的预防措施。"③

麦迪逊还谈到政府权力分开配置的必要性,他说:"立法、行政和司法权置于同一手中,不论是一个人,少数人或许多人,不论是世袭的,自己任命的或选举的,均可公正地断定是虐政。"④

基于这样一些理由和认识,所以美国的建国精英们在确立人民主权原则的同时,还着力设计了严密的政府内控机制,即联邦立法、行政、司法三种权力分立和相互制衡的原则与制度。各州政府也同样按这种原则和制度设立。

---

① 中国美国史研究学会编:《美国现代化历史经验》,北京:东方出版社1994年版,第49页。
② 马啸原:《西方政治思想史纲》,北京:高等教育出版社1997年版,第367页。
③ 〔美〕托马斯·帕特森:《美国政治文化》,顾肃等译,北京:东方出版社2007年版,第701页。
④ 李道揆:《美国政府和美国政治》,北京:中国社会科学出版社1990年版,第51页。

第五章 法治维公——正义是政府的目的

(5) 选举原则

为了有效履行政府的职责，实现政府的目的，建立一个有使命感的政府，美国真实地实行了官员选举制和任期制。

麦迪逊在联邦新宪法的起草说明中指出，每一部政治性宪法都有一个目的，就是采取最有效的预防办法，使得统治者在担任公职期间负起责任和勤政廉政。这其中最有效的一种就是，用选举方式让他们获得统治权，并限制他们的任职期限，"使得他们在任期内一直对人民尽职尽责"。

麦迪逊还以国会议员的素质、责任感和工作表现怎么与他们的进退去留挂钩进行了举例说明。他在《联邦党人文集》第57篇文章中写道：

> 首先，既然他们的声名显赫是由于同胞们选举了他们，那么我们可以认为，一般说来，他们之所以有点声名显赫，也是由于他们具有某种优秀的品德，这种品德才使得他们有资格获得这种名声，并且保证他们真诚而谨慎地尊重自己诺言的性质。
>
> 其次，他们进入政府为公众服务时的环境，肯定也会使得他们对选民产生一种爱护之情，至少会产生一种暂时的爱护之情。每个人的内心，对于他人赋予的荣誉、爱戴、尊敬和信任都会怀有一种感情。撇开所有的利益考虑，这种感情就是感恩图报的某种保证。
>
> 第三，一些比较自私的动机，也会加强众议员与选民之间的关系。他的骄傲和虚荣心，使得他必须依附于这个政体，因为他的要求能得到这个政体的支持，而且他也能分享到这个政体的荣誉和名声……对于大多数依靠他们在人民中的影响而飞黄腾达的人来说，最希望保持人民对他们的拥护态度，而不会想在政府中玩弄手段，滥用人民赋予的权力。
>
> 第四，如果没有经常的选举加以限制的话，上述所有安全措施还是非常不够用的，所以，众议院的组织方式，要能够使得众议员们经常想到，他们必须依赖人民。一旦当选，他们在选举时对选民怀有的情感就会减少。在这些情感完全消失之前，众议院的组织方式要使得他们能够想得到，在他们的权力终止之时，权力的行使情况肯定会受到审查，他们有可能再次成为平头老百姓；除非他们忠于职守的表现使得他们有资

格重新上任，否则他们再无出头之日。①

麦迪逊还认为，职责、感激、利益以及野心本身就是一种纽带，是这一纽带把众议员和选民联系在了一起，"这一纽带使得众议员们必须要对广大人民保持忠诚和同情之心"②。

基于这些原因，所以在美国，主要的政治首脑和民意代表都必须通过普选，由选民来决定政府的更迭和官员的去留。从联邦中央到地方，美国各级政府的民选职位现在已达到52万个，是世界上选举最为频繁、民选职位数最多的国家。

在美国，正义是美国社会的发展主轴

建国230多年来，美国的社会发展从总体上来看，是由民主自由较少向民主自由比较充分、社会发展起伏比较大向社会发展比较平稳、社会矛盾比较突出向社会矛盾比较缓和、民众对政府的满意度呈上升态势这样一些趋向发展的。这是一种良性的向善的发展，是一种优良社会的发展。贯穿在这种发展过程中的一个重要的核心的要素，就是联邦政府把正义的政府价值落实在了社会的发展实践之中。

具体来看，大致体现在以下5个方面。

一是解决黑人与白人的不平等问题。

正如同前面已有涉及的，在19世纪60年代林肯政府时期，美国通过第13条、14条、15条宪法修正案，废除了奴隶制，赋予了被解放的黑奴与白人同等的公民权，在法律上第一次实现了独立宣言所宣示的"人人生而平等"的原则，拔掉了美国政治肌体上的毒瘤，从而铺平了美国高速发展的道路。

20世纪60年代民权运动爆发时，时任总统肯尼迪又发表电视演讲，呼吁全美迅速解决当时所面临的社会公平与正义问题。他说："如果一个美国人仅仅因为他的皮肤是黑色的，不能到公共饭馆里去吃饭；如果他不能送自己的

---

① 〔美〕亚历山大·汉密尔顿等：《联邦党人文集》，张晓庆译，北京：九洲出版社2007年版，第739—745页。
② 〔美〕亚历山大·汉密尔顿等：《联邦党人文集》，张晓庆译，北京：九洲出版社2007年版，第745页。

第五章 法治维公——正义是政府的目的

孩子到最好的公共学校读书；如果他不能投票选举代表自己的官员。总之，如果他不能去享受我们所有人都渴望得到的完美幸福生活，那么我们当中谁愿意去改变他的肤色、站在他的位置上？我们当中又有谁愿意等待一而再、再而三地对这个问题进行商讨，一直延迟不做答复？"肯尼迪指出："只有当美国实践了它所宣称的权利平等和社会公正，才使得美国在将来获得尊敬。"①

这一时期民权运动的主要成果，是1964年《民权法》和1965年《投票权法案》的颁布。1964年的《民权法》最初由肯尼迪于1963年提出。肯尼迪总统被刺身亡后，参众两院遂于1964年7月2日以压倒性多数通过，随即由约翰逊总统签署生效。这两项民权立法的颁布实施，深刻改变了黑人的政治地位和生活境遇，对美国的民主政治也产生了重要影响。

1979年，美国第39任总统卡特曾经这样评价这一时期的黑人民权运动："在我的一生中，20世纪60年代公民权利法案的通过是发生在南方的最了不起的事情。它不仅解开了黑人的枷锁，同样也解开了白人的枷锁。"②

二是解决穷人与富人的不平等问题。

美国是采取把《权利法案》的内容逐步扩大到经济领域和社会其他领域，来有效地解决这一问题的。

引人注目的变化和发展，始于罗斯福新政时期。1935年《社会保障法》的颁布，结束了社会福利与社会保障主要属于私人自愿性事业的历史，开创了美国公共福利的新时代，使社会弱势群体的宪定权利得到了进一步的保障。

1964年通过的《民权法》不仅仅解决了黑人的民权问题，它还极大地带动了美国经济、政治和文化方面的改革，进而引发了一场美国历史上最庞大、最深刻的社会革命。正是以这一重大法案的颁布为标志，宪法的权利保护不再仅仅局限于政治方面的内容，而是扩及经济权利和社会权利、人身自由和个人隐私，以及人的独立、爱好等诸多方面。这些方面，都被认为是根植于人的基本尊严和价值的权利，在美国受到了普遍保护。

接着，在推进实施"向贫困开战"的运动中，约翰逊总统在解决贫困阶层

---

① 〔美〕威廉·德格雷戈里奥：《美国总统全书》，周凯等译，北京：社会科学文献出版社2007年版，第592、597页。
② 〔美〕威廉·德格雷戈里奥：《美国总统全书》，周凯等译，北京：社会科学文献出版社2007年版，第672页。

的教育、医疗和其他社会生活方面都采取了一系列行动。约翰逊总统说:"我们不仅有机会走向一个富裕的社会和强大的社会,而且也有机会发展成为一个伟大的社会。这个伟大的社会是建立在全体公民的富足和自由之上的。它要求结束贫穷和种族的不公……在这个伟大社会里,每一个儿童都能获得知识以丰富其心智,扩充其才能;在这个社会里,休闲是最好的发展与思考的机会,而不是导致厌倦和不安的糟糕的原因;在这一社会里,城市里的人们不仅为自身和商业的需要而劳动,而且也憧憬美好,追求共同理想。"约翰逊还说:"我不想成为一个建造帝国、成就辉煌和扩充领土的总统。我想成为一个能够教育年轻人去创造世界奇迹的总统;一个能帮助饥饿的人吃饱肚子并使他们从'吃税人'成为'纳税人'的总统;一个能帮助穷人找到自己的路,能保护每一位市民在每一次选举中的投票权的总统;一个能结束人们彼此之间的仇恨,促进不同种族、宗教和党派能彼此相爱的总统;一个能够帮助结束在地球上兄弟之间的战争的总统。"①

从1960年开始,美国还通过划分贫困线和不断调整、放宽贫困线标准的办法,常年使数千万人、数百万个家庭能够得到社会救济和补助,共享美国社会的繁荣与进步。

三是解决女性公民与男性公民的社会地位不平等问题。

几个关键性的步骤是,1920年8月26日批准的第19条宪法修正案,赋予了妇女与男子同等的选举权;1963年,国会通过了同酬法,要求联邦政府承包商对其所雇男女工人实行同工同酬,后来又把同酬法的适用范围扩大到行政管理和专业人员;1964年,民权法中规定,企业、工会、学校在雇用、工资、培训、提升或福利方面不得实行性别歧视;1972年的教育修正案和1978年的民权法修正案又做出规定,在教育领域不得实行性别歧视。

经过这些努力,美国妇女即在法律上取得了同男子平等的地位,在社会其他领域也基本获得与男子平等的地位,多种传统上为男子所垄断的专业领域从此被打破。

四是解决小企业与大企业的发展机遇不平等问题。

自1890年颁布第一部《反托拉斯法》以后,美国后来又分别通过了一系列

---

① 〔美〕威廉·德格雷戈里奥:《美国总统全书》,周凯等译,北京:社会科学文献出版社2007年版,第611、616页。

第五章 法治维公——正义是政府的目的

的反垄断立法、公平贸易立法和联邦最高法院有关反托拉斯诉讼的裁决,以保障经济良性发展的社会环境。美国认为,宁肯牺牲一些社会效率,也要保障社会机会平等。

1901年走马上任的美国第26任总统西奥多·罗斯福曾被誉为"反托拉斯健将"的美名。在他的任期内,共进行了43起反托拉斯的控诉,通过了两项反托拉斯立法,有效地制止了铁路、食品、原油、烟草和其他行业大集团的膨胀和恶性竞争。西奥多·罗斯福说:"工业巨子为人们做出了巨大贡献,没有他们,我们不可能有今天引以为自豪的物质文明。然而,他们也有重大的罪恶,这是事实……美国民众广泛认为,以托拉斯著称的大公司的某些特点是有害于普遍繁荣的。这种看法是基于真诚的信念,即联合和集中不应该被禁止,但必须被监管且限制在一定的范围内。"①

五是解决各地区之间的不平等问题。

重点是开发西部,通过西部新州的不断建立,不断地改变美国的政治格局和经济布局。尤其是,通过南北战争不仅弥补了种族裂痕也弥补了地区裂痕,联邦更加巩固,各地区更加趋同,联邦大家庭的意识从此建立起来了。

此外,在解决上述这些问题的方式方法上,美国政府采取接力的方式,一步步地巩固强化而不是反复折腾,来持续地推进社会发展,取得了显著的效果。

美国历代领导人认识到,"如果缺乏一套稳定的国家政策的鼓励,任何伟大的进步、任何优秀的事业,都是不会发生的";"变化不定的政府所引起的恶果,罄竹难书"。② 因此,在推进实施社会发展的过程中,历届联邦政府总是坚持在继承的基础上发展,在改革创新中加以提高。后人对前人,有扬弃,但不是否定;有改变,但不是推倒重来;有批评纠错,但不是刻意攻击,更不会走向另一个极端。

在19世纪末至20世纪初开展的社会进步运动中,虽然持续时间长,先后经历了两次政党轮替、四位总统主政,但都始终坚持这场运动的中心议题

---

① 〔美〕威廉·德格雷戈里奥:《美国总统全书》,周凯等译,北京:社会科学文献出版社2007年版,第411页。
② 〔美〕亚历山大·汉密尔顿等:《联邦党人文集》,张晓庆译,北京:九州出版社2007年版,第807、809页。

和目标，谁也不曾打破或试图打破既有秩序。通过这场运动，美国不只是缓解了社会矛盾，更重要的是把"进步意识"变成了全民的信仰。如"进步的教育""进步的医疗""进步的企业""进步的工程""进步的资本主义""进步的美国主义"，等等。通过这场持续、全面的思想普及运动极大地凝聚了全民的意志，增强了全社会的向心力，促进了政治和社会的稳定与进步。

实际上，从进步主义运动开始，美国相继推出的"罗斯福新政""公平施政""新边疆""伟大社会"等一系列社会变革与发展纲领，都是以解决社会的公平与正义问题为主题的。虽然这些纲领的冠名不同，领导人来自不同的政党，但对以往施政中没有过时的政策都加以坚持，没有完成的事项都加以完成。就是通过这种一届又一届政府的接力，一步步巩固和发展了前人的成果，也一步步把美国的社会发展推向了极致。

在美国，正义是美国人自卫的武器

有一种看法认为，美国人是世界上最不好统治的，其原因就是，美国人动不动就要上街游行，动不动就要批评总统，动不动就要上法庭。其实，这正是美国人的长处，正是他们现代素质的体现。同时，美国人也是最好领导的，因为他们人人都知法懂法，大体上还人人都遵纪守法。只不过，他们的社会平等意识强，法治观念强，人人都懂得用法律的武器捍卫自己的权利。

美国人天经地义地认为，既然在上帝眼里人人平等，那么在凡人眼里就不难承认这一点了。他们认为，在大自然面前，人人都有生存的权利，只要有力气，有能力，谁都可以获得自然，谁都可以发财当富翁。在政治上，他们主张投票箱面前人人平等，人人都享有选举权和被选举权。在教育上，人人都享有受教育的机会，公立学校人人均可上学。在运动场上，只要有体育才能和技术的人，都可以参加竞争。在社交场合，他们会平等待人，也喜欢被别人平等相待，摆架子、高人一等的表现为人们所不取。在官兵关系方面，官兵之间应该是平等的，指挥官不能向士兵摆资格，不能把权威当宝杖使用。在宗教方面，美国人也认为人人有信仰宗教的权利，新教徒不经任何神职人员作中介，可以与上帝直接相通。

美国人的法治观念、对法的尊崇与信服，几乎是无可挑剔的。联邦宪法至高无上的地位之所以能够确立和巩固，一部宪法之所以能够铸就一个国家，成为美国立国的根本、命脉的延续,归根结底是建立在全社会高度的法治观念之上的。

在美国人看来,法大于权,法律程序重于政治结果,接受法律的裁决,是不可置疑的。

在美国,法律面前人人平等,法律保障个人的权利,防止官员滥用权力,法院是法律含义的最后裁判者。

在美国,宪法高于政府。"宪法不是政府的命令,而是人民组成政府的法令。"政府的权力是依据人民代表制定的宪法授予的,一切授予的权力都只是"委托","委托"是可以随时收回的。

在美国,"人人都爱护法律,并毫无怨言地服从法律;人们尊重政府的权威是因为必要,而不是因为它神圣;人们对国家首长的爱戴虽然不够热烈,但出自有理有节的真实感情"。

在美国,几乎所有的政治问题、社会问题迟早都要变成司法问题,司法语言差不多成了普通语言。民众有了纷争,不是去求助于政府,而是去求助于法律。

美国人对法的崇拜,还尤其表现在对待律师职业的爱好上。美国现在的注册律师达到70多万名,占世界律师总数的70%。律师参政的意识也极强。在《独立宣言》上签名的56人中,有17人是律师。在《美利坚合众国宪法》上签名的39人中,有22人是律师。在美国44位总统中,有25人是律师出身。在美国国会,参议院中有60%以上的议员为律师出身,众议院中有40%以上的议员为律师出身。

由此看来,在一个法治的王国里,人们拿起法律的武器来维护社会的公平与正义,就是很自然的选择了。

在美国,正义是美国政治和社会稳定的根源

在美国的成长过程中,除19世纪60年代有过南北内战外,国家的政治是高度稳定的,社会的秩序是总体稳定的。这构成了美国世界大国之路的特有优势。

建国230多年间,美国主权的独立、领土的完整,从未受到挑战,为经济的发展、科技的昌明、人民的安康、国家的形象,提供了最可靠的保证和发展空间。

建国230多年间,美国的政权稳定,政府安全,法治连续守常,各种选举从未中断,各种权力的接替都无一例外的按照法律程序和平有秩序地进行。

建国230多年间,美国一以贯之地保持了多元的意识形态,为社会的发展奠定了深厚的思想文化基础和不竭的精神动力。

建国230多年间,美国的国家尊严得到尊重和维护,在全球的地位和作用得到国际社会认可;自身从国际社会得到的利益和机会也多。

为什么美国建国230多年间政治会如此稳定?社会会如此守常?民众会如此诚服?原因固然很多,但从美国维系社会运转的机制来看,其中一个至关重要的方面,是美国对人类法治与人治这两种不同的治国方略的选择和升华;而从始至终作用其间的又是社会的公平和正义。因为,法律不过是公平和正义的载体。

美国认为,社会的公平和正义直接关系到社会成员的内心平衡,关系到社会环境的优劣,也关系到社会的安全运行。所以美国从建国伊始就强调把政治生活方面的政治权利平等、政治规则平等和在法律面前人人平等,经济生活方面的就业机会平等、竞争机会平等、利用社会资源的权利平等、收入分配平等,社会生活方面的教育、医疗、救济、养老等机会的平等,等等,都统一起来加以重视,并且在国家宪法中加以固化,以从根本上促进公平正义在政治以及社会生活的各个方面都得到切实地体现和落实。

美国的宪法之所以在全社会具有如此崇高的地位,如此经久而不衰,美国人之所以如此信法、服法、尊法,归根结底,是因为人们认为:法律是公正的,是可以依靠的;法律使人们在现实生活中有诉苦的地方,有伸张正义的可能。

1787年制宪会议结束、新宪法落成时,开国元勋、制宪会议副主席富兰克林如释重负,舒了一口气说:"先生们,我对这部宪法很满意,因为我们没有更好的了,同时也因为我们确定不了它不是最好的。"[①]

如今,美国人可以告慰富兰克林的是,他曾呕心沥血的这部《美利坚合众国宪法》已经存活220多年,是世界上迄今为止寿命最为长久、质量尤为上乘

---

① 王杭等选编:《历史上最伟大的演说辞》,天津:天津社会科学院出版社2006年版,第62页。

第五章 法治维公——正义是政府的目的

的现代成文宪法。

苏联：一个超级大国的自残

2007年10月30日，俄罗斯总统普京前往莫斯科南郊的大清洗纪念地，悼念大清洗的死难者。普京在纪念仪式上说："我们所有的人都应当记住这一历史悲剧。之所以需要纪念，是因为我们应该清楚，为了国家发展和进步，选择更有效的道路需要政治上的争论，需要大辩论，需要交换意见和斗争，但所有这些都应该是建设性的，而不是具有破坏性的。"①

声音几近颤抖的普京继续说，大清洗中的死难者"是有着自己观点的人，他们并没有害怕说出自己的观点，他们是民族最优秀的人物……现在终于等到了所有人都认识到这是场民族悲剧的时刻，我们应永远铭记这一历史教训并使之不再重演，这是所有人的责任"。②

普京在这里纪念的是20世纪30年代发生在苏联时期的一场灾难中的遇难者。

在这场史无前例的灾难中，一个政党将自己一半的成员关进了班房，一个政权将自己大多数的领导人处以极刑，一支军队在和平时期几乎全部消灭了自己的高级将领，一个国家的公民看到门外有汽车停下就怀疑自己将被逮捕。这是苏联历史上最恐怖最黑暗的时期，是一场国家悲剧，是一个大国的自残。

灾难是在20世纪30年代中期降临的。

1936年7月29日，苏共中央书记处向全苏各地下达了联共中央《关于托洛茨基-季诺维也夫反革命集团恐怖活动》的密信。后来看，这实际上就是大清洗的序幕。这封密信以刑讯逼供取得的口供为根据，列述了托洛茨基、季诺维也夫相互勾结，实施恐怖活动的事实，并昭告全党，即将对他们进行审判。不久，在8月19日至24日由苏联最高法院军事审判庭进行公开审判后的

---
① 《凤凰周刊》2008年第1期，第18页。
② 《凤凰周刊》2008年第1期，第19页。

判决中，由于被审判的16名被告都承认不仅在信念上而且在行动上都与身在国外的托洛茨基有联系，并参与了对基洛夫的谋杀，还阴谋杀害斯大林和其他苏联领导人，因此所有被告都被判处死刑，立即执行。

1937年2月25日至3月5日，苏共中央召开的中央全会为大清洗开了最后的绿灯。

在这次中央全会上，宣布逮捕了布哈林和李可夫，并决定把他们交付内务人民委员部审查。全会结束时，斯大林作了题为《论党的工作缺点和消灭托洛茨基两面派的办法》的报告。他在报告中指出："在我们所有的或几乎所有的组织中，无论在经济组织或在行政组织和党的组织中，都在某种程度上碰到了外国代理人的暗害、破坏和间谍活动。""外国代理人，包括托洛茨基分子在内，不仅打入了我们的基层组织，而且窃取了某些重要职位。"①

斯大林这样严重地估计形势并夸大敌情，自然为大清洗提供了依据和动力。这次中央全会一结束，大清洗的机器便全速开动了。"反对派"和"人民敌人"的概念被无限扩大，凡对斯大林路线有过异议，凡有过支持基洛夫的倾向，甚至凡对斯大林有过言语不恭的，都统统被视为"反对派""人民敌人"而加以审查和逮捕。而一旦被戴上了"反对派"和"人民敌人"的帽子，接踵而至的就是处决、监禁或流放。

这次大清洗大面积地波及到了党政军各个级别的干部。

当年列宁遗嘱中提到的6位苏共领导人除斯大林外，另外5人——托洛茨基、季诺维耶夫、加米涅夫、布哈林和皮达科夫，全部被处决（其中托洛茨基因流放海外系被暗杀）。

领导十月革命的第6届中央委员会成员中有三分之二被枪决。

1922年苏维埃政府成立时的15名领导成员中，除斯大林和已经去世的5人外，其余9人全部遭枪决。

1927年"十五大"产生的7名政治局委员中，除斯大林外全部被枪决或暗杀；产生的139名中央委员中有89人被枪决。

1934年参加"十七大"的1961名代表中，有1108人在大清洗期间消失。

1937年至1938年间，苏共一半的党员——约120万人被逮捕。

---

① 陈之骅等主编：《苏联兴亡史纲》，北京：中国社会科学出版社2004年版，第243页。

第五章 法治维公——正义是政府的目的

1937年6月11日,苏联《真理报》称,图哈切夫斯基元帅等8名将领因叛国罪当天被捕。第2日《真理报》即报道,图哈切夫斯基等8人已被枪决。图哈切夫斯基元帅是苏联红军公认的天才将领,他主持提出的大纵深作战理论和大规模机械化作战理论,曾远远领先于西方军队。

大清洗几乎整个毁灭了苏联红军的军官阶层。8万名红军指挥人员中有3.5万人被清洗,其中1.5万人被枪决。在被枪决者中,包括5名元帅中的3人,16名集团军将领中的15人,67名军长中的60人,199名师长中的136人,397名旅长中的221人。

曾有评论说:"世界上任何一支军队,它的高级指挥干部在任何一次战争——包括第二次世界大战中都没有受到这样大的损失,甚至全军覆没的结果也不至于如此。就是缴械投降的法西斯德国和军国主义日本所损失的高级指挥干部也比这少得多。"

尽管大清洗是在统一的领导下进行的,但由于存在着从上到下的扩大化和唯恐自己做得不够的恐惧,大清洗便很快演变成了波及苏联社会各阶层的大规模的镇压运动。以致把大量党内意见分歧和人民内部问题也当成敌我问题处理,冤杀冤捕了大批干部,伤害了大量无辜群众。根据苏联官方公布的数据,仅在大清洗比较集中的1937年至1938年,被逮捕的就有3141444人;他们中按反革命罪和其他特别危险国事罪提起公诉并被判刑的有1344923人,其中681692人被枪决。

这场大清洗的后果是严重的。它不仅是对苏联党和国家宝贵干部资源和社会资源的一次大摧残,也是对俄罗斯民族巨大精神和文化财富的一次大摧残。它使苏联党和国家的形象、事业严重受损。卫国战争初期的惨重失败;后来固守教条不敢冲破禁锢进行改革;苏联社会主义模式逐步失去光泽;及至苏联共产党和苏维埃联盟最后崩溃,等等,追根溯源,都脱不了大清洗的干系。

这场大清洗之所以在20世纪30年代的苏联发生,历史学家们认为有着特殊的历史条件和原因。

从国际环境来看,资本主义世界对红色苏维埃的敌视和封锁包围是一个重要因素。苏联首创的人类第一个社会主义国家,虽然犹如一颗新星划破苍穹,展现出了人类理想社会的雏形。但在当时,苏联尚处在资本主义世界的敌对、仇视和包围之中，势单力薄。由资本主义国家主导的国际社会长期封锁、孤立苏联，拒绝承认苏联的存在。外来的入侵、颠覆和破坏在苏联从来就没有停止过。而到了20世纪30年代后期，欧洲乌云密布，新的大战逼近。很可能就是在这种生存环境恶劣的情况下，苏联领导人便作出了防外敌而先肃内的错误选择。

从苏联国家发展来看，有过于失速的原因。苏联从20世纪20年代末期起实行了超高速计划经济发展模式，在当时的历史条件下，这一发展模式适应了迅速实现工业化、巩固社会经济基础的愿望和要求。然而，超过客观可能条件的过高速度，加上资金全面紧缺，以及国家科学文化和技术的落后，使这一模式背离了客观经济发展规律，从而使它陷入了自身的矛盾之中。更为可怕的是，面对这些矛盾和问题，不是以科学冷静的态度从经济规律方面去寻找原因，而是重复建国初期打击富农分子和敌对势力的错误，一味从政治上去追究"破坏者"和"人民的敌人"。

从苏联社会经济生活来看，有暴发大饥荒的原因。1932年开始的大饥荒持续一年多，致使被打倒的反对派死灰复燃，四处散布对政府的不满。以老布尔什维克的名义写给《真理报》和《消息报》的信也多如雪片，纷纷要求政府为大饥荒和成堆的社会问题负责。从1929年实施工业化和集体化开始，苏联社会就急剧震荡。全苏出现巨额的财政赤字，城市实行食品定量配给制，农村倒退到以货易货的时代，人民生活水平直线下降，全国都在骚动。虽然大饥荒并没有引起民众造反，但无疑造成了领导人对形势的误判。

从苏共党内政治生活来看，有疏于民主法治的原因。苏共最致命的弱点就在于它治理国家一直是靠人治，把国家的安危系于苏共最高领导人一人身上。在苏共内部，实际上存在着一个集中在个人手中的、不可分割不可转让的最高权力；并且这个权力的行使，范围不受限制，更迭缺乏程序，如同沙皇一样"法自君出"，"无法无天"。

从领导者斯大林个人来看，有其性情粗暴、作风专断、权力欲恶性膨胀的原因。自1922年起，斯大林即出任苏共中央总书记，在列宁在世时和前10多年，苏共党的集体领导基本上是正常的，但是后来有了变化。由书记处决定一切的苏联权力架构使长期担任苏共中央总书记的斯大林逐渐掌握、适应并最终陶醉在了无限的权力之中。

第五章 法治维公——正义是政府的目的

1923年1月4日，瘫痪在病榻的列宁曾口授一封给即将召开的党的第12次代表大会的信。在这封《给代表大会的信》的补充意见中，列宁专门谈到斯大林的性格有问题，并且提出了另选一人接替斯大林担任总书记的建议。这一建议被认为是列宁对党的最重要的建议。

列宁在这一建议中说："斯大林粗暴，这个缺点在我们中间，在我们共产党人的来往中是完全可以容忍的，但是在总书记的职位上便是不可容忍的了。因此，我建议同志们想个办法把斯大林从这个位置上调开，另外指定一人担任总书记，这个人在各方面同斯大林一样，只是有一点强过他，就是更耐心，更忠顺，更和蔼，更关心同志，少任性，等等。这种情况看来可能是微不足道的小事。但是我想，从防止分裂来看，从我前面所说的斯大林和托洛茨基的相互关系来看，这不是小事，或者说，这是一种可能具有决定意义的小事。"①

但是后来，由于极为复杂而又微妙的原因，列宁的这一建议直到列宁逝世也未能见诸党内。

随着1934年12月政治局委员、列宁格勒市市委书记基洛夫被杀，1935年1月政治局委员古比雪夫病逝，1935年3月政治局委员卡冈诺维奇被限制权力之后，斯大林在党内的个人决断便占了统治地位。在1935年至1936年发布的政治局文件中，人们再已看不出各个政治局委员对议决事项所持的具体态度了——而在此之前，政治局委员们对议决事项或同意，或反对，或弃权，或声明异同点，等等，都是一一在党内公布的。

到了1937年1月，苏共政治局内唯一敢于据理力争，并曾动议阻止大清洗的奥尔忠尼启泽又自杀身亡了。这样，大清洗便更加畅通无阻了。

大清洗过去70年后，普京也对导致大清洗的原因进行了总结。他说："这样的悲剧在人类历史上曾反复上演，其原因是那些看似吸引人的空洞理想被放在了人类的基本价值观——珍视生命、人权和自由之上。"②

普京的总结是深刻的。毕竟，天地之间，莫贵于人。

---

① 沙舟：《克里姆林宫70年内幕》，济南：山东人民出版社1995年版，第14页。
② 《凤凰周刊》2008年第1期，第26页。

历史的启示

结束专制和人治，走向民主和法治，是人类不可逆转的潮流。

历史上崛起的大国能够获得持久的繁荣和稳定，折射出的是这些国家民主和法治的成熟。往往这些大国的强大不是来自于统治者或政府的强权；恰恰相反，它还更多地来自于宪法和法律对于国家权力的限制。而其他一些具备大国条件的国家之所以国大力弱，原因并不在于缺少专制政府或强势的领导人，而恰好是因为有政府雷霆万钧般的权力的存在，以及始终无法将这种权力纳入法治的轨道。当今的世界，一国受到它国的尊重已不再仅仅依靠它的富裕和武力强大，而更多地取决于社会的正义和人权的保障。

建设法治国家，建立公平正义的社会，保障公民的民主权利，关键是学会用宪法思维执政，把法律变成国家政治生活中的一种不可或缺的因素，治国的规则。

用宪法思维执政，首要的是树立法治的建国治国观。宪法政治有别于暴政、仁政、德政的根本点，即在于它以民主的方式制定宪法，将宪法视为调节一切政治和社会矛盾的终极规则，并最终将国家的政治生活纳入不以个人意志为转移的法治轨道，将社会公共领域的生活纳入公平正义的秩序轨道。确立这样的观点，无一例外地坚守这样的原则，至为重要。

用宪法思维执政，根本在于提高用法律捍卫社会发展成果、用法律为社会发展保驾护航的本领。人类文明是脆弱的，没有刚强的法治做保障，文明能否持久令人堪忧。应该像"正义女神"那样，一只手持有衡量权利的天平，另一只手持有为主张正义而准备的宝剑——因为无天平的宝剑是赤裸裸的暴力，而无宝剑的天平则意味着法的软弱可欺——天平与宝剑相互依存，挥舞宝剑的力量与操作天平的技巧尽力平衡，以创造法治的理想状态。

用宪法思维执政，落实公平正义的政府价值是一个永远都不会过时的主题。新的时代，失去公平正义就意味着社会动乱，意味着政权丧失，意味着国家发展动力枯竭。一个政府的合法性基础，关键就在于公平正义这一政府

第五章 法治维公——正义是政府的目的

价值是否真正得到了落实并是否真正得到了公众的认同。

用宪法思维执政，建立法治的政府生活方式是题中应有之义。在法治国家，所有的国家权力都是由国家宪法通过特有的范式赋予国家机构的。在这个过程中，宪法既为授权法也是限权法，国家机构只能按照宪法的授权范围来行使权力。宪法就是依法制权之法，法治就是法的统治，现代政府也就是法治政府。而法治政府的一个基本前提，就在于一个社会有相应的立法和法律用以约束政府权力的获取、组织和行使，就在于政府的行为首先要受到法律的约束和控制，反对专横的自由裁量权。唯有将自身的行为完全纳入法治的规范之下，政府才有可能有效地保障国家的建设和社会的发展平稳进行。

第六章
Chapter Six

政风维廉
——这是一个老故事，但永远是新闻

舟所以比人君，水所以比黎庶，水能载舟，亦能覆舟。

——荀子①

---

① 《荀子·哀公篇》。

第六章 政风维廉——这是一个老故事，但永远是新闻

如同对于物质利益的追求一样，永无休止地追求权力乃是人类普遍的倾向。

其实这种追求并无不妥。权力作为一种社会资源、公共力量，它本来就是供人们追求的。如果能正确地管束它运用它，总是可以或大或小或多或少地推动政治、经济和社会的发展。问题在于，古往今来颠扑不破的一个真理是——权力具有扩张性和易腐性，如同一匹骏马一样，对它驾驭失控也会招致灾难性后果。作为一个政治概念的腐败——国家公职人员不正当地利用公共权力来谋取个人的利益或者集团的利益，进而损害社会公共利益的行为，便是因为权力失控、权力恣意而造成的。

虽然由于国度不同、文化不同、时代背景不同，世界上腐败的表现也不尽相同，但对任何一国一社会，腐败都会产生巨大的负面影响，都是人类前进的巨大障碍，都是国家发展的"政治之癌"。

葡萄牙：在一个没有发展动力的社会，财富的作用往往是负面的

16世纪下半叶，曾经拥有无以数计的金银和无比强大的国家机器的葡萄牙，随着1580年时被西班牙吞并，即在世界性的演出中开始谢幕了。从海外流水一般地涌入的财富又像水一样地流走了。除了风烛残年的帝国遗风，葡萄牙并没有留下像样的产业，全然失去了往日征服海洋、获得世界、创造神话般奇迹的风采。

葡萄牙帝国的辉煌为什么如此短暂？为什么历史家们认为，"葡萄牙是最不宜于从事帝国冒险事业的，尽管幸运、地理位置、航海技能和天赋勇敢等

结合在一起使葡萄牙人在初期领先,但是不可能长期保持"呢?

从经济方面来看,葡萄牙的弱点是十分明显的。自 16 世纪 20 年代以来的五六十年间,葡萄牙占尽香料贸易的先机,成为欧洲新的香料输入国以后,在香料贸易利润极高的情况下并没有充分利用难得的机会最大限度地扩大财源。同时,也没有运用所得的财富建立稳定的国内经济体系,未能形成持续的经济发展能力。

从政治方面来看,由于长期延续封建体制的政府,缺乏推动政治改革的社会力量,海外扩张带来的财富并没有使葡萄牙产生积极进取的民族精神和竞相发展的社会氛围。同时,为了社会政治稳定,从 16 世纪初开始,葡萄牙一向相对宽松的宗教政策又骤然收紧,针对犹太人和新教徒的宗教裁判所遍布城乡,一切有违教规之嫌的言谈举止都在揭发之列,人们都生活在随时可能被告发的恐惧当中。这种恐怖的政治氛围,又扼杀了社会改革所需要的思想自由和独立思考。

从社会方面来看,存在着大量社会精英流失和教育脱节的情况。葡萄牙最具有开拓精神的群体是探险家,但这些人出海后多数有去无回,不是定居异国他乡,就是死于战争、疾病或葬身海底。这些社会精英大量流失之后,留在国内引导主流文化的大多是缺乏进取精神的封建贵族,这就更加加剧了葡萄牙文化的保守和僵化。在社会教育上,贵族是唯一受过高层次教育的阶层,但其文化优势仅限于掌握拉丁文。学校的教材和教学也使用拉丁文。这就使当时的葡萄牙社会分为两大文化阶层——讲拉丁语阶层和讲葡萄牙语阶层。前者自命清高,鄙视只能用乡土语言表达思想的下层民众。教育因此与社会疏离,成为特权的象征。

然而,除了脆弱的经济、僵化的体制等以上这些原因外,葡萄牙当时之所以衰败还有一个致命的因素,即腐朽的政风,颓废的民风,全社会的奢靡享乐之风。

为了聚敛钱财满足自身挥霍,葡萄牙王室竟公开出售贵族头衔,使许多暴发户一跃而成为新贵。这些新贵为炫耀自己的身份,竞相铺张,大讲排场,以仆从成群为荣。一些贵族连一向收入甚丰的地产也懒得经营,他们利用国王炫耀尊贵、扩大宫廷规模的机会一窝蜂似地拥向王宫,当一份闲差,领取不菲的年俸。一时,小贵族攀比大贵族,大贵族攀比王公,攀比炫耀和竞奢

第六章 政风维廉——这是一个老故事，但永远是新闻

斗富之风弥漫整个社会。国王曼努埃尔一世在位 26 年间，宫廷的供职者竟由 200 人猛增到 4000 人。庞大的王室开支已使国家财政不堪重负。

奢靡之风不仅体现在社会上层，还体现在平民身上。

几乎在一夜之间就变成富翁的葡萄牙人，对于外国商品的追逐在这一时期成为时尚。有身份的人使用或消费的家具、服装、艺术品、地毯、粮食、马匹、车辆、建材、书籍、裘皮、香水等，全是进口物品。法国的水晶玻璃器皿，中国澳门、热那亚和英国的瓷器，匈牙利的茉莉花油和香水都备受青睐。在沿海城市的小街上，外国人开的店铺鳞次栉比，用外国化妆品打扮得油头粉面的学生徜徉其间，流连忘返，忙于采购袜子、皮带扣、手套、小刀、剪刀等日常用品。这种使用外国货的习惯，随着这些学生毕业以后从事医生、神父、主教、法官、行政官员等受人尊重的职业又引领了全社会的消费指向。而产自葡萄牙本国的用品及服式穿戴，则成为"乡下人"的标签。

这种风气给葡萄牙带来了严重的后果。源自海外的横财使葡萄牙人再没有耐心通过自己的真实劳动来改善生活。劳动受到鄙视，好逸恶劳成为时髦。许多民众头脑中甚至充满了幻想，相信只有"奇迹"才能使人改变命运。

比较突出的是，大量农业人口不愿在农村生活，纷纷涌向城市；而进入城市以后又并不想在城里实实在在地创业，而是寄希望于发生奇迹，在对"奇迹"的期盼中过着寄生般的生活。他们懒惰、轻浮，整天在街头游荡，摇尾乞怜于富豪，卑躬屈膝于权贵。有的靠演唱小调或弹吉他换取他人施舍，有的想方设法获取为贵族充当奴仆的机会，还有的冒充贵族后代骗婚骗职。在他们眼里，劳动是低贱的，是只有阿拉伯人和黑人才会干的事。

社会价值的失范，奢靡之风的蔓延增长，还加剧了葡萄牙的社会分化。在王公贵族的府第，主人每次举杯畅饮时都要吹奏乐曲以示隆重，而咫尺之遥就是失业的贫民窟。王公贵族的豪宅里终日灯红酒绿，歌舞升平，流光溢彩，而在街头的广场上则卧满了乞丐。每天晚上，酒足饭饱的贵族都是骑着马跨过裹着斗篷睡卧街头的穷人身体而回到自家金碧辉煌的府邸的。

浅薄虚荣、贪图享乐的世风对葡萄牙造成的危害竟是如此的严重。西方历史学家描述当时的葡萄牙说："在葡萄牙没有科学、没有政治、没有经济、没有教育……人们对历史，甚至他们自己的历史都毫不了解。他们不了解自己的起源，也不了解自己祖先在海外的业绩，不知道什么是自己的利益，也

不懂得应当信守什么准则……他们不研究如何做生意，不懂得这些盈亏之道。有的人受过一点神学教育，却只是热衷于诡辩理论及毫无价值的繁文缛节。大学里学生人数最多的学科是民事法律，这门科学此时不仅无大用处，而且带来不少弊病。法官和不学无术的文人充斥各地，他们夸夸其谈，危害被告和原告双方的利益。贵族阶级狂妄自大，自视神圣，寡言少语，轻视经商，他们总是担心陷入有关声誉的纠纷之中，其实他们并不那么神圣。他们一窍不通，犹如村夫一般……如果他们之中有人试图讲一点科学或政治，就会有人讥笑他们，称他们是'成人学生'，不明智的疯子……至于城市经济、公共经济他们则漠不关心。他们能赚多少就花多少，从不考虑能否再发展，或者能否生活得更好一些。"①

葡萄牙历史上的这一页是痛苦的。突然而至的海外财富不是拯救而是毁坏了这个国家。终于，在1580年至1640年的漫长60年里，葡萄牙沦为西班牙的一个省份，辉煌的帝国风光从此不再。

西班牙：当欲望翻越理性的高墙，
　　　　帝国就开始缓缓坠落

在中国的历史上，不乏红颜祸水的例子。夏商周三朝，都曾因几个绝色女子误事亡国。

夏桀是一个暴君，虽力大超人，胸无点墨，但怜香惜玉，荒淫无耻。攻打有施国时，眼看着有施国的城池就要被攻下了，但他经不住有施国王送给他的礼物——有施国中最美的女人妹喜的诱惑，当即就回宫去了，把打仗的事抛到了九霄云外。自得妹喜后，夏桀整天同她厮守在一起，大臣进宫报事也被挡在宫外。为讨妹喜欢心，夏桀用最优良的工匠，为她修建了一座宫殿。因这座宫殿是当时最高的建筑，耸入云端，若仰视似乎就要倒下，所以人们称它为"倾宫"。倾宫的内部装潢豪华无比，楼栏是用白玉雕成的，地上铺以

---

① 〔葡〕J. 萨拉依瓦：《葡萄牙简史》，王全礼等译，北京：中国展望出版社1988年版，第233页。

第六章 政风维廉——这是一个老故事,但永远是新闻

锦绣,宫殿的走廊里镶嵌着象牙。夏桀就这样日复一日地和妹喜在倾宫里听歌看舞,喝酒嬉戏,乐不思政。终于,位于黄河下游的诸侯国——商壮大了,夏桀不经一战,大败于商汤。夏灭亡了,夏桀不久也郁郁而死。

商汤的纣王几乎是夏桀的克隆。在讨伐苏部落的叛变行为时,纣王经不住酋长献出来的乞和礼物——酋长女儿妲己的诱惑,就带着美人匆匆回宫了。虽然这时的纣王已是60开外的垂暮之年,但是,浑身充满青春气息、骨肉性感无比的妲己,还是重新点燃了他生命的火焰。特别是妲己身上那种游牧民族所特有的粗犷而开放的气质,更是让纣王陶醉不已。从此,戎马一生的商纣王便在妲己的诱惑下开始沉醉于声色之娱与酒食之乐,对妲己也百般宠爱。妲己喜欢歌舞,纣王即命乐师创作音乐舞蹈,在宫中朝夕欢歌。妲己喜欢刺激,纣王就设"酒池",悬肉干于树上,令上千男女裸体追逐其间,互相扑打。妲己喜欢高房,纣王就为妲己建起了摘星楼,专门让她遥望家乡。然而,就在纣王醉生梦死之时,位于渭水流域的周部落迅速发展强大,终把触角伸向商都朝歌。纣王见大势已去,自动登上鹿台,投入火中而死,妲己也自缢而亡。

周幽王是因为褒姒的微笑而失去江山的。自西周末年从一奴隶主处得到女奴褒姒后,周幽王便沉迷于美色中,与褒姒坐则腿叠腿,立则肩并肩,饮则交杯,食则同器,一连十日不上朝,朝夕同褒姒饮宴。朝中许多大臣为此愤而告老还乡,太子、王后也因此而被黜被废,但周幽王不但没有回头,反而立褒姒为王后。后来,为博得王后一笑,又不惜在骊山夜点烽火,戏弄诸侯;而当叛将联结南戎真正来犯,戎兵已从三面包围京都,诸侯再看到烽火时,便都认为又是在开玩笑,即按兵不动了。周幽王见等不到救兵,只好带着褒姒逃走,在半路上即被戎兵捉杀了,褒姒也用三尺白绫自缢而死。"烽火博一笑,一笑失江山"的历史荒唐剧便从此流传。

不过,历史上因君王喜好美色而祸及江山社稷的也并非只存在于中国,在近代史上也不乏世界性大国,西班牙便是其中之一。只不过,西班牙历史上两次因美色而祸国殃民的主角都是女性而不是男性。她们骄奢淫逸,弄权误国,比起男性君主有过之而无不及。

一次发生在18世纪后期,女主角是王后玛丽亚·路易莎。

1788年,国王查理三世的逝世,宣告了西班牙开明专制时代的结束,查

理四世继位。不过，查理四世虽身材高大、体格健壮，但却缺乏头脑和刚强的性格，丝毫看不出他父亲强悍的影子。查理四世所爱好的就是宗教仪式和狩猎，还善于赶马车、修理钟表，而对于国家事务却一窍不通，也毫无兴趣。此外，查理四世毫无主见，很容易接受别人的影响，在家庭生活方面完全为王后所操纵。查理四世是一个离开权奸就毫无治国办法的君主，其在位时的宫廷和国家事务全部都由权奸掌管。在整个查理四世时代，权奸都有着极大的权势。

宫廷权奸的总头目不是别人而是王后玛丽亚-路易莎。她是一个爱滥用权势和好忌妒的女人。她沉溺于荒诞的娱乐和淫乱的生活中。从表面上看，她孱弱不振，郁郁寡欢，看似不怎么惹人喜爱，但她的确有不少宠臣。这些宠臣权倾一方，直接掌管着国家大事。而国王查理四世反而对诸多事项常常毫不知情。

权奸中的另一个主要人物是曼努埃尔·戈多伊。他出身于一个破落贵族家庭，16岁加入国王近卫军。他的官运亨通关键得益于王后。戈多伊的哥哥也在近卫军，一度是王后的情夫，戈多伊就是通过其哥哥见到玛丽亚-路易莎的。戈多伊长着一对蓝眼珠，淡黄色的头发，他突出的本钱就是外表异常漂亮，还会弹六弦琴，于是一下子就博得了王后的欢心，并且保证他掌握了15年的近于独裁的政府大权。按照玛丽亚-路易莎的要求，国王不仅把戈多伊安排到宫廷军任职，甚至对他非常见爱倚重。到后来，则把政权完全交给了戈多伊。

这是在1792年，戈多伊这年25岁便被任命为首相。而在此前此后，由于王后的爱宠，戈多伊几乎得到了封建专制的西班牙所能给予的一切财富、荣誉和职位。他曾任近卫军队长、王后的秘书、西班牙骑士团总团长、陆海军大元帅、邮政和道路总监、艺术学院院长和天文台长、内阁大臣。他还被授予"和平公爵"的爵位和"殿下"的称号。戈多伊的收入不计其数，各种财产的总值超过西班牙当时全国一年的财政预算。

由于权奸专政，西班牙历史上在精神和政治方面都最为腐败的时期便出现了。历史学家们认为，查理四世时代是西班牙君主制度腐朽透顶的巅峰。

这一时期的西班牙，宫廷里挥霍无度，淫乱腐化，谄媚徇私，阴谋倾轧；政府机构人满为患，许多高级领导职位变成了贵族代表人物领取优厚薪俸的

第六章 政风维廉——这是一个老故事，但永远是新闻

地方；国力衰弱，财政岌岌可危。1791年2月，24岁的戈多伊被任命为元帅，为了掩饰这项令人不能容忍的任命，又同时擢升24人为陆军中将，40人为陆军少将，还有很多人为陆军准将。1802年，太子斐迪南举行婚姻大典，更是赏升了57名元帅，26名陆军中将。1807年时，拥有不超过20艘军舰的西班牙海军竟设有海军元帅1人，海军上将2人，海军中将29人，海军少将63人。如此一来，国家的财政陷于极度混乱，预算赤字剧增。

精神上和政治上的腐朽必然导致国家的整体落后；而在弱肉强食的时代落后是要受欺负挨打的。18世纪末19世纪初，西班牙的厄运便接踵而至。

1796年8月，法国逼使西班牙签订了一项奴役性的条约。依照该条约的规定，两国缔结攻守同盟，在任何一方遇有战争时，另一方必须提供25艘战舰、18000名步兵和7000名骑兵的援助。这个条约中最引人注目的是，西班牙无权要求法国说明进行战争的原因。而在此前的历史上，西班牙还从未签订过这样耻辱的条约。

1797年5月，西班牙被法国拖入对英国的战争，这次战争以西班牙的惨败而告终。

1800年10月，西班牙被迫将其在北美洲最富饶的殖民地路易斯安那让给法国。

1803年11月，西班牙被迫与法国签订了一项再次导致西班牙与英国交战的新条约。这次交战的损失比1797年更为惨重，西班牙在海上被完全解除了武装。

虽然西班牙为法国付出很多，但法王拿破仑却并不满足。最后，拿破仑决定以奴役西班牙来了却自己的心愿。他认为采取这样的行动是毫无阻碍的，因为他所看到的只是日益衰弱和软弱无能的西班牙王室与贵族。他相信，用不着担心西班牙会有什么反抗。

1808年3月，拿破仑集结了10万法军在西班牙境内，查理四世惊惶万状，央求法国说明这次进兵的原因。但拿破仑避而不答，令军队直逼西班牙的首都。

法军的行动迅速引起了王室的恐慌，国王与王后不知所措。首相戈多伊献计逃往美洲，国王与王后表示同意，于是急忙准备动身。但国王与王后准备逃亡的信息传开后立即引起了巨大的社会骚动。蜂涌的人群包围并捣毁了

首相的官邸，人们要置戈多伊于死地，杀死戈多伊的喊声响彻街头。

见此情状，惊慌失措的查理四世不得不让出王位，以平息人们的愤怒。但是，查理四世的退位虽然转移了民众的注意力，也挽救了戈多伊的性命，却未能阻止法国军队的前进。

1808年5月，拿破仑便强行废黜了西班牙的波旁王朝，选定他的哥哥约瑟夫·波拿巴为西班牙国王。在这次进军西班牙中，如拿破仑所料，西班牙的权贵们除了屈服顺从以外，无任何反抗。

至此，如同欧洲的许多国家一样，西班牙就完全成为法国的驯服的臣国了。

虽然有了前车之鉴，但历史常常还是会重复。

离查理四世丧权辱国不出40年，在西班牙的历史上又上演了一出因君主贪恋美色而祸及江山的丑剧。发生在19世纪中期的这一幕尽管与第一次有些雷同，其丈夫都是帮凶和仆从，但女主角的身份却由王后变成了女王。

1843年，伊萨伯拉13岁时就被宣布为成年，成为西班牙合法的国王，并掌有国王所具有的全部权力和特权——尽管这时她还只是个孩子——调皮任性、娇惯坏了的小女孩。

后来伊萨伯拉长大了，成为轻佻狂妄、挥霍无度和淫荡的女人，她把自己的所有时间都耗费在宫廷倾轧和极端放荡的生活中了。1846年，年满16岁的伊萨伯拉嫁给了自己的表兄弗朗西斯科。但是，这不但没能使她稳重下来，反而成了她令人异常眩晕的长篇故事的开始。这些故事成了当年西班牙宫廷丑闻的主题。伊萨伯拉朝秦暮楚地更换着情夫，她对谁也不弃绝——从大贵族和将军直到宫廷侍从，并且使每个宠幸在得宠时期都成为握有无限权柄的弄臣。由于这些弄臣厚颜无耻地干预国家事务，就使本来已经够复杂的西班牙国势变得更加复杂和混乱了。

伊萨伯拉毫无政治才能，对政治的兴趣也非常淡薄，而围绕在她左右的宫廷权奸却又是一些恶棍和贪淫好色者。势力最大的一股是伊萨伯拉的神甫，再就是伊萨伯拉的丈夫，他们都在宫廷中组织了自己的权奸集团。这两个权奸集团虽然有着同一个主子，但又相互为敌，对整个西班牙的政治和社会生活产生了极大的危害。在伊萨伯拉统治的25年（1843~1868年）间，西班牙更换了34届政府，平均每届政府的寿命不到9个月。同时还更换了40个陆军大

第六章 政风维廉——这是一个老故事，但永远是新闻

臣，46个外交大臣和50个财政大臣。这给整个国家都带来了灾难。自然，这样的政府和政权是不会长久的。

1868年9月，西班牙海军发动政变，立即得到了全国各地的响应，愤怒的火焰迅速燃遍了整个西班牙。女王伊萨伯拉这时还企图出兵镇压，但已没有一兵一卒愿意保卫她。

9月30日，伊萨伯拉逃到了法国。从此，西班牙的衰落也急剧加速了。随着后来发生的美西战争，西班牙帝国便永远地结束了自己的世界性角色。

世界上的许多事物无疑是美好的，令人神往，无限向往，但对于美好的追求从来应该有理有道。由红颜到祸水近在咫尺，远在天涯，当欲望翻越了理性的高墙，任何美好都将不复存在。

日本："财源"政变终结了"一党优位制"

2008年9月1日，在日本政坛一直以稳健著称的首相福田康夫在上任不到一年后突然宣布辞职，令日本这个世界第二大经济体顿感挫失，国际社会也为之震惊。东京大学一名政治学教授称："在政治上，日本还是一个发展中国家。"①更有媒体调侃，"在日本变化最快的事物中，除了丰田汽车的新车型，恐怕就是不断更替的新首相了"，"好不容易才把总理大臣对上号，又得从头来"。

根据韩国新闻网站2008年9月3日的统计，1955年至1993年的38年里，日本共出现16位首相，仅1993年后的15年里，日本就更换了包括福田康夫在内的9位首相。日本内阁网站的材料披露，自1947年日本新宪法实施以来，平均每任首相的任期为一年多，二战后任职未超过100天的首相有4位——东久首相的任职时间只有54天，羽田孜首相上任后第64天就解散了内阁，另两位首相分别因为得病和丑闻未干满70天。

为什么除了凭借个人领袖魅力而执政5年零5个月的前首相小泉纯一郎

---

① 《环球时报》2008年9月3日，第1版。

以外，日本这些年几乎年年都在更换首相呢？

日本多家媒体认为：是"丑闻，丑闻，还是丑闻①"！

日本媒体的这一结论是建立在事实基础上的。安倍晋三执政期间的情况即提供了佐证。

2006年9月20日，出身政治世家的安倍晋三在自民党选举中高票当选总裁，一周后出任日本首相。然而，从第三个月起，安倍内阁就接二连三地曝出如下11起丑闻：

——12月21日，因涉嫌在公务员宿舍与情人同居，首席税务顾问、内阁税制调查会会长本间正明辞职；

——12月27日，行政改革担当大臣佐田玄一郎因政治资金丑闻辞职；

——2007年1月10日，农林水产大臣松冈利胜曝出政治资金丑闻。5月28日，松冈利胜在寓所内自杀身亡；

——1月30日，防卫大臣久间章生发表有关美国向日本投置原子弹的不当言论，激起民众强烈不满。7月3日，久间章生递交辞呈；

——8月1日，农林水产大臣赤城德彦因政治资金丑闻辞职；

——8月21日，内阁官房长官盐崎恭久曝出政治资金丑闻；

——8月25日，总务相菅义伟曝出政治资金丑闻；

——9月3日，内阁改组后的农林水产大臣远藤式彦因接受不当政治献金递交辞呈；

——9月5日，新任环境大臣鸭下一郎曝出政治献金丑闻；

——9月6日，新任农林水产大臣若林正俊曝出政治献金丑闻；

——9月8日，新任总务大臣增田宽承认政治献金申报违规。

面对如此频出的丑闻，安倍晋三终于在2007年9月12日宣布辞职。而此时，距离安倍执政满一周年还有14天。

其实，因为丑闻特别是因为政治献金丑闻而导致内阁辞职，在日本历史上并不鲜见。安倍执政期间曝出的这11起丑闻中涉及政治献金的虽然占到9起，但毕竟还没有直接涉及首相本人。而在20世纪70年代发生的那起丑闻中，首相却是主角，并且在日本的历史上第一次发生了首相被拘捕入狱的事

---

① 《中国新闻周刊》2007年第35期，第30页。

第六章 政风维廉——这是一个老故事,但永远是新闻

件,因此也被称为"财源"政变。

这一事件出现在被认为是"多灾多难"的田中角荣时代。

1972年7月5日,自民党召开第27届大会,选举田中角荣为总裁。7月7日,田中角荣接替佐藤荣作担任日本首相。

田中执政不久,即步入一条悲剧性的坎坷之路。

这时,日本的经济因为持续的高速增长已经到了穷途末路。再加上田中的以城市改造、新型高速交通设施建设为主要内容的"日本列岛改造计划"事与愿违——虽然这一计划在理论上是无懈可击的,在实际上也是切实可行并不可缺少的,但它诱发并加剧了企业购买土地时的投机,因而造成地价飞涨,同时也带来了物价飞涨。这都使田中内阁声名狼藉。

1973年11月,自民党在参议院的选举中失败,又不可避免地削弱了田中体制,党内党外反田中的呼声越来越高。

1974年4月,日本爆发了600万人的交通大罢工,矛头直指田中内阁。

到1974年10月,财源问题终于爆发。这个月的日本《文艺春秋》杂志刊出《田中财源及其他》一文,对田中的政治资金问题进行详细揭露,迅即引起了全社会的关注。在野党在国会紧追不舍,掀起了倒阁运动。党内反主流派也推波助澜,掀起了迫使田中下台的运动。11月17日运动达到了高潮,社会党、共产党等19个团体举行"要求田中下台"的全国统一行动,有近12万人参加。

于是,1974年11月26日,田中角荣被迫辞去首相职务。

田中的辞职声明如下:"因为我个人的问题,在社会上引起误解,作为政府官员,不清不白,缺德少行,这使我痛苦万分和难以忍耐。我要澄清事实真相,取得国民理解。考虑到我国的前途,我有如夜间倾耳细听滂沱大雨击打着地面。自民党应尽快选出自己新的代表,团结一致,冲破难关以回答国民之重托。"①

然而,田中角荣虽然离开了自民党总裁和日本首相的位置,但他在担任首相期间的问题却并没有因此而了结。

1976年2月4日,美国参议院跨国公司小组委员会揭发出美国洛克希德

---

① [日]户川猪佐武:《政权角逐》,李汝松译,长春:东北师范大学出版社1987年版,第259页。

飞机公司为了向日本全日空公司推销"三星"式客机而大量行贿的事实。2月6日，洛克希德公司副董事长库钦在美国参议院外交委员会会议上作证说，洛克希德飞机制造公司为了向日本全日空公司推销客机，通过日本丸红公司伊藤宏和国际兴业公司小佐野贤治，向日本政府高层官僚赠送了金钱。

这一消息传来，立即在日本议会引起了轩然大波，议员们瞩目的焦点马上转向了洛克希德案。情绪激昂的议员们纷纷发表意见，认为政府高官接受赠款是受贿行为，应该受到法律的追究，并要求查清所指的高级官员到底是哪些人。在野党更是强烈要求接替田中角荣的三木武夫内阁对此事要彻底追查。日本社会各界对这件事也深表愤慨。

这时的局势对三木首相是一个严峻的考验。三木的内阁团队是由自民党组建的。自民党自1955年成立以来一直组阁执政，政府的高级官员都出自自民党，如果将洛克希德案追查到底，势必涉及自民党高层人物，这对处境困难的自民党来说无疑是雪上加霜。如果仅从执政党的利益出发则显然是不对的，也无法得到议会和社会各界的认可。三木首相经受住了考验，他在国会上表示：此事关系到日本的政治声誉，有必要将问题查清。

1976年2月16日，日本众议院预算委员会传唤了与此案有关的国际兴业公司老板小佐野贤治、全日空公司总经理若狭得治和副总经理波边尚次。但是，这几人却采取强硬的不合作态度。当问及洛克希德公司向政府高官赠送金钱的具体情况时，他们都对此矢口否认。

第二天，丸红公司董事长桧山广、总经理松尾泰一郎、专务大久保利春和伊藤宏也被传唤到众议院预算委员会回答问题，他们也对洛克希德公司副董事长库钦的证词作了全盘否定。

由于相关当事人对这件事都予以否定，通过国内途径追查就已相当困难。鉴于此，三木首相决定要求美国协助。他指示外相宫泽喜一，请求美国提供包括接受金钱的高官名单在内的一切有关洛克希德事件的资料。

但是，美国方面对这件事却持慎重态度。当日本外务省通过驻美国大使馆与美国政府交涉此事时，美国国务卿基辛格认为扩大洛克希德事件会扰乱盟国日本的政治，因此不予积极回应。

然而，日本政府对查清洛克希德事件已经下定决心。3月23日，众议院一致通过了一项决议，要求美国参议院提供此案的全部资料。同时，三木首

第六章 政风维廉——这是一个老故事,但永远是新闻

相也在国会表明态度:"我将亲自把全体国民的意愿通过书信转达福特总统,以请求他的协助。"当天下午,三木就把亲笔信件送交给了美国政府。

由于众议院的决议和三木武夫首相的坚持,美国方面的态度有了转变。1976年3月底,日美两国政府签订了"司法相互协助协定"。根据这一协定,美国方面向日本检察厅提供了洛克希德事件的资料。

得到美国的协助后,洛克希德事件的清查进度加快。

5月14日,日本众议院成立了洛克希德事件特别委员会。

5月24日,众议院预算委员会以伪证罪名对全日空公司总经理若狭得治进行了控告。几天之后,小佐野贤治、桧山广和大久保利春也以相同罪名被控告。

6月22日,东京地方检察厅开始逮捕此案的嫌疑犯——丸红公司的大久保利春、伊藤宏、桧山广和全日空公司的若狭得治和渡边尚次。其后,又有多人被捕,但都未超过行贿者、嫌疑者的范围。大久保利春和伊藤宏被捕后便开始作了交待。根据这俩人提供的证词,检察机关认定:田中角荣在1973年8月至1974年2月任首相期间,从丸红公司接受了洛克希德公司的现款5亿日元。

7月27日,田中角荣在事先没有任何预兆的情况下突然被东京地方检察厅逮捕,被关押进名为"东京小营"的东京拘留所。而且,他任首相时的秘书夏本敏夫也在同一天被捕。当天,东京地方检察厅还搜查了田中角荣的私宅、在议员会馆内的办公室和田中事务所。夏本敏夫的私宅和办公室也同时被搜查。在东京拘留所,田中角荣过了21天的拘禁生活。

8月16日,检察厅以涉嫌"受托受贿"和"违反外汇管理法"为由,对田中角荣提出起诉。田中角荣在交纳了2亿日元的保释金后被保释出狱。

据伊藤宏供述,丸红公司送给田中角荣的5亿日元都是将现款用纸箱装着,由他分4次亲自交给了田中角荣的秘书夏本敏夫。在先后4次交款中,前3次在场的还有为夏本敏夫开车的司机和伊藤宏自己的司机松岗克浩。

检察厅查明,当时为夏本敏夫开车的司机是竹原政则。7月31日和8月1日,检察厅两次传竹原政则查问。竹原政则说出了两次出车的情况:一次,"夏本敏夫让我用车送他到富士见町公寓。我把车停好,坐在司机席上看杂志,突然听到有人敲车门,我抬头看到夏本敏夫抱着一个好像很重的纸箱,

急忙跳出车门，把纸箱接过来，不是放在车的后排坐席上就是放在车尾的行李箱里了"；又一次，"在钻石饭店方向一座楼前的坡路上，我停好车等候，后面来了一辆绿色赛德利克车停在我的车后，从那辆车里搬下一个纸箱放在了我的车上。"当检查厅人员将伊藤宏的司机松岗克浩的照片拿给竹原政则辨认时，竹原政则当即承认："没错，就是他，他就是另一辆车里的司机。"

竹原政则在接受检查厅查询时，态度和善，身体和精神状态都很好。但是，8月2月突然有人在一条山林公路的汽车里发现了竹原政则的尸体。经法医检查，尸体上没有外伤也无药物反应，死因是一氧化碳中毒。根据现场情况，警方断定，竹原政则是用塑料管把汽车排出的有毒气体引入车内自杀的。

竹原政则的死亡，在日本又引起了不小的轰动，成为新闻报道的热门话题。8月3日，东京的一家大报对竹原政则死亡的消息用了这样的标题："洛克希德案件自搜捕以来，终于出现了自杀者。"

竹原政则是洛克希德案件的直接证人，他的证词对证明夏本敏夫接受伊藤宏的现款有十分重要的作用。因为夏本敏夫在1976年7月27日被捕后虽一度承认了接受赠款的事实，但从第一次公审起他就推翻了证词，说是检察厅方面捏造的。竹原政则在接受查询时，因时间一时不能记清，当时的4页陈述便没有收进案卷，而是由竹原政则带走了。竹原政则一死，他的这些陈述就不再具有任何证明力，这对检察厅方面无疑是一个重大的损失。

1977年1月27日，东京地方法院对洛克希德案件进行初次公审。检察当局力证田中角荣有罪，而辩护方则反驳说无罪，双方陷入了无休止的争吵。这期间，田中角荣除在第一次和最后一次的审讯中回答过问话外，中间的180多次审讯都未讲话。不管检察厅方面如何质问，他都一言不答，坚持由律师代替他争辩。

1981年4月8日，东京地方法院继续开庭审查洛克希德案件。出人意料的是，田中角荣的律师拿出了一本证明夏本敏夫不在犯罪现场的书面证据——"清水日记"。

"清水"是指总理府的汽车司机清水孝士，他也负责田中秘书夏本敏夫的用车；"日记"是清水孝士自己记的"行车备忘录"。清水孝士的行车备忘录完全否定了夏本敏夫4次接收现款的可能性，因为在检察厅方面提出的4次交款时间内，夏本敏夫都坐着清水的车到别处去了。

第六章　政风维廉——这是一个老故事，但永远是新闻

这样一来，案情审理转而对田中角荣有利。田中角荣无罪的说法占了上风。

然而，就在田中角荣和他的律师高兴之际，检察厅方面却又获得了另一关键性证据。在1981年10月28日进行的审讯中，检察厅请求法庭通知夏本敏夫的离婚妻子三惠子出庭作证。三惠子在法庭上说："夏本敏夫当时亲口对我讲的，收下了5亿日元"。三惠子还说，夏本敏夫曾在自家院里销毁了任首相秘书期间的日程表和记事本等证据。

三惠子的证词，彻底否定了夏本敏夫不在现场的证明，顿时使田中角荣方面阵脚大乱。三惠子出庭作证时，夏本敏夫痛苦万分，没过多久便突然病倒，经医生检查是脑出血。从此，夏本敏夫再也没有出庭。

1982年6月8日，东京地方法院对洛克希德案件的其他被告进行了审理，判定桥本登美三郎（当时任运输大臣）、佐藤孝行（当时任运输政务次官）犯了"受托受贿罪"。法院当庭宣判：判处被告人桥本登美三郎有期徒刑2年零6个月，缓期3年执行；判处被告人佐藤孝行有期徒刑2年，缓期3年执行。

1983年1月26日，检察厅方面在法庭上宣读了对田中角荣的论罪书，论罪书长达30万字。最后，检察官向法院提出：判处田中角荣5年有期徒刑，交罚金5亿日元。

1983年10月12日上午，东京地方法院701号法庭开庭，审判长宣读了判决书：田中角荣因受托受贿、违犯外汇法，触犯刑律，判处有期徒刑4年，罚金5亿日元。

至此，洛克希德案件经过7年多的审理，一审判决才告完成。一审判决后，田中角荣立即上诉到东京高级法院。

1987年7月29日，东京高级法院驳回田中角荣的上诉，认定一审判决无误，维持原判。二审判决后，田中角荣仍然表示不服，继续上诉到日本最高法院，但日本最高法院始终没有回应。

田中角荣这时已中风病倒两年多，半身没有知觉，失去了说话能力，基本上是在病床和轮椅上生活。1989年10月14日，田中角荣的女婿、国会议员田中直纪在田中角荣的家乡郑重宣布：正在养病的前首相田中角荣不再参加众议院的选举，在本届众议员任期结束后从政界引退。从此，田中角荣离开了政治舞台，直到1994年年初去世。

洛克希德案件的发生，从被告人的地位之高、所诉受贿额之巨以及审理案件所耗废的时间之长来看，在日本的历史上都是创记录的。自这起案件后，日本政坛的金钱政治内幕，特别是自民党内涉及领导人与金钱关系的政治丑闻便不断被曝光，自民党的公信力便日趋下降，其执政地位也摇摇欲坠。

到20世纪90年代初期，随着"共和公司案""证券丑闻案""佐川案"这3起重案的发生，日本自民党"一党优位制"的执政基础终于倾覆了。这是二战后日本历史上的重大政治事件。

自民党自1955年11月15日成立以来就一直占据着日本的执政舞台。虽然日本政坛时常有新的政党涌现出来并在大选中与自民党竞争执政权，但它们的力量根本无法与自民党相抗衡。长期以来，自民党被称为"万年执政党"，在野党被称为"万年在野党"，后者的存在不过是对前者的衬托，被用来衡量对前者的满意度。所以，这种由自民党一直持续把持执政权的体制也被日本政坛称为"一党优位制"。

1993年8月6日，新党代表细川护熙当选为第79任日本首相。8月9日，以新党为主的8个党派即联合组成细川内阁，开始了新格局下的日本政治。这标志着从1955年以来持续了38年之久的自民党一党单独执政的历史彻底结束。

由盛而衰的自民党执政史证明，一个长期执政的党，由于和权力结成了紧密的联系，会不可避免地受到来自权力的影响。如果执政党不能有效地抵御权力的侵蚀，即使它为国家的发展作出了非凡的贡献，其执政地位仍然会遭遇挑战。

苏联：执政党失去了免疫力

苏联共产党曾是一个清明、廉洁的政党。虽然后来的苏共官僚特权阶层的萌芽和形成可以上溯到列宁时期的战时供给制和斯大林时期的特供制度，但列宁、斯大林本人是非常清廉的，他们的生活十分俭朴。

美国传记作家路易斯·费希尔在《列宁的一生》这本书中说，列宁不能容

第六章 政风维廉——这是一个老故事,但永远是新闻

忍奢侈现象几乎达到了严酷的程度。1918 年冬天,为了不使脚受冻,他在办公桌下边放了一块毡。后来有人将这块毡换成了一块白熊皮,列宁为此大发脾气。在其他领导人的薪金已经按规定提高到 2000 卢布以后,办公厅将列宁的薪金由 500 卢布提高到 800 卢布,列宁给了工作人员严重警告处分。

斯大林一生俭朴,连一再指责他的人也说斯大林是个禁欲主义者。苏联党和国家领导人谢列平说:"斯大林死后,人们登记总书记的财产时发现,这件工作很简单。没有任何贵重的东西,除了一架公家的钢琴,甚至没有一幅好的真正的画。摆的是不值钱的家具。沙发椅套着布套。没有一件古董。墙上挂的是普通木框镶的纸印复制品。在客厅的中心部位挂了一幅玛·伊·乌里扬诺娃 1922 年 9 月在哥尔克拍的放大的照片,上面有列宁和斯大林。地板上铺了两块地毯。斯大林睡觉时盖的是战士们用的被子。除一身元帅服之外,穿的东西中有两套普通衣服(一套是帆布服),一双绱了鞋底的毡靴和一件农民穿的皮袄。"①

苏联国家档案馆解密后,人们发现了斯大林的遗物清单。清单上记载,担任了近 30 年苏联党和国家最高领导人的斯大林,竟只有 900 卢布的存款和一些普通的衣物杂什、办公用品,不能不令人肃然起敬。

在历史上,苏共也曾靠自己清廉、勇于牺牲奉献的作风和形象激励过千千万万的人献身党和国家的事业。1921 年 3 月,首都彼得格勒不远处的喀琅施塔德要塞发生叛乱。当时,正值俄共召开十大,党即派参加俄共第十次代表大会的代表,在伏罗希洛夫的率领下前往平叛。代表们身先士卒,踏着薄冰冲向似乎坚不可摧的堡垒,许多人沉入水中,最终克服危机赢得了胜利。在苏维埃粮食最困难的时期,担任粮食人民委员的施利赫特尔亲自调度成万吨的粮食,但自己却在办公室内饿得昏了过去。在残酷的卫国战争中,共产党员始终冲锋陷阵战斗在第一线。在战争开始最艰难的一年半中,苏军 300 万人阵亡,其中 150 万人是共产党员。在整个卫国战争中苏军阵亡 800 万人,其中 230 万人为共产党员。苏联元帅阿赫罗梅耶夫是 1942 年在列宁格勒前线担任步兵连长时入党的,这是牺牲概率最大的岗位。他说:"当时入党不是为了去司令部或后方找个工作干,而是为了留在前线,为了让战士、军士们更

---

① 叶卫平:《千秋功过谁人评说》,北京:中国人民大学出版社 1993 年版,第 29 页。

信任我。"苏共就是通过这些具体行动来实践党的性质和宗旨的,来把人民群众凝聚在党的旗帜下的。

但是,这些传世之风没有被列宁、斯大林的后来者们所继承。加之党长期执政以后,随着权力过分集中,缺乏监督制约,在苏共内部还形成了一个特殊的阶层——官僚特权阶层,就使得腐败之风在党内逐步蔓延开了。

党内官僚特权阶层的人数,根据俄罗斯学者在《20世纪俄国史》这部著作中记载,总数达到50万~70万人,如加上家属,约为300万人。

党内官僚特权阶层享有的特殊权利,主要在5个方面:(1)特殊工资。即除正式工资之外还同工资一起发给另外一个所谓的"钱袋",其数额不等,使权贵们的收入高达社会平均水平的4倍。(2)特殊供给。各级党政机关均设有内部供销点,政府根据官职大小、地位高低发给一定数量的有价证券,持有者能够买到稀缺商品。(3)特殊住房。许多风景名胜避暑胜地,都建有大小官员的别墅。(4)特殊服务。享有特殊的医疗服务,配备有小汽车等良好的交通工具,以及大批的服务人员和警卫人员。政府还提供大量补贴,让官员们可以免费到疗养胜地度假和出国旅游等。(5)特殊教育。官员们的子女从幼儿园到大学都有保送进入最好的学校享受优质教育的制度。

与此同时,庸俗腐朽之风也在党内日渐盛行。小圈子现象、抱粗腿现象,比比皆是。一种普遍的趋势是,干部提拔必须上面有人,不和上级领导建立私交,政绩再好也与官运无关。而到达比较高一些的级别后,更必须与核心人物建立私人友谊,一些见不得人的因素由此也开始起作用。这样一来,苏共党内不论是上层还是基层,都有很多人找靠山、抱粗腿,企求得到特别关照。特别是,他们还逐渐形成了一个相互依存的圈子,能够依据他们对国家资源所拥有的分配使用权力,互相周济,互相掩护,从而达到大肆侵吞国家和社会财富的目的。

送礼之风也成了一种潜规则。曾任戈尔巴乔夫秘书、办公室主任和总统助理的博尔金说:"党不断地同各种政治敌人进行斗争,但是党还从来没有同自己上层中的贪污受贿者、自私自利者作过斗争。这是苏共历史上新的一页。这种病削弱和损坏了党的免疫系统,破坏了党的巩固。苏共许多州委书记、边疆区委书记、中央委员都卷入了各种肮脏勾当,赠送贵重礼品,包括赠给总书记,被认为是正当的。一到节日前夕机要通信部门就忙得不可开交,分送从南方各地区给总书记和政治局委员寄来的盒子。"①

有害的是,这种不成文的却又获得广泛认同的潜规则,实际上在左右着官场,并且为那些违规的、腐败的行为提供伦理道德上的支持。谁不遵守这种潜规则就会被视为另类,谁不腐败就会受到排挤和白眼,甚至被淘汰出局。有些人原本素质并不差,但为了不被排斥和淘汰,只好随波逐流,最后滑进腐败的深渊。

苏共党内官僚特权阶层之所以能够产生并长期存在,党内的庸俗腐朽之风之所以能够蔓延滋长,归根结底在于权力资本,拥有权力的人和所拥有的权力,已不再受到什么制约。

尤其是在苏共的核心政治模式中,既有长期以来高度集权而又缺乏监督、缺乏透明度的任命制——这曾造成了各级干部只对上级负责,事事服从上级,唯上级的意志为转移;同时也还存在着另一个重要的方面,即事实上凌驾于制度之上的"一把手"负责制。这种负责制在监督乏力、暗箱操作的情况下往往就意味着一言堂、一票否决、一人定乾坤的绝对权力。在苏共党内,很多一把手都把制度视为形式,把政策视为己出,把人民赋予的权力视为己有,把所管辖的单位视为自己的领地。党内出现的一切消极腐败现象,原因盖出于此。在这些人看来,他们天生就是应该拥有权力、垄断权力并享受权力的。

苏共的教训足以告人:一个容忍腐化行为的执政党,必然不可避免地会成为腐化行为的牺牲品。

英国:第一个制定反腐败法律的国家

在现代宪政史上,英国是世界上最先制定反腐败法律并开创法律反腐先河的国家。

英国的第一部反腐败法律于 1889 年颁行。

17 世纪 80 年代光荣革命后,英国成了世界上第一个确立资本主义制度的

---

① 〔俄〕瓦·博尔金:《戈尔巴乔夫沉浮录》,李永全等译,北京:中央编译出版社 1996 年版,第 386 页。

国家。伴随着早期的圈地运动、殖民贸易和工业化进展，英国的经济得到了飞速发展。但由于当时的社会制度仍然带有浓重的封建色彩，就使得18世纪至19世纪中叶这段时期成为英国历史上腐败表现最为严重的时期，议员贿选、官官相护和官商勾结等层出不穷。不过，腐败现象在发展，反腐败的监察制度也在激烈的较量中不断成形。1889年的反腐败法就是在这种情况下产生的。

英国颁布的这部反腐败法，正式名称为《公共机构腐败行为法》。该法将"一切行使公共职能或法定职能的机构"均认定为公共机构，禁止公共机构的任何人员在与公共机构有关的交往过程中收受礼物、贷款、费用、酬劳或其他利益，公共机构的成员无论主动或被动接受贿赂均被定义为腐败行为。同时，惩处条款也比较有力。对于犯有腐败罪行的公务人员可处以6个月至7年的监禁，或者加上不设上限的罚款。此外还包括对某些政治权利的剥夺。例如，除了解除职务以外，还规定从犯罪之日起的5年内不得再担任任何公职；如果第二次犯类似的罪行，则永远不得担任任何公职，并且，在从犯罪之日起的5年内剥夺其在议会和其他任何公共机构选举中的投票权，情节严重者还有可能被剥夺获得养老金的权利。

英国开展反腐败斗争的突出特点是，不急功近利，不满足于一时半刻，坚持与时俱进，通过持续的立法行动，一步一步深入，一步一步规范和具体，不让腐败行为有宽松的环境，不让腐败分子逍遥法外，不断巩固和发展反腐败的成果。

继1889年颁布《公共机构腐败行为法》之后，英国在20世纪初期又先后两次颁布了反腐败的专门法。一次是1906年颁布的《防止腐败法》。通过这部法律，英国将《公共机构腐败行为法》的适用范围扩大到了不仅包括公共机构的工作人员，而且包括公共机构本身。另一次是1916年颁布的《防止腐败法》。通过这部法律，再一次扩大了公共机构的范围和法律的适用范围，即把一切地方性机构和公共性机构都囊括在了法律的适用范围。

除了上述3部专门规定反腐败行为的法律以外，英国在二战以后通过的多部法律中，如1948年的《人民代表法》、1962年的《北爱选举法》、1964年的《许可证法》、1972年的《北爱地方政府法》、1988年的《犯罪审判法》、1989年的《地方政府和住房法》中，都有针对政府官员腐败行为的法律条文。

第六章 政风维廉——这是一个老故事,但永远是新闻

可以说,这种旨在廉洁政府从政行为的法律条文,英国从来就没有停止过出台,虽然这是建立在英国是一个法治社会的基础之上的。

1994年,根据社会诉求,时任首相梅杰任命一个专门的工作委员会对政府公职人员的从政道德进行了调查。这项调查发现,国会议员和政府各部大臣、公务员在任职期间存在的主要问题共达16种,如接受礼品、款待、资助、报酬,签订影响正常履行公务的合约并获得利益,在政党和议会选举中进行幕后操作,接受利益交换性质的竞选或政治捐赠,凌驾于法律之上,等等。

针对这些问题,英国陆续制定了一系列制度强化公职人员的廉洁从政行为。如1995年,英国政府规定了公职人员履行公务时必须遵循的7条基本原则:(1)无私,即不得为个人或亲友谋求私利;(2)廉洁,即其从政行为不得受外界个人或组织的经济因素或其他因素的驱使;(3)客观,即公职人员在执行包括人事任命、授予合同或推荐受奖人员的公务时,应择优选择;(4)负责,即公职人员要对自己的决定和行为向公众负责,必须接受任何对其履行职责是否适当的监督;(5)公开,即公职人员对自己的所有决定和行为都要尽可能公开,除因公共利益而明显要求保密的以外,都要说明作出决定的理由;(6)诚信,即公职人员有义务申报任何与其公职有关联的私人利益,并以保护公共利益为原则调解利益冲突;(7)表率,即公职人员在完成工作任务和履行公务基本准则中要以身作则,发挥表率作用。

2000年,英国颁布了《大臣行为规则》,专门对内阁大臣的行为作了全面规范。主要内容包括:公开保证向议会提供真实情况;不接受可能影响本人公正行使职权的礼物或款待;不利用政府资源为政党的政治目的服务;坚持公务员的政治中立原则;不得要求所属公务员做出违反公务员准则的行为,等等。

2001年,英国颁布的《反恐、犯罪和安全法》,扩大了法院的权限,将发生在海外的英国公民的腐败行为也纳入到了管理范围之内。同时规定,1889年、1906年和1916年颁布的反腐败法律也同样适用于在英国本土和其驻外机构工作的外国公职人员。

2005年,布莱尔政府在整理、综合和修订历史上各种反腐败法律条文的基础上,又颁布了一部更为全面和完整的《反腐败法》,进一步坚定和完善了

用法规制度反对腐败的决心与对策。

总的看，用法规制度反腐防腐是英国的创造和特色。自1889年颁布第一部反腐败法律以来，尽管英国同其他西方发达国家一样时常也出些大大小小的腐败丑闻，但却没有发生大范围的、涉及政府领导人的权钱交易和政治腐败。在透明国际组织每年公布的100多个国家的"廉洁指数"排行榜中，英国也一直排名靠前。可以说，英国已经从总体上预防和控制了腐败的蔓延，形成了一种比较廉洁的政治文化。

美国：阳光是最好的防腐剂

从总体上看，美国政坛是比较有序、成熟、理性和廉明的。

从第一批殖民者逃离欧洲专制统治的政治与宗教压迫，来到北美这片荒芜的土地，就是为了要建立一个没有腐败和专制统治的社会。新英格兰的清教徒们向往一个尊崇道德的社会，把公共服务看做是公民的责任，而不是个人发达或致富的手段。清教徒们建立了一项道德遗产，这就是清教伦理。它的核心信念是通过勤奋劳动来创造繁荣，每一个清教徒都加入到建设上帝的正义之国的事业中。

当美国独立革命发生时，清教伦理已经丧失了对神圣共同体和上帝之城的原有含义的坚守。为了避免道德的抽象化，清教伦理融入了世俗化，并被解释为理想主义的实用道德。经验告诉美国的国父们，公共管理者并非圣人，必须采取有效的预防措施来确保他们遵从道德。

虽然建国初期由于政府所承担的管理责任有限，政府为了自己的信誉也制定了很高的标准，政府官员基本上是廉洁的，但这种局面没有持续多久。从19世纪30年代初起，美国即进入一个历史上腐败问题比较严重的时期。导致腐败的罪魁祸首是当时实行的政党分肥制，即获得总统大选胜利的政党可以作为报偿把政府官职分配给那些曾经帮助自己在选举中获胜的人，而很少论及他们的品格和能力。

政党分肥制在腐蚀政府道德方面起了重要的负面作用。这是因为，政党

第六章 政风维廉——这是一个老故事，但永远是新闻

能够通过帮助居民和大量涌入的新移民找到住房、工作来获取对自己的支持；而居民和大量涌入的新移民则又可以通过选票使政党获得进入白宫执政的机会来回报政党。这样一来，公共服务和政治服务的界限就模糊了，政治忠诚而不是血统即成为政府录用官员的资格标准。各个政党也很快沉湎于分肥制，充分利用分肥制。由此，腐败现象即滋长蔓延了。

后来，除了政党分肥制带来的腐败，一些其他因素又导致了大量的经济腐败充斥政坛。

——由于联邦政府和州政府把大量公共资金用于促进经济发展项目，大大增加了政府官员贪污的机会。许多道德低下的公职人员能够与公司或私人相勾结，把公共资金装入自己的腰包。

——大量战争中的伤残人员和认为自己应该得到养老金的人员，纷纷涌入国会要求得到补偿；联邦法律也允许国会拨款补偿合法要求者。因为从全美各地到华盛顿来提出补偿要求既耗费时间又开销太大，所以不少有补偿要求的人即求助于一些在华盛顿有影响的朋友或代理人来进行起诉。这样，许多国会议员便借这个机会从中牟利。

——由于工业革命的兴起，一些强大的私人组织控制了部分国家经济，他们想方设法收买政府官员，导致了一些政府官员参与其中。

——南北战争期间联邦调集大量的资金来保障打赢战争，而一些不法合同商则用成百亿美元的战争费用生产了伪劣产品，为使产品得以兜售，他们便通过巨额回扣贿赂联邦政府官员以取得军事订货。

于是，从19世纪30年代到80年代，美国出现了一个公共官员腐败最严重的时期。大量联邦、州和地方政府的官员都想得到用权力来交换填满钱袋的机会，强大的私人利益集团能够轻而易举地收买公共官员。南北战争后，出钱购买联邦政府中的官职变得司空见惯。国会议员手中有大量可供任命的官员职务，他们可以用这些职务来对政治上的支持者论功行赏。

终于，严重的腐败激起了社会强烈的反应和改革要求。

也就是从这时起，美国开始了以政府机构为重点、从法律和制度层面入手的一系列联邦反腐败行动。其中，最为核心的内容就是让政府的权力在阳光下运行。

美国向来有现实主义的政治传统，他们认为，治理腐败的基点不在于觉

悟或道德，而在于制度。美国人相信，阳光就是最好的防腐剂。基于这样的观点，所以美国着力破除政治的封闭性和神秘感，不断推出政治公开化的措施，力求建立透明政治、透明政府。最能体现美国这种不懈努力的，是《文官制度法》《信息自由法》《情报自由法》《阳光法》和《政府道德法》的颁布实施。这几部重要法律的产生，对美国的政务公开、政府透明度的增加、政治权力的廉洁运行，起到了强制驱动作用。

《文官制度法》

美国联邦政府的行政官员统称为文官。按其职务性质可分为两大类：(1)由政治任命产生的官员，主要负责制定政策；(2)职业文官，主要从事政府的日常业务。第一类官员通常由总统直接任命，部分还须经参议院批准。这类官员包括政府各部正副部长、助理部长，以及中层行政长官，如处长、副处长、高级顾问和助手等。他们多与总统共进退。第二类官员是职业文官，他们与总统任命的官员、经民选产生的官员以及军职人员，都有很大的不同。从建国到19世纪20年代末，联邦文职队伍基本是稳定的。只是从19世纪30年代开始，联邦、州和地方各级政府机构中的文职人员任用都按照政党分肥制办事后，才发生如前所述的重大变化。

到1883年1月，国会参众两院先后通过了参议员乔治·彭德尔顿提出的文官制度法案，随后经时任总统亚瑟签署生效，美国历史上第一个具有现代意义的文官制度法案便诞生了。这部法案正式称《文官制度法》，因其提出者为彭德尔顿，所以也称《彭德尔顿法》。

这部法律的内容主要有4项：(1)建立总统直辖的文官委员会，负责制定文官规则，组织文官考试，监督文官规则的执行情况；(2)文官经公开竞争考试录用；(3)政务文官由总统任命，与总统共进退，业务文官经考试录用，政治中立，不因党派理由被罢免；(4)按照各州人口比例，分配文官职位名额。

这部《文官制度法》的出台是美国文官任用制度发展的重要转折点。它废除了以党见标准决定文官任免的分肥制，确立了以公开竞争、考试录用和功绩晋升为核心的功绩制，不仅奠定了美国现代文官制度的基础，也为美国反对和防止腐败在组织上提供了保证。

后来，美国的文官制度又经过了1923年、1949年和1978年几次比较大

第六章 政风维廉——这是一个老故事,但永远是新闻

的改革和完善,对联邦建立一支业务娴熟、富有经验、忠于操守的文官队伍,提高政府的工作质量和效率,维护美国政治和政策的连续性稳定性起到特殊而重要的作用。

《信息自由法》

《信息自由法》这部法律的最大功绩是基于政治的公共性质,确认了公民对国家政治和政府信息拥有无可争议的知情权。

在美国,知情权作为一种公民政治权利被正式提出来,出自新闻界。最早使用"知情权"这一术语的是曾担任美联社主编长达23年之久的美国新闻界著名人物肯特·库珀,他于1945年率先提出了这一概念。20世纪50年代初,美国兴起了一场倡导"知情权"的"信息自由"运动。这一运动的背景是政界的一些官僚阻碍了新闻界对政府信息的获得,从而影响到新闻自由。

《信息自由法》这部法律的产生,直接得益于1954年新闻界与政府关于核导弹辐射的一场冲突。这一年,一批美国记者跟踪了解和报道美国在南太平洋进行核试验所导致的核辐射情况。政府一方面以国防和外交特殊为借口拒绝向记者透露相关信息,另一方面又矢口否认客观存在的核辐射。这激起了社会不满,民众强烈要求制定相关法律,限制政府这种掩盖信息的行为。于是,这一由新闻记者引发和参与的事件激发了人们对"知情权"这一概念的广泛关注和热烈讨论。很快,美国法律界也参与其中。联邦最高法院大法官威廉·道格拉斯曾这样阐述知情权的重要性及传媒业同这一问题的联系:"新闻传媒业在我国宪法体制中占据优先位置,这并不是为了使之能赢利发财,也不是为了将新闻工作者拨划为一个受优惠的阶层,而是为了实现公众的知情权,知情权对于人民的统治权至关重要。"另一联邦法官欧文·考夫曼也指出,新闻自由仰仗对传播过程的如下三个方面的保护:获得信息、处理信息和散布传递信息。① 道格拉斯和考夫曼两位法官的论点为新闻界提供了有力的支持。这场争论显然为这一法律的产生打下了良好的社会基础。

最终,《信息自由法》于1966年出炉。后来,联邦政府又分别于1974年、

---

① 甘峰:《比较政府新论》,北京:立信会计出版社2007年版,第151页。

1986年对《信息自由法》进行了两次修订。1996 年，美国国会进一步制定《电子化信息公开法》，赋予了公众通过网络获取信息的权利。

《情报自由法》

《情报自由法》于1967 年颁布实施。这部法律既可以认为是《信息自由法》的姊妹篇，同时也具有自己特殊的意义。特殊就特殊在，公众的"知情权"与政府行政机构的"保密权"之间的平衡和契合，即在保证国家机密安全的前提下，最大限度地保障公众的知情权。

在美国，早期的法律授权行政机关自行控制其主管机关的文件。在未产生新的法律规定时，行政文书是否公开完全由行政长官自由决定。也就是说，行政机关拥有公开或不公开的特权。

1946 年，美国国会通过了一部行政程序法，首先突破了这一特权。在这部法律中，规定公众可以得到属于公共情报的政府文件。但同时，这部法律又规定了相当多的限制，以至于政府机构可以利用这些限制以"公共利益"为由拒绝公开政府文件。鉴于这种公开文件的诉求不具有法律上的支持，所以美国社会舆论普遍要求修改 1946 年的行政程序法。于是，美国国会经过多方听证，最终于 1966 年制定了《情报自由法》，1967 年 7 月颁布实施。

这部法律规定，除了 9 项涉及国家机密的情况不予公开以外，一切政府文件必须对公众公开。任何人不需要说明任何理由，只要能指明所要求的文件，按照规定履行手续、交纳费用，都能得到所需要的政府文件。如遇政府机关拒绝公开文件，当事人可以提起诉讼。

这部法律保障了私人取得政府文件的权利，被认为是美国历史上的一次革命。时任美国司法部长克拉克在这部法律的说明书中曾这样写道："如果一个政府真正的是民有、民治、民享的政府的话，人民必须能够详细地知道政府的活动。没有任何东西比秘密更能损害民主。公众没有了解情况，所谓自治、所谓公民最大限度地参与国家事务只是一句空话。"[1]

---

[1] 甘峰：《比较政府新论》，北京：立信会计出版社 2007 年版，第 154 页。

第六章　政风维廉——这是一个老故事，但永远是新闻

《阳光法》

《阳光法》也称《阳光中的政府法》，于1976年颁布实施。这部法律规定，合议制行政机关的会议必须像法院的公开审理一样公开举行，公众可以观察会议的进程，取得会议的文件。

为了体现"阳光"，这部法律规定：（1）合议制行政机关的会议要选择适当的场所，以便容纳较多的公众，便于新闻界的参与；（2）合议制行政机关的会议应在一星期前发出通知，内容包括：会议时间、地点、讨论事项、政府机关回答公众咨询的官员姓名等，并且认为，如果没有事前一星期通知这一程序，会议公开便没有意义；（3）如遇特殊情况召开紧急会议，可以缩短通知时间，但必须经投票决定。

对于合议制行政机关举行不公开会议的条件和程序，阳光法也作了具体规定：（1）举行不公开会议须由全体委员的多数通过，委员必须亲自投票，不能委托他人；（2）为了保护私人利益，经私人请求会议不公开；（3）举行不公开会议后一天内，要向公众公布举行不公开会议的决定、理由和参加人员。

《阳光法》的颁布实施旨在使公众有权在可以实行的范围内充分了解政府作出决定的程序。同时，这也是政府对公众负责的一项措施。

《政府道德法》

《政府道德法》的最新版本于1989年11月颁布实施。这虽是一个妥协的产物，但对美国联邦政府官员却犹如一道不可触碰的政治高压线，具有强大的约束力。

在美国，政府道德标准的建立和《政府道德法》的制定经历了一个复杂的过程。

1962年，国会通过的《联邦利益冲突和贿赂法》中，曾从道德方面对联邦政府官员作过一些规定。

1978年10月，国会通过了《政府道德法》。这是美国历史上的第一部完整意义的政府道德法。该法规定的主要内容是：（1）联邦政府17级以上的雇员卸任之后有一年的冷却期，禁止以私人主顾的名义同其服务过的政府部门签合同，禁止为任何事务游说其前服务过的政府机构；（2）所有总统提名官员

的额外收入不得超过其正式收入的15%;(3)建立独立检察官制度和一些新的联邦公共机构,扩大对政府雇员道德的管理;(4)建立联邦政府高级官员财产申报制度。该法律的颁布实施,被认为是美国现代公共道德管理演变过程中的一个里程碑。

1988年10月,国会又通过了新的道德改革法案,扩大了对前联邦官员变更工作等方面的限制。但里根总统否决了该法案,理由是认为这会使政府录用急需的人才更加困难。然而,此举带来的结果却是,至里根总统1989年1月卸任离开白宫时,有150多名总统任命的官员由于违反道德法而辞职。

1989年4月,新任总统老布什决心推行雄心勃勃的道德改革计划,便正式向国会提出了立法建议。他的建议内容包括:(1)联邦立法、行政、司法三个部门的官员实行统一的财产申报制度;(2)把《政府道德法》的适用范围扩大到国会中的官员和资深雇员;(3)对联邦立法、行政、司法三个部门实行统一的礼品和旅行补贴规则;(4)实行新的在政府中退职后的游说限制;(5)把独立检察官制度的适用范围扩大到国会;(6)把额外收入不得超过其正式收入15%的限制的适用范围扩大到国会。

1989年11月,在经过了激烈的争论和反复的磋商、妥协后,老布什的立法建议获得国会通过,由此便产生了新的《政府道德法》。

这部《政府道德法》最富特色的内容,是规范了政府官员的财产申报制度。在这部法中,对申报的适用范围、申报内容、提交申报书手续、审查申报书程序、不提交申报书或伪造申报书的法律责任和追究、申报书的保管和公开等,都一一作了明确规定。按照该法的规定,包括总统、副总统、国会议员、联邦法官在内的联邦政府机构中一定级别以上的官员,都必须按时申报其财产收入,包括其配偶与子女的财产状况。

为了保证《政府道德法》的实施,在联邦机构中还设立了政府道德署,专司政府部门的廉政建设。政府各部门也都设立分支机构,专司公职人员财产申报和离职后的从业管理工作。

也许是历史渊源的缘故,与英国相似,依靠法律制度约束政府权力、防止官员腐败也是美国的主要手段。历史上,为反腐防腐美国先后有一系列比较大的立法,除以上已经述及的以外,比较重要的还有1921年颁布的《预算和会计法》、1974年颁布的《联邦选举竞选法》、1977年颁布的《禁止对外行贿

第六章 政风维廉——这是一个老故事，但永远是新闻

法》，1978年颁布的《监察长法》和《独立检察官法》，1986年颁布的《举报人保护法》等。

同时，从总体上看，美国对于政治和政府腐败的防范也是成功的。建国230多年来，美国只发生过13起政府高级官员受到弹劾，分别为9名联邦法官，1名联邦大法官，1名国防部长，1名国会参议员和1名总统（安德鲁·约翰逊）。而在这13起弹劾案中，实际有罪并被撤职治罪的只有4名联邦法官。

腐败并不是制度本身，治理腐败并不需要改变现存制度的基本框架，但需要官员的平等意识、公民的道德责任和舆论的监督、法律的完善；正确的政策和观点不需要投票，但需要"阳光"和公开，让人们知道和接受——这便是美国治理腐败所提供的基本经验。

历史的启示

应当承认，腐败是一种普遍的历史现象，从来就存在于人类的发展之中。在当代世界，不论是亚洲、非洲、拉丁美洲等地区的发展中国家，还是北美和欧洲以及其他地区的发达工业社会或发达国家，都存在着不同形式、不同程度的腐败现象。世界上所有的国家，无论其政治和社会制度如何不同，都被或者曾被腐败问题所困扰。

应当承认，腐败是社会转型期中的一种多发病。任何一国在大的社会转型中，由于新旧体制的交替和制度的不完善，都会存在着较大的权力寻租空间，为腐败的出现创造了条件。

还应当承认，腐败还是一个顽症。它所具有的隐蔽性、嗜瘾性和能够使人一夜致富的暴发性，会导致人性的扭曲，规则的变异，让人们防不胜防，难以根除。

但是，又不能不认识到：无论处于什么历史阶段，无论有多么大的困难，无论别人做得怎么样，任何国家或政府，或政治组织，或政治领导人，都不能以客观理由来原谅或宽慰自己，更不能放宽或放慢反腐防腐的政策与步伐。如果在这一决定社会发展质量和人民福祉的问题上铸成大错，都将难逃其咎，

是永远不会得到人民答应的。一切以民众利益为己任的政府、政党或政治组织，都应当在反对腐败、净化社会和增进人民幸福上有所作为。

制度上的缺陷是最大的缺陷，吏治的腐败是最大的腐败，司法不独立就等于无司法——这些都告诉人们，反对和防止腐败必须首先从制度上解决问题。制度好可以防止和减少坏人做坏事，而制度不好则可能使好人也变成坏人。

2003年10月初，总部设在德国柏林的透明国际组织公布了该年度的全球腐败指数报告。其重要结论是：九成的发展中国家急需实际帮助以制约腐败，而造成众多发展中国家发生腐败的又主要是制度方面的原因。通过对全球133个国家的政府腐败情况进行统计分析，透明国际组织指出，制度性腐败必须受到高度重视。这主要体现在这样两个方面：一是基本制度方面，存在着不合理的社会经济制度、官员任命制度和对媒体的垄断、对结社的限制等，认为这都是滋生腐败的制度温床；二是在具体行政管理制度方面，存在着许多政府机构可以作出对某部门、某行业、某群体、某行为有利于政府的规定，使腐败行为时常能找到政策依据，从而名正言顺地得以实施。

所以透明国际组织认为，制度反腐是一个总关口，必须从制度层面入手，为反腐防腐提供基本的依据和基础。

公开政务，还权于民，这是世界各国反腐防腐的共同经验，也是反腐防腐最可靠的措施之一。权力的两重性既决定了腐败存在的理由，同时也决定了监督的必然性。要使公共权力沿着国家、社会和群众的整体意志整体利益的正确轨道运行，就必须强化对权力的监督和制约；而要实施真正有用的监督和制约，就有必要推行阳光政治，向社会公众开放政府信息。许多事实已经证明，政治公开和政府透明是社会稳定之本。

公开政务、还权于民的一个重要方面是公开选举，满足人民渴望建立选举社会的要求。通过公正的选举晋升政治精英，这历来是人类社会的伟大理想。自从选举政治——一个与世袭社会、钦定官员相反的政治理想在两千多年前出现以来，这一理想就一直闪亮夺目，人们从来就没有停止过对建立一个民主、开放和稳定的选举社会的努力。社会的晋升机制是社会结构的核心，只有一方面青云有路，一方面富贵无常，才能最大限度地发现、保护和使用好人才，也才有可能在制度上实现人人机会的平等。迄今为止，社会的选拔、

第六章 政风维廉——这是一个老故事,但永远是新闻

晋升机制大致有4种:一是考试,靠分数说话;二是投票选举,拿票数说话;三是交易,进行金钱角力;四是武力,用命来拼。但在人类社会越来越理性的情况下,对于国家公职人员特别是政府高级官员的产生,现代选举似乎更为公允,且更容易被社会公众所接受。

人类社会的发展历史证明,政治腐败不仅仅危及社会的稳定和发展,扰乱社会资源的合理分配,破坏社会的公平正义原则,而且还侵蚀社会道德和人们的精神世界。

在历史上,西方国家腐败现象的发生和存在就总是与一定的精神文化环境相联系的。中世纪时,欧洲国家的教会之所以有那么大的权力得以为所欲为、横征暴敛,一个重要的原因就是教会对民众进行了严格的精神控制。这种精神控制的力量比对人的物理性强制的力量大得多,因为它是在剥夺了人们的精神抵抗力后进行的。在虚假的教义主宰了平民百姓后,就为那些根本不信教义而只信金钱的堕落的教士们提供了大胆谋财的机会。

在现代,腐败之所以呈现出疯狂性还有另外一个重要原因,即人的信仰的缺失。信仰一旦崩溃或虚位,就必然导致正义感、负罪感和忏悔意识的缺失。许多贪官污吏之所以胆大妄为、无所顾忌,就是因为他们的内心没有任何约束,同时也缺乏对法律和正义此类高尚情操的敬畏。尤为有害的,还有一些社会公众对腐败的反应已世故而冷漠,腐败在社会的无奈中已经被默认了。

显然,心灵的麻木,价值观的堕落,对任何社会都是危险的。勿让权力与金钱腐化社会,把权力和金钱逐出精神和文化领域,阻止权力和金钱披上文明的外衣,是当前维护新时代精神家园的重要内容。

还是在20世纪50年代,邓小平就讲道:"党要受监督,党员要受监督……在中国来说,谁有资格犯大错误?就是中国共产党。犯了错误影响也最大。因此,我们党应该特别警惕。"①

20世纪90年代初春,看到苏东剧变,联想到几年前发生在中国大地上的那场政治风波,邓小平又向中共中央几位负责同志说:"常委会的同志要聚精会神地抓党的建设,这个党该抓了,不抓不行了。"②

---

① 《邓小平文选》第1卷,北京:人民出版社1989年版,第270页。
② 《邓小平文选》第1卷,北京:人民出版社1989年版,第314页。

世纪伟人的话其实是对执政党执政规律、兴亡规律的总结。

水能载舟，亦能覆舟。一个政党由革命党或在野党变为执政党以后，最根本的考验是执政的考验，最重要的建设是执政党自身的建设。能不能与时代同步，与人民共进，时刻保持政治上的青春，思想上的先进，作风上的清正，直接关系到执政绩效和执政地位的稳固。

在现代，执政党承担的使命再多，都不意味着执政党要替代国家本身；执政党对国家发展的决定性作用再大，也都不意味着执政党的这种作用是永恒的。任何政党成为执政党以后都必须清醒地认识到并且毫不讳言：其执政地位既不是与生俱来的，也不是一劳永逸的。获得执政权的执政党，只有通过持续不断地努力，增强自己的执政能力和社会管理能力，满足人民日益增长的物质、精神和政治需求，在民众中不断增强和扩大执政的合法性，才能维护和巩固自己的执政地位。

历史的经验还表明，一个政党或政治组织，一旦得到执政地位或成为现存利益格局中的一部分以后，往往会不可避免地出现保守，从内部产生阻碍改革和创新发展的因素。可以说，这是一个很自然的带有普遍性的规律。然而，对于一党执政的政党或追求长期执政的政党来说，则又是万不可成为保守党或既得利益者的。在飞速变化和发展的时代，任何反应式的改革都不足以维持可持续的发展，更不消说消极保守与安享其成。唯有一如既往地保持过去革命年代那种"生命诚可贵，爱情价更高，若为自由故，两者皆可抛"的气概，才能在新的历史条件下从根本上巩固执政党的执政地位和推动国家的健康发展。

第七章
Chapter Seven

图强维本
——建国君民,教学为先

国家的进步和财富的增长,首先是体制和文化;其次是钱;但从头看起而且越看越明显的是,决定性因素是知识。

——〔美〕戴维·兰德斯[①]

[①] 〔美〕戴维·兰德斯:《国富国穷》,门洪华等译,北京:新华出版社2007年版,第297页。

第七章 图强维本——建国君民，教学为先

在人类的发展中，重大的历史进程虽然与政治、战争、革命等密切相关，但历史又表明，影响人类命运的事件并不都是帝王将相的纵横捭阖，有的时候，一件工具的发明、一项技术的革新，就足以改变人类的命运。不过，任何工具、技术和科学知识的拥有却又在很大程度上是依赖于教育的。

人类社会进步的根本意义是关注人的生存状态，提高人的生存质量，实现人的全面发展。因此，如何构建人的现代化——有效地提高人的文明程度，是当今社会一个被普遍重视的问题。当代的教育已不再是单纯的学校教育，任何知识和技能都不可能一劳永逸地获得，每一个人发展水平的不平衡性，人与人、人与集体之间交往无休止的扩大，以及社会变化的不断加速——这一切都告诉人们，教育从此以后是全面的终身的事业。

教育的基本功能或曰基本目的在大多数的社会中都是相同的，但这些功能被置于何种地位以及实现这些功能的途经，在不同的社会甚至在同一社会的不同阶段、不同团体和社会阶层中却又是千差万别的。社会的工业化水平会影响教学过程的内容和形式，国家政治制度的形式会影响教育的内容以及对教育过程的控制，不同的家庭也会影响到教育内容的类型。教育的成效已经越来越大地依赖于社会的各个组成部分。

世界正在经历着一场迅速而剧烈的变革，在政治多元化、经济全球化的同时，科学技术迅猛发展，知识的数量呈几何级数增长，知识更新的周期一再缩短，知识技术和工作结构也变得越来越细密和复杂。尽管"后工业革命""超工业革命""科技革命""电子革命""信息革命""知识革命"等称呼繁多，但归根结底都是围绕着人的智慧和技能的提升这个核心的。如果历史上的农业革命靠的是"双脚"，工业革命靠的是"双手"，那么眼下这场可以被称作为"智力革命"的革命靠的则是"头脑"。既然靠的是"头脑"，如果离开了教育也就谈不上革命了，自然也就无所谓现代化了。所以，一个国家若想强大，站稳脚跟，进而成为科技大国、经济大国、文化大国、思想大国和法律大国，

除了历史的契机、地理的渊博、政治的先进、经济和武力的强大以外，很重要的一点还是要靠教育——提高国民的人文素质。

德国：国家是一个珠宝盒，国民是珠宝

在重要的历史关头，德意志既有过错误的选择也有过成功的决断。错误的选择，曾使这个民族坠入黑暗的深渊，深刻地改变了国家乃至欧洲和世界的历史脚步；而成功的选择则也曾使德意志异军突起，出人意料地在逆境中新生并给世人提供长期的示范。发生在19世纪初的那次选择，无疑是德意志历史上一次载入史册的理性选择。

1806年10月，当拿破仑的铁蹄在德意志的大地上肆虐，最后将西部和南部的16个邦组成莱茵同盟，这些小邦从德意志的版图全部退出时，德意志帝国已经寿终正寝了。1807年7月7日《提尔西特和约》的签订，更是普鲁士含羞忍辱地苟活于拿破仑脚下的标志。根据这个和约，普鲁士虽然得以作为国家继续存在下去，但拿破仑在德意志的统治地位是不可动摇的——普鲁士的全部要塞被法军占领，要向法国缴纳不定额的占领税，其军队人数也被限制在42000人以内。而更为紧要的是，奥地利的弗兰茨二世在此之前摘下了德意志神圣罗马帝国的皇冠，已在他的一些世袭邦国中改称为皇帝。这样，古老帝国的灭亡在法律上已成定局，通往德意志人为之望眼欲穿的新国家体制的道路就被斩断了。

在四分五裂、颜面全无且陷入深刻的生存危机面前，怎么办？怎样才能拯救德意志？整个民族都在思考。

不过，德意志很快做出了选择，并且，从统治者到学者，到普通民众，其选择都是共同的，这就是发展国民教育——靠教育救国，靠教育强国。

国王威廉三世认为，对国民的教育是一种重要的社会发展措施。他说："这个国家必须以精神力量来弥补躯体的损失。正是由于国穷，所以要办教育。我从未听过一个国家办教育办穷了，办亡国了。"①

---

① 中央电视台《大国崛起》节目组编：《大国崛起·德国》，北京：中国民主法制出版社2006年版，第82页。

第七章 图强维本——建国君民，教学为先

威廉三世还把自己的宫殿捐献出来用作柏林大学的校舍。

教育大臣洪堡积极向国王威廉三世进言，建议加快开办大学教育，认为大学教育是为国家的政治统一所能够做的最重要准备。他说："大学是一种最高手段，通过它，普鲁士才能为自己赢得在德意志以及在全世界的尊敬。"①

费希特这位哲学家更是倡导全民教育的急先锋。他指出，普鲁士的解放和复兴取决于它是否有能力建立起一套适当的教育体系，它是否能为国家训练出亟需的领袖和能够自觉跟从他们前进的民众。费希特走出书斋，向社会各界呼吁，要用服兵役的办法来强制推行全体国民教育。他说，只要搞好全体国民教育，"所有经济领域，不要很长时间，也不要克服很多困难，就可以达到空前的繁荣昌盛，如果需要核算的话，国家获取的利益将超过它最初投资的千倍"②。

这时，整个德意志出现了一种办教育的狂热情绪。人们认为，要救国强国必须在教育上占得先机，必须通过教育唤起一切积极的力量，催醒所有沉睡着的人，帮助所有被束缚的人解除身上的枷锁。

德国历史学家称，这个时期的德意志是一个热情澎湃和人心振奋的时期，人们对于教育的信念还从来没有像这样深刻过，人们的心又有些像法国大革命爆发时那样鼎沸起来了。

"这是整个民族的心跳，是只有在作出了最重大最精彩也最有价值的选择后，才可能出现的心跳"。史学家们如是说。

1825年，普鲁士在全国开始了实行强制性教育制度，受教育与服兵役一样，被视为公民的义务。

1850年，普鲁士颁布《学校法草案》，对国民教育用法律的形式予以确认和保障；同时法定教师享有公职人员的一切权利与义务，学生免交学费。

回报总是与投入成正比的。普及全民教育为德意志的发展奠定了坚实基础，国民素质空前提高，德意志在19世纪中后期终于站在了世界科学技术发展的前沿。

---

① 中央电视台《大国崛起》节目组编：《大国崛起·德国》，北京：中国民主法制出版社2006年版，第87页。
② 〔美〕S.佛罗斯特：《西方教育的历史和哲学基础》，吴元训等译，北京：华夏出版社1987年版，第398页。

——1864 年到 1869 年，在世界生理学的 100 项重大发现中，德意志占了 89 项；

——到 1869 年，德意志取得了 33 项医学发明，同期的英、法两国合计只有 29 项；

——到 1870 年，德意志取得了 136 项电学、光学和热力学的重大发明，同期的英、法两国合计只有 91 项；

——在这一时期，还有成千上万的美国学生在德意志的大学学习。

历史证明了德意志的选择。

1870 年 9 月，当普鲁士军队在色当一役中最终打败法国军队并生俘法国国王拿破仑三世时，德军总参谋长毛奇曾意味深长地说："普鲁士的胜局是在小学教师的讲台上决定的。"①

毛奇讲这番话时，普鲁士的适龄儿童入学率高达 97.5%已经 10 年以上。

20 世纪 90 年代初，时任德国总理科尔仍然这样说："我们德国人对大学教授的尊重远远超过对商业巨贾、银行家和内阁部长的尊重，这就是我们的希望所在。"②

在这里，科尔不只肯定了德国教育的成功，而且还道出了大学教育在德国发展中的突出地位和作用。

在德国，大学教育是培养德意志新人的基地，是现代科学家的摇篮，是社会思想的发动机，同时也是最能体现德意志的教育传统的。

德国的大学教育是从位于柏林的洪堡大学开始的。洪堡大学不仅仅在创建的时间上为德意志之先，而且还是德意志大学精神的杰出代表。

早在 1806 年那场令人羞辱的战争结束时，创办大学的事便提上了德意志的议事日程。1810 年，在教育大臣威廉·冯·洪堡的力主下，德意志的第一所大学终于落成。不过，位于柏林的这所大学最初是以国王的名字命名的，被称为"弗里德里希·威廉大学"。

虽然新生的大学是在德意志最危难的时刻建立的，但政府对这所大学的

---

① 中央电视台《大国崛起》节目组编：《大国崛起·德国》，北京：中国民主法制出版社 2006 年版，第 82 页。
② 中央电视台《大国崛起》节目组编：《大国崛起·德国》，北京：中国民主法制出版社 2006 年版，第 88 页。

投入却毫不吝啬;因为从开创之日起,国家就准备把这所大学建设成为德意志思想的中心、科学的殿堂,并使之成为代表德意志从废墟上重新站立起来的力量与信心的象征——人们精神上的纪念碑。所以,这所大学从建立时起就是德意志最著名的科学家的聚集之地。

教育大臣洪堡和第 1 任校长费希特既是这所大学的开创者,同时也是这所大学的精神缔造者。

本着"国民教育就是系统地引导和组织国民去获得共同的创造乐趣"的理念,这所大学办学的根本思想是:尊重自由的学术研究,实行教学与科学研究相结合。

大学从最初起就把致力于科学研究作为主要的要求。认为,教育的最终目标乃是让学生获取新颖的知识,在科研方面有卓著成就的优秀学者才是最好的和最有能力的教师。在这种理解下,大学不再以博览群书和熟读百家为能事,而是要求学生掌握科学原理、提高思考的能力和从事创见性的科学研究。"为科学而生活",一时成为这所大学的校风。

校长费希特特别注重创造自由的研究氛围。他认为,学校的教学大纲和教学科目可以由政府规定,但科学研究——包括科学研究的目标、对象以及方法和途径,却不能由政府下令,而必须留给科学研究工作者去自主地解决,任其自由地发展。

教育大臣洪堡同样主张:国家不应把大学看成是高等古典语文学校或高等专科学校。决不应指望大学同政府的眼前利益直接地联系起来。应相信大学若能完成它们的真正使命,则不仅能为政府眼前的任务服务,还会使大学在学术上不断地提高,从而不断地开创更广阔的事业基地,并且使人力物力得以发挥更大的功用,其成效是远非政府的近前部署所能意料的。①

教育理念的先进使这所大学获得了极大的成功。

不久,这所学校在物理、化学、数学、医学等自然科学的研究方面即一跃成为当时欧洲最好的大学之一。国家也视这所大学为自己新理想的代表,把它作为真正从事科学研究与科学教育的典型。这一时期的德国,还有许多大学是仿照这所大学进行整顿或新组建的,其中包括布勒斯劳大学(1811 年建

---

① 〔德〕弗·鲍尔生:《德国教育史》,滕大春等译,北京:人民出版社 1986 年版,第 125—126 页。

立)、波恩大学(1818年建立)和慕尼黑大学(1826年建立)。这所大学的办学模式也为世界许多国家所效仿。其"学术自由""教学与科学研究相结合"的办学理念影响深远,时至今日仍然是全世界大学所尊崇的教育思想。

有人认为,"没有洪堡大学就没有光辉灿烂的德意志文明"。对这一说法,人们是赞同的,因为,提起黑格尔、费希特、费尔巴哈、海涅、马克思、恩格斯、拜耳、爱因斯坦……这些在人类文明史上闪耀着永久光辉的名字,就没有办法不把他们与洪堡大学联系在一起。

在这所大学主楼的长廊里,挂着许多黑白照片,他们都是历史上在各个领域里取得了重要成就的该校学者。在他们之中,有黑格尔、费希特、费尔巴哈、海涅、马克思、恩格斯、拜耳、爱因斯坦……这些在人类文明史上永远闪耀着光辉的名字。在他们之中,还有29人拥有一个共同的身份:诺贝尔奖得主。这是一个令人艳羡的数字,是许多国家举全国之力都难以企及的。所以,这所大学被世人称为"现代大学之母"。

在这所大学主楼的一块大理石牌上,还铭刻着这样一段话:"科学应该被看作是还没有完全被发现,而且永远不会被完全发现的东西。"落款处写着:大学的创立者,教育家、政治家和语言学家威廉·冯·洪堡。

后来,人们把洪堡誉为"德国现代教育之父",这所大学也以他的名字命名,称为"洪堡大学"。

洪堡是卓越的人物,新时代的一切思想都融会于他的头脑之中。启蒙运动时期,他就受到海涅古典文学的熏陶,并通过对康德哲学的研究而获得了新哲学思想。他以人、人的本性为自己钻研的目标。他于1809年初被任命为普鲁士新建的教育部大臣。虽任职18个月即去世,但他却为德国建树了一套完整的教育制度,并在这个新教育体系中注入了一种新思想。他所主导的并得到广为施行的大学以及中小学所采取的发展方向,历经一世纪之久,始终保持未变。

如同教育理念的先进使洪堡大学获得了极大的成功一样,大学教育的先进也使德国获得了极大的成功。

在历史上,德意志曾是欧洲近邻的小学生。15世纪和16世纪时,德国曾向意大利学习人文主义文化。17世纪和18世纪时,德国又向法国学习现代宫廷文化和语言。自18世纪中叶起,德国还向英国学习过哲学、科学和文学。

第七章 图强维本——建国君民，教学为先

18世纪末叶，德国在接受古希腊文化方面也比其他国家更为热心。正是因为这些原因，德国才具有了在知识领域的丰富性以及在兴趣方面的广阔性和多样性。

自19世纪初开展全民教育运动以后，德意志的教育和科学便在欧洲各国中处于领先的地位了。德国的大学成为全世界公认的科学研究中心，举世的学者不断到德国走访或留学。世界各国的大学，包括美国的大学，在19世纪末期也都力图仿效德国的大学。在初等教育和科技教育方面，德国也成了欧洲各国的师表。

1841年，德意志哲学家路德维希·费尔巴哈发表了他最著名的作品《基督教的本质》一书。他在这部不朽的著作中指出："人的本质是什么……答案是：理性、意志、爱。一个完整的人拥有思维能力、决意能力、慈爱能力。思维能力点燃智慧之光，决意能力添加能量，热爱的能力就是爱本身。这些能力都是完美之境，是人类自身的完美，而且，是存在的绝对完美的体现。人的存在就是为了思考、决意、爱。"①

在经历了充满绝对、缺乏中庸和节制的历史巨痛之后，德国人对于费尔巴哈的这一思想是至尊至崇的。在他们看来，国家是一个珠宝盒，国民是珠宝盒中的珠宝，如若国家不以国民价值为第一价值，则意味着国家毫无价值。

应该说，这一理念正是促使德国成为欧洲文明后发祥地的重要原因之一。

苏联：列宁要求青少年，第一是学习，第二是学习，第三还是学习

虽然苏维埃联盟今天已经不复存在，但它曾以超强地位傲然于世的历史是永远抹杀不了的。它的诞生和成长壮大曾是俄罗斯历史上最为辉煌的篇章，其影响遍及全球，长达半个多世纪。这期间，苏联在教育和科学技术方面也取得卓越成就，向人类奉献出了大量科学发明和创造。

---

① 〔英〕汉默顿：《思想的盛宴》，吴琼等译，北京：九州出版社2005年版，第612页。

十月革命前,俄罗斯的文化和教育还是十分落后的。西方的主要资本主义国家在19世纪末20世纪初时已经相继普及了6~8年的初等义务教育,而俄国这时的文盲在9至49岁的居民中还高达72%。许多少数民族甚至连自己的书面语言都没有,就更谈不上教育了。在1915学年时,全俄国只有10552所普通学校,在校学生只有789.6万人。其中,高等学校91所,在校大学生只有11万余人,中等专业学校295所,在校学生只有36万人。

然而,经过不长时间的努力,苏联即成为世界上文化教育十分发达的国家之一。到1980年,苏联就有4450万人在普通初级学校学习,近400万人在职业技术学校学习,450万人在中等专业学校学习,530万人在高等学校学习。这时,苏联已有890所高等学校,每年新招大学生110万人;已有中等专业学校4437所,每年招收新生150万人。至1983年底,全苏已有1.55亿的人具有高等和中等教育水平,占到总人口的87%。这是一个同当时任何西方发达国家相比都毫不逊色的数字。

苏联的教育发展如此之迅速,最重要的原因就在于苏联领导人和苏维埃政府对于教育的高度重视和发展措施得当。

俄罗斯在历史上就是一个勤于学习的民族,有不少统治者在发展社会教育和科学文化方面都青史有名。

16世纪,伊凡四世曾广泛搜罗图书文献,建成了一座包括收藏希腊文和拉丁文手稿的偌大图书馆。

17世纪,俄罗斯即开始现代科学知识的积累,在医学、天文、几何、力学、物理和化学等方面都有所涉及。1687年创办了第一所高等学府——斯拉夫-希腊-拉丁学校。

17世纪末、18世纪初,彼得一世为克服俄国的落后面貌,十分重视向西欧学习。在率大使团出访期间,他曾隐姓埋名去阿姆斯特丹造船厂干活,主动向工匠学习,被当成是"一个勤奋而聪明的木工"。在大使团遍访西欧回国后,他便主持对国家的教育和行政、军事、宗教、经济等进行了大规模的改革。1701年,在莫斯科开办了数学和航海学学校,这是第一个国立世俗教育机构。接着又在各大都市开办了一些专业学校,如工程学校、医学学校和炮兵学校等。1714年,在彼得堡的中心商场开办了一家国营书铺。当时,图书的印数通常都不大,但教学方面的图书能印到1.4万册。后来又创建了彼得堡科学院，其最独特之处就在于集科学研究和教育这两种功能于一身。科学院系统除了有图书馆、博物馆、印刷厂、植物园、天文台、物理和化学实验室以外，还有大学和中学。彼得的这些措施，极大地推动了俄罗斯的教育发展和社会进步。

十月革命胜利后，苏维埃领导人和苏联政府更是把发展教育扩展到了全社会、全民。

列宁在建国初期极端困难的条件下对教育给予了高度的关注和进行了卓有成效的指导。他确立了对学校进行社会主义改造的正确方针，制定了对文化教育遗产和知识分子的正确政策，从而争取、团结和教育了一代知识分子投身到国家的教育事业中。列宁还向人们反复阐述教育的重大意义。他指出，只有实现教育革命，创造和发展社会主义文明，才能成为完全的社会主义国家。他说："过去，人类的全部智慧、人类的全部天才所进行的创造，只是为了让一部分人独享技术和文化的一切成果，而使另一部分人连最必需的东西——教育和发展也被剥夺了。然而现在一切技术奇迹、一切文化成果都将成为全民的财产，从今以后，人类的智慧和天才永远不会变成暴力手段，变成剥削手段……劳动者一定能完成这一宏伟的历史任务，因为在他们的身上蕴藏着革命、复兴和革新的尚未苏醒的伟大力量。"他强调，"使文化和技术教育进一步上升到更高的阶段，是保证整个苏维埃建设获得成功所异常必要的。"①

1918年，苏维埃教育委员会颁发了《统一劳动学校规程》和《统一劳动学校宣言》。这两个法律文件针对沙俄学校的等级制和旧学校中理论脱离生产实践等问题，贯彻了社会主义民主精神，明确提出了学校的目的是"培养未来的社会主义共和国的公民"，注意了发挥学生的积极性与创造性。这是苏联教育史上两个具有指向性意义的文件。

1919年3月，俄共(布)举行了第8次代表大会，在大会通过的新党纲中，又对教育的目的、教学内容和基本途径等作了原则性规定。新党纲指出："在国民教育方面，俄共给自己提出的任务是：把1917年十月革命时开始的事业进行到底，把学校由资产阶级的阶级统治工具变为摧毁这种统治和完全消灭

---

① 《列宁全集》第33卷，北京：人民出版社1985年版，第288、289页。

社会阶级划分的工具……以便培养能够彻底建成共产主义的一代人。"①新党纲还规定，要对17岁以下的青少年实施免费的和义务的普通教育与综合技术教育；对17岁以上的成年人要广泛开展与普通教育和综合技术教育相联系的职业教育。新党纲还明确地肯定了《统一劳动学校章程》和《统一劳动学校宣言》中提出的主要原则，即用本族语教学、男女同校、使学校成为绝对世俗化的教育机构、使教学与社会生产劳动紧密结合等。这一党的教育纲领，后来一直被苏共遵循。

为了保证教育发展少走弯路，苏联在1940年还组建了国家级的教育科学院。这在世界上是第一家。教育科学院拥有48名院士，80名通讯院士。在门类和专业机构设置上，建立有教育理论与教育史、教学论与各科教学法、心理学与年龄生理学3个部，设了普通教育学、普通心理学与教育心理学、儿童与少年生理学、学前教育、一般教育、教学的内容与方法、学校的设备与教学技术手段、艺术教育、劳动教学与职业定向、民族学校的俄语教学、成人的普通教养和缺陷儿童学等12个研究所，还附设有10所实验学校和图书馆、教育档案馆。这一机构的设立，为加速推进苏联的教育事业创造了条件。

苏维埃联盟建立以后，苏联政府在教育方面组织的第一场战役是开展大规模的扫盲运动，普及义务初等教育。

在第一个五年计划期间，扫盲运动在农村取得了决定性的成就。参加农村扫盲大军的有教师、工程技术人员、医生、大中学生、家庭主妇，他们全部都无偿工作。尽管当时困难很多，缺乏场地、书籍和书写工具，但农民热情很高。仅在1928—1929学年，就有2800万农村人口被吸引到扫盲点和识字学校学习。

普及义务初等教育的重点对象是青少年。列宁非常重视青年一代的文化科学知识学习。他指出，青年人担负着建设社会主义和共产主义的重任，如果"没有丰富的知识、技术和文化就不能建成共产主义"。列宁在向全苏青少年发出的号召书中说，你们的任务，"第一是学习，第二是学习，第三还是学习"，必须使学习"深入到血肉里面去，真正地、完全地成为生活的组成部

---

① 吴式颖等编：《外国教育史简编》，北京：教育科学出版社1988年版，第408页。

分"。①

根据列宁的倡议和苏共《关于普及义务初等教育》的决议,全苏对 8~10 岁的儿童,普遍地进行了学制为 4 年的义务初等教育;对过去没有接受过初等教育的青年,则开办了 1—2 年的速成班。至 1932 年,全苏 98% 的 8~10 岁的儿童都进入到学校接受教育。

通过大规模的扫盲运动和普及义务初等教育,到 20 世纪 30 年代末时,普遍的文盲现象这一沙皇制度遗留下来的问题即被彻底解决了。城市与乡村之间、男性与女性之间,识字水平上的差距也不再突出了。

在组织扫盲运动与普及义务初等教育的同时,苏维埃政府对于发展中等、高等教育也毫不放松,尤其是对于大学教育和培养"红色专家干部"给予了特别的关注。

1928 年 5 月,斯大林在苏联共产主义青年团第 8 次代表大会上发表演说,号召青年人要顽强学习,努力去占领科学堡垒,成为"新的布尔什维克专家干部"。斯大林反复强调:"现在我们需要大批大批的、成千上万的能够在各种知识部门中成为行家的新的布尔什维克干部。如果没有这些干部,就谈不到我国社会主义建设的飞快速度。如果没有这些干部,就谈不到我们能赶上和超过先进的资本主义国家。"②

1928 年 7 月,苏共中央全体会议通过了改进培养新专家干部的决议,其基本途径是结合发展大学教育来进行的。

整个 20 世纪 30 年代是苏联大学教育突飞猛进的年代。许多十月革命前不曾有高等学校的加盟共和国这时都有了不止一所大学。到 1940 年时,乌兹别克斯坦有 30 所,学生 1.91 万人;哈萨克斯坦有 20 所,学生 1.04 万人;阿塞拜疆有 16 所,学生 1.46 万人;吉尔吉斯斯坦有 6 所,学生 0.31 万人;塔吉克斯坦有 6 所,学生 0.23 万人;土库曼斯坦有 5 所,学生 0.3 万人。到 1950 年时,每 1000 名居民中拥有的大学生人数,格鲁吉亚达到 10 人,亚美尼亚达到 11 人,阿塞拜疆达到 10 人,乌兹别克斯坦达到 7 人,俄罗斯联邦达到 8 人,同期全苏平均达到 7 人。

---

① 吴式颖等编:《外国教育史简编》,北京:教育科学出版社 1988 年版,第 399 页。
② 吴式颖等编:《外国教育史简编》,北京:教育科学出版社 1988 年版,第 417 页。

在教育发展过程中,重视教育与生产劳动相结合、与社会实践相结合,是苏联政府从始至终都关注的又一个问题。

列宁指出,教育与生产实践相结合既是现代生产发展的需要,也是现代科学技术进步的需要。列宁说:"在合理的社会制度下,参加生产劳动乃是人类普遍和全面发展的条件。没有教育与生产劳动的结合,未来社会的理想是不能想象的,无论是脱离生产劳动的教学和教育,或是没有同时进行教学和教育的生产劳动,都不能达到现代技术水平和科学知识现状所要求的高度。"①

作为教育与生产劳动和社会实践相结合的一种特殊形态和范式,是卫国战争期间苏联政府把学校的教育与当时最大的生产和社会实践——对敌作战紧密地结合起来,为国家培养了一大批栋梁之才。

1941年6月卫国战争一爆发,斯大林在向全国发表的广播讲话中即号召各条战线立即按战时体制改造全部工作,一切服从于前线,一切服从于粉碎敌人的需要。于是,全苏教育战线迅速地使学校教育纳入到战时轨道。7月9日,苏联教育部发表《告少先队员和学生书》,要求同学们沉着、坚定和具备高度的组织性纪律性,运用自己的知识为战争服务,用各种方式协助成人完成战斗任务和劳动任务。成千上万的教师和青年学生,立即响应政府的号召,或争先恐后地奔赴前线杀敌,或加入后方支援前线的生产和服务活动,培养了高度的爱国主义、集体主义和英雄主义精神,成为保卫国家、建设国家和发展国家的一代新人。

就是通过以上这些努力,苏联前半期的教育取得了举世瞩目的成功。

日本:教育托起经济腾飞

1868年明治维新开始的时候,日本的人均GDP只有英国的四分之一,美国的三分之一。但到1999年时,日本的人均GDP即达到35715美元,超过美

---

① 吴式颖等编:《外国教育史简编》,北京:教育科学出版社1988年版,第400页。

国的34047美元,为英国的1.5倍。

国土狭窄、资源贫乏的日本,为什么能在百年之间一跃而成为经济和科技强国?有西方学者认为,重视教育是日本成功的主要原因之一。日本人自己也对其教育成就引以为豪,认为政府对教育的重视是日本经济、社会高速成长的基础。

在日本,现代的政治、现代的经济是靠改革得来的,现代化的教育也同样是走的这条路。100多年间,日本先后进行过明治维新初期的教育改革、二战结束后的教育改革和20世纪80年代的教育改革。通过这三次改革,日本的教育有了脱胎换骨的发展,终于实现了现代化。

明治维新初期的教育改革

根据明治政府所实施的富国强兵、殖产兴业和文明开化三大政策,日本这一时期的教育改革集中在新体制的建立方面。

1872年8月,日本完成《学制令》的国家立法后即推开了庞大而完整的教育改革计划。按照这个计划,日本把全国分成8个大学区,每一大学区设置一所大学;把每个大学区分成32个中学区,每一中学区设立一所中学;把每个中学区又分成210个小学区,每一小学区设立一所小学。这样,在全日本就形成了具有8所大学、256所中学和53760所小学的金字塔型学校体制。按照当时的人口,每600人拥有了一所小学,每13万人拥有了一所中学。

不久,日本又废除小学学费制度,实行了小学义务教育。到1907年时,适龄儿童就学率达到了97%。

日本历史学家认为,日本20世纪中后期的经济起飞,一重要原因就是从这时起就推行义务教育制,普及了小学教育。

二战后的教育改革

第二次世界大战结束后,日本的政治和经济社会发生了重大变化。与此相适应,日本在教育方面也进行了重大改革。这次改革是在美国占领当局的协助下进行的。

从1945年10月至12月,美国占领军司令部先后就教育改革问题向日本政府发出了4项指令,即:《关于对日本教育制度管理政策的指令》《关于对教员、教育工作者进行调查、开除、任命的指令》《关于取消政府对神道神社予以保证、支援、保护、监督及宣传的指令》《关于停止开设修身、日本历史及地理课的指令》。美国占领当局颁发这些指令的目的,重点在于清算日本的军国主义思想,废除战时教育体制,为民主化教育改革扫除障碍。

紧接着,美国又于1946年3月向日本派出教育使节团,通过教育使节团提出了全面改革日本教育的计划设想。

1946年8月,日本政府设立教育革新委员会,在内阁总理大臣的领导下负责组织实施教育改革。该委员会以美国教育使节团提出的计划设想为基础,依据1946年11月颁布的《日本国宪法》,起草了《教育基本法》和《学校教育法》。两部法律完成立法程序后,日本即用3年多的时间展开了日本教育史上的第二次全面改革,包括建立新的学校教育制度、社会教育制度和教育行政制度等。

在学校教育制度方面,重点是解决教育机会不平等问题。于1947年建立新的学制,规定将义务教育年限延长为9年,在小学教育前设置幼儿园教育,在大学教育后设置研究生教育,尽量通过立法为每个人提供平等教育机会。

在社会教育制度方面,重点是改革管理制度,提高社会教育的地位。在全国各地建立了图书馆、博物馆、公民馆、青年之家和儿童中心等设施,作为社会教育的主要场所,使之与学校教育相结合,共同承担起提高全民族文化和科学水平的任务。为了加强这方面的工作,文部省设立了社会教育局,都道府县教育委员会设置了社会教育主事,负责统一管理社会教育的各种事宜。

在教育行政制度方面,重点是改革机构设置,废除中央集权的行政管理体制。1948年7月,日本颁布了《教育委员会法》。根据该法,在都道府县及市町村各级地方自治体中都设立了教育委员会,其成员由本地公民直接选举产生。各级教育委员会成立后,文部省在教育方面的职能便转变为计划和指导。这样,在教育行政上即由战前的中央集权制改为地方分权制,在教育决策上即由战前的敕令主义改为法律主义,一切教育政策都根据教育法律和教育规律来制定。

这次改革为日本的教育腾飞创造了条件。

1956年至1975年间,日本的教育出现了大发展。学校的数量达到了创纪录的66057所,其中正规大学由201所增加到了460所,短期大学由149所增加到了543所。在校生人数达到了2754万,其中大学生的升学比率由10%增加到了37%。为了提高其国际竞争能力,实现赶超欧美发达国家的目标,日本政府在这一时期投入了巨额经费发展教育事业。1950年时,全国的教育经费总额仅为1739亿日元,而到1979年则猛增到15.23万亿日元,在其国民收入中所占的比率达到了8.6%。

20世纪80年代的教育改革

　　日本的这次改革与历史上的前两次改革具有明显的不同:以前的教育改革都是伴随着社会的政治结构变革进行的,而这次的改革是面对科技、经济和社会发展的挑战以及教育自身的危机进行的;以前的改革是参考或引进外来模式,而这一次的改革则是以日本自身的教育现实及其社会实践为基础;以前的改革是在较短的时期内进行和完成的,而这次的改革是经过了长期的酝酿和讨论后着眼21世纪而进行的,具有强烈的未来意识。

　　日本的这次教育改革是由前首相中曾根康弘提出来的,它曾与行政改革和财政改革一起,被认为是中曾根政府的"三大政策"。

　　1984年3月,中曾根在第101届国会上宣布,日本教育改革的时机已经成熟,日本将面向21世纪全面推行教育改革。

　　1987年,日本的教育改革进入关键性年份。为了加强对教育改革的组织领导,日本政府设立了由内阁总理大臣为主席,包括全体内阁成员在内的"教育改革促进阁僚会议";同时设立了由政府大臣和执政的自民党负责人组成的"政府—自民党促进教育改革联络会议",以协调政府与执政党之间的意见。作为改革的具体组织者,文部省设置了"教育改革实施本部",内设21世纪与教育目标、终生学习、普通教育改革、高等教育改革与振兴学术研究、师范教育改革、教育行政与教育财政、教育信息化等若干专题小组。

　　日本这次改革的主题体现在1987年发表的《关于教育改革的最终报告》中。这份报告指出了这次改革的方向:

　　第一,改变以学校为中心的传统教育体制,向建立能够广泛提供学习机会的终生学习体系过渡。为此要求:(1)纠正过分依赖学校教育和偏重学历的弊端,修改调整企业和政府机构的用人标准,不以学历取人,实行评价标准多样化；(2)发展社会教育，扩充广播大学，促进学校向社会开放，充实社会教育设施，形成包括由民间兴办的文化、学习、体育及其他知识信息产业等在内的"教育服务供给网络"；(3)加强高等院校同企业的合作，打破学校和社会科研机构的封闭性，形成"官、产、学"结为一体的新型科研体制。

第二，重视个性，培养身心和谐发展的新一代日本人。为此，教育的目标是：(1)使受教育者具有宽广的胸怀、强健的体魄和丰富的创造力；(2)形成自由、自律和公共精神，增强国家意识；(3)培养能融于国际社会的日本人。根据这一目标，重视个性成为这次改革的首要原则。在这一原则基础上，改革教育政策、制度、内容和方法，使教育富有灵活性和弹性，充分满足不同的教育需求。

第三，加强高等教育，振兴基础科学研究。改革的具体目标为：(1)实现大学的个性化、多样化和高水平化；(2)与社会合作，向社会开放；(3)加强学术研究。主要措施是，充实研究生院，改变长期以来存在着的重应用科学研究、轻基础科学研究的倾向；在高科技领域，积极加强基础性和开拓性研究。

第四，适应信息化时代，积极与国际接轨。教育青年一代在充分尊重日本文化传统的同时充分理解其他异质文化，从而扩大国际间的交流，加深相互理解。改革留学生管理体制，吸引更多优秀人才，进一步把日语推向全世界。把握信息化带来的利与弊，谋求自然环境与传统文化的融合，为建立充满人性的信息化社会而努力。

为了使这次教育改革能够获得社会上的普遍理解和支持，日本政府还于1987年12月发表教育白皮书——《推动教育改革：现状与课题》，分析世界教育改革的潮流与趋势，阐明了日本教育改革的基本目标、内容与措施。

自此以后，日本的教育便沿着多样化、终身化、灵活化的方向开始了新一轮的跃升，成为国家发展的力量基础。

联合国教科文组织在20世纪80年代中期曾作过一次国际性的教育比较测验，在测验报告中有过这样的结论，即认为日本的几项主要工业成就，如钢铁、汽车制造、造船以及电子工程等之所以先进，是在其教育中就奠定了基础——"平均而言，日本人比其他工业国家的人更具工业技术的教育和修养"。

第七章 图强维本——建国君民，教学为先

联合国教科文组织的结论是建立在大量的分析对比之上的。20世纪80年代初期，日本的大学中选修工程课目的学生即达到36.8万人，占总学生数目的20%。而英国那时的大学中注册工程课目的学生只有36000名，不及日本的十分之一。日本的大学在20世纪80年代中大约每年为社会输送75000名工程技术人员，而英国却连9000人都不到。尽管美国每年的大学毕业生人数是日本的5倍，但在工程技术方面的毕业生人数也少于日本，每年只有约72000人。与此同时，日本的工程技术人员受雇于生产方面的总人数增长速度也很快。1980年时，日本工业界每一万人中即拥有35名工程技术人员，而美国这一时期只拥有25名。

从这里不难看到，二战后的日本经济之所以快步如飞，与日本教育的改革发展是直接关联的。正如日本前首相中曾根康弘所指出："日本经济实力世界第二，是日本普及与发展教育所带来的成就。"①

美国：建校先于建国，从殖民时代起每拓荒一个地区先办教堂和学校

2008年12月29日，由光明日报社联合全国40多家媒体以无记名投票方式评出了2008年度国外十大焦点人物。在这10大焦点人物中，美国有4人，他们是：2008年当选总统奥巴马、财政部长保尔森、微软公司创建人比尔·盖茨、在北京奥运会上独揽8枚金牌的游泳运动员菲尔普斯。

然而，更令人们感兴趣的是，舆论普遍认为，在他们4人的成功之道中，有两人主要得益于美国的教育。

其一为奥巴马。1961年生于美国夏威夷檀香山的奥巴马，父亲是来自肯尼亚的留学生，母亲是堪萨斯州白人。奥巴马1997年进入政坛，当选为伊利诺伊州参议员。2004年又在国会选举中获胜，当选为联邦参议员。奥巴马一度是个"问题青年"，大学时代曾露宿街头。媒体认为，假如他不是从小就被

---
① 人民日报社：《环球时报》，2009年1月7日，第11版。

母亲送到富人才能进入的学校学习；假如他不是在 1991 年获得哈佛大学法学博士学位，他是不可能当选为美国总统的。

另一个为比尔·盖茨。虽然他从小就对计算机软件有着浓厚的兴趣，13 岁就开始编写计算机程序，但媒体提出的分析认为，如果盖茨不是在 11 岁时就被父母送到湖畔中学这所西稚图最好的学费昂贵的私立学校去读书；如果湖畔中学不是利用清理旧物的收入买了一台当时还属稀罕之物的电脑，并用电话线与当地的一家电脑公司相联接；如果美国不是从那时起就把计算机的学习作为正式的教育内容，那么，盖茨的成功是难以想象的。

不过，美国的教育成就绝不仅仅是建立在这些"假如""如果"之类的偶然因素之上的，也远远没有停留在对少数社会精英的培养方面。

美国早就在全社会普及了教育。5~20 岁的青少年在校人数，在 1970 年时就达到了 90% 以上。美国的高等教育在 20 世纪 80 年代末即达到成熟的大众化阶段，18~21 岁适龄青年的入学率高达 82% 以上，常年有超过 1600 万以上的人在 4000 所左右的高等学校中学习。这一比例远远超过世界其他国家，基本满足了人们接受高等教育的愿望和社会对各种专门人才的需求。

美国创造了举世瞩目的教育和科学研究成就。在世界排名前 20 位的研究型大学中，美国即占 17 席。至 2004 年，在诺贝尔奖诞生以来共产生的 672 名得主中，美国人就有 284 名，占获奖总人数的 42%。2006 年，该年度的诺贝尔化学奖、物理学奖和生理学-医学奖 3 大奖项全部被美国科学家包揽，又重现了 1983 年时的情景。

美国的教育对全世界的吸引力是无可比拟的。数十万中国、欧盟、日本、澳大利亚、南非和其他国家的留学生在美国的高等学府求学，世界顶尖的学者竞相申请到华盛顿、波士顿、纽约、芝加哥等地进行学术交流、开办讲座，各国政界、工商界的领袖都以获得美国大学授予的名誉学位为莫大荣幸。这些都说明，美国强盛的标志已不是航空母舰在四大洋游弋，高科技设施在外层空间扬威，而是其超强的"人气"——近者悦，远者来。

那么，美国的教育成就是如何取得的呢？这一切为什么会发生在美国呢？

教育是一项高度社会性的事业，易受其他社会因素的影响和制约。在美国也大体如此。但是，美国教育的成功，有几个方面是极其重要而又富于特色的。

第七章 图强维本——建国君民，教学为先

第一，起始早，先有学校后有国家

美国人对于教育的热衷可以追溯到早期的殖民时代。早期移民从欧洲继承过来的最优良的政治遗产之一就是办教育。1620年"五月花号"三桅帆船载着第一批清教徒在北美登陆后，他们第6年就私人集资在麻省建了一所学校。凡到达北美的拓荒者，每到一处聚居成小镇后，最先建的一是教堂，二是学校，三是邮局。他们认为这是保证与文明世界联系的必不可少的设施。

在早期殖民地中，英国有关社会教育的观点对形成殖民地的教育影响最大。在弗吉尼亚这块主要是英国移民居住的地方，殖民统治者仿照母国的做法，明文规定，每个家长都应该根据其孩子的能力和判断力给予他认为是最好的教育；每个青年人都应该学会一种贸易和读、写及宗教知识，提高自立能力，减轻社会负担；只有孤儿和父母太穷不能给以基础教育的儿童，才能由当局进行教育和订立学徒契约。

殖民地的最初教育方式，上等阶级的家庭多数雇佣家庭教师指导自己的子女，也有一部分人把子女送到欧洲去受教育；中等阶级家庭的子女，大多成为私立学校的学生；而其余家庭则普遍采取学徒的教育模式。

1646年，弗吉尼亚殖民地颁布了一项法律，明确治安官有责任保证儿童受教育的合同或学艺的合同顺畅执行，以使他们具有合法的职业；规定父母有义务保证儿童接受教育或职业训练，如果父母忽略了这种义务或无力尽这份责任的话，政府当局就会干预。这是殖民地第一次出现教育方面的法律。

1647年，马萨诸塞殖民地也颁布了一项法律，名为《撒旦法》。这个法律规定："在管辖范围内的每个乡镇区，有50户时就要指定1人教所有儿童识字。教师的工资由家长、保收人或居民支付，但主要部分由税收支付。""每乡镇增加到100户时，要设立一所文法学校，教育青年适合哈佛大学的需要。"① 根据这一法律规定，马萨诸塞一半的乡镇在1647年前建立了乡镇学校，其他的除特殊情况外都开办了私立学校。有些学校收学费，有的则完全免费。

马萨诸塞的这部法律后来被称为"建立美洲公立学校体系的基础性文件"。

---

① 〔美〕S. 佛罗斯特：《西方教育的历史和哲学基础》，吴元训等译，北京：华夏出版社1987年版，第298页。

它第一次从法律上明确了政府有为居民提供教育的责任。

这一时期，殖民地的大学教育也得到了长足发展。随着 1636 年 10 月 28 日哈佛大学的章程正式在政府注册，殖民地从此开始了创办大学的新阶段。

为了保证新建大学的质量，殖民当局确定由 100 名有大学学历的人组成专门团体负责承建。在这 100 名有大学学历的人中，有 70 人毕业于英国剑桥大学，30 人毕业于英国牛津大学。1636 年，马萨诸塞总法庭投票通过了给开办大学投资 400 英镑的决议。在 1638 年的乡镇会议上，因为负责筹办大学的人大多数都来自剑桥大学，遂将未来的大学命名为"剑桥大学"。但不久，一位名叫约翰·哈佛的清教徒牧师去世，他给这所尚在建设中的荒芜学校遗赠了他所拥有的 260 本书的图书馆和他的一半遗产——780 英镑。出于感激，大学的奠基者们便又将这所学校命名为"哈佛大学"。这所学校于 1640 年建成开学。

从一开始，哈佛大学就着眼于培养高层次的人才和未来的领导者。其招生对象多是已经受过教育的牧师、政府官员、教师和保证未来国家稳定性的专门人员。在创办大学的说明书中有这样一段文字："在上帝把我们平安地带到新英格兰定居后，我们建造了自己的房屋，提供了生活的必需品，并在附近建立了上帝的教堂，设立了市民政府；下一步我们所期望的就是得到高深的知识，使子孙后代得以生存。"①

在美国，其实不只是"先有哈佛，后有美国"，除了哈佛大学外，实际上还有耶鲁、普林斯顿等名牌大学的历史都比美国国家的历史长 100 多年。到 1776 年独立时，美国已有 9 所大学，而这一时期的英国却仍然只有牛津和剑桥两所大学。

所以历史学家们评论，"北美殖民地的舞台几乎从一开始就是学校和教会的舞台，也是教育和宗教的舞台"②。

第二，政府对教育高度重视

1776 年独立以后，发展教育一直是美国的基本国策，很多政治领导人都

---

① [美]S. 佛罗斯特：《西方教育的历史和哲学基础》，吴元训等译，北京：华夏出版社 1987 年版，第 306 页。
② [美]S. 佛罗斯特：《西方教育的历史和哲学基础》，吴元训等译，北京：华夏出版社 1987 年版，第 298 页。

第七章 图强维本——建国君民，教学为先

是兴办教育的热心人。

美国首任总统华盛顿任职8年后，在他的告别演说中说："请大家把普遍传播知识的机构当作最重要的目标来加以重视和提高。"①

第三任总统杰斐逊卸任后返回家乡创办了弗吉尼亚大学并引为自豪。杰斐逊认为，美国的建国先贤们一直致力于反专制、反暴政、建立民主制度，但如果人民没有受到好的教育，国家不是由受过教育的人组成，所有的努力和梦想都将成为泡影。为了创办弗吉尼亚大学，杰斐逊四处奔波，把全部身心都投入其中。他亲自选定地址，组织设计建筑；亲自选定教材、教师，制定校规。1825年，弗吉尼亚大学迎来了第一批学生，时年已82岁的杰斐逊在日记中写道："我以创办和扶植一所教育我们后人的学校作为结束生命的最后一幕，我希望学校对他们的品德、自由、名声和幸福都起到有益而永久的影响。"②

生前，杰斐逊还亲手写下了自己的墓志铭，并在遗嘱中说"不得增添一字"。他给自己写的墓志铭是："此处埋葬着托马斯·杰斐逊，《独立宣言》的起草者，《弗吉尼亚宗教自由法案》的起草者，弗吉尼亚大学的创办者。"③在这里，杰斐逊对自己曾经担任弗吉尼亚总督、美国驻法国大使、美国国务卿、美国副总统和两届美国总统等这些职务都一字未提。在杰斐逊看来，创办弗吉尼亚大学能够与国家的独立相提并论，是比担任上述职务更为光荣的事。

实际上，早在担任弗吉尼亚总督期间，杰斐逊在为弗吉尼亚起草的教育法案中就已写明："对促进公众的幸福来说甚为得策的乃是，应当使那些已由自然赐与天才和美德的人受到通才教育，从而使得他们有能力捍卫他们的公民同胞的权利和自由的神圣托付，而不问其财富、出身或者其他偶然性的情况或境遇如何。"④

后来，美国的许多政要和教育界人士都受到了杰斐逊教育理想的鼓舞。有代表性的是著名教育活动家曼恩、美国第1任教育部部长巴纳德和美国第16任总统林肯。

---

① 〔美〕J. 艾捷尔编：《美国赖以立国的文本》，赵一凡等译，海口：海南出版社2000年版，第362页。
② 中央电视台《大国崛起》节目组编：《大国崛起·美国》，北京：中国民主法制出版社2006年版，第164页。
③ 〔美〕J. 艾捷尔编：《美国赖以立国的文本》，赵一凡等译，海口：海南出版社2000年版，第374页。
④ 肖德甫：《大国法则》，北京：中国华侨出版社2009年版，第209页。

1837 年，曼恩辞去了马萨诸塞州参议院院长的职务，任新成立的州教育局局长。在主持教育局期间，曼恩开创了一系列对美国公共教育具有深远影响的活动。

虽然教育局局长被认为是一个没有权力和利益而又经常受到激烈抨击的职务，但曼恩却把教育局的工作做得有声有色。曼恩认为，"受教育是每个来到人间的人的绝对权力"。① 他主张，所有的儿童达到一定的年龄后都必须在校就学，免费的公立小学和中学要容许一切儿童入学，对教师要予以专门训练。他组织收集和传播有关学校及其教育的情况，说服领导人和公众支持改善学校条件，劝告那些在教育上起主导作用的人努力满足和扩大社会对教育的需要。曼恩用法律的观点广泛地进行宣传，在所有可能办到的地方都建立了乡镇教师训练所，千方百计地提高教师的水平和教学质量。在很大程度上，是由于他的努力才在美国社会传播了现代教育的观点和教育在社会中的作用。

曼恩是美国 19 世纪普及小学教育和公费教育活动的最杰出领袖，被认为"为人类赢得了很多胜利"，但他不是孤立的，巴纳德也被称作是这一活动的主将之一。

巴纳德于 1830 年毕业于耶鲁大学，1835 年进入法庭工作，两年之后又被选入州立法机关。他是康涅狄格州 1838 年通过的"关于建立公费小学委员会"议案的发起人和主要提倡者。为了保证这个议案得以实现，巴纳德辞去了他在立法机关的职务而专门来为此奔波。像曼恩在马萨诸塞州所做的那样，他在他的家乡康涅狄格州致力于创造一套适当的免费学校体制。巴纳德认为，如果不建立这一体制，不能保证儿童得到最低限度的正规教育，那么美国的民主社会结构就不可能存在。到 1850 年前后，巴纳德在康涅狄格州领导该州教育委员会组织开展模范示范学校活动，完善教师训练条件，几乎在每一个乡镇都建立起了图书馆，极大地推动了教育事业的发展。

由于巴纳德的出色表现，1867 年美国教育部成立时他被任命为首任教育部长。

林肯是历史上又一位对美国教育发展作出重大贡献的总统，并且是在战争状态下。

---

① 〔美〕S. 佛罗斯特：《西方教育的历史和哲学基础》，吴元训等译，北京：华夏出版社 1987 年版，第 468 页。

第七章 图强维本——建国君民，教学为先

1862年7月2日，虽然林肯的心中阴云密布——他刚刚得知联邦军队再一次被南部叛军击败，南部叛军正乘势北上，但他还是在这天签署了一项法案——尽管这项法案与战争没有关系，且已提出10多年一直未获国会通过，这就是《莫里尔法》。这实际上是一个用土地换教育的法案。为了国家的长远发展，林肯政府动用了当时唯一的资源——土地。《莫里尔法》后来成为美国教育发展史上的一个里程碑。就在这项法案颁布后不久，美国共有1300多万英亩公共土地转到了各州政府手中用于创办大学，一共建了69所，其中包括享誉世界的麻省理工学院。

在美国，可以说，无论是总统还是平民，面对教育这一宏大的主题都能找到各自的角色，因为人们已经深深地认识到，国家的未来发展是与国家的学校数和学校的教育效率成正比的。正如一位美国的教育学家所指出："凡不曾培养出真正受到良好教育的公民的国家不能称其为泱泱大国，凡不能把公民社会的基本价值观传给下一代的国家不可能是好的国家，若不能把本国青年置于最优先考虑的地位，任何国家都不会强大。"①

第三，教育思想先进

自1776年独立后，美国的教育思想经历了3个大的变革阶段：从建国到1850年前后，虽然主体还是欧洲的教育思想，但新的教育思想已经呼之欲出；从19世纪下半期到20世纪上半期，占统治地位的教育思想已经是实用主义的教育学说；而自20世纪下半期以来，则是在更广阔的领域面向现代世界的。在变化和发展的时代，美国总是通过不断地调整变革，始终保持了教育思想领先。

第一阶段：欧洲教育思想与本土教育思想并存阶段。

有历史学家评论美国的政治、经济和社会发展思想时认为："19世纪的美国既是进口商，也是创作者。"②

这一评论大体上也适合美国的教育。

---

① 中央电视台《大国崛起》节目组编：《大国崛起·美国》，北京：中国民主法制出版社2006年版，第172页。
② [美]S.佛罗斯特：《西方教育的历史和哲学基础》，吴元训等译，北京：华夏出版社1987年版，第463页。

初创时期的美国羽翼未丰,国家的主要精力在于把13个歧异的殖民地聚集成一个统一的整体。当时的社会政治经济发展思想,包括教育及其观点,其基础大多依赖于欧洲。许多学者不断造访欧洲后,也带回欧洲的思想与实践,运用到新生国家的教育发展中。

不过,到1830年前后,美国即开始形成自己的教育思想与实践。这一时期的主要成果是:(1)确立了公费小学概念。随着1827年马萨诸塞州废除"税票制",宣称所有小学免费,一个接一个的州便开始了为儿童开办公立免费学校。到1853年时,各州所有的公立学校就都免费了。(2)确立了教育普及思想。过去那种只有对社会地位有要求的人才进入学校学习的观点被破除了,所有人都需要接受一定的正规教育的观点被社会普遍认同。为此,州、教会和私人都增开了不少学校。(3)实施了强制入学立法。继马萨诸塞州1852年立法规定所有儿童都必须入学后,当时的30个州中有24个州随即颁布了强制入学法律。(4)完善了教育阶梯思想。青少年可以一级一级地上小学、中学直至最后上大学,小学、中学、大学之间相互联系,教材根据青少年的智力发展情况编写,每个青少年都可以自由地根据其能力和兴趣登上这个阶梯中的任何一级。同时,各级学校也都被认定是完整阶梯教育过程中的一个环节,且都有满足自己特定教育需要和管理学生完成在校教育的方式方法。

第二阶段:实用主义教育阶段。

从19世纪中期开始,美国出现了一批怀疑黑格尔唯心论并在道德观、政治、经济及社会思想等方面受进化论影响的哲学家、心理学家和科学家。不久,一种新的哲学——实用主义就诞生了,并且很快运用到了教育领域。哲学家、教育家杜威是这一信仰的象征,他在美国教育领域极大地发展了实用主义这一重实效的哲学思想。

杜威十分重视学生个人的经验,强调教育与个人经验之间的有机联系。他认为,"教育即生活""学校即社会",一切真正的教育都是从经验中产生的,教育者的责任就在于判明一种经验的走向,知道怎样利用现有的自然和社会环境,从中吸取一切有助于形成有价值的经验的东西。[①]

杜威强调,学习既是为个人积累知识,也是经验的过程。人从出生甚至

---

① 〔美〕S.佛罗斯特:《西方教育的历史和哲学基础》,吴元训等译,北京:华夏出版社1987年版,第573页。

第七章 图强维本——建国君民，教学为先

在出生前就应该开始受教育，一直继续终生。

杜威相信，进步教育是美国的进步主义这种愿望在教育方面的体现，它的目的在于使学校能改善个人的生活。它包含了对个人的信任，相信文化在不流于庸俗的情况下能更加民主化，相信教育在不损害其本质或意义的前提下能根据每一个人的需要来安排，相信科学可以成为使人们理解个性和他所处环境的忠实向导。①

杜威还主张社会改良主义，并呼吁发挥教育在社会改良中的重要作用。他指出："促使世界目前正在经历的巨大而复杂的变化的真正动力，是科学方法以及由此而产生的技术的发展，而不是阶级斗争，这种阶级斗争的精神和方法是反科学的。"杜威引用美国另一位教育家霍瑞斯·曼的话说："教育是我们的唯一的政治安全，在这个船以外只有洪水。""公共学校是人类的最大发现。其他社会机关是医疗的和补救的。这个机关是预防的和解毒的。"杜威本人也说："如果没有我们通常的狭义教育，没有我们所想的家庭教育和学校教育，民主主义便不能维持下去，更谈不到发展。教育不是唯一的工具，但它是第一的工具、首要的工具、最审慎的工具。"②

杜威的实用主义教育学说塑造了现代的美国教育，他是美国教育史上的一位里程碑式的人物。

根据杜威的实用主义教育学说，美国在20世纪40年代曾开展一场名为"青年生活适应教育"的活动。1946年，美国教育部门把"青年生活适应教育"活动的目的定义为："更好地使所有美国青年过上称心的民主生活并成为有益于社会的家庭成员、工作者和公民。"③

这场被称为"青年生活适应教育"活动的具体内容，美国教育部门明确有以下11个方面：

（1）关心伦理道德生活，关心身体、心理和情感的健康。

（2）承认基本技能的重要性，因为民主制度中的公民必须能够有效地算、读、写、听和说。强调技能是进一步取得成就的工具。

---

① 〔美〕S.佛罗斯特：《西方教育的历史和哲学基础》，吴元训等译，北京：华夏出版社1987年版，第574页。
② 〔美〕约翰·杜威：《我们怎样思维：经验与教育》，姜文闵译，北京：人民教育出版社1991年版，第2页。
③ 瞿葆奎主编：《美国教育改革》，北京：人民教育出版社1990年版，第77页。

(3) 关心青年当前的问题，也关心他们为未来生活做的准备。

(4) 承认使每个个人在其能力限度内获得自身满足和成就的重要性。

(5) 重视工作的尊严，承认社区生活中可靠的工作经验的教育价值。

(6) 提供普通教育和专门教育，即使在普通教育中，共同目标也是要通过教材和经验的分化来达到的。

(7) 有许多形式。对一所学校、一个班级或一个学生说来，它是个人的事情。一种形式在每个社区是否有意义，必须从提出的目标和可资利用的资源来看。

(8) 强调当前的以及长远的价值。对每一个人保持道路敞开，并激发那种他所能取得的最大限度的成就。

(9) 承认许多重要事件是在很久以前发生的，但却坚持认为这些事件的真正意义在于它们对今天生活的影响。

(10) 既强调适应现存条件，又强调积极的富有创造性的成就，高度重视学会如何作出明智的选择，因为美国民主这一概念恰恰要求适当地修正目标以及达到目标的手段。

(11) 最重要的是，承认人类个性的固有尊严。①

美国历史学家认为，这场"青年生活适应教育"运动的开展，实际上标志着，以杜威实用主义教育思想为核心的美国新的教育思想已经被美国的教育领袖们广泛地理解和接受了。

第三阶段：现代人本教育阶段。

20 世纪上半叶是人类历史上最为革命的时期。20 世纪开头的 10～20 年，在发展速度和倾向上与 20 世纪 50 年代和 60 年代相比已经离得很远了，以至于在许多人看来那似乎是一种不同的文化，或是相隔多少世纪的另一个时代。在 20 世纪初看起来似乎还是空想的事情到 20 世纪下半叶时却成为当然的事，这其中也包括社会教育和人们对于教育的态度。

进入 20 世纪下半叶，美国的教育已经远远地超出了学校的界限和概念，再也没有人郑重其事地认为，教育是以青少年为中心的活动，或者只是纯属青少年的事了；教育从根本上不再被当作一种个人的消费品、慈善的礼物或

---

① 瞿葆奎主编：《美国教育改革》，北京：人民教育出版社 1990 年版，第 78—79 页。

第七章 图强维本——建国君民，教学为先

者是副业了，而是一项政治性的、经济性的、全社会性的事业。人们认为，任何一种现代化，诸如城市的现代化、农村的现代化、工业现代化、国防现代化、科学技术现代化以至教育的现代化等，都是以人的现代化为前提的。

就是在这一背景下，美国围绕实现人的现代化而产生的教育思想便又出炉了。最完整的、最具代表性的理论表述是哈佛大学人类文化和社会心理学家英格尔斯提出来的。他的思想深刻影响和改变了20世纪下半叶以来的美国教育，并在国际社会产生广泛影响。

英格尔斯认为，国家的现代化须臾离不开人的现代化；国家的先进或落后，也是一种国民的心理状态。

英格尔斯说，一个国家可以从国外引进作为现代化最显著标志的科学技术，移植先进国家卓有成效的工业管理方法、政府机构形式、教育制度以至全部课程内容。但是，完善的现代制度以及伴随而来的指导大纲、管理守则，本身只是一些空的躯壳。如果一个国家的人民缺乏一种能赋予这些制度以真实生命力的广泛的现代心理基础，如果执行和运用着这些现代制度的人，自身还没有从心理、思想、态度和行为方式上都经历一个向现代化的转变，失败和畸形发展的悲剧结局是不可避免的。再完美的现代制度和管理方式，再先进的技术工艺，也会在一群传统人的手中变成废纸一堆。

英格尔斯谈到，现代科学技术的长足发展以及随之而来的生产方式的变化，特别要求人们能欣然接受和迅速适应生活方式的改变，成为头脑中沸腾着创造智慧和革新思想的人。现代化机构和制度鼓励它的工作人员努力进取，讲求办事效率，积极主动地承担责任，严格遵守操作规程和纪律。一个现代国家，要求它的全体公民关心和参与国家事务和政治活动。再先进的制度要获得成功，取得预期的效果，都必须依赖运用它的人的现代人格、现代品质。无论哪个国家，只有它的人民从心理、态度和行为上，都能与各种现代形式的政治经济发展同步前进，相互配合，这个国家的现代化才真正能够得以实现。

英格尔斯认为，做一个现代国家的公民，必须具有下列品质：关心国家和国际政治事务，随时了解重要的国内外大事；同政府和政治团体保持经常的接触；参加各种社会组织，积极参与社会公共事务；参加投票选举；关心国家政策和法律的制定和实施。只有具备这些性质的人，从国外输入来或采用来的现代政治体制，或是政府所制定的导向现代化的制度，才能真正有效地发生实际效果，而不至于流为徒有其名的假货。

英格尔斯说，经济发展是重要的，其主要目标就是要使所有的人达到丰裕富足的生活水平；然而，几乎没有一个人主张仅仅以国民生产总值和个人收入为标准去衡量一个国家或一个民族的进步。一个国家或一个民族的发展进步，更标志着政治和文化上的高度成熟。如以国民精神为基础的社会稳定，秩序井然的国家行政管理，国民教育水平的普遍提高，文化艺术的繁荣，交通工具的发展，娱乐和休息的时间增多，等等。

英格尔斯强调，在国家向现代化发展的进程中，人是一个基本因素。它并不是现代化过程结束之后的副产品，而是现代化制度与经济赖以长期发展并取得成功的先决条件，也是发展过程自身的伟大目标之一。一个国家，只有当它的人民是现代人，它的国民从心理和行为上都转变为现代的人格，它的现代的政治、经济和文化管理机构中的工作人员都获得了某种与现代化发展相适应的现代性，这样的国家才可以真正称之为现代化的国家。①

对于现代人的特征，英格尔斯提出了这样12个方面：

(1) 准备和乐于接受他未经历过的新的生活经验、新的思想观念、新的行为方式。

(2) 适应社会的改革和变化。对别人以非传统的方式去思考去做事去改革，不横加干涉，不固守传统。

(3) 思路广阔，头脑开放，尊重并愿意考虑各方面的不同意见和看法，不把目光仅仅局限于他个人和与他有直接关系的环境和事物上。

(4) 注重利用前人的思想成果、物质财富去建设当代和创造未来，守时惜时。

(5) 对人和社会的能力充满信心，办事讲效率，不为自然本身的力量或社会权势所左右。

(6) 在公众生活和个人生活中趋向于制订中长期计划。

(7) 注重对事实的考察和尽可能多地去获取知识，热心探索未知的领域。

(8) 认为现实生活的世界是可以依赖的，周围的人是可以信任的。

---

① 参见〔美〕英格尔斯：《人的现代化》，殷陆君编译，成都：四川人民出版社1985年版，第4、8、276页。

(9) 重视专门技术，有愿意根据技术水平高低来领取不同报酬的心理基础，认为只有这样做才是公正的。

(10) 乐于自己和自己的后代选择离开传统所尊敬的职业，认为人应该对教育的内容和传统的智慧敢于挑战。

(11) 善于通过了解、尊重和自尊处理人际关系，即使对于一个孩子也如同成年人一样同等尊重。

(12) 热心了解生产及过程。不是消极被动地做着上司分配给自己的工作，而是积极而又有成效地了解本职工作和与之相关联的过程和原理，期望能在认识生产的过程中发挥出自己的才能与创造力。

在以上12个方面中，英格尔斯认为，具有指标意义的是这样4个方面：

——现代人应乐于接受新鲜事物，不固步自封，因循守旧。对各种不同见解和学术观点能够予以理解，对社会出现的新变化能够适应，对于与不同的人进行交往能够自然。

——现代人应见多识广，是积极参与各种社会事务和活动的公民。不承认权威和地位显赫的人有随意摆弄国家和人民命运的权力。

——现代人应有鲜明的效能感，相信人对自然和社会的改造与控制能力。拒绝在工作和生活中持被动、顺从和屈服的宿命论态度。

——现代人应高度独立和自主。在公共事务方面，乐于听从政府或工会领导人的意见，而不是教会牧师或村中长老的劝告。在个人事务方面，如选择妻子或丈夫和职业时，是依据自己的意愿而不是靠父母来做出安排。①

英格尔斯特别抨击了那种不注重自身学习和教育而又自觉现代的人。他指出，那些不少的在头发式样、服装款式、嗜好娱乐上极力追赶时髦的人，以及一味追求享受和滥用现代化的人，与现代人是毫无共同之处的。他们虽然有着现代化的服装和外表，由于社会的安排已经掌握着现代化的组织、大量的国家资源和财力、先进的技术装备和设施，但他们确确实实不是真正的现代人。他们只是把现代化的本来面目，用各种颜色涂抹成了奇形怪状的讽刺画。他们并没有从心理和态度上获得个人现代性，在他们徒有其表的现代化外衣里面，包裹着的仍然是一颗与传统思想一脉相通的心。②

---

① 〔美〕英格尔斯：《人的现代化》，殷陆君编译，成都：四川人民出版社1985年版，第22—34页。
② 〔美〕英格尔斯：《人的现代化》，殷陆君编译，成都：四川人民出版社1985年版，第275页。

英格尔斯认为，在决定一个人的现代性方面，虽然后期的社会生活、工作经验并不比早年的影响更为次要，但在人的整个一生中，能够对人的现代性起决定性影响的主要因素还是教育，其中尤其又以学校和职场的教育最为重要，因为它们对人的现代性有着直接的关系，独立的贡献。

在学校教育方面，英格尔斯还认为，教育内容是决定一个人的现代性达到何种程度的重要因素。英格尔斯说，一个时代有一个时代的教育内容，在某些历史悠久的国家，传统文化对教育的重视并不亚于现代人对教育的尊崇，关键问题在于教育的内容是什么，它是否适宜产生和培养现代性。如果一个学校的课程从早到晚都为宗教和传统道德的训条所充斥，不许学生有疑问或独立思考的机会，不给学生提供必要的科学技术知识和技能，教学内容陈腐守旧，这种学校培养出来的学生，其教育水平越高，可能越会趋向传统一端而敌视现代性。由此，笼统地不加具体分析地说教育会促进现代化也是不适当的。[1]

以英格尔斯为主产生的这些思想，深刻地影响和改变了美国的教育。在20世纪下半期的美国，从一个人受教育的时间段来看，已经从青少年时期的教育发展到终身教育；从受教育的场所来看，已经从学校教育发展到社会化教育；从受教育的内容来看，已经从素质教育发展到现代性教育；从受教育的对象来看，已经从学生教育发展到全体国民教育。这种情况的出现，是一种深刻的教育思想革命的结果。

社会实践永远是检验思想理论的试金石。如果一个国家教育的根本目的是训练良好的社会成员，推动政治、经济和科学技术的发展，进而提升社会格调的话，那么，美国的教育无疑是成功的，美国的教育思想也无疑是先进的。

---

[1] 〔美〕英格尔斯：《人的现代化》，殷陆君编译，成都：四川人民出版社1985年版，第100、237页。

历史的启示

上述几国的实践足以说明，教育是社会发展的原动力，是国家现代化的基石，是人类理性的源泉；教育能够改变人的命运，也能够改变国家和民族的命运。

人在本质上是理性的。在所有的生物中，唯独人才具有心灵或理智。在人的所有特征中，最有特色以及从本质上讲最可宝贵的特征就是理性。像人似地生活或有理性的生活的优越性是无需辩护的。对理性生活的优越性发生疑问的人就是对生活本身的优越性发生疑问。为了追求物质享受而反对理性生活的人，就是在否定他本身是一个人，他只是像动物似地生活着，像植物似地生长着。只有在人们追求理智和人性时，才有可能获得真正的幸福和真正美好的社会。

在世界上，没有一个人会绝对地比别人更聪明些。所谓聪明与愚笨、好人与坏人，不过是教育上的差异。受过最好教育的人就是最有理智的人。教育就是发展，教育就是引申，教育就是自我实现，教育就是为了让人逐渐认识真理而使人变得富于理性和人性。

虽然教育肯定要在不同的时代和不同的地点持续地进行下去，但是它的作用始终是塑造人，而不管这个人是生活在21世纪还是生活在一世纪。教育的主要任务、根本目的以及全部的责任，就在于训练人、指导人、武装人，把人塑造成一个有人性的人，一个掌握知识和技能、有高度的判断力和道德感的人。

在教育的链条中，处于整个教育体系顶层的高等教育具有举足轻重的地位。凡人类迄今为止的文明成果，无一不是在大学里有所反映并进行反应的。一个国家的高等教育发展状况，从一个侧面反映出这个国家科学技术的发展水平，也是这个国家综合国力的重要体现。没有强大的高等教育，民族复兴就会失去精神支柱和动力，国家就会缺乏发展的基础，就会缺乏国际竞争力。而当代的大学，则应有深切的社会关怀、公共关怀、人类关怀，以及强烈的社会和人类担当意识。传播知识、追问真理固然重要，必不可少，但更要用自己的价值理念引领时代，对人类的前途和命运抱有终极关怀。

　　人类已经步入信息化时代，教育和科学是推动人类文明进步的机杼。虽然人的生物性可能万年不变，但社会的发展和文明进步总是在提升着人的理性，增益着人性的光辉。理性精神是人类进步的智慧之光，而人的进步无疑是最深刻的理性。每一个生活在现时代的人或希望自己成为现代人的人，都应当让科学的光芒照亮自己。

第八章
Chapter Eight

武道维仁
——世界上没有任何政治事业能够成为残害无辜生命的理由

国虽大，好战必亡。

——司马穰苴①

在一定时期内，一个国家的资源总数是固定的，如果把过多的资源用于军事，那么用于经济的资源就肯定减少。这是一个从古到今困扰着战略家和经济学家及政治领袖的难题。

——[美]保罗·肯尼迪②

---

① 《司马兵法》。
② [美]保罗·肯尼迪：《大国的兴衰》，北京：世界知识出版社1990年版，第605页。

第八章 武道维仁——世界上没有任何政治事业能够成为残害无辜生命的理由

近代以来，所有大国的胜利或衰败几乎都与军备或所进行的战争有关。既存的或崛起中的大国，无论其多么爱好和平，也都必须拥有保卫自己的军事手段。

不过，500年来的历史又证明，几个曾成为世界领导者的国家，如17世纪时的荷兰，18、19世纪时的英国，20世纪的美国，其领导者地位都并不是通过战争获取的，主要还是由于先前的世界领导国自身衰落并最终退出才"禅让"给后来者的。典型的如英国霸权在20世纪初向美国转移。而与此截然不同的，是所有通过战争手段或扩张军备向世界领导国发起挑战的大国，几乎无一例外地失败了。如19世纪之初的法国，20世纪上半叶的德国、日本以及后来的苏联，都曾是既有世界秩序的挑战者，但也都是失败者。事实证明，以上这些都不是一系列偶然事件的巧合，而是有着历史的逻辑。

英国：殖民扩张——超强帝国衰微的根

英国曾是世界上最庞大的殖民帝国。从16世纪末在北美建立第一块殖民地、17世纪初其东印度公司在印度建立贸易货栈起，英国作为世界殖民帝国的历史长达300年以上。

为了争夺商业利益、海上霸权以及殖民地占有方面的优势，英国曾同西班牙、荷兰、法国等欧洲列强在16世纪末至19世纪初的两个多世纪里进行过多次重大征战和火并。19世纪初产业革命后，英国凭借其"世界工场"的地位，进一步把触角伸入加拿大、澳大利亚腹地，最后与欧洲列强共同瓜分了非洲和太平洋岛屿。到第一次世界大战前，英国已统治着世界人口的四分之一，其殖民地遍及全球各大洲，因此被称为"日不落帝国"。

然而，到达顶峰之时也就是帝国开始衰弱之日。不符合时代潮流和国际正义的殖民统治和殖民征战毕竟是不能持久的。

实际上，从英帝国开始殖民起，殖民地人民的反抗斗争就没有停止过。在帝国的形成和发展过程中，虽然海外的财富、资源和市场曾使它屡屡建功，盛极一时，但也同时孕育了导致殖民体系必然瓦解和殖民帝国必然衰败的力量。

1776年北美13州宣告独立，是殖民体系瓦解的第一步。这之后，英国虽调整了殖民策略但也未能长期维持。至第二次世界大战前，又先后有加拿大、澳大利亚、新西兰等国独立，取得了与英联合王国完全平等、毫无隶属关系的地位。而在第二次世界大战后，随着民族解放运动的蓬勃兴起，殖民帝国的崩溃便不可逆转了。

先是印度次大陆国家的独立，给了殖民帝国沉重的一击。印度曾是英国的最大殖民地，号称帝国王冠上的明珠。但在二战结束时，印度工农群众运动空前高涨，印军水兵也参与其中，以甘地、尼赫鲁为首的国大党和以真纳为首的穆斯林联盟已成为印度占统治地位的政治力量，殖民政府岌岌可危。而在这时，英国已无力派出一支军队到印度进行殖民战争，唯一的出路就是主动从这里撤出，以便印度民族主义领导人建立一个对英国尽可能友好的政府，也尽可能多地在印度保留一些英国的利益。于是，印度和巴基斯坦便于1947年8月15日正式独立了。这之后，缅甸和锡兰也于1948年初独立。

在经过了印度次大陆的风暴之后，殖民统治的瓦解、被殖民国家的独立便迅速发展为星火燎原之势。

在埃及，由英、法、以三国联袂入侵而导致的苏伊士运河战争不仅遭到了埃及和阿拉伯世界的坚决抵抗和反对，也受到来自美国和苏联两个超级大国的掣肘和干预，战争只进行6天就被迫停火了，并很快将军队撤出了埃及。几百年来，英帝国曾在全球横冲直闯，用炮舰迫使弱小民族降服，而今天竟败在一个弱小的前附属国手里。这一事件彻底地暴露了帝国的脆弱性，也极大地鼓舞了其他殖民地人民争取民族独立和解放的斗争。

在塞浦路斯，虽然这里曾是英军中东司令部的所在地和英帝国统治中东的最重要的政治堡垒和军事基地，但同样抵挡不住殖民地人民的民族解放运动。1960年8月，英国被迫同意塞浦路斯独立。

第八章 武道维仁——世界上没有任何政治事业能够成为残害无辜生命的理由

在尼日利亚，英国曾统治这块资源丰富、面积达英国本土3倍多的土地整整100年。二战后，这里的反殖民主义斗争一浪高过一浪。1960年10月，尼日利亚人民终于争得了自由。

在乌干达、肯尼亚、马耳他，尽管英国曾调来数以万计的军队对人民的反抗实施疯狂镇压，但革命的烈火愈燃愈高。通过10多万人的流血牺牲和长达5年多的英勇抗争，这3个国家也于20世纪60年代上半期先后获得独立，并带动英属非洲殖民地人民纷纷走上了民族独立和解放的道路。

1965年1月，在世界性的殖民地民族独立风暴面前，英帝国感到回天无力，只得退而求其次，决定用英联邦来维系和取代即将瓦解的殖民体系，以减轻殖民体系崩溃时带来的全局性震荡。随着1966年年初英联邦秘书处的成立、加拿大外交家阿诺尔德·史密斯出任英联邦秘书处第1任秘书长，英殖民帝国正式寿终正寝。

存续了300多年的英殖民帝国之所以瓦解，除了政治和道义上的不义外，其中还有一个重要的原因，就是长期的殖民征战已使帝国的经济不堪重负。

几乎在建立殖民地的同时，为了保卫帝国及其在海外的利益，英国就开始了建立全球性防务体系的努力，在全球海上通道沿线及其周围地区部署海军力量。直到第二次世界大战时，英国都对各自治领和各殖民地实行统一的帝国防务制度。

由于有一支环巡全球的远洋航队，英帝国向来炫耀海上霸权。1897年维多利亚统治帝国60周年纪念时，曾有173艘海军战舰在朴茨茅斯港排成4列，长达7英里，等候女王的检阅。战舰的甲板擦得铮亮，士兵手上的铜管乐器闪闪发光。而此时，另外还有160个海军分遣队正在全世界的各大洋游弋，它们的力量超过了当时紧随其后的3个海上强国的舰队实力之和。

帝国的海上力量真正遇到挑战，是在1930年的伦敦国际海军会议之后。其中的原因固然有新兴大国崛起的因素，但更主要的还是自身国力不济，其经济力量已与它在全球范围内承担的防务责任产生了不平衡。到第二次世界大战时，虽然英国的海军仍然是一支可观的力量，仍然还保有12艘航空母舰、14艘战列舰、50艘巡洋舰、182艘驱逐舰、226艘护卫舰和97艘潜艇，全部力量仅次于美国，但由于这时的帝国经济江河日下，海军力量便急剧削弱。

同时，由于二战后英国追随美国发起了针对社会主义阵营的冷战，在海外防务上，英国一方面要对付殖民地人民的民族解放运动，以维护英国的殖民统治；另一方面又要对北约防务作出贡献，在欧洲以外的地区承担广泛的防务责任。显然，英国是不具备同时满足这些防务所需要的资财和能力的。加之战后新的社会发展需要，英国经济早已捉襟见肘。因此，随着二战的结束，帝国的神话实际上也就结束了。

法国：广大的武装群众之出现只是由于革命才成为可能

无论从法国的历史、欧洲的历史还是世界的历史来看，拿破仑都是一个具有重要影响的历史人物。自1784年进入军校学习，到1799年发动政变建立法兰西第一帝国，再到1815年退位被放逐到圣赫勒拿岛，拿破仑的一生几乎都是在战争中度过的。处于18世纪末叶19世纪初叶一个充满血雨腥风的时代，拿破仑一生组织指挥的比较大的战役达到60个以上，比世界历史上著名的军事统帅亚历山大和恺撒两人指挥过的战役总和还要多，因此也被称为"军事巨人"。

在拿破仑所从事的战争中，他既率领法军反击过别人的侵略，也率领法军侵略过别的国家；他既因出色的战争才能和功绩而异军突起，也因发动错误的战争或指挥战争失败而跌落，得道多助、失道寡助的战争胜负规律，在拿破仑的军事生涯中得到了比较充分的体现。

拿破仑是由土伦一战出名的。

1792年，法国国民公会宣布废除国王，成立法兰西第一共和国。对此，欧洲封建君主势力不能容忍，公然进行武装干涉，国内王党分子也趁机叛乱策应。1793年8月，盘踞在土伦城内的保王党引狼入室，将土伦拱手交给了英国干涉军。10月15日，法军前线指挥部召开军事会议，讨论从正面夺取土伦的作战计划。此时拿破仑提出了不同意见，认为从正面进攻的计划行不通。拿破仑的作战方案是：首先集中主要兵力攻占土伦两侧的稍高地带，然后集

第八章 武道维仁——世界上没有任何政治事业能够成为残害无辜生命的理由

中火炮猛烈轰击停泊在港湾中的英国舰队，切断英舰与土伦守敌之间的联系。拿破仑说，这样能使土伦守敌无退路，无援兵，不攻自破。这一大胆而又新颖的作战计划使与会人员赞叹不已，拿破仑也因此被任命为攻城炮兵的副指挥官。战况正像拿破仑所预料的那样，开战当晚英军即全部逃离，土伦失而复得。

土伦一战后，拿破仑先是被任命为少将炮兵旅长，不久又被任命为法国意大利军司令，年方27岁。从此，他的一生征战便开始了。

从1797年到1807年的10年间，拿破仑曾率领法军打败反法同盟军的5次大规模进攻。在战胜反法同盟军的第5次进攻后，法兰西的强盛也达到了历史顶点。这时的法国领土包括比利时、皮埃蒙特、热那亚和西德的一部分，其行政区划从原来的88个郡扩展到130个郡，人口达到了7500万，超过大革命前的2倍。拿破仑除了担任法国的最高统治者外，还兼任了意大利国王、瑞士的统治者和莱茵邦联的保护人。其几个兄弟分别担任了那不勒斯、荷兰、威斯特伐利亚的国王。此时的法兰西和拿破仑威震世界，成为时代的象征。

这期间，拿破仑曾多次率军远征。但1812年对俄国的进攻遭到了惨败。60多万入侵大军最初曾取得一些胜利，但莫斯科一战几乎使其全军覆灭，最后只剩下2万人生还。从此，拿破仑个人的军事生涯也开始走下坡路。毛泽东也曾就此评价说："拿破仑的政治生命终结于滑铁卢，而其决定点，则是在莫斯科的失败。"①

1813年3月，完成同俄国的结盟后，普鲁士首先对法宣战。随后，俄、英、西、葡、瑞、奥等国陆续加入，结成第6次反法同盟，与拿破仑进行会战。拿破仑虽采取灵活战术多处转战，但终挡不住联军的多路逼进。1814年3月30日，巴黎守军投降。4月6日，拿破仑被迫退出了皇位。

但是，这时的拿破仑并不愿意认输，他的故事也远不会就此结束。正如同历史上的无数英雄往往都在最后一刻失去自己一样，拿破仑最终的失败是在一年以后的又一次穷兵黩武中才到来的。

本来，这次被反法同盟军打败并退出皇位以后，拿破仑已经被放逐到了

---

① 《毛泽东选集》第3卷，北京：人民出版社1991年版，第888页。

厄尔巴岛。厄尔巴岛孤悬海上，面积220平方公里，岛上有3个小镇和几千居民。法国元老院和立法院对拿破仑还算宽容，决定终生保留他的皇帝称号，赋予他厄尔巴岛的主权和所有权，每年拨给他250万法郎的薪金。同时还保留他400人的武装卫队，对于700名老近卫军战士自愿到厄尔巴岛保卫拿破仑也没有进行干预。但是，拿破仑不满足于这些，一心期望卷土重来。

1815年2月26日傍晚，在经过周密的准备之后，拿破仑突然带领1000余名保卫他的士兵登船驶向海岸，执意为他的英雄史篇奋力一搏。奇迹居然发生了。经过几天辗转，拿破仑又在前呼后拥中进入巴黎，轻而易举地重新成了法兰西皇帝。

然而，这一罕见奇迹却令整个欧洲惊恐万分。欧洲反法同盟国的领袖们慌乱不已，马上发表联合声明，誓言把拿破仑作为世界和平的敌人加以制裁，并宣布各同盟国立即动员全部力量同拿破仑作战。

5天之后，英、奥、普、俄一致同意各出15万人进攻法国。终于，1815年6月的滑铁卢之战以拿破仑的失败告终。此役，法军死伤25000人，被俘8000人。6月22日，拿破仑又一次被迫退位。但是，拿破仑宁愿向英国投降也不愿意向国内的政敌投降。于是，英国把拿破仑作为俘虏，将他囚禁在远离英国本土4000英里的大西洋南部的一座火山小岛——圣赫勒拿岛上。

1821年5月5日，在圣赫勒拿岛的一隅住所里，拿破仑静静地死去了。英国海军曾鸣放礼炮，向这位昔日的皇帝致以最后的敬意。拿破仑虽然凭借自己的军事天才和卓著战功登上法国皇位，横扫欧洲，使法国强大到似乎可以左右欧洲乃至世界的程度，但最终还是命断孤岛，饮恨九泉。去世时他才52岁。1840年（去世19年之后）拿破仑的遗骸运回巴黎，被安葬在塞纳河畔的荣军院。这是他生前属意的地方。拿破仑在遗嘱中曾写道："我愿我的身体躺在塞纳河畔，躺在我如此热爱过的法国人民中间。"

作为法国大革命之后的大资产阶级代表人物，拿破仑具有多面性和复杂性。基于所代表的阶级利益和所处的时代特征，他在战争方面也同样具有多重性。一方面，他能够顺应历史潮流，站在先进力量一边，打败欧洲封建君主势力的多次武装干涉，维护法兰西民族的独立和尊严，并且在客观上起了欧洲封建制度掘墓人的作用。但是在另一方面，他又扩张争霸，发动了一连串的侵略战争，掠夺别的民族和兼并别国的领土，给人民造成了深重的灾难。

第八章　武道维仁——世界上没有任何政治事业能够成为残害无辜生命的理由

而且越到后期，拿破仑侵略争霸的贪婪本性暴露得越充分，以致在无限的权力面前丧失理性，沉醉在无休止的战争之中。

所以，法国元帅福煦在评价拿破仑时说："他把战争艺术提高到从未有过的高度，而这就把他推到了岌岌可危的巅峰……但是，和平高于战争。比指挥军队克敌制胜更重要的是，按照祖国的需要为祖国服务，使正义在一切地方都受到尊重。"①

恩格斯更是深刻地指出："拿破仑的不朽的功绩就在于：他发现了在战争和战略上唯一正确使用广大的武装群众的方法，而这样广大的武装群众之出现只是由于革命才成为可能。""拿破仑最大的错误就在于：他娶奥国皇帝的女儿为妻，和旧的反革命王朝结成同盟……他力图得到和他们同样的荣誉，拜倒在正统主义原则之前，因此很自然，正统的帝王们便把篡夺者踢出了自己的圈子。"②

德国：第三帝国随"争夺生存空间"而崩溃

1933年1月30日，总统兴登堡任命希特勒为政府总理。这是德国统治集团内部各派势力之间激烈争斗的结果。从此，德国步入了历史上最黑暗的时期——法西斯专政时期。

希特勒上台时正逢资本主义世界经济大危机。这次危机对德国的打击很沉重，使垄断资产阶级的统治处于风雨飘摇之中。希特勒领导的纳粹党正是利用这一机会，巧妙地打出国家社会主义旗号，宣扬民族复仇主义，鼓吹日耳曼种族优越论，通过这些蛊惑人心的宣传而取得执政党地位。这些宣传还迎合了垄断资产阶级对内实行独裁和对外侵略扩张的要求，因此得到了垄断阶层和容克贵族的全力支持，总统兴登堡对希特勒及其纳粹党的活动也一路纵容。

由于有了这样的氛围和条件，希特勒上台后便以惊人的速度建立起了自

---

① 王杭等选编：《历史上最伟大的演说辞》，天津：天津社会科学院出版社2006年版，第126页。
② 《马克思恩格斯全集》第2卷，北京：人民出版社1992年版，第637、638页。

己的法西斯统治。

在政治上，希特勒利用国会纵火案，协迫国会通过《授权法》，取得了为期4年的颁布法律的非常权力；取消魏玛宪法所规定的对政府权力的限制，在历史上第一次建立起了高度集中的中央集权；解散工会，任命法西斯头子把持了德国劳工阵线；合并、解散或取缔各政党组织，消除了有组织的有可能与纳粹作对的政治势力；严密控制文化、教育、宣传、新闻、出版部门，用法西斯主义、军国主义、复仇主义和沙文主义思想毒害民众。为巩固法西斯统治，希特勒还建立了一支秘密警察队伍，对内实行白色恐怖。

在经济上，希特勒按照国家垄断原则改组国民经济，强制推行股份公司改革，清理小手工业、小商号和农村小农，使德国垄断资本同法西斯政权高度结合，建立了一整套与法西斯统治相适应的经济调节机制，形成了法西斯的经济基础。

在军事上，希特勒疯狂扩军备战。宣布终止《凡尔赛公约》，实行普遍义务兵役制，迅速建立了一支陆海空军齐备的纳粹军队。同时，把原料、劳动力、资金、设备等优先供应给军需生产部门，使军火工业得到了迅速增长。

在外交上，希特勒宣布德国退出国际联盟，以获取更大的行动自由。同时加紧了与意大利、日本两个法西斯国家的勾结。1936年11月与日本签订了《反共国际协定》。

不过，希特勒所采取的所有这一切行动，都只有一个目的，或者说都是为着一个目的服务的，即推行他的"争夺生存空间"的国家战略。

在近代德国的历史上，还从来没有人像希特勒这样具有强烈的征服欲望。早在1925年——希特勒还是第一次世界大战中的德军下士时，他就在其《我的奋斗》一书中鼓噪"生存空间"，提出为"生存空间"而奋斗是纳粹运动的目标。他说："只有在这个地球上有足够大的空间，才能保证一个民族的生存自由，日耳曼民族也只有靠了这种方法，才能保障它是世界的强国。"希特勒还以批评者的口气指责前国王威廉二世，认为他的政策"已不可能为日耳曼人的子孙获取地球上所应有的领土"。希特勒主张，德国生存的真正空间决不能用从前那种殖民地政策或商业政策来解决，必须通过战争用武力来取得新的土地，并且要"把目光投向东方的土地"，"把消灭布尔什维克作为新德国的一项

第八章 武道维仁——世界上没有任何政治事业能够成为残害无辜生命的理由

重要使命"。①

登上总理大位后,"争夺生存空间"自然就成了希特勒施展个人抱负的纲领。尤其是 1934 年 8 月 2 日总统兴登堡去世后,又给希特勒提供了将国家权力全部集中在自己手中的绝佳机会。因为就在兴登堡去世的前一天刚刚颁布了一项法律,这项法律已经把总统和总理两个职务合二而一了。所以兴登堡去世后不到 3 小时,戈培尔即宣布兴登堡总统的办公机构被取消,总统与总理的角色合二为一,纳粹党的元首也就是德国国家的元首。而这时,希特勒实际上还同时成为武装部队的总司令。这样,随着此前横在希特勒面前的唯一障碍的彻底消失,随着希特勒成为国家政权的唯一执掌者,"争夺生存空间"也就毫无阻拦地成为德意志第三帝国的战略核心。

希特勒实施"争夺生存空间"战略的结果是人所共知的。由他策划发动的第二次世界大战是迄今为止人类历史上规模最大的一场战争。战火遍及世界五大洲,交战双方曾在全球四大洋展开激烈地角逐。卷入战争的国家和地区多达 80 多个,其中参战国 61 个,人口近 20 亿,占当时世界总人口的 80%以上。投入战争的武装人员达到 1.1 亿人,直接军费开支达到 1 万亿美元以上,直接经济损失达到 4 万亿美元以上。

令人类永无释怀的,是在这场战争中,战争罪孽对于无辜生命的摧残是历史上最残酷最血腥最惨重的。全世界共有 5120 万人死于这场灾难,其中平民 3430 万人,军队 1690 万人。比在数量上更骇然惊人的,还有残害无辜生命的类型和手段。依照"没有生存价值的生命就全部淘汰"的法西斯逻辑,德国在纳粹集中营专门组建了一批死亡营,党卫队的屠杀手段一再创新,大批犹太人和妇女、儿童被大规模地用毒气"无痛苦致死",许多人被迫接受"医学实验"。这些都像梦魇一般长久地存留在人们的记忆中,反映在战后的国际政治和社会生活中。

希特勒策划发动的这场惨绝人寰的战争,也使德意志民族深受其害。1945 年战争结束时,德国到处都是残垣断壁,每 10 个德意志人中就有 1 人为这场战争付出了生命的代价。德国的领土和主权也再一次沦落。根据 1945 年 6 月苏、美、英、法 4 国签署并公布的《关于击败德国并在德国承担最高权力

---

① 陶德言主编:《20 世纪纵览》,杭州:浙江人民出版社 1996 年版,第 201 页。

的宣言》《关于德国占领区的声明》以及《关于德国管制机构的声明》等3个文件，德国正式由以上4国接收其最高权力，并由以上4国对德国进行分区占领。其中，东区由苏联占领，南区由美国占领，西区由法国占领，北区由英国占领。首都柏林也同样由4国分区占领。

具有讽刺意味的是，希特勒实施"争夺生存空间"的战略本是为了扩张生存空间，掠夺别人的生存空间，而结果却恰恰相反。1945年2月美英苏3国雅尔塔会议时，就规定德国应把东普鲁士哥尼斯堡以南部分地区以及上西里西亚、奥德河以东部分地区划归波兰。而到1945年7月波茨坦会议时又进一步规定，德国的东部边界沿奥德河至西尼斯河一线划定，除将雅尔塔会议所规定的区域划归波兰外，还将哥尼斯堡地区划归苏联。这样，德国的国土面积即比魏玛共和国时期减少四分之一，由希特勒上台时的47.26万平方公里缩减到了35.34万平方公里。然而，比这更让德国人羞辱的还在于，在地理空间减少的同时，德国人的精神空间和灵魂也受到了空前未有的挤压。在法国占领区，因多次被侵略而产生的民族仇恨，使法国对占领区的德国人采取了更为严厉的政策。占领区居民的生活和新闻出版等，无不受到严密的监视和控制，连"德意志""德国"等字眼也被禁止使用。一向孤傲的德国人顿感生命和灵魂也破碎了，被压缩了。

玩火者必自焚。战争狂人希特勒自己也在这场战争落幕时被扫入了历史的垃圾堆。不过，他是在真正感受到这个偌大的世界再也没有了他的生存空间时才自己结束自己的生命的。

早在1939年9月1日，150万德国大军越过波兰边境发起这场大战时，希特勒就在《告德国军队书》中宣称："从现在起，我只是德意志帝国的第一名军人。我又穿上了这身对我来说最为神圣最为宝贵的军服。在取得最后胜利以前我决不脱下这身衣服，要不然就以身殉国。"希特勒还说："对于我来说，有两种可能性。我的计划要么全部实现，要么全部失败。如果实现了，我将成为历史上的伟人之一；如果失败了，我将被制裁，被唾弃，被诅咒。"[1]

不出他自己所料，希特勒的生命尽头是令人不齿的。

1945年4月20日是希特勒的最后一个生日。这一天没有往日的车水马龙，

---

[1] 杨双等主编：《政坛大地震》，合肥：安徽人民出版社1993年版，第181、182页。

第八章 武道维仁——世界上没有任何政治事业能够成为残害无辜生命的理由

没有仪仗队举枪致敬,虽然所有的纳粹元老都在座,但谁都不知道该讲些什么来打破人们脸上的凄楚冷清。生日还没有过完,希特勒的左膀右臂戈林、希姆莱、里宾特洛甫就匆匆告辞,逃离了柏林。面对这种树倒猢狲散的惨景,希特勒的歇斯底里又一次发作:"现在什么都完了!我一切都没有了……"

就在这时,他想到了爱娃,一个到阴曹地府都会随着他的女人。他要同她结婚,毕竟,她做他的情妇已有12年之久。爱娃·布劳恩是4月15日——柏林战役最危急的关头又来与希特勒相会的。她身材苗条,容貌秀丽,脾气随和,希特勒非常喜爱她,但却从不让她在公开场合露面。爱娃的大部分时间是在自己居住的萨尔斯堡没完没了地打扮,为远离的情人憔悴。爱娃对政治毫无兴趣,除了偶尔逗乐时自称"国母"外,从不去也不想去影响希特勒,她无心成为那种恃宠专擅的女人。

结婚典礼是4月29日零时左右在一位惊诧不已的市议员的主持下举行的。新郎新娘双方宣誓他们是"纯雅利安人种",而且没有使他们不能结婚的遗传病症。当爱娃·布劳恩在登记表上签了"爱娃·希特勒"的名字后,她成了希特勒的正式妻子,尽管这只有不到两天的时间。此时对于这对新人来说,首要的事不是享受新婚之乐,而是考虑如何死去。希特勒在遗嘱中写道:"我的妻子同我决定死去,以免遭受被推翻或者投降的耻辱。我们希望我们的遗体将在我服务于人民12年来进行大部分工作的地方立即火化。"

4月29日下午,希特勒在地堡中得到外面的最后一批消息,其侵略伙伴、意大利法西斯独裁者墨索里尼与他的情妇贝塔西已被意大利游击队处决,并被倒吊着曝尸米兰广场,任人践踏。这一消息促使希特勒加快了他死亡的步伐。

4月30日用过最后一顿午饭后,希特勒和爱娃一道向戈培尔等将领及追随自己多年的工作人员决别。希特勒与众人一一握手。他脸色苍白,眼中含着泪花,口中喃喃地说着些什么。爱娃则穿着她最心爱的黑裙,头发梳理得整整齐齐。然后,他们回到了他们的卧室。听到一声枪响后,戈培尔等人走了进去,看见对准自己右边太阳穴开了一枪的希特勒趴在沙发上,尸体还在流血,躺在他身边的是服氰化钾胶囊身亡的爱娃。这时的时间是4月30日下午3时30分。这是希特勒56岁生日后的第10天,同爱娃举行结婚仪式后的第39个小时。

在接下来的时间里，人们忠实地按照希特勒的要求，找来近200升汽油，迅速地将希特勒和爱娃的尸体火化了。在一个到处火光冲天的城市里，火化时的火光虽然微不足道，但却令人毛骨悚然。在希特勒的众多追随者们看来，在火光中被翻滚着烧毁的是一个不朽的灵魂，他可以与凯撒和拿破仑比肩，历史上谁也没有像他那样影响了如此众多的生灵和带来了如此巨大的改变，尽管都是罪恶。入夜，希特勒和爱娃的骨灰被扫到一张帆布上，希特勒的副官根舍回忆说，"倒进地堡进口处外边的一个弹坑里，用土埋了，还用木桩将土夯得结结实实"。

希特勒被埋在了失败的瓦砾中，而不是像他所希望的那样被埋在他的出生地慕尼黑。与希特勒一起被埋葬的，还有曾希望生存千载的第三帝国。就在希特勒死去的第二天——5月1日黎明，苏军红军战士便把胜利的旗帜插到了帝国国会大厦的屋顶。希特勒自称热爱的德国，也因为他而躺在了废墟上。

也许，希特勒"争夺生存空间"的战略从军事上、外交上抑或人的智力上看，都有其高明之处，甚至是高明极了，但从道义上、人性上、政治理性上看，则又是极端低下的。自古以来，多少渴望确立自己霸权的崇武者都是搬起石头砸自己的脚，自食其果。希特勒同他缔造的第三帝国也同样没能逃脱这一历史命运。

日本：麦克阿瑟"垂帘"——大东亚之梦的恶果

1945年上半年，在亚洲广大区域进行的"大东亚圣战"再也无法进行下去了。但是，应对挑起战争负责的日本军国主义者们却不愿意承认错误和失败，也不认真地进行和平谈判。然而，就在他们迟疑不决、试图还维护自己的尊严时，一连串前所未有的大灾难突然降临，彻底结束了他们的优柔寡断和帝国残梦。

8月6日这天，一架美制B-29轰炸机将一颗被命名为"小男孩"的原子弹投在广岛上空，炸毁了五分之三的城市，炸死了78150个平民。美国总统杜鲁门说："这颗原子弹的威力比2万吨梯恩梯炸药的威力还要大。"

第八章 武道维仁——世界上没有任何政治事业能够成为残害无辜生命的理由

8月8日，苏联对日宣战，英勇的红军战士以势如破竹之势越过边境，进入被日军侵占已久的中国东北。与此同时，英国太平洋舰队经过遥远的航行之后也加入盟军对日本的猛烈进攻。

8月9日，另一颗被命名为"胖子"的原子弹又在长崎市上空投下，使这座城市遭到了同广岛一样的命运。

将原子弹用于战场，并在短短的4天之内将两颗原子弹投掷在同一个国家，这是人类历史上唯一的一次。至此，日本在这场战争中的死亡人数也达到了200多万人，无家可归者猛增到2000多万人。

不过，令自大情结一向严重的日本人长期心疼的，除了人的生命财产损失和战争失败的耻辱之外，还有屡屡遭遇的政治尴尬。

1945年8月30日，当美国五星上将、太平洋战区盟军最高司令官麦克阿瑟嘴里叼着玉米芯烟斗，脸上浮现着自信与嘲弄的笑容，以胜利者的姿态踏上满目疮痍的日本国土，来东京执掌战后日本的最高权力时，明治维新后大和民族急剧膨胀的民族优越感像气球一样干瘪了。特别是9月27日这一天，裕仁天皇为了逃避被作为战犯而遭逮捕和审判的命运，竟谦卑地求见麦克阿瑟，用颤抖着的手接过麦克阿瑟递过来的一支三五牌香烟时，日本国民的心一阵痉挛，被深深地刺痛了。

20世纪70年代末，日本虽然创造了经济奇迹，但大和民族的内心仍然躁动不安，被"第一流的经济，第二流的生活标准和第三流的政治制度"所折磨。① 美国前国家安全事务助理布热津斯基也感到，"一个人口约1.2亿、国民生产总值居世界第二位的国家，在强大的邻国面前几乎没有防御能力，而是完全依赖一个从前是敌人、现在又是经济对手的遥远盟国的军事保护，这事确实有点古怪"；"一个迷失方向的日本，犹如一条在沙滩上搁浅的鲸鱼，无助地四处拍打，十分危险"。②

1990年8月，在离日本万里之遥的波斯湾发生了一场震惊世界的战争。虽然二战后凡遇重大的国际冲突日本都蜇伏一隅，躲之不及，但这次却一反

---

① 〔美〕兹比格涅夫·布热津斯基：《大失控与大混乱》，潘嘉玢等译，北京：中国社会科学出版社1994年版，第138页。
② 〔美〕兹比格涅夫·布热津斯基：《大失控与大混乱》，潘嘉玢等译，北京：中国社会科学出版社1994年版，第134页；〔美〕兹比格涅夫·布热津斯基：《大棋局》，中国国际问题研究所译，上海：上海人民出版社1998年版，第249页。

常态——先是应美国的要求慷慨地掏出了 130 亿美元为赢家支付军费，随后又不顾国内外的强烈谴责把扫雷艇开到了多事的海湾。然而，令日本人始料未及的是，当胜利的焰火升腾在美利坚的天空时，日本这个为美国掏腰包的阔佬却并没有被请到摆满香槟的桌旁。它不仅被排斥在美、英、法、苏的外交轴心之外，而且在海湾的战后安排上也受到排挤。大和民族再一次感受到了"政治侏儒"的冷遇。面对不被国际社会认可，日本青山学院伊藤宪一教授在《读卖》杂志上载文称："日本和德国虽然在经济上像得了肥胖症一样不断壮大，但在军事上、政治上却一点也不成熟。海湾战争说明，日、德两国除对付与本国利益直接有关的问题外，既不能在世界性的问题上采取主动行动，也不能显示自己的哲学和理想……在建立世界新秩序的过程中，如果日本光拿着装有日元的钱袋，是不会被任何国家瞧得起的，日本必须重新考虑它在全球的政治作用。"①

进入新世纪以来，面对经济不景气、与邻国的纠纷和麻烦不断，以及由十年九相到一年一相的政治困局，日本国内外一片嘘唏，以至于人们怀疑，日本是否还具备自我掌控机制。

2008 年 7 月，日本前经济企划厅长官、作家堺屋太一在日本读卖新闻集团旗下的《中央公论》月刊上以"日本没落的原因"为题发表文章指出，日本经济急剧滑落，外交在过度依赖美国和向中国靠拢之间徘徊，原因在于国家政治目前处于混沌状态，发展理念出现了根本动摇，尤其是不具备新理念的日本外交。堺屋太一说，日本与中国、韩国、俄罗斯的领土问题没有得到解决，与韩国、中国、荷兰、澳大利亚的历史问题没有得到解决，与北朝鲜的绑架问题也没有得到解决，在签订自由贸易协定方面也落在了其他发达国家后面。堺屋太一认为，日本今天已处于"半锁国状态"，必然导致衰落。②

2009 年 2 月，在日本备受尊敬的作家五木宽之又在《中央公论》月刊上以"衰退时代：日本应有的觉悟"为题发表文章，呼吁日本人做好心理准备，迎接衰退时代，坦然地做一个能够受世界尊重的小国。现年 77 岁的五木宽之被认为是日本上世纪六七十年代最能"睁眼看世界"的作家，文风一向尖锐而不失稳健。这一次，他依然不乏惊人之语。文章的第一个小标题即为"地狱时

---

① 魏克智等：《世纪风云论衡》，呼和浩特：内蒙古人民出版社 1997 年版，第 245 页。
② 《参考消息》2008 年 7 月 2 日，第 3 版。

第八章 武道维仁——世界上没有任何政治事业能够成为残害无辜生命的理由

代",称:"如果把目前的状况比做登山,那么日本已进入下山阶段"。文章呼吁日本人要"断念",勇敢地面对现实,追求"优雅的缩小",做一个"像希腊、葡萄牙、西班牙这样的国家",因为曾拥有辉煌历史的这些国家在"悄悄退潮时宁静而安逸"。在文章中,五木宽之还以"盛者必衰"的名言告诫日本人:"不要勉为其难地让太阳升起。"①

五木宽之的文章发表后在日本产生了很大的影响。报刊专栏作家莫邦富称,五木的文章"带有一种孤傲的悲凉和先知者的痛楚"。这位专栏作家还说,他本以为再过几年日本才会出现认同日本不再是"亚洲领袖"的文章和出版物,但没料到会在这么早的时候,就由以思索见长的五木宽之提出来,并且是如此彻底的"小国"主张。不过,更多的日本学者则不同意五木的论点,认为"大国"仍将是日本对今后国家发展方向的主流定位。只要日本清除与地区各国及国际社会之间的"政治障碍",明确和平发展的方向,日本成为真正的"大国"就只是个时间问题。②

虽然从历史上看,日本在其自身定位上一直就存在着起伏,国民性格中又不乏危机、忧患意识,出现"大国论""小国论"都不足为怪,但五木宽之的这篇文章还是反映了日本挣扎于历史梦想与客观现实之间的复杂心态。其中,政治上的困顿、社会心理的动摇和国民自尊的挫失,都兼而有之。

为什么日本会在国际社会中出力不讨好、在邻国中朋友少、国家政治生活也常常面临困扰呢?其实,最重要的原因还是60多年前日本所发动的那场战争以及战后日本对于那场战争的态度。

借着明治维新的成功,日本在第一次世界大战后即成为世界上的五大强国之一。与此同时,蕴藏在日本大和民族潜意识中的"独尊意识"也进一步膨胀,并且逐步演变成20世纪30年代末40年代初的"大东亚圣战",以图实现"天照大神"子孙"日出之国"的传世梦想。即使由自己参与策划并发动的二战使国家变成了废墟,但当国家从废墟上站起并向世界展示出一个又一个叹为观止的经济奇迹时,日本又觉得脚下的亚洲仍然是一堆垃圾,只有崛起的东瀛才是旭日下流光溢彩的霞关大厦。所以,尽管"大东亚圣战"以彻底的失败而告终了,战后的日本也曾在物质上和精神上都处于瘫痪状态,但日本对发

---

① 《环球时报》2009年2月12日,第7版。
② 《环球时报》2009年2月12日,第7版。

动那场战争始终都没有真正意义的认罪。

当然，日本不认罪也事出有因，很重要的就在于日本两代天皇都没有从政治上——战争的根本上找原因。

1945年9月9日，即日本在停靠在东京湾的美国"密苏里号"战列舰上签署投降书后刚刚一周，裕仁天皇在谈到战争失败的原因时就竟然说，他对战争留有深刻印象的只是美军展现在"超级空中堡垒"上的科技威力。他在涉及这一内容的这封信件中写道："我国人过于相信皇国，轻视了英美。我军人过于看重精神，忘记了科学。"①

后来的明仁天皇同样认为，日本战败"是由于英美无可比拟的物质上的优势，美国的战争能力非常高强的原因"。明仁说："他们使用原子弹，致几十万日本人死伤，摧毁了城市和工厂，使战争无法再继续下去。其原因在于日本国力的劣势和科学力量之不及。"明仁还将战败的责任归咎于日本民众而不是国家统治者和政治制度及其战争性质。他说："一个日本人与一个美国人相比，任何方面都是日本人优秀。只是一到团体上就成劣势。""从大正开始到昭和初期，日本人考虑私事重于国事，只顾自己，因此不可能打赢这次的国家全面战争。"②

这些被广泛传开的观点，极大地影响了日本统治阶层追究战败原因与建设战后日本之间的关联性，同时也影响了日本对被侵略国家和对地区事务以及对国际社会的政策。这也是二战结束以后日本对于战争的悔过态度一直不被受害国认可的真正原因。

1979年6月，时任联邦德国总理施密特前往东京参加七国首脑会议并访问日本期间，在与日本政界进行广泛地接触后，他也得出了类似的结论。施密特认为，"日本和德国的技术和经济成就无本质区别，"区别在于，"不光是年龄较大的，就是40岁左右的年轻人也为年青一代而忧心忡忡。许多日本人开始意识到，单是经济增长不可能是生活目标，国家需要对其精神和政治意识进行革新"。施密特说："日本缺少民族忏悔、痛心和羞耻感。尽管某些政

---

① 〔美〕赫伯特·比克斯：《真相——裕仁天皇与侵华战争》，王丽萍等译，北京：新华出版社2004年版，第399页。

② 〔美〕赫伯特·比克斯：《真相——裕仁天皇与侵华战争》，王丽萍等译，北京：新华出版社2004年版，第400页。

第八章 武道维仁——世界上没有任何政治事业能够成为残害无辜生命的理由

治领导人也意识到日本人在世界上特别是在邻国中缺少朋友这一事实……这是造成战争结束已过1/4世纪而日本实际上还没有自己的外交政策的原因之一。东京幻想不用对其侵略和罪行表示一丝悔恨即可过关，这就为其在邻邦中取得信任造成了不必要的困难……他们把自己三四十年代历史中的黑暗部分尽量隐瞒起来，这为日本思想的发展隐伏了危机。"①

第二次世界大战已经过去60多年了，虽然德国早在上个世纪70年代初就为战争发起国做出了榜样，但日本却至今都没能解决这一问题。战争从来就是政治的衍生物，而政治历来又是国家的灵魂，能够期望一个自己都认为自己在政治上尚未成熟的国家，会在早已发生重大进步的国际社会获得尊重进而获得世界政治大国的地位和政治成功吗？

可以预见的是，虽然日本现已成为世界最大的债权国、世界第二大经济体，能够凭借强大的经济实力广泛地参与国际事务甚至是国际政治方面的事务，但是，如若不下决心清除军国主义残余势力，不彻底地对那场战争进行悔罪，不能清醒地认识到国际上的姑息纵容不是在帮自己而是在害自己，则其所渴望的"日本时代"就不会到来。

当然，从经济大国到政治大国之间也并没有一道不可逾越的鸿沟。更何况，作为全球最富有的国家之一，日本谋求政治大国的地位，要求增加在世界政治事务中的发言权，不仅有其合理的一面，而且也有其可能的一面。日本虽只是联合国安理会的一般成员，既非常任理事国也不是理事国，但它却每年承担了联合国预算的19.5%，仅次于美国的22%，比起作为常任理事国的俄罗斯、中国、英国和法国都多了许多。这不仅反映了日本的经济实力，也为日本在势将进行的联合国改革中争取自己新的地位提供了基础和平台。不过，最终的结局还取决于日本自身，人们拭目以待。

---

① 〔德〕赫尔穆特·施密特：《伟人与大国》，隋亚琴等译，上海：同济大学出版社1989年版，第412、413、414页。

美国：在错误的时间错误的地点进行的一场错误的战争

尽管朝鲜战争是1953年7月27日由各参战方在板门店签署停战协定以后才告结束，但在美国1951年5月3日开始举行的连续3天的国会听证会上，时任美国参谋长联席会议主席奥马尔·布雷德利即指出：这场战争"是在错误的时间、错误的地点、进行的一场错误的战争"[①]。虽然布雷德利这一说法的锋芒所指，是针对刚刚被解除职务的美国驻远东军总司令——朝鲜战场的联合国军最高指挥官麦克阿瑟的错误而说的，但实际上已成为对美国卷入朝鲜战争的经典总结。

起初，朝鲜战争是一场内战，只是由于以美国为首的16个国家的军事干预，才扩大成一场侵略与反侵略的国际战争。

第二次世界大战中，鉴于1910年时就被日本侵占的朝鲜实际上已是世界反法西斯战争的一部分，美、苏、英3国曾先后多次讨论过朝鲜的统一与独立问题。1945年8月二战结束时，美国提议以北纬38°线为界，由美苏两国分别在朝鲜南部、北部接受日本投降。这一方案得到了苏联的同意。于是，苏军控制了"三八线"以北地区，美军控制了"三八线"以南地区。1945年12月，美苏英3国外长会议虽然达成了一项关于在朝鲜建立临时政府的协议，但会后美苏两国对建立什么样的临时政府产生了尖锐对立。1948年8月，南朝鲜通过单独选举成立了以李承晚为总统的大韩民国政府，并扬言以武力统一朝鲜。9月，朝鲜劳动党领导朝鲜民主爱国力量成立了朝鲜民主主义人民共和国，并选举了金日成为首相。南北朝鲜分别成立政府后，双方的冲突日益尖锐，仅1949年在"三八线"附近的武装冲突就上千次。到1950年6月25日，南北之间终于爆发了大规模内战。

内战爆发后，金日成领导朝鲜人民军曾在两个多月时间里连续发起多次

[①] 邓蜀生等主编：《影响世界的100次战争》，南宁：广西人民出版社1995年版，第457页。

第八章 武道维仁——世界上没有任何政治事业能够成为残害无辜生命的理由

进攻，逐步将战线推向朝鲜南部。但不久，由于内战爆发第三天即公开支持南朝鲜军队作战的美军完全掌握了制空权和制海权，战场形势即复杂化。9月15日，在驻远东军总司令麦克阿瑟的指挥下，美军在仁川成功登陆，拦腰切断了朝鲜人民军主力。由于腹背受敌，失去依托，朝鲜人民军被迫撤至"三八线"。然而这时，美军决定进一步扩大战争，麦克阿瑟下令于11月感恩节前占领北朝鲜全境，全歼朝鲜人民军。此时，朝鲜战局十分危急。

为了支援朝鲜人民的反侵略斗争，保卫自己边境安全，中华人民共和国政务院总理兼外交部长周恩来1950年7月6日代表中国政府发表声明，指出联合国安理会在美国政府指使和操纵下通过的关于要求联合国会员国协助南朝鲜当局的决议违反了联合国宪章，是非法的。9月30日，针对美国进一步扩大侵略战争的行为，中国政府又发出了严正警告。10月上旬，根据朝鲜民主主义人民共和国的请求和朝鲜局势的发展，中国作出了抗美援朝、保家卫国的战略决策。10月8日，毛泽东命令将东北边防军改编为中国人民志愿军，任命彭德怀为司令员兼政治委员。10月19日，中国人民志愿军遂经鸭绿江开赴朝鲜，揭开了中朝两国军队并肩作战、共同抗击美国侵略的序幕。

中国人民志愿军首批进入朝鲜的有6个军又3个炮兵师，32万人。面对的敌人是以美军为首的联合国军共42万人。入朝以后，志愿军抓住敌分兵冒进的战机，毅然发起第一次战役，在运动中歼灭冒进之敌1.5万人，粉碎了美军于感恩节前结束朝鲜战争的企图。

第一次战役结束后，志愿军迅速撤至清川江以南地区隐蔽起来。此时，美军虽已发现志愿军参战，但仍然错误地判断参战兵力可能不大，于是又重新部署，集中5个军21万人，沿东西两线发起了"圣诞节前结束朝鲜战争"的总攻势。而志愿军则采取"诱敌深入，寻机歼敌"的方针，于11月上旬开始实施第二次战役，给敌以出奇不意的打击，又粉粹了敌于圣诞节前结束朝鲜战争的企图。第二次战役共歼敌3.6万余人，收复了平壤及"三八线"以北广大区域，迫使美军和南朝鲜军转入防御，从而扭转了朝鲜战局。

第二次战役后，志愿军在半年时间内又相继实施了第三、第四和第五次战役，最终将战线稳定在"三八线"附近。这时，敌军损失过半，再也看不到胜利的希望。而对于中朝两国军队来说，虽然取得了重大胜利，但敌我力量对比尚未发生对自己绝对有利的转变。这主要是因为，尽管中朝两国军队在兵员数量上占有优势，但在技术装备上处于绝对劣势，制空权和制海权完全在敌军手中。所以，自1951年6月开始双方即转入阵地防御作战，战场出现相持局面，停战谈判也于7月10日在开城举行。

后来，虽然美国和李承晚集团并不想公平合理地解决朝鲜问题，但在中朝两国军队于1953年5月中旬陆续发起的战役性反击中又损失5万余人后，以美军为首的联合国军终于作出了停战的保证。7月27日，停战协定在板门店签字。至此，历时3年零32天，朝鲜战争终以中朝两国军队和人民的胜利而告结束。

战争虽然结束了，但这场战争的损失是巨大的。战后，朝鲜一分为二，成了两个遭受严重破坏的国家，平壤和汉城一片瓦砾。在这场战争中，以美军为首的联合国军共有24万士兵战死在战场，中朝两国军队牺牲近90万人，朝鲜平民将近有300万人直接死于战争或者在战争所造成的后果中死亡。

那么，为什么美国参谋长联席会议主席布雷德利在美国国会听证会上公开指责麦克阿瑟呢？原来，这场灾难性战争的扩大升级与麦克阿瑟有着直接的关系。

在战争爆发之初，虽然美国介入很早，但为了不与苏联发生冲突，不削弱欧洲防务，总统杜鲁门并不想把朝鲜战事扩大，特别是不希望中国参战。在1950年7月召开的国家安全会议上，杜鲁门曾讲到："如果别的地方军事吃紧的话，我会考虑放弃朝鲜。"[1]在1950年11月28日召开的国家安全会议上，杜鲁门又说："我们必须避免全面进攻中国的行动，绝对不能让朝鲜的行动扩大成第三次世界大战。否则，我们会掉入一个血淋淋的窟窿里。"[2]国防部长马歇尔说，"毫无疑问，绝对不能与中国开战。否则，我们会掉进苏联的陷阱。美国介入朝鲜是联合国的决议，对我们来说，最重要的就是如何'光荣撤退'"。国务卿艾奇逊说："我们没有办法击败中国军队，他们的增援比我们快得多。"参谋长联席会议主席布雷德利同样认为："长期打下去对我们没有任何好处，最好是体面地停战。"在会议结束时，杜鲁门明确："我们最好是作两手准备，即一面作好被迫撤离的准备，一面争取体面地停战。"[3]

---

[1] 胡高昂：《杜鲁门传》，北京：中国华侨出版社2007年版，第217页。
[2] 胡高昂：《杜鲁门传》，北京：中国华侨出版社2007年版，第229页。
[3] 胡高昂：《杜鲁门传》，北京：中国华侨出版社2007年版，第229页。

第八章 武道维仁——世界上没有任何政治事业能够成为残害无辜生命的理由

显然，在杜鲁门看来，朝鲜战争能尽快地体面地结束就是最满意的结果了。所以，1951年3月时杜鲁门再次指出："为了大规模的反击，中国军队正在积极准备。毫无疑问，对我们来说，这是一场无法取胜的战争。现在，我们必须立即停火。与被他们赶到海里的结局相比，在'三八线'停火算是比较体面的了。"①于是，杜鲁门便开始谋求停火谈判，并指示幕僚起草停战声明。3月20日，美军参谋长联席会议给麦克阿瑟发去一份电报，告诉了他总统的停战决定。

然而，高傲自负的麦克阿瑟与总统的意见是这样的尖锐对立。他3月24日得知总统的停战决定后，竟认为总统根本不了解东方，总统的行为是绥靖政策和失败主义。麦克阿瑟说："杜鲁门总统的精神已经濒临崩溃的边缘了，否则他不会作出这样的决定。"②接着，麦克阿瑟以个人的名义发表了一份措辞严厉的声明。这一声明不仅搅乱了美国政府的计划，令杜鲁门总统寝食不安，也引起了盟国的骚动，令盟国对美国产生了怀疑。更让杜鲁门总统气恼的是，在4月5日的众议院会议上，议员约瑟夫·马丁当众宣读了麦克阿瑟写的一封尖锐批评政府的信。这样，杜鲁门总统就无法容忍了，便立即解除了麦克阿瑟的职务，任命李奇微接替他担任朝鲜战场的总指挥。

不过，在美国，勇于挑战权威的人总是受到尊敬的，尤其是挑战总统权威的人。1951年4月19日，当麦克阿瑟应邀到美国国会发表演讲时，虽然已被免除了职务但却受到了英雄般的欢迎。尼克松形容当时的场景时写道："我第一次见麦克阿瑟是在1951年，当时我是美国参议员，在参众两院联席会议上听他发表'老战士永远不死'的演说。当时他正受到现代政治史上一次戏剧性大对抗风浪的冲击，但是他的风度举止却威严非凡，犹如奥林匹斯山神。他的讲话具有强烈的感染力，令听众如痴如醉。演说一次又一次地被长时间的热烈掌声所打断。最后他用这样一句扣人心弦的话向大家告别——'老战士是永远不会死的，他们只是逐渐隐没罢了。'这时，议员们一下子全都站了起来，向他放声欢呼，其中许多人激动得流下了眼泪。这恐怕是在参众两院联席会上发表演说的人中，包括总统在内，受到的最为热烈的一次欢呼了。一

---

① 胡高昂：《杜鲁门传》，北京：中国华侨出版社2007年版，第234页。
② 胡高昂：《杜鲁门传》，北京：中国华侨出版社2007年版，第234页。

位议员说,我们刚才听到的是上帝的声音。"①

杜鲁门是冷静、精明而富有见地的,他已了解这场战争并不受到欢迎。面对人们对他解除麦克阿瑟职务的种种批评和责难,杜鲁门没有向公众作任何解释。他只是对幕僚们说:"虽然接下来的这段日子我们会苦不堪言,但熬过这段日子就好了。总有一天,美国人民会知道我作了正确的决定。越来越多的人,包括共和党议员也会反思,问自己是否该无限制、无原则地支持麦克阿瑟扩大战争。"②

不出杜鲁门所料,在1951年5月的国会听证会上,麦克阿瑟和支持他的共和党议员们一个个即被质问得目瞪口呆。美国的报纸这样描述麦克阿瑟:开始,他理直气壮,就像检察官;最后,他成了被告,就像泄了气的皮球一样。

侵略和好战从来都是不得人心的,也终究逃脱不了失败的下场。在朝鲜这场地地道道的侵略战争中,美国粗暴地干涉朝鲜半岛的内部事物,派兵进驻台湾并把战火烧到新中国边境,还使东西方的冷战进一步升级,自然就不可避免地终止了美国不可战胜的神话。接替李奇微担任朝鲜战场第3任最高指挥官的克拉克在朝鲜战争停战协定上签完字后也不得不承认,这是美国第一次在没有取得胜利的停战协定上签字。

历史的启示

人类总是随着实践的发展而前进的。

虽然20世纪曾是人类惨遭杀戮的世纪,在这个世纪的上半叶,司空见惯的残暴达到了空前的程度,杀人曾用大规模生产手段有组织地进行,涂炭生灵的手段和死亡人数之多历史上都从未有过,但在这个世纪的下半叶,人类毕竟还是在军事和战争问题上觉醒了。并且,人类在20世纪的史册上还留下

---

① 〔美〕理查德·尼克松:《领袖们》,施燕华等译,海口:海南出版社2008年版,第80页。
② 胡高昂:《杜鲁门传》,北京:中国华侨出版社2007年版,第237页。

第八章 武道维仁——世界上没有任何政治事业能够成为残害无辜生命的理由

了一道分水岭般的时域界限和战争概念：前半期是战争时期，后半期是相对和平的时期；前半期是为了征服而准备战争，后半期则是为了和平而准备战争。虽然在这个世纪里人类几乎毁于战争，但人们最终还是看到了战争被控制被消灭的希望。

1972年2月，美国第37任总统尼克松首访中国，在周恩来欢迎他的宴会上，尼克松曾讲道："你们深信你们的制度，我们同样深信我们的制度。我们在这里聚会，并不是由于我们有共同的信仰，而是由于我们有共同的利益和共同的希望。我们每一方都有这样的利益，就是维护我们的独立和我们人民的安全；我们每一方都有这样的希望，就是建立一种新的世界秩序。具有不同制度和不同价值标准的国家和人民可以在其中和平相处，互有分歧但互相尊重，让历史而不是让战场对他们的不同思想做出判断。"①

1987年12月，美国第40任总统里根对到访的苏共中央总书记戈尔巴乔夫说："我们互不信任是因为我们手握刀枪，我们手握刀枪是因为我们互不信任。"②

以上这些言论，实际上都是对过往战争或冷战思维错误存在的一种正确认知和反省。从对抗走向对话，从战争走向和平，及至从根本上消除战争和战争威胁，才是人间正道。

毫无疑问，当今世界的任何国家都仍然需要把国家的安全放在第一位。历史上的世界大国通常也总是世界军事大国，如果没有军事上的强大优势，如果保障不了国家的安全，也就谈不上世界大国。但是，如何理解国家的安全，怎样才能保障国家的安全；如何建立强大的军事优势，怎么使用强大的优势力量，这却是需要人们加以认识和把握的。苏联的军事力量世界一流，与美国平起平坐，但苏联还是解体了。美国用几十万亿美元堆起举世无双的强大国防体系、遍布全球各地的情报网，结果在恐怖袭击面前束手无策。历史上谁又一劳永逸地保证过自己的绝对安全或者有过什么可以保证绝对安全的万全之策呢？因此，大国的安全也只是相对的，其军备发展必须与其国力和国家发展战略相协调。如果在防务、消费和国家发展这三个相互竞争的需求方面没有大致的平衡，一个大国就不可能长久地保持其地位。

---

① 王杭等选编：《历史上最伟大的演说辞》，天津：天津社会科学院出版社2006年版，第336页。
② 《美国研究》2005年第3期，第131页。

在当代，虽然对于技术革命的发展、国际形势的变化和大国力量的消长等因素，任何国家和领袖集团都无法预知和左右，但却如一位政治家战略家所言，所有国家都在"时间的长河"中航行，虽然它们"不能创造或控制时间"，但却"能以不同的技能和经验驾驶航船前进"。在新的世界秩序尚未确定、天下并不太平的情况下，任何大国过分地和盲目地扩大自己的军备和势力范围，都是极其危险的。尤其是，鉴于现代化武器的巨大威力——即便是常规战争也会导致极其严重和残酷的后果，因此，人类是绝不可愚蠢到如此的地步，以至于再去进行一场代价不堪设想的大国之间的战争的。这是一定会遭到全人类的反对的。

第九章
Chapter Nine

报国维志
——一个国家，总要有一些仰望星空的人

> 世界急需能担当新领袖的人——这些人有自己的远见，因而有勇气；他们清楚地意识到我们的航行刚刚开始，必须学习一套崭新的航海术。他们将不得不做多年的学徒，不得不跨越各种障碍，才能奋斗到最上层。当他们到达驾驶台时，一群忌妒的船员发生叛乱，可能会杀死他们。但终有一天，有个人会站出来，把这艘船安全地带入港口，他将是时代的英雄。
>
> ——［美］亨德里克·威廉·房龙①

---

① ［美］亨德里克·威廉·房龙：《人类的故事》，北京：中国人民大学出版社2003年版，第344页。

第九章 报国维志——一个国家，总要有一些仰望星空的人

虽然天下非一人之天下，乃天下人之天下，历代有为的统治者无不把"民本思想"作为最重要的治国思想，但是历史又证明，任何一个王朝的更替、大国的兴衰，又无不取决于领袖人物尤其是最高领导人的作为和品质。

在伟大领袖人物的脚步声中，人们总是可以听到历史的滚滚惊雷。每当一位杰出领袖的政治生涯开始或结束时，人们的生活往往就起了变化，历史的进程也可能会随之发生变化甚至是很深刻的变化。这就是领袖人物对于世界的作用和影响。

在历史的大转变、大变革时期，通常也是需要大人物、大智慧的时期。任何一个国家和民族，在历史的转折关头都更需要杰出的政治家、战略家和思想家。尤其在世界大国的舞台上，领导人若想左右乾坤，引领潮流，在历史上有所建树，必是时代的先驱，能够仰望星空的人。

尽管历史发展的主流并不一定取决于任何个人的影响，但下面这些人物和他们的故事都证明，伟人与大国的关系极大。

伊丽莎白——"她终身未嫁，但却像老母鸡一样孵育着英吉利的成长"

1558年11月17日，得了水肿类怪病并被丈夫抛弃的41岁女王玛丽去世了。姐姐死讯传来的时候，伊丽莎白正在哈特福德庄园的一棵橡树下看书。当她从书页中抬起头来时，发现身边已经围满了王公贵族，所有的人都跪下了，称她为女王。当天，伊丽莎白就开始了任命新内阁的工作。英格兰新女王的作风令贵族和大臣们耳目一新，倾倒不已，纷纷感叹："感谢上帝，让我侍候了这样可敬的女王。"

大国之道
五百年来世界性强国兴衰更替的逻辑

不出两个月——1559年1月15日,伊丽莎白又被狂欢的人群、兴奋的贵族簇拥着,前往西斯敏斯特教堂举行了加冕典礼。这天下午,英国沉浸在欢乐之中,鲜花和旗帜汇成了海洋,所有的人都在呼喊着女王的名字。伊丽莎白在行加冕礼的途中停下马车,收下了一束乞丐献给她的花,并将这束迷迭香一直带到教堂。这一举动,令人们热泪盈眶——新女王俘获了民心。所有的人都诚心诚意地呼喊着:"上帝佑护女王。"伊丽莎白则不停地回答:"天佑我民。"

加冕大典庄严而肃穆。大主教在所有王公贵族面前,将皇室的圣爱德华大王冠戴在伊丽莎白头上,然后又将同样珠光宝气的后冠交给了她。当伊丽莎白握着手中的权杖时,狂热的欢呼声再一次响起。

终于,25岁的伊丽莎白成了英国的新女王——伊丽莎白一世。画家们为登基时的女王画了最精致的画,诗人为这天的女王作了不计其数的赞美诗,伊丽莎白的美令所有的人倾倒。她身材修长,略显瘦削,一头浓密而光润的金红色长发,皮肤雪白得几乎透明,还有一双纤长如玉的手。虽然棕色的眼睛略有一些近视,但这不但不妨碍她的美,反而还使得她的眼神别具一种魅力。也许伊丽莎白并不能算国色天香,但她的气质是高贵无比的。

伊丽莎白统治英国长达45年,虽然英格兰的顶峰是后来的事,但她却是帝国的开拓者。在她的统治之下,英格兰腥风血雨的宗教迫害消失了,工商业和海外贸易迅速发展,大败西班牙无敌舰队后成为新兴的海上霸主,"日不落帝国"的伟业从此开启。

不过,这一切都来之不易,艰苦异常。

伊丽莎白继位时,虽然王室在同教会的激烈较量中胜利了,但这是暂时的,是以众多的人头为代价的,并且新的危机正在酝酿中,其焦点就是伊丽莎白的王位。因为玛丽女王病死后,作为玛丽同父异母的妹妹伊丽莎白在这种情势下被宣布为女王,在罗马教皇看来是不合法的。教皇认为,伊丽莎白的母亲安妮与伊丽莎白的父亲亨利八世之间的婚姻未曾经过教皇批准,如果伊丽莎白继位,必须首先解决宗教问题。这里的实质是,从伊丽莎白继位时起,英国天主教贵族就内外勾结,企图在罗马教皇的支持下拥戴信仰天主教的苏格兰女王夺取英国王位,以便确立天主教为英国的国教。

除了王位危机,让伊丽莎白揪心的还有国家的安危和社会发展困境。伊

第九章 报国维志——一个国家，总要有一些仰望星空的人

伊丽莎白继位时，正值欧洲各国政治斗争极其尖锐的时期，西欧列强为争夺世界市场与海上霸权正在进行激烈的商业战争。虽然法国已从玛丽女王手中夺走了加莱重地，但对英格兰的仇恨未消。在抗衡西班牙的威胁方面，英国的军力同西班牙相比也微不足道。同时，这时的英国经济社会发展正处于瓶颈阶段。传统的市场已经崩溃，生产技术明显落后于西欧大陆。大多数城乡居民的物质与精神生活处于贫乏状态，到处都是急需救济的贫民。

显然，等待伊丽莎白的是一条艰难而充满风险的路。然而，后来的历史证明，虽然是一个女人，但伊丽莎白不是弱者，她用她的智慧、她的坚毅、她的魅力，赢得了整个国家。甚至在她统治期间，她把自己的婚姻与幸福也当成了治国的一部分。

伊丽莎白后来被称为"童贞女王"，终身未婚。在她继位初期，议会曾一次次地恳求女王择婿成婚，希望她能为王室留下继承人。但伊丽莎白对此无动于衷。当议会代表又一次恳求时，伊丽莎白遂将一枚结婚戒指戴到自己手上，当众说："我已经献身于一个丈夫，这就是英格兰。"她的这一句话，在民众中造成了空前的震撼，人们将自己的女王奉若神明。

向来，王室的婚姻属国家大事，涉及江山社稷。那么，伊丽莎白为什么终生不婚呢？

有人认为，是由于不幸的童年使她的心灵受到极大创伤，父王虐杀妻子在她心中留下了巨大阴影，姐姐"血腥玛丽"嫁人后的乖戾异常使伊丽莎白对婚姻有了一种本能的厌恶。

有人认为，伊丽莎白曾经爱过一个人，那就是英俊潇洒的莱塞斯特伯爵，但由于人民的反对使她无法如愿。

还有人认为，是因为生理缺陷使伊丽莎白难以成婚。

不过，历史学家们认为，伊丽莎白保持独身更多的是出于国家政治和发展上的考虑，是一种智慧和谋略。

继位时的伊丽莎白正值青春貌美，在一个长达20多年的时期，许多欧洲国家的国王、王子都曾争相向她求婚。而她则把自己的婚姻当成了一种为国家获取利益的手段——利用未婚这一条件，借助于一个又一个的求婚者的力量，伊丽莎白成功地分化和瓦解了英格兰的敌人，有效地保障了国家的安全和自己对英格兰的统治。

第一个向伊丽莎白献上玫瑰的，是伊丽莎白那已经死去的姐姐的丈夫——西班牙国王菲利普二世。以伊丽莎白对她姐姐玛丽的厌恶，对这一求婚本来是可以当即了断的。但是，伊丽莎白当时正需要西班牙的帮助，因为正在进行的英法两国和谈中，两个主要问题——苏格兰的地位和加莱港的归属问题，都与西班牙有某种联系，伊丽莎白希望利用西班牙作为谈判的筹码，所以她便对这桩婚事迟迟不作答复，借以牵制西班牙。

于是，富有重要使命的西班牙大使只得在伦敦一天天等下去。直到最后，他也没能向国王菲利普二世报告一个确切的消息。而等到英国同法国的谈判达到了预期的目的之后，伊丽莎白终于答复菲利普二世了——拒绝求婚。

还有一个更不幸的求婚者——法国国王的弟弟阿朗松公爵。1577年，阿朗松率兵攻打尼德兰的新教徒，但他一直仰慕伊丽莎白，便派人代他向伊丽莎白求婚。刚好，这时的伊丽莎白正在为出不出兵援助遭受迫害的新教徒教友而左右为难。于是她马上想到，如果能让阿朗松调转枪口，先同当地的力量联合起来共同对付正在镇压国内新教徒的西班牙，英国就不用出兵了，这将会一举两得。

这样，一场新的爱情游戏便又开始了。女王这次投下高额筹码，她答应了阿朗松的求婚，但不马上结婚，潜台词是要看阿朗松的表现。最后的结果是，伊丽莎白成功地摆脱了困境，避免了一场战争，而阿朗松则因患疾病而亡，连女王的面都没见上。

伊丽莎白的婚姻就是这样同英格兰的命运紧紧地连结在了一起，直至终身。不过，女王的政绩可远远不止是在政治外交方面取得的这些成就，尽管这些成就保证了英格兰的安全和独立，为国家的成长壮大创造了条件。英国历史学家认为，伊丽莎白对于英格兰的历史性贡献还在于，她为英国后来的发展提供了思路，探索了道路。

这主要体现在下述三方面。

探索了开放重商的富国路子

早在伊丽莎白当政之初，从欧洲大陆就不断地传来西班牙和葡萄牙航海家探险成功并发财致富的消息。在一个商业贸易的时代，赢得海洋比赢得陆地更重要，尤其是作为一个岛国。在历史的大机遇面前，伊丽莎白敏锐地觉察到了这一点,她很快就成为英国海外贸易的积极支持者和直接参与者。

伊丽莎白不仅授权商人组建贸易公司,发展海外贸易,还亲自出资入股,向他们颁发皇家特许状,授予这些商人和冒险家以种种特权。1600年东印度公司成立时,女王的特许状不仅给予该公司从好望角到东方所有国家的贸易独占权,并且还赋予该公司拥有将来可能占领的殖民地之上的充分的政治与军事权力。

伊丽莎白的苦心很快就有了结果。1580年,英国完成了历史上的第一次环球航行,单是这一次就带回来50万英镑的财富。这次远航激起了英国人发财致富的勇气和信心,越来越多的人迅速加入到海外掠夺和贸易的行列之中。由此,英国也逐步获得了在海外建立基地、从事海外贸易以及开设海外银行的经验,并进一步产生了海洋经济。

探索了工业强国的道路

从经济发展方面来看,英国的强盛除了靠殖民掠夺、海外贸易外,最主要的还是发展工业,走工业化的道路。虽然英国出现工业革命还要等到18世纪的下半叶,但伊丽莎白时期无疑是英国发展现代工业的先驱。

伊丽莎白继位不久即顺应资产阶级和新兴贵族的要求,引进外国的先进技术、专门人才和资金,迅速发展新兴工业项目,使英国迅速进入到一个手工工场高速发展的时期,为后来向更高层次的发展奠定了基础。

起先,英国手工工场的主要产业是羊毛制造,不论是在城市还是在乡村,到处都有呢绒工业的手工工场。后来,棉纺织业迅速地发展起来,重工业中的冶金、采矿等手工工场也有了相当程度的发展。1570年前后出现了第一批造纸工场、火药工场、大炮铸造场、明矾工场和绿矾工场等。1575年,在格林尼治建立了第一家生产玻璃的工厂。到1589年时,玻璃工厂已经发展到14家,各教会的教堂普遍装上了彩色玻璃,富人的住房和农村庄园宅邸也装上了采光良好的大玻璃窗。这期间,英国的煤矿开采业发展迅速,产量在欧洲长期领先,到16世纪90年代末,其煤产量已是整个欧洲大陆的3~4倍。这一时期,在沿海的一些城市还迅速地兴起造船业,使船舶数量很快赶上了欧洲大陆各国。英国拥有100吨以上的商船数,1577年时为135艘,1588年时增加到183艘,在整个欧洲名列前茅。

经济实力的增强和产业的发展,使英国的军力发展特别是海军的发展壮大有了条件,伊丽莎白决心要让英国使用自己生产的武器。虽说英国在爱德华三世时就有大炮,但不一定是自己制造的。亨利八世时曾向外国购买大炮,但直到他晚年时仍然只能制造铸铁大炮而不能制造黄铜大炮。而到伊丽莎白一世末年时,英国铸造的各色大炮即已在欧洲享有盛名。

1588年7月,由女王表叔霍华德勋爵领衔的英国海军在加莱海域的一场战斗中大败西班牙"无敌舰队",使伊丽莎白感到从未有过的喜悦,因为这次海战对于双方都意义非凡。虽然西班牙的全面衰落还在这次海战的50年之后,但"无敌舰队"的覆灭使西班牙从此走上了下坡路,它的国力国运再没有上升过。而英国则通过这次以弱胜强的胜利,第一次以强国的姿态向欧洲大陆发出了自己的声音,并迅速地进入到全球海洋霸权和商业霸权的争夺中心。

这场胜利,实际上也是伊丽莎白探索工业强国道路的成功。

开创了宽厚包容的治国之道

继位之后,女王处理的第一桩棘手问题是宗教问题。

伊丽莎白本人是她父亲信从的安立甘教会的虔诚信徒。伊丽莎白主持的第一次会议经过长久的辩论之后,于1559年4月29日通过了独尊法令,但出于社会稳定方面的考虑没有正式对外宣布。不久,明显倾向于女王的教士会议又对教规作了更不利于传统天主教会的修改。于是罗马教皇便做出决定将伊丽莎白女王开除出教,并把训令送到英国贴在了伦敦教会主教住所的大门上。鉴于此,英国议会又再次通过法案,公开宣布安立甘教为英国的国教,它从属于国家,以国王为最高统治者。这样一来,英国王室就摆脱了罗马教皇的控制。虽然安立甘教与新教各派有所不同,仍然保留了大主教、主教等天主教的教阶制度和某些旧教的仪式,但在欧洲宗教改革的浪潮中,英国勇于摆脱罗马教皇的控制,这对天主教无异于是一个沉重的打击。所以罗马教皇庇护五世马上又采取反制措施,宣布废除伊丽莎白的王位,并且同时声称:暗杀伊丽莎白不算犯罪。

但在这种情况下,伊丽莎白并没有利用王权报复天主教徒,因为她从以往的历史恶行中已经吸取了足够的经验和教训。伊丽莎白采取了宽容的政策。她说:"只有一个耶稣基督,这是唯一的信仰,其余的一切都是小事。"这样,

第九章 报国维志——一个国家，总要有一些仰望星空的人

在伊丽莎白统治期间，英国各教会之间的仇恨便逐渐消解，对维护英格兰的民族统一和社会安定起到了很重要的作用。这与同一时期欧洲大陆因宗教冲突而发生的血腥迫害形成了鲜明对比。在当时的欧洲大陆上，各地的新教徒同天主教徒之间是不共戴天的宿敌，双方都争相把对方像野兽一样地捕获，折磨够后才心满意足地把猎物送上火刑柱。因为宗教冲突，在德国曾导致了长达 30 年的战争，使德意志 1/4 以上的人口在劫难中丧生。

伊丽莎白的宗教政策是宽容的，在同议会相处时同样持一种谨慎而又宽容的态度。她既保持国王对议会所拥有的权力，同时也尊重议会的传统权力。当王权与议会发生矛盾或冲突时，她往往会以灵活的方式甚至是以妥协的方式来加以解决，以便保持王室与议会的继续合作，共同维护英国的政治和社会平稳发展。

1601 年，当她要求议会通过她所开列的某些商品为王室专卖商品时，曾受到议会的激烈反对和抨击。但伊丽莎白没有滥用国王的权威去解散议会，相反还表扬议会并作了自我检讨，避免了王室与议会之间的冲突进一步升级。

在伊丽莎白整个统治期间，王权的扩张始终都是控制在议会能够忍受的范围之内的。正是因为有了这两者之间的平衡和秩序，才使英国在伊丽莎白时期出现了一个相对稳定和宽松的社会环境。

对此，英国皇家历史学会副主席哈里·狄更斯曾有这样的评论："伊丽莎白在位时就非常受人民爱戴，而且她可能还是英国历史上最得民心的一位统治者。她不仅在位时间长，而且似乎同时代表了英国大人物和普通人的利益……伊丽莎白是个独裁的君主，但却不是一个暴君，也不是专制主义者。她试图在公认的法律和常规下统治。"[①]

伊丽莎白能够采取宽厚包容的治国政策，与她对君主权力的合理理解有关。女王明白，权力的基础是全体英格兰人，没有人民的支持，王朝就没有立身的可能。所以伊丽莎白在强化王权的同时，恪守了祖先传下来的一个政治传统，即《自由大宪章》所确立的臣民的权利是自由的，独立的，不是国王所恩赐的，因此，国王必须"向任何人施以公正，不能剥夺他人的权利"。

伊丽莎白能够采取宽厚包容的治国政策，也来自于她所具有的文化素养。

---

① 中央电视台《大国崛起》节目组编：《大国崛起·英国》，北京：中国民主法制出版社 2006 年版，第 59 页。

无论是在继位前还是在继位后，伊丽莎白都保持了自己热爱学习的习惯。在她的教师中，有英国文艺复兴时期最著名的人物，她曾受到欧洲古典文学、历史、数学、诗歌和语言方面的良好教育。除了英语，伊丽莎白还会法语、意大利语、西班牙语、拉丁语和希腊语 5 种语言。伊丽莎白本人也从事写作和翻译，她的一些作品流传至今。所以，伊丽莎白时期也是英国文化发展的一个重要时期。

伊丽莎白能够采取宽厚包容的治国政策，还有一个最重要最根本的原因，即她经历了凄苦的人生磨砺和曾经阴阳两界的灵魂洗礼。

伊丽莎白虽生于王室，但她在继位之前却很少享受王室的荣华与富贵，相反还被一系列的宫廷阴谋和迫害所包围，几近失去生命。

1533 年 9 月 7 日，伊丽莎白降生在格林尼治宫。在她出生之前，国王亨利八世已让人把一张雕刻精致的床搬进了产房，这张床是法国国王送给英国国王的礼物。亨利希望这张床能给他带来福音——诞生一个梦寐以求的儿子，以保证王室后继有人。然而，亨利又一次地失望了。好在伊丽莎白毕竟是亨利八世的血脉，因此她拥有了王位继承人的头衔。

但是，伊丽莎白的降生不仅曾引起父亲的不快，并且还引起了比她年长 16 岁的同父异母姐姐玛丽的忌恨。而玛丽的忌恨，又源于父亲亨利与其生母的一段不幸婚姻。

玛丽的母亲凯瑟琳是一位西班牙公主，先前嫁给亨利的哥哥亚瑟，但婚后不久亚瑟即去世。因贪图凯瑟琳的美貌，亨利即位后便娶了寡嫂并生下了玛丽。然而，凯瑟琳此后却未能为亨利留下一位男性继承人。于是亨利渐渐与之疏远，并与宫女安妮发生了恋情。为了同安妮结合，亨利八世于 1527 年向罗马教皇提出了与凯瑟琳离婚的申请。通常，教皇会同意一位国王的这种要求。但此时，由于凯瑟琳的侄子——西班牙国王正带兵进攻罗马，教皇不敢得罪西班牙，因此对亨利八世的离婚申请一拖再拖，实际上是拒绝了亨利的请求。亨利八世看到自己的期望落空暴跳如雷，他便决定按照自己的方式来解决这一问题。1533 年 2 月，亨利将早就起草好的"禁止上诉法案"提交议会通过——这个法案中止了王室的遗嘱与婚姻案件需上诉至罗马教皇的规定，改为由英国大主教主持裁定；同时，亨利八世于 2 月 25 日与安妮举行了秘密婚礼。1533 年 5 月 23 日，即由英国大主教判决，宣布亨利与凯塞琳的婚姻无

第九章 报国维志——一个国家，总要有一些仰望星空的人

效，5天后又宣布亨利与安妮的秘密婚姻有效，3天后进一步宣布安妮被加冕为王后。

亨利八世如愿了，但他与凯瑟琳的离婚影响了玛丽的地位，所以玛丽迁怒于伊丽莎白。此外，玛丽信仰天主教，而伊丽莎白生来就是一个新教徒，这种宗教信仰的差别也导致了玛丽对伊丽莎白的仇视。

出生后的头几年，伊丽莎白还算是一个无忧无虑的小公主。但没过多久，其母安妮身怀的男胎流产，亨利为此大怒，并以"乱伦""通奸"为罪名把安妮处死了。随着母亲的去世，伊丽莎白的地位便急剧下降。1536年6月，议会取消了她的王位继承资格。随后，伊丽莎白同父亲亨利八世和宫廷的联系即被限制在一个极小的范围内，甚至连衣食也得不到应有的保障。

在安妮去世后，亨利八世先后又娶过4个妻子，但只有一人为他生了一个儿子——爱德华。在4个继母中，只有帕尔对伊丽莎白影响最大，因为帕尔酷似伊丽莎白的母亲。1543年，在亨利八世与帕尔结婚时，伊丽莎白不知何故得罪了父亲，一气之下，父亲将她驱逐出宫并拒绝再见她。1544年，伊丽莎白无法忍受孤独的生活，于是写信给帕尔，求她向父亲说情，让自己返回宫中。帕尔满足了伊丽莎白的愿望。从此，伊丽莎白把帕尔视为最亲近的人。

然而，与帕尔的亲近又把伊丽莎白拖到了另一场意想不到的灾难之中。1547年，亨利八世去世，幼子爱德华即位，由萨默塞特伯爵摄政。亨利去世后不久，帕尔便和摄政大臣的弟弟西摩秘密结婚。西摩是个花花公子，他同帕尔结婚后，又把眼睛盯到少女伊丽莎白的身上。他常常跑到伊丽莎白的房间与其嬉戏，但帕尔对西摩的行为充耳不闻。这给伊丽莎白带来了极坏的后果，以至从宫廷中传出各种流言，使她的名声受损。更大的灾难还在于，在帕尔难产死后，西摩便提出与伊丽莎白结婚——之所以提出这桩婚姻，主要是西摩对其兄长的摄政权早已垂涎三尺，他企图利用伊丽莎白的特殊身份取而代之。西摩的自负和野心埋下了自我毁灭的祸根。1549年1月，他哥哥便以"叛国罪"逮捕了西摩，伊丽莎白也同时遭到监禁。

伊丽莎白受到了一连串的审讯。她承认与西摩的戏耍是愚蠢的，但不承认这构成叛国罪。她否认与西摩私订终身，说："我知道没有政府的批准，我是不能同任何人结婚的。"为尽快摆脱险恶的处境，她给摄政大臣写信："我殷

切希望你能作出一个决定,让我返回宫中,当面向你证明我是清白的。"经过调查和审讯,最终证明伊丽莎白是无辜的。于是,她重新获得了自由。

但是,厄运并没有到此结束。不久,一场更为残酷的迫害又降临到了伊丽莎白头上。事情的起因是:1553年,刚刚继位的女王玛丽无视枢密院的劝告,决意与自己看上的西班牙国王菲利普二世结婚。而出于对国家安全的担忧,枢密院坚决反对这门婚事。因为当时西班牙与法国存在着尖锐的矛盾,枢密院担心与西班牙王室联姻会把英国拖入到对法国的战争中去——后来果然如此,英国于1557年至1558年被拖入到西班牙与法国的战争中。于是,枢密院中一批贵族密谋废黜玛丽,以伊丽莎白取而代之。但是这一计划未经实施即被泄露。等到贵族们行动时玛丽早有准备,结果自然是失败。对于伊丽莎白而言,完全是少数贵族的阴谋害了她,因为她对这件事毫无所知。但是玛丽却感到,只要伊丽莎白存在,就是对她王位的最大威胁,因此必欲置之死地而后快。

玛丽立即命令把伊丽莎白送到伦敦予以囚禁。然而这时的伊丽莎白正在自己的庄园身染重病。她患上了猩红热,双腿浮肿,肾脏遭到严重损伤,身体极度虚弱。伊丽莎白曾希望暂缓几天动身,但玛丽怀疑她的病情,亲自派医生前去检查。医生的结论是:如果有舒适的马车,前往伦敦还不至于丧命。于是,玛丽命伊丽莎白立即出发。

人们用担架把伊丽莎白抬到马车上,这时她的双膝关节已不能活动。伊丽莎白估计这次生还的可能性很小,刻意穿着一身白衣,靠在马车的窗户旁,以便最后看看英格兰的山川原野。

进入伦敦,伊丽莎白看到一幅可怕的图景:密谋起事的几名枢密院贵族,头颅挂在伦敦城门口,其尸体仍然吊在绞架上。伦敦城昔日的喧闹不见了,一队队全副武装的士兵在巡逻,整个城市都笼罩在可怖的气氛中。

伊丽莎白被人抬到了王宫白厅。在枢密院的会议上,有人提出要处死伊丽莎白;而另外的成员则又担心,如果处死伊丽莎白,无子女的玛丽女王死后,英国的王位继承将会陷于混乱。这样看来,谨慎处理伊丽莎白不仅关系到王室血脉的继绝,而且还关系到国家政局的稳定。于是枢密院作出决定,将伊丽莎白送进伦敦塔,以待审讯。

伦敦塔是一所皇家监狱,专门囚禁政治要犯,凡进入伦敦塔的犯人即如

第九章 报国维志——一个国家,总要有一些仰望星空的人

同被装进铁桶一般,窒息得使人透不过气来。早在西摩事件时,伊丽莎白就曾被关进这里,如今她是第二次进入这个密不透风的"铁桶"了。但是,伊丽莎白还是不甘心这样不明不白地被送到监狱,她便写信给玛丽,否认自己与枢密院密谋事件有牵连,申诉自己是无辜的。为了防止外人篡改这封信件的内容,伊丽莎白还将信纸最后一页的空白部分全部划掉,她仍然对玛丽充满期待。然而,当这封信送到玛丽手里时,玛丽连信都没拆开就把它扔了,因为她坚持伊丽莎白有罪。这时,伊丽莎白绝望了,她感到不日将会步母亲的后尘,从伦敦塔走向断头台。

不过,终因为伊丽莎白与枢密院密谋事件无任何联系,再加上枢密院出于对国家政治稳定和连续性的考虑,最后还是决定将伊丽莎白从伦敦塔释放出来,由囚禁改为流放,派专人监护。由此,伊丽莎白总算保住了性命。

历尽了这些人生磨难的伊丽莎白,深知生灵之不易,生命之可贵,如今由她来经世济国,她便发誓不让悲剧重演。所以在整个伊丽莎白统治时代,她的执政作风是较为理性和人性的。

1603年3月24日,伊丽莎白一世去世了。虽然她终身未嫁,无子无后,孤独地走完了她的一生,但却留下了一个国力日盛处于上升态势的英国。

英国历史学家评论,伊丽莎白是英格兰历史上最伟大的君王,如果没有她,英国和西方世界的历史很可能是另外一个样子。

2002年,英国BBC主持全民投票,评选历史上"最伟大的100名英国人",伊丽莎白名列第七,为英国历代君王之首。

2005年,在英国电视台举行的"英国最伟大君主"的评选中,历史学家和评论家对英国历史上的12位最杰出君王进行了评选,伊丽莎白又名列榜首。

一位著名的英国传记作家曾这样描述伊丽莎白这位25岁登基、终身未婚的英国女王:"这只凶狠的老母鸡一动不动地蹲着,孵育着英吉利民族。这民族初生的力量,在她的羽翼下快速地变成熟,变统一了。她虽然一动不动地蹲着,但每根羽毛都竖了起来。"①

历史给予每个民族的大发展机遇总是有限的。作为国家的最高统治者,伊丽莎白一世没有错过大发展的机遇。她不愧为英国最伟大的君王,英格兰

---

① 中央电视台《大国崛起》节目组编:《大国崛起·英国》,北京:中国民主法制出版社2006年版,第213页。

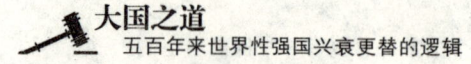

历史上最夺目的玫瑰。

华盛顿——美利坚合众国之父

1732年2月22日,华盛顿出生在弗吉尼亚州一个大种植园主家庭。16岁时就职于殖民政府从事土地测量工作,不仅获得550英亩土地作为报偿,而且增长了见闻和知识。20岁时,他的哥哥去世,整个大农场由华盛顿继承和管理。不过,他的志趣已不限于管好几千英亩的农场,他骑着马到弗吉尼亚各处观察,萌发了要在西部建功立业的雄心。

1752年,华盛顿被任命为弗吉尼亚南区的副官,少校军衔。北美土地上爆发英法战争后,华盛顿接受英军将领布拉多克的委任充当他的上校副官。因表现出色,不久就被任命为民兵总司令,负责守卫弗吉尼亚西部边界。

然而,华盛顿的抱负在政界。1759年,他被选入弗吉尼亚议会。在此后的10多年中,华盛顿痛切感到英国的殖民政策严重地损害了殖民地人民的生活和侵犯了殖民地议会的权力。1774年3月至6月,英国议会又陆续通过在北美殖民地进行高额征税的5项法律,迫使各殖民地作出强硬反应。1774年9月,各殖民地派出代表在费城召开具有划时代意义的第1届大陆会议,华盛顿被选作弗吉尼亚的代表出席。在会议上,他大力促成大会通过了不惜以武力作为最后手段解决问题的决议。

伟大的事件成就伟大的人物。1775年4月19日,殖民地民兵在列克星敦同英军发生了武装冲突。从此,华盛顿开始了自己辉煌的人生,也开启了美国独立的历史。

他曾是独立战争的总司令

列克星敦的枪声犹如一声惊雷,惊醒了新大陆,拉开了美国独立战争的序幕。

1775年5月10日,在殖民地各州派代表参加的第二届大陆会议上,由华盛顿担任大陆军总司令的提名获全票通过。第二天,大会向华盛顿宣布了这一历史性任命。华盛顿激动而诚恳地说:"虽然我深知此项任命给了我崇高的荣誉,但我仍深感不安,因为我的能力和军事经验恐怕难以胜任这一要职。鉴于议会的要求,我将承担这一重任,并愿竭尽所能为这一神圣的事业效劳。"①但是华盛顿拒绝了大陆会议批准给他每月500美元的薪饷,他说,"对金钱的考虑是不能促使我牺牲家庭的舒适与幸福来接受这一艰巨的任务的"。5天后,大陆会议颁发的委任状一到,华盛顿就奔赴疆场了。他深知生命无常,已经想到了战死沙场的可能,所以在出发前留下了遗嘱。

华盛顿是在敌强己弱的情况下肩负起指挥独立战争的使命的。面对装备精良的英国正规军,大陆军明显缺乏纪律、训练和装备。1776年的圣诞夜,由于华盛顿出色的指挥,大陆军打了一个大胜仗,被誉为奇迹。大陆会议遂做出重大决定,把军事指挥权全权授予华盛顿。这包括:全权指挥作战事宜,任命准将以下的军官,征用一切军需品,等等。

经过8年的浴血奋战,英国于1783年9月3日同美国签定《和约》,承认美国独立,新生的国家终于赢得了战争和尊严。

不过,就在胜利降临的时候,华盛顿即向大陆会议请辞公职,亲手交回了大陆军总司令的委任状。华盛顿又回到了自己的故乡弗农山庄。

他曾是共和体制的奠基人

1787年5月,起草新宪法的会议在费城召开,华盛顿作为弗吉尼亚州代表团团长出席会议。像10多年前大陆会议推举大陆军总司令一样,华盛顿又获全票,被各州代表一致推选为会议主席,主持制定美利坚合众国宪法。

会议进行得异常艰难,组织工作的难度不亚于指挥作战。各州的代表虽然都同意组建一个中央政府,但谁也不愿意让出本州的权利。会议中充满了猜忌、争吵甚至怨恨。但是最终,智慧、妥协和共同的价值还是占了上风。13州的55位代表,经过116天的会议,终于使新宪法落成了。依据新宪法,国家的主权由州转移到了合众国,13个州由松散的联合体变成了政治统一的共和体,中央权力由功能不全的大陆会议变成了拥有足够权威的联邦政府。由此,一个真正意义的美国才正式诞生了。

---

① 肖德甫:《大国法则》,北京:中国华侨出版社2009年版,第257页。

作为制宪会议的主席，华盛顿对宪法的内容也许并没有作出多么大的贡献，但是他的名望对组织起草这部宪法以及各州批准这部宪法却起到了举足轻重的作用。新宪法出台时，曾有一股力量在质疑它甚至阻挠它，如果没有华盛顿及其支持者的巨大影响，新宪法的问世是很困难的。

他曾是合众国的首任总统

1789年2月，依据刚刚生效的新宪法，美国进行了历史上的首次总统选举，69名选举人无一例外地都把自己的票投给了华盛顿——这是他第3次在如此重大的任命中获得全部选票。4月30日，作为美利坚合众国第1任总统，华盛顿宣誓就职。4年后——1792年又获得连任。

华盛顿是非凡的人物，他沉着有序地解决国家面临的一系列问题。组建了政府机构；与外国签署了一系列重要条约；有效地消除了内乱困扰；摆脱了国家财政上的困难……新生的国家在他领导下，步入了正常发展的轨道。

1796年9月17日，任职8年的华盛顿坚决拒绝谋求第3次担任总统，发表了他的《告别词》。这时，美国已初具规模，形成了一套完整的政治运行机制，并且，整个合众国的制度是这样地深入人心，以致两个多世纪都没有被撼动过。

虽然华盛顿曾是独立战争的总司令、制宪会议的主席、美利坚合众国的首任总统，但是，他的伟大，甚至于他对美国的最大贡献，却并不仅仅因为他曾担任过这3项显赫的职务。对于美国起到定型和传世作用的，还在于华盛顿开创了一种先例，创造了一种风范。正如众多历史学家和评论家所指出，华盛顿最重要的政治遗产是他道德治国的主张以及他在这方面的经世典范。

"道德是一个民意所归的政府所必需的原动力"——这句话既出自华盛顿之口，也被他所身体力行。在公务生涯中，华盛顿总是听从政治良知和人民利益的召唤。

1783年3月，独立战争刚刚胜利，一部分驻扎在纽约州纽堡的军队，因为没有得到任何报酬，开始策划起事。他们发表《纽堡请愿书》，扬言：如不能达到要求，将公开反抗国会。他们还宣称，只接受华盛顿的领导，并写信给华盛顿，建议他拥兵自立，当美国的国王，成为美国的恺撒。

第九章 报国维志——一个国家，总要有一些仰望星空的人

显然，这是一个巨大的诱惑。按照通常做法，改朝换代中的组织者、指挥者都会自然成为新政权的统治者。此时，为自由和独立整整战斗了8年的华盛顿已拥有无人匹敌的威望和声誉，早就是人们心目中独一无二的偶像。可以说，只要华盛顿稍一犹豫，美国是否会成为共和国，美国是否会是今天的美国，一切都可能两样。

值此关键时刻，华盛顿召集了一次对美国历史发展方向有决定性意义的军官大会。他在会上严正呼吁，军官们不要"打开内乱的闸门"，不要采取任何有损辉煌战功的行动。他还痛斥准备起事发难的军官，说："我想不出我有哪些举动会鼓励你写这样一封信，我认为这封信包含着可能降到我国头上的最大的危害……你不可能找到一个比我更讨厌你的计划的人了。"在讲话快要结束时，华盛顿从口袋里掏出了一副眼镜，说："请允许我戴上眼镜。为了这个国家，我不光熬白了头发，还差点弄瞎了眼睛。"①听到这些，铮铮铁汉们流下了眼泪，无不被华盛顿的人格所感染。顷刻，内乱的阴云随之消弭。

华盛顿断然拒绝拥立自己成为国王的举动是惊世骇俗的，因为当时的世界还是一个由国王统治的世界。当英国乔治三世得知华盛顿拒绝黄袍加身时，他说，如果华盛顿确实这样做，他将成为世界上最伟大的人物。

不过，历史认可华盛顿的伟大，还不只是因为他拒绝当国王这一件事，而是他一再地经受住了权力的诱惑，没有像无数的盖世英雄那样在最后一刻丢失了自己。

1796年，在大多数人都希望华盛顿连任第三届总统时，他又像拒绝当国王一样推辞了。

早在华盛顿初任总统的时候，他就说过："我走在尚未踏实的土地上，我的所作所为将可能成为以后历届总统的先例。"

原来，权位不是华盛顿和美国的一批开国领袖们想得到的东西。他们是一群理想主义者，国家主义者，对他们来说，建成一个心目中的理想社会高于一切。

华盛顿确实树立起了一根标竿。杰斐逊在第二届总统任期届满时，两党都要求他连任第三届。杰斐逊则明确表示："华盛顿将军在任总统8年后自愿

---

① 中央电视台《大国崛起》节目组编：《大国崛起·美国》，北京：中国民主法制出版社2006年版，第58页。

放弃竞选，树立了榜样，我要仿效他。"①

从这里进一步看到，众多的美国政治家都是把自己的理想和追求建立在国家利益的基础上的。在他们眼里，永远是国家利益，永远是国家至上。

在评论华盛顿主动辞去总统职位这一举动时，美国历史学家雅各布·尼德曼在《美国理想：一部文明的历史》一书中写道："他当时是没有必要离开总统宝座的。他可以轻易地赢得第3任。尽管在他的第2任任期中政府内部发生过争斗和混乱，但当时的局面很明显，他想当多久总统，他就能当多久。人们列举了许多个人原因来解释他让权的决定，毫无疑问，所有这些因素都是有根有据的。毫无疑问，华盛顿那时身心疲惫，真心希望能回到自己心爱的农庄，过上几天清闲日子。毫无疑问，他开始觉察到自己脑力的衰退。毫无疑问，还有许多其他的有说服力的原因——政治的和个人的原因。但是根据我们的观点，他让权的最主要的原因是为了保存美利坚的精髓——民众自由地选择自己的领袖，领袖必须为民众尽责。如果华盛顿在任期内去世，总统职位的整个构架肯定会和今天的构架有很大的不同。总统有可能，非常有可能被认为是一个个人权力的终生职位，在很大程度上和君主制相似。华盛顿的让权使得总统选举能在他的有生之年，在他的赞许下举行。他的让权之举明确无误地指出，民众和宪法是这个新生国家里的唯一主人。"②

华盛顿开创了美国政治的新纪元。

1799年，美国国会发布了追悼华盛顿的讣文，称颂华盛顿为："战争中第一人，和平时期第一人，同胞心中第一人。"③

俾斯麦——德国统一的缔造者

在德国，虽然统一即意味着强大现已成为人们普遍的共识，但在19世纪

---

① 中央电视台《大国崛起》节目组编：《大国崛起·美国》，北京：中国民主法制出版社2006年版，第58页。
② 〔美〕雅各布·尼德曼：《美国理想：一部文明的历史》，王聪译，北京：华夏出版社2004年版，第87页。
③ 刘绪贻、李世洞主编：《美国研究词典》，北京：中国社会科学出版社2002年版，第1082页。

第九章 报国维志——一个国家，总要有一些仰望星空的人

中期时却并不被人们所认同，那时的欧洲列强也不愿意看到，因为谁都不希望自己的身边突然出现一个强大的国家力量。正是因为统一之不易，所以人们对于帝国的缔造者俾斯麦是如此地尊崇。

"俾斯麦有着杰出的天赋、坚强的意志和专横的权力欲望，他能把无偏见的想象力和政治上敏锐的判断力及对切实可行的事情的可靠感觉结合在一起。他把勇气和胜利等量齐观，他对政敌抱有难以遏制的仇恨，这使他揭露政敌的弱点时尖酸刻薄以至到了无理的地步。只有对他的使命、他的国家和他的国王，他才十分忠诚。他那多种多样、互相矛盾的性格，使他虽然恃才傲物、盛气凌人，但他也会对自己称之为上帝安排的事物俯首听命，到了卑躬屈膝的地步。他既保守又革命，有着敏锐的洞察力，看得清调整列强相互关系应有分寸。如果情况需要，他也能摆脱傲慢而懂得如何谦虚自足。他那善于估计各派政治力量、利用它们为自己和国家权力服务的才能，使他在被纠缠到各种事件之中时能保持清醒的头脑。俾斯麦作为政治家来说，是那个时代的伟人；就其品格而言，他既气度恢弘，又胸襟狭窄，他受到人们少有的尊敬，但也遇到深切的仇恨，在他那一时代中找不出第二个人。他给德国人民的命运指引了方向。"[①]

以上是德国历史学家迪特尔·拉夫在《德意志史》这部巨著中为俾斯麦所写的一段评语。这段评语，被认为是对俾斯麦所作出的所有评论当中最为客观、最为公正和最为贴切的。

俾斯麦生于乱世，他的成功在很大程度上应归功于他的母亲为他所设计的求学道路。

1815年4月，俾斯麦出生在一个典型的普鲁士容克贵族并带有封建军事色彩的家庭。在这一年，拿破仑兵败滑铁卢，曾经涤荡欧洲大陆的法兰西第一帝国走入历史，欧洲重又回到大国逐鹿的状态。当时，战争结束后的德国一片废墟，是由38个邦组成的德意志邦联，由普鲁士和奥地利共为盟主。这种由两个最大的邦共同支配的国家形式极为松散，"德意志"只是一个存在于想象中的概念，现实中它实际上是一种四分五裂的状态。

俾斯麦的母亲希望他能够成为外交官，很早就把他送到柏林最好的学校

---

① 〔德〕迪特尔·拉夫：《德意志史：从古老帝国到第二共和国》，波恩 Inter Nationes 出版社 1987 年中文版，第 135 页。

去读小学和中学。这使俾斯麦比较全面地学习了德意志和欧洲的历史，尤其是对战争与和平的问题有了更为深刻的了解。

1832年，俾斯麦完成了中学学业，按照母亲的安排，他又进入当时德国最先进的大学——汉诺威哥廷根大学学习。在哥廷根，俾斯麦加入了倡导民族精神的大学生协会，并决心为普鲁士贵族的荣誉而战。为此，入学仅仅3个月他就进行了首次决斗，而在其后的9个月中这种决斗又进行了24次。这种行为终于引起校方关注，迫使俾斯麦转学到了柏林。

大学毕业后，虽然俾斯麦本人强烈地想进入欧洲外交界，他的母亲也竭力运用其家族的影响力帮助他，但并不顺利。

这一时期的普鲁士正在经历经济变革。全德意志范围的统一关税同盟的成立，打破了此前38个邦国经济彼此割裂的状况，资本主义经济在全德范围内迅速发展。经济上的统一很快又带来了政治上统一的要求。作为容克贵族阶级的一分子，俾斯麦马上意识到了隐藏在经济变革之后的政治胎动。这种对于政治的敏感得益于他在哥廷根大学时代就已形成的对于历史和政治的极大兴趣。他感到，机会来了。

果然，1851年时俾斯麦被任命为普鲁士驻法兰克福邦联议会的大使，外交官的梦想终于实现了。这为他施展自己的抱负和后来的发展创造了极为有利的条件。

在法兰克福的日子里，在同城市资产阶级密切交往的过程中，俾斯麦深切地感到现代经济的发展、资产阶级力量的增长是无法遏止的，资产阶级要求改革和参政的愿望也是不可消除的，所有的一切都在促使他改变对于资产阶级的看法。这时的俾斯麦已经看到了普鲁士的危险与出路。基于维护国家利益的现实主义立场，俾斯麦认为，必须顺应民族统一与发展现代经济的趋势，把资产阶级的经济利益与普鲁士的强国目标联系起来。

1856年，俾斯麦经过周密准备，提出了一份系统的普鲁士对德意志和欧洲的政策备忘录。这项政策的终极目标是确立普鲁士在德意志的霸权，实现在普鲁士主导下的全德意志的统一。在俾斯麦看来，普鲁士的"强权政治"不仅符合普鲁士君主政体的利益，而且能够吸引资产阶级的兴趣和支持。俾斯麦主张，要把普鲁士内部日益发展并壮大起来的民族力量引向争取普鲁士霸权的方向；同时，要通过削弱奥地利，把奥地利从德意志的政治事务中排除

第九章 报国维志——一个国家，总要有一些仰望星空的人

出去。

俾斯麦的这一政策主张，由于确保了君主政体和容克贵族统治阶级的利益，所以马上得到了国王的赞许，甚至是为国王解了围。因为国王同议会的关系正处在危机中。

当时，威廉一世欲扩充军备，已委派陆军大臣罗恩伯爵负责军事改革，任命了自己的副官毛奇担任参谋总长。罗恩提出的改革计划包括：将正规军从 14 万人增加到 21.7 万人；每年征兵人数从 4 万人增加到 6.3 万人；用新式武器更新部队的装备；扩大军官团；加强军队训练，等等。由于议会中的资产阶级代表人物担心军队变成容克贵族控制的工具，因此促使议会拒绝拨款。但国王威廉执意坚持军队改革，在不经议会批准的情况下即支付了军队费用，还下令解散众议院，组成了新议会。但在新组成的议会中，由于资产阶级自由派和民主派的代表更多了，所以又展开了对威廉一世的猛烈攻击，并再次否决了军事改革计划和军费预算。这时，宫廷一片混乱，威廉一世宣称宁肯不要王位也不向议会妥协，还把退位诏书都写好了。

值此危机之际，经陆军大臣罗恩提醒，威廉一世想到了俾斯麦和俾斯麦提出的政策主张。一纸"速来"的加急电报，让俾斯麦沸腾不已。通过两个多小时的交谈，威廉一世对俾斯麦坚强的意志、充沛的干劲和敏锐的思维留下了深刻印象，便把退位诏书撕得粉碎，立即任命俾斯麦担任宰相兼外交大臣，全权负责国家行政和外交事务。

这一任命改变了普鲁士的命运和德意志的命运。

恰在此时也出现了一个供俾斯麦推进统一的千载难逢的有利局面。在德意志内部，凡实行关税同盟的地区已经像一个正常国家的内部市场一样在运作，并且经济越发达，统一的愿望越迫切；普鲁士军队士气高昂，早已做好战斗准备；而主要对手奥地利在同邻国的争斗中又元气大伤。在国际方面，英国正忙于开拓拉丁美洲和东南亚的势力范围，俄国在克里米亚的战争中惨败后正把精力转向国内的农奴制改革，这两个国家都无暇它顾，唯一有可能阻挠德意志统一的就只有法国一家了。内外的形势似乎都在向有利于普鲁士的方向倾斜。

1862 年 9 月 30 日，俾斯麦在国会发表了如下演说："普鲁士必须积聚自己的力量并将它掌握在手里以待有利时机……这种时机已被错过好几次。维

也纳条约所规定的普鲁士国界是不利于健全的国家生活的。当代的重大问题不是通过演说与多数议决所能解决的——这正是1848年和1849年所犯的大错误——而是要用铁和血来解决。"①

俾斯麦的这次演说被称为"铁血演说",由此他也获得了"铁血宰相"的称号。从这次演说之后,俾斯麦便开始了用智慧和武力缔造德意志帝国之路。

为了进行战争时不至于腹背受敌,俾斯麦展开了灵活的外交攻势以配合军事行动。他在欧洲各国间寻找缝隙,一会儿化敌为友,一会儿认友为敌,千方百计地使一些国家在适当的时刻保持中立,确保了普鲁士始终只有一个敌人,普鲁士军队始终只同一个敌人作战,终于,通过几场王朝战争,使德意志近千年来的统一梦想分三步完成了。

第一步:因势利导,取信欧洲

这一时期的总体形势虽然对德意志的统一有利,但是俾斯麦十分清楚,德国的问题从来都不单纯是德国的问题,它一直牵动着欧洲的神经。要采取行动,必须等待和善于捕捉机遇,尽量减少负面效应。

1863年,丹麦议会通过一部新宪法,将两处属于德意志邦联且讲德语的公国划入到了丹麦的版图。这无疑给了普鲁士最好的借口。为显示普鲁士是德意志民族利益的捍卫者,俾斯麦遂联合奥地利对丹麦宣战。这一举动不仅没有引起欧洲列强的戒心,也缓和了奥地利的不信任感。

战争很快以普、奥的胜利而告终。战利品的划分也很清楚,石勒苏益格公国归普鲁士,荷尔施泰因公国归奥地利。不过,荷尔施泰因公国对奥地利来说只是一块"飞地",因为中间隔了个普鲁士。这是俾斯麦蓄意的布局。不久,俾斯麦就把军队开进了这一地区,为下一步做好了铺垫。

第二步:降伏奥地利,独霸德意志

俾斯麦历来认为,一山容不得二虎,"德意志命运的难解之结,不能用双雄并立这种温和的方式来解开,而只能用剑来斩开"。在俾斯麦看来,德意志在关税同盟中的经济统一是政治联合的合乎逻辑的预备阶段,因而走武力统

---

① 人民日报社:《文史参考》2008年第29期,第26页。

第九章 报国维志——一个国家，总要有一些仰望星空的人

一的道路也是必要的和合乎逻辑的。

为了准备对奥地利开战，俾斯麦反复掂量一个个欧洲列强，为自己的行动一步步布局。他先是离间奥地利同俄罗斯的关系，继而以不反对法国扩张为筹码瓦解法-奥联盟，最后又成功地利用奥地利与意大利的矛盾，将意大利拉上了自己的战车。

1866年6月16日，同奥地利的战争终于打响了。俾斯麦这一次虽然在外交上下足了功夫，但在战场上却没有获胜的把握，他只能把希望寄托在出色的普鲁士军人身上了。不过，仅仅7周后战争就以普鲁士的胜利而结束了。消息传来，俾斯麦狂喜，拍着桌子大叫："我把他们都打败了，全部！"

不久，一个由21个邦、3个自由市组成的北德意志联邦正式成立了，奥地利从此被逐出了德意志政治舞台的中心。

第三步：大败法国，实现全德统一

在建立了北德联邦后，俾斯麦即将重点投向南德诸邦。但德意志南部向来是法国的势力范围，拿破仑三世誓不放弃，他宣称："只有俾斯麦尊重现状，我才能保证和平，如果他把南德诸邦拉进北德联邦，我们的大炮就会自动发射。"①英、俄两国也反对俾斯麦的计划，英国外交大臣公开表示，"不能容忍普鲁士以压力政策超过莱茵河界线"。

在这一历史时刻，俾斯麦的外交谋略再次发挥了惊人的作用。他先是利用法国对南德领土的觊觎，以宽大优厚的条件把4个邦国拉到了自己一边；然后，当法国要求吞并比利时和卢森堡时，俾斯麦则要求法国出具书面材料，以便于他暗中将法国的扩张图谋告知英、俄。这样一来，法国的行为开始让英国忧虑，俄罗斯很久以来与法国在波兰问题上就存在矛盾，意大利也因法国支持其境内的教皇领袖而与之关系冷淡。由于俾斯麦的催化，法国很快就成了孤家寡人。

而与此同时，民族运动正在德意志境内兴起，法国对德国的咄咄逼人态度又正好被俾斯麦所利用，于是一场民族保卫战渐渐逼近，普鲁士与法国的战争一触即发。

---

① 人民日报社：《文史参考》2008年第29期第28页。

1868年,西班牙因王位空缺而发生的内乱又给俾斯麦提供了机会。他琢磨着,如果让西班牙——哪怕只是在口头上答应将王位献给普鲁士王室的一位亲王,就必然会激怒法国;只要把法王激怒了,时机也就成熟了。于是,俾斯麦便派人到西班牙活动,几经周折,西班牙政府真的宣布了将王位献给普鲁士王室。拿破仑三世听到后勃然大怒,遂以武力相威胁,要求普鲁士放弃这一王位。威廉一世慑于法国的淫威,马上表示让步,但他发给拿破仑三世的电报被俾斯麦做了手脚。原来,电报被俾斯麦缩写了,电报中"从长计议"一句话变成了"没有什么可说的了",和解的意思变成了轻蔑的拒绝,本来听起来是让步的"信号",现在则成了挑战的"号角"。

又不出俾斯麦所料,缩写后的电报在报纸上发表后,拿破仑三世怒火中烧,很快就对普鲁士宣战了。

然而,这是一场俾斯麦蓄意已久、早就期待并已做好充分准备的战争。在外族面前,所有的德意志邦国都为民族统一事业而团结起来了,南德诸邦与北德共同组成了一支50万人的德意志大军,誓与法国决一死战。而在这时,欧洲其他国家则纷纷宣布中立。于是,胜利的天平没过多久就倒向了普鲁士一边。

1870年9月2日,在色当决战中法军大败,亲自率军作战的拿破仑三世被普鲁士元帅毛奇生俘。不过,这并不是俾斯麦想要的结果。他指挥军队继续前进,直捣巴黎。

1871年1月18日,巴黎城内炮声隆隆,而在巴黎城郊的凡尔赛宫却一片庄严肃穆。600多个身着军服的普鲁士军人突然爆发出了雷鸣般的欢呼声,并先后重复了6次。就在这个法国的宫殿里,普鲁士国王威廉一世被加冕为德意志皇帝——统一的德意志帝国从此诞生了。

当然,人们也永远记住了一个伟大的名字——奥托·冯·俾斯麦。

德意志曾用建造最大的战列舰以他的名字命名来纪念他。

甚至列宁也充分肯定俾斯麦在德国历史上所发挥的重要作用,指出:"俾斯麦依照自己的方式,依照容克的方式,完成了历史上进步的事业。"[①]

[①]《列宁全集》第21卷,北京:人民出版社1963年版,第86页。

第九章 报国维志——一个国家，总要有一些仰望星空的人

斯大林——备受争议而又曾名列俄罗斯历史榜首的伟人

在俄罗斯的历史上，从来没有一个人物像斯大林一样受到如此广泛、持久、热烈而又严肃的讨论。有的人歌颂他的功绩，有的人诅咒他对民族的危害；有的人崇拜他敬畏他，有的人千方百计地贬损他；俄罗斯人民难以忘记他，昔日的敌国对手也难以忘记他。并且，随着时间的久远，越来越多的人更加缅怀他，希望更深入地了解他走近他。无论如何，斯大林都是俄罗斯历史上的巍峨丰碑。

1879年12月21日，斯大林在格鲁吉亚第比利斯州哥里出生。父亲是一个皮鞋匠，母亲是一个农奴的女儿。

1888年，斯大林进入哥里教会小学学习。1894年升入弗里斯正教中学，并参加马克思主义秘密小组。1898年加入社会民主工党。1899年因从事革命活动被学校开除，从此走上职业革命家的道路。

1901年，斯大林当选为社会民主工党梯弗里斯委员会委员。1902年因组织工人游行示威被捕，流放西伯利亚。1904年中，斯大林逃出流放地，12月在巴库领导石油工人总罢工。

1906年和1907年，斯大林参加社会民主工党第四、第五两次代表大会。他领导梯弗里斯的布尔什维克创办《新生活》《新时代》等报刊，在巴库出版了党组织机关报《巴库无产者》和《汽笛和巴库工人》。

在1907年至1913年的6年中，斯大林先后6次被沙皇政府逮捕。前5次他都机智地从流放地逃出来，继续坚持革命活动。1913年2月，斯大林第六次被捕后被流放到靠近北极圈的图鲁汉斯克边疆地区。

1917年初，俄国二月革命胜利后，斯大林立即从流放地返回彼得格勒，领导出版《真理报》。5月，布尔什维克党中央成立政治局，斯大林当选为政治局委员，负责指导彼得格勒党委会的工作。7月底至8月初，布尔什维克党召开第6次代表会议。列宁因被政府通缉不能参加会议，由斯大林代表党中

央作了政治报告。在全俄苏维埃代表大会上,斯大林被选为苏维埃政府民族事务人民委员。

在1918年至1920年反对外国武装干涉和国内战争期间,斯大林担任苏维埃共和国革命军事委员会委员,南方战线、西方战线和西南战线革命军事委员会委员,全俄中央执行委员会驻国防委员会代表。

1918年列宁遇刺后身体一直未能恢复元气,从1921年起便不能坚持正常工作了,遂由斯大林负责党的日常事务。1922年4月,党中央委员会选举斯大林为中央委员会总书记。

1924年1月21日,列宁与世长辞。从这时起,斯大林即担任苏联党和国家的最高领导人,一直到1953年3月5日去世,将近30年。

这一时期,是苏联党和国家历史上曲折最多、最为困难和复杂的时期。帝国主义对第一个社会主义国家的封锁包围、围追阻截;国家工业化道路和社会主义经济发展的艰难探索;第二次世界大战中生死存亡的决战;战后初期冷战格局的形成和考验,都是在这个期间发生的。

然而,这一时期也是苏联党和国家历史上最为重要、最为辉煌和最为尊严的时期。在斯大林的领导下,党和人民创造了传世的成就。

在斯大林时期,建成了世界上第一个社会主义国家

随着1936年11月苏维埃新宪法的问世,苏联社会主义的国家制度即宣告落成。这是俄罗斯历史上的也是人类历史上的第一个新型社会制度,是最大的制度创新。

这部新宪法与此前颁布的1924年宪法的根本不同之处在于:它把1924年以来苏联社会所发生的变化用国家根本法固定下来,宣布苏联是"工农社会主义国家",其政治基础是"劳动者代表苏维埃",经济基础是"社会主义经济体系和生产工具与生产资料的社会主义所有制"。社会主义所有制由国家所有制和合作社—集体农庄所有制两种形式组成,社会主义经济体系是在苏联经济中占统治地位的经济形式。

新宪法还有一个突出的特点是宪定了公民的一系列社会权利,其中包括劳动权、休息权、受教育权以及在年老、患病或丧失劳动能力时享有生活保障的权利等。像这种用宪法的形式加以固定,并郑重宣布将要实行这些权利

第九章 报国维志——一个国家,总要有一些仰望星空的人

条款,在 20 世纪 30 年代中期以前的世界宪法史上也是破天荒的。

在斯大林时期,把一个落后的农业国建设成了一个先进的工业国,并且一跃而成为世界一流强国

从 1917 年到 1936 年,苏联只用 20 年时间,国民生产总值就从世界第 5 位上升到第 2 位,居欧洲第 1 位。就在世界资本主义经济危机大爆发期间(1929~1935 年),苏联的工业生产增长了 250%,其中重工业增长了 9 倍。苏联的电力生产由世界第 11 位上升到第 3 位,煤炭开采由第 10 位上升到第 4 位,生铁熔量由第 6 位上升到第 3 位,拖拉机生产则达到世界第 1 位。

与此同时,作为与"高速工业化"并列的措施,苏联加速推进"农村集体化",到 1932 年结束时,全苏约有 60% 的农户加入了集体农庄。此后,集体农庄便成为苏联农业发展的一种标准和经典模式。

1987 年,出任苏共中央总书记两年的戈尔巴乔夫对这一时期取得的经济建设成就也认为,"苏联人有权为此感到自豪"。他在《改革与新思维》一书中写道:

> 20~30 年代的工业化确实是极其严峻的考验。让我们现在从今天的观点来回答这样一个问题:工业化需不需要呢?难道像我国这样一个大国,如果不成为工业发达的国家,在 20 世纪能够生存下去吗?从另一个理由也很容易看清楚,当时不加快工业化进程是不行的。法西斯的威胁从 1933 年起就开始迅速增长。如果苏联不起来阻止希特勒的战车前进,世界将处于何种境地?我国人民用他们在 20~30 年代建立起来的力量粉碎了法西斯。如果没有工业化,我们就会在法西斯面前处于手无寸铁的境地……但是,我们没有被德国坦克的履带压倒。整个欧洲没有能挡住希特勒,是我们把他粉碎了。我们能粉碎法西斯,不仅是靠战士的英雄气概和自我牺牲精神,而且还靠优良的钢,优良的坦克,优良的飞机。而所有这些都是在我们苏维埃时代制造出来的。
>
> 再拿集体化来说。我知道,仅就这一名词,就对我们进行了多少捏造、投机和恶意的指责,更不用说对这件事本身了。但是,即使是许多想客观地分析我们这段历史时期的人,看来也未能真正意识到我国集体

化的全部意义、必要性和不可避免性……只要真正是从真理和科学的立场出发来考虑当时的情况和我们苏联社会发展的特点，只要不是闭眼不看农业生产的极端落后(而只要农业生产仍然是分散的小农经济，就不可能有克服这种落后状态的前景)，最后，只要是正确地评价集体化的真正结果，就不会不得出一致的结论。集体化是极其伟大的历史业绩，是1917年之后发生的十分重大的社会转折。①

在斯大林时期，彻底瓦解了德国纳粹的进攻，为赢得世界反法西斯战争的胜利做出了卓越贡献

1941年6月22日这天凌晨3时，德国法西斯撕毁《苏德互不侵犯条约》，向苏联发动了全面入侵。人类史上规模最大最残酷的卫国战争开始了。

这场战争是预料中的事件。征服苏联，独霸欧洲，这是法西斯德国蓄谋已久的国策，也是希特勒梦寐以求的目标。早在1925年，希特勒在其臭名昭著的《我的奋斗》一书中就写道："当我们今天谈到欧洲的新领土的时候，我们主要必须想到俄国和它周围的附庸国家。"苏德签订的互不侵犯条约从根本上就是希特勒的野心的产物。条约签订后不久，希特勒便在一次会议上说："现在俄国并不可怕，因为我们已同俄国缔结了条约。但是条约只是在对我们有用的时候才有遵守它的必要。一旦我们在西方腾出手来，我们就可以对俄国作战。"②

这场战争的结局同样也在预料中。就在德军向苏联发动进攻的当天中午——1941年6月22日中午，在苏联政府向全国发表的《告人民书》中，斯大林专门加了一段话："我们的事业是正义的，敌人将被粉碎，胜利属于我们！"③

不出4年——1945年5月1日，苏联红军攻克希特勒的老巢柏林，把胜利的旗帜插上了帝国大厦。5月9日，苏联宣告了伟大卫国战争的胜利。6月24日，苏联举国上下沉浸在欢腾的海洋中，莫斯科举行了盛大的胜利阅兵典礼。反法西斯战争的胜利永载史册，成了苏联人民世世代代的骄傲。

---

① 〔苏〕米·谢·戈尔巴乔夫：《改革与新思维》，苏群译，北京：新华出版社1987年版，第41—42页。
② 黄玉章等：《第二次世界大战》，北京：世界知识出版社1984年版，第107页。
③ 陈之骅等主编：《苏联兴亡史纲》，北京：中国社会科学出版社2004年版，第273页。

在斯大林时期，奠定了苏联现代的科学技术基础

卫国战争和战后冷战局面的出现，迫使苏联不得不在科研上尤其是在军事科研上倾注全力。从 1946 年开始，苏联即进行以原子武器和火箭运载技术为主的科研和生产，迅速形成了新的军事工业综合体。1947 年 3 月组装完成了第一枚远程导弹。1949 年 8 月第一颗原子弹爆炸成功。通过这一时期的努力，为后来的核武发展、卫星上天、载人航天奠定了良好基础。

俄罗斯经济发展战略研究所副所长涅克列萨曾就此评论说："出于卫国战争的严重教训以及新的冷战的来临，斯大林在 1946 年 2 月提出加快高新技术发展的任务。事实证明这是非常适宜的。这个计划取得有效的结果：1949 年苏联造出原子弹，打破美国的核垄断；1953 年氢弹爆炸；1957 年苏联人造地球卫星上天，成为宇航大国，从而使苏联跻身于 20 世纪 70 年代的后工业社会国家中。俄罗斯今天由于拥有热核武器还是世界强国，其基础完全是在斯大林时期奠定的。"①

在这一时期，带动世界形成了强大的社会主义阵营

反法西斯战争的胜利和社会主义苏联影响力的扩大，极大地鼓舞了东欧、亚洲一批国家的革命和民族解放运动。

1944 年夏秋，随着苏联红军打出国界，处于德军占领下的东欧各国人民就纷纷举行武装起义，配合苏联红军向前推进。战后，在苏联的支持下，罗马尼亚、保加利亚、捷克斯洛伐克、匈牙利、波兰和南斯拉夫，很快就实行了社会主义制度。随后又在阿尔巴尼亚、东德建立了社会主义政权。至此，欧洲除苏联外就出现了 8 个社会主义国家。在亚洲，中国、朝鲜、越南在争取民族解放的斗争中也得到苏联和东欧社会主义国家的支持，先后走上了社会主义道路。

特别是中国作为亚洲最大的国家走上社会主义道路并与苏联结盟，极大地改变了社会主义国家阵营与资本主义国家阵营的力量对比，并在此后导致

---

① 李慎明主编：《世界社会主义跟踪研究报告——且听低谷新潮声之一》，北京：社会科学文献出版社 2006 年版，第 89 页。

了国际关系和国际秩序的重大变化。

正是因为在这一时期取得了如此巨大的成功,所以在斯大林70寿辰时,苏共中央和苏联部长会议在发的贺词中说:

> 你,斯大林同志,和列宁一起,是伟大十月社会主义革命的鼓舞者和领袖,是世界上第一个工农苏维埃社会主义国家的缔造者。在国内战争和外国武装干涉的年代,是你的组织和统帅的天才引导苏维埃人民及其英勇的红军战胜了祖国的一切敌人。
>
> 斯大林同志,在你的直接领导下,为建立各民族苏维埃共和国,为组成一个联盟国家——苏联,进行了大量的工作……我们的祖国欣欣向荣的每一项改造,不论大小,你都为之贡献了自己的才智、旺盛的精力、钢铁般的意志。有伟大的斯大林领导党和国家,指导和鼓舞苏联人民为繁荣我们光荣的祖国进行创造性的建设性的劳动,这是我们的幸福,我国人民的幸福。
>
> 斯大林同志,在你的领导下,苏联变成了伟大的和不可战胜的力量……世界上一切正直的人们世世代代将赞颂苏联,赞颂你的名字——斯大林同志,赞颂使世界文明免遭法西斯暴徒摧残的救星……斯大林的名字是我国人民和全世界普通人心目中最珍贵的名字。①

正如同世界上所有的伟人都存在错误一样,斯大林在担任苏联党和国家领导人期间也存在许多严重的可怕的错误。如肃反扩大化,导致大量无辜生命失去;个人专制,导致集体领导原则被严重削弱;忽视农业,给工农联盟带来较大危害;助长大俄罗斯民族主义,不仅给受迫害的少数民族留下了痛苦的记忆,也给苏联整个社会带来了难以愈合的创伤,以致后来成为诸多社会政治危机的起爆点;奉行大国主义,依仗大国地位决定别国命运;等等。

不过,迄今为止任何对斯大林的负面揭秘以及评述、责难和毁誉,都难以改变斯大林的历史伟人地位。无论是与斯大林同时代的人、后来人,还是政治家、学者和民众,甚至是敌人,对斯大林的正面声音都是主要的,并且

---

① 〔俄〕德·安·沃尔科戈诺夫:《斯大林》,张慕良等译,北京:世界知识出版社2005年版,第6页。

持续不断,有增无减。

1943年12月,德黑兰会议刚刚落下帷幕,美国总统罗斯福掩饰不住对斯大林的佩服,同国务卿马歇尔等人说:"斯大林元帅具有坚定无比的信心,忠诚不渝的品格和真诚爽朗的性格,是俄罗斯精神的真正代表。"①

1945年初,希特勒在即将灭亡之际仍然毫不掩饰自己对斯大林的钦佩、崇敬和向往,他同他的秘书说,这是他唯一想近距离认识和了解的外国领导人。希特勒的特使每次从俄罗斯回来后,他都会让他们讲述自己的印象和最细枝末节的事情,因为他总是拿自己和斯大林对比,而且他总是热情洋溢地发表感叹:"这个斯大林,他是个很凶狠的人,可是,真的必须承认这是一个杰出的人。"②

1959年12月21日——斯大林80岁诞辰日,对斯大林并无个人好感的英国首相丘吉尔在下院发表演说时说:"对俄罗斯万幸的是,在它经受艰难考验的年代里领导它的是天才而且坚忍不拔的统帅约·维·斯大林。他是一位杰出的人物,赢得了他所生活的我们这个残酷时代的敬仰。斯大林精力过人,博学多识,意志坚定,无论处事还是谈话他总是果断、坚决、毫不留情,连我这个英国议会培养出来的人也不能提出什么反对意见……他有一股磅礴无比的力量。这股力量在斯大林身上是如此巨大,以至于在一切时代和一切民族的领导人中,他仿佛是无与伦比的……他对人们的影响是不能抗拒的……斯大林接受的是还在使用木犁的俄罗斯,而他留下的却是装备了原子武器的俄罗斯。"③

20世纪60年代初期,针对赫鲁晓夫发动的全盘否定斯大林的行动,毛泽东明确肯定了斯大林,认为他是七分成绩三分错误。毛泽东指出:"任何一个民族,不可能不犯错误,何况苏联是世界上第一个社会主义国家,经历又那么长久,不发生错误是不可能的。苏联发生的错误,像斯大林的错误,它的位置是什么呢?是部分性质的,暂时性质的。虽然听说有些东西有20年了,但总是暂时的,部分的,是可以纠正的。苏联的那个主流,那个主要方面,

---

① 苗妍:《罗斯福传》,北京:中国华侨出版社2007年版,第249页。
② 人民日报社:《文史参考》2008年第20期,第37页。
③ 李慎明主编:《世界社会主义跟踪研究报告——且听低谷新潮声之二》,北京:社会科学文献出版社2006年版,第303页。

那个大多数，是正确的。俄国产生了列宁主义，经过十月革命变成了第一个社会主义国家。它建设了社会主义，打败了法西斯，变成了一个强大的工业国。它有许多东西我们可以学……对斯大林要三七开，他的主要的大量的东西是好的，有用的，部分的东西是错误的。"①

进入21世纪以来，历尽沧桑的俄罗斯人又开始了重新评价斯大林。显然，现在重评比以往更为理性和客观。

2000年5月7日，普京在首任总统就职仪式上即指出："我们不能成为那种不明白自己历史的人。我们应当始终记住：是谁建立了俄罗斯，是谁捍卫了俄罗斯的尊严，并使俄罗斯成为一个伟大的强大的国家。"②

2002年，大清洗的受害者、卫国战争的参加者、苏联英雄、二战后的俄罗斯著名作家，曾任苏联作家协会第一书记、苏联最高苏维埃代表和苏共中央委员的卡尔波夫，出版了他花5年时间撰写的"不以为斯大林辩护或谴责斯大林为目的"的真实客观地反映"苏联反法西斯战争领袖形象"的著作——《大元帅斯大林》。卡尔波夫在这部一出版即产生很大影响的著作中说："我在经过长期思考和犹豫之后开始写作这本书。斯大林经历的事件都是惊天动地的大事。他作为一个人十分复杂、矛盾而多面。""在一些著作中，斯大林是伟大的领袖、各族人民的父亲、英明的国务活动家；在另一些著作中，他是嗜血成性的恶棍、有妄想狂心理的罪犯……应该对这一切加以分析。"卡尔波夫对大清洗发生的原因及其后果有不同看法，他说："1935年前的镇压应由托洛茨基分子负责，因为当时他们掌握着镇压机关的大权；1935年后的镇压也不应由斯大林一人负责，他的许多战友都起了推波助澜的作用……幸亏在战前解决了这些阴谋分子，否则战争的后果就难以预料。"③

2003年3月，为纪念斯大林逝世50周年，著名的哲学家、社会学家和作家季诺维也夫，这位在青年时代就痛恨斯大林并曾试图刺杀斯大林的前"持不同政见者"，随着岁月的流逝，逐渐改变了态度，他在《苏维埃俄罗斯报》发表《世纪的名字》一文，高度赞扬斯大林和斯大林时代。他在文章中写道："从道

---

① 《毛泽东文集》第7卷，北京：人民出版社1999年版，第91页。
② 李慎明主编：《世界社会主义跟踪研究报告——且听低谷新潮声之一》，北京：社会科学文献出版社2006年版，第4页。
③ 李慎明主编：《2005年世界社会主义跟踪研究报告——且听低谷新潮声之二》，北京：社会科学文献出版社2006年版，第298、299、303页。

义上讲，我有这个权利。因为我从青年时期就被认定为一个反斯大林主义者。1939年，我是一个蓄意谋杀斯大林的恐怖小组的成员，并且在斯大林去世之前一直从事反对斯大林的宣传……我正是在对斯大林的攻击变得不再受惩罚、甚至受到鼓励的时期，走上了以科学态度来看待苏联历史，包括斯大林时代的道路。"他认为："可以断言，没有列宁，就不会有社会主义革命的胜利，而没有斯大林，也就不会出现历史上第一个大规模的共产主义社会。"他在研究十月革命和苏维埃时代的历史后还说，必须以科学的态度来对待苏联社会包括斯大林时代的道路，"考虑到具体历史条件，考虑到人员等情况，斯大林为首的领导是按最佳方案行动的。环境本身迫使他们采取那样的行动。"①

2003年4月，由俄罗斯历史学家尤·普·伊久莫夫主编的《案卷：历史和现实》还出版了纪念斯大林逝世50周年的专刊——《伟大的神秘的斯大林》。这一颇具权威的期刊杂志在专刊中说："斯大林已成为20世纪象征性的人物之一，他无可争议地是苏联伟大的政治家和国务活动家。在已逝去的100多年中，还没有人曾领导过像苏联这样世界上最强大的国家30多年，并使之经受了所有的考验，击败了它的一切敌人。由列宁创建的共产党，在斯大林的领导下，在战前用13年完成的几个五年计划，使苏联的工业从落后地位上升到欧洲第1位、世界第2位；农业经过社会主义改造，为工业的高速发展奠定了基础；科学和技术发展方面也取得了巨大的成就。苏联在斯大林的领导下，在反击希特勒入侵的浴血奋战中，为打败德国和日本、把人类从当时任何一个欧洲资本主义国家都无力抵抗的法西斯的铁蹄下拯救出来，起了决定性作用。经过二战，苏联的经济实力大大增强，武装力量所向无敌，历史上俄罗斯从没有像在斯大林时代那样在世界上享有如此高的国际威望和影响。苏联的国民经济如此巩固和强大，以至于经受了赫鲁晓夫的试验、勃列日涅夫的停滞、戈尔巴乔夫的吹牛，直至今天还在供养着我们。"②

在纪念斯大林逝世50周年时，俄罗斯科学院阿列克谢耶夫院士也发表文章说，苏联不仅完全战胜了法西斯，也很好地推进了国家的现代化进程。他

---

① 李慎明主编：《世界社会主义跟踪研究报告——且听低谷新潮声之一》，北京：社会科学文献出版社2006年版，第5—6页。
② 李慎明主编：《2005年世界社会主义跟踪研究报告——且听低谷新潮声之二》，北京：社会科学文献出版社2006年版，第328页。

指出:"斯大林明白如何将俄罗斯推向现代化和完成现代化,他提出了这个任务,也找到了这条道路……俄罗斯正是在斯大林的领导下融进了世界现代化总进程。"①

2004年12月21日是斯大林诞辰125周年的纪念日,俄罗斯共产党领导人久加诺夫在《真理报》上发表了长篇纪念文章。他在这篇文章中说:

> 我国历史最具悲剧性的篇章和最伟大的篇章都与斯大林联系在一起。在分析斯大林时代时,谁要是寻找简单和直接的答案,他就只能以失败告终。在斯大林问题上,只有辩证的方法才是富有成效的。
>
> 作为时代之子,斯大林身上具有这一时代的全部特征。永无止境地一往无前,但又背负着历史的包袱;建立了伟大功绩,而为了主要的事业却对人残酷无情;机智灵活而又知识渊博,但同时也在明显的情况下犯错误;真诚而无私,却迷恋权力,有时这种迷恋压倒了其他情感;在国家事务上深思熟虑,谨慎从事,但在给千百万人的命运造成打击的行动上却又是漫无节制,以致后来不得不对之进行长久的和痛苦的纠正。所有这一切就是斯大林。
>
> 苏联作为一个世界超级大国、一个巨大地缘政治同盟的领袖、全世界历史范围的一种文化和意识形态现象的形成,正是在斯大林执政时期完成的。
>
> 我们认为,在情绪化的、冲动的评价之后,平静地和清醒地反思斯大林其人其事的时刻到来了,他是我国历史上最重大和最独特的现象,是具有全世界意义的最重要的意识形态和地缘政治现象。②

久加诺夫的这篇文章代表了俄罗斯民众的心声。根据俄罗斯国际文传社同期组织的调查和评选,从正面肯定斯大林的,在俄罗斯执政党——"统一俄罗斯"中,占58%;在俄罗斯共产党中,占75%;在俄罗斯自由民主党中,占

---

① 李慎明主编:《2005年世界社会主义跟踪研究报告——且听低谷新潮声之二》,北京:社会科学文献出版社2006年版,第73页。
② 李慎明主编:《2005年世界社会主义跟踪研究报告——且听低谷新潮声之二》,北京:社会科学文献出版社2006年版,第78—80页。

第九章 报国维志——一个国家,总要有一些仰望星空的人

83%,为最高。在俄罗斯民众方面,据对俄罗斯20世纪最有影响的政治家的评选,居第一位的是斯大林,其次是列宁。①

2005年纪念卫国战争胜利60周年时,俄罗斯民众无限怀念昔日荣光,人们又以各种方式缅怀斯大林,称颂斯大林在反法西斯战争和国家建设中的伟大功绩。许多城市、工矿区和学校,又重新树起了斯大林像和斯大林纪念碑。俄罗斯媒体发表评论称:"斯大林像如雨后春笋般重新出现在了俄罗斯的大地上。"②

毕竟,历史的裁决是永恒的,尤其是经过了沉淀的历史。

戴高乐——"他死了,法国变成了寡妇"

1970年11月12日,云集巴黎的世界领导人为数之多是前所未有的,即使这个城市在拿破仑时期曾是横跨欧亚的帝国首都时也不曾有过。人们来到这里,是来向3天前溘然去世的法兰西第五共和国首任总统戴高乐告别的。

还是在几年前,戴高乐就为自己的葬礼提出了明确而严格的要求:不要铺张排场,不要富丽堂皇,不要高官显贵;只去科隆贝——他家乡一个教堂村的小墓地举行一个简朴的不惊动人的仪式。

不过,有违他的是,63位世界各国的国家和政府领导人还是止不住地来向他致以最后的敬意。人们默默地行走在巴黎圣母院宽达260英尺的大堂内,无比怀念他。

走在最前列的领导人当中有美国总统尼克松。他称自己既是作为代表美国人民的美国总统来的,"又是作为戴高乐的一个朋友的身份在场的"。因为在他两次总统竞选失败后,戴高乐曾邀请他和夫人在爱丽舍宫共进午餐,并请美国驻法大使波伦参加,在席间鼓励尼克松,他一定能在美国"一个最高级

---

① 参见李慎明主编:《世界社会主义跟踪研究报告——且听低谷新潮声之一》,北京:社会科学文献出版社2006年版,第54、80页。
② 李慎明主编:《2005年世界社会主义跟踪研究报告——且听低谷新潮声之二》,北京:社会科学文献出版社2006年版,第161页。

的职位上"起作用。尼克松说，戴高乐是在连美国报纸都没有提起的时候，就预言他会当选总统的。

尼克松认为，戴高乐是个真正的英雄，一个矗立于20世纪的英雄，矗立于法国历史上各个世纪的英雄。尼克松对于戴高乐的了解其实并不亚于法国人，他说："在戴高乐的一生中，人们对他常常褒贬不一，议论纷纷。但是人们会对他作出如下的结论应该是明白无疑的：没有戴高乐，法国就可能经受不住第二次世界大战中遭受失败的悲剧。没有戴高乐，法国也许就不能够从第二次世界大战的浩劫中恢复过来。没有戴高乐，法德和解也许就实现不了。没有戴高乐，法国就不会采纳第五共和国宪法，从而其政治、经济与社会就可能陷入一片混乱。而且没有戴高乐，那么法兰西精神——这种以它的活力、它的锐气、它的光辉以及它那把特殊性与普遍性融为一体的举世无双的特点，好几个世纪以来都鼓舞着世界的精神——就也许已经消亡而不会像今天这样强大而有活力了。"①

显然，主持葬礼的法国总统蓬皮杜是赞同尼克松的见解的。他在宣布戴高乐已经去世时说："戴高乐死了，法国变成了寡妇。"②

蓬皮杜何出此言？原来人们从来就把戴高乐视为法兰西共和国的解释人、保护人和先知先觉者，认为他的思想就是法兰西的灵魂，而蓬皮杜总统不过是替人们说出了自己心里的话。

戴高乐享有如此殊荣，源自于第二次世界大战结束以后，他带领法国走的是一条崎岖而独特的大国之路。

首先向美国争取独立的平等的地位

1958年9月28日，法国在严重的政治危机中产生了以总统制代替议会制的新宪法，由此诞生了法兰西第五共和国。同年12月21日，戴高乐以绝对多数票当选为第五共和国首任总统。1959年1月8日，戴高乐正式出任总统。

执政伊始，信念坚定的戴高乐就开始谋求法国的世界大国地位。他在就

---

① 〔美〕理查德·尼克松：《领袖们》，施燕华等译，海口：海南出版社2008年版，第39、76页。
② 中央电视台《大国崛起》节目组编：《大国崛起·法国》，北京：中国民主法制出版社2006年版，第189页。

第九章 报国维志——一个国家，总要有一些仰望星空的人

职仪式上说："没有了伟大，就没有了法国。"①

但是，这时的法国追求大国地位不是一个孤立而抽象的概念，而是有着特定的国际国内环境，特别是与美国又密切相关。

二战结束时的法国不同于英国，不像英国那样与美国存在着特殊的关系。丘吉尔当时主政的英国是仅次于美国的全球性西方大国，美英两国在大西洋联盟内形成了一个领导核心，而法国则处于被排斥和被歧视的地位。美国帮助英国发展原子武器，却拒绝向法国提供原子武器资料。

法国当时也不同于联邦德国。虽然战败后的联邦德国处于被占领状态，在政治上矮人一头，但在经济上、军事上处处都有美国撑腰。法国与联邦德国虽然建立了合作关系，但联邦德国始终是把德美关系放在德法关系之前的。这让法国不能不担心。

还由于，法国虽然是二战中的战胜国，战后虽勉强被英美承认为世界大国，参加了对德国的军事占领，成为联合国安理会的 5 个常任理事国之一，但在确定战后世界秩序的雅尔塔会议上却没有法国参加；在北大西洋公约组织中没有主动地位，但北约总部和盟军欧洲最高司令部却又设在法国，美国军队和武器设施可以随进随出……凡此种种，都使法国社会各界感到空有战胜国之名，而实际上则如同被占领国。

这些因素促使戴高乐认识到，法国必须走独立的世界大国之路。为此，戴高乐稳定国内政局和经济发展之后，就把重点放在国际舞台，开始了首先向美国争取独立和平等地位的努力。

1958 年 9 月，戴高乐向美国总统艾森豪威尔提出了一项备忘录，提议在北大西洋公约组织内建立包括美英法三国的"指导机构"，以代替当时的英美两国领导体制，虽然遭到美国拒绝，但明确地亮出了自己的态度。

1958 年底，北约决定在美国本土部署洲际导弹以前先在欧洲部署过渡性的中程导弹。戴高乐向到访的美国国务卿杜勒斯表示，除非把这些准备部署的导弹置于法国的指挥之下，法国拒绝在其领土上部署。

1959 年 3 月，戴高乐下令，从北约集团中撤出了法国的地中海舰队。

---

① 中央电视台《大国崛起》节目组编：《大国崛起·法国》，北京：中国民主法制出版社 2006 年版，第 221 页。

1960年2月，法国拥有了自己的核武器。

1963年1月，针对美国强调的欧美战略分工，即由美国承担控制核武器的责任，欧洲盟国侧重发展常规武器，戴高乐坚定地宣布，法国坚持发展自己独立的核打击力量，绝不作"联盟的步兵"，决不把自己的原子武器置于美国的管辖之下。同时，戴高乐对美国许诺的"核保护"表示不信任，他说："世界上特别是在美国，谁也说不出美国的核力量是否、何处、何时、如何以及在什么程度上会用来保卫欧洲。"[1]

1963年4月，法国拒绝签署美、英、苏三国在莫斯科缔结的部分禁止核试验的条约。这年6月还从北约集团中撤回了自己的大西洋舰队。

1966年2月，戴高乐宣布法国不能再忍受在大西洋联盟中的附庸地位，决定退出北约并要求北约撤走所有在法国领土上的军事设施。

就是通过以上这样一些独树一帜的行动，法国在世界政治舞台上展现了自己大国的身影。

重视以法德两国为轴心开辟新欧洲

作为一个富有远见卓识的大国领导人，戴高乐的一个重要建树是实践他的"欧洲观"。

戴高乐认为，欧洲应该是欧洲人的欧洲，而不是大西洋的欧洲；尽管当时的苏联和东欧社会制度不同，但俄罗斯终究是欧洲的俄罗斯，从地理、历史、种族、文化等各种因素看，俄罗斯都是同欧洲捆在一起的，因此欧洲的未来应该是"从大西洋到乌拉尔的欧洲"；不过，即便如此，西欧的联合始终都是推进战后欧洲事业的基础。因此戴高乐设想，这种自由的、统一的、多国的欧洲，是以法国和德国为主的。戴高乐力主把法德合作作为维系欧洲团结的基础，认为只有法德合作才能保证有一个可以与"盎格鲁-撒克逊"相抗衡的欧洲大陆；当然也只有通过牢固的法德合作关系才能紧紧地拉住德国，使德国不致跟美国联得太紧。

1962年，戴高乐与联邦德国总理阿登纳实现了历史性互访，双方认为，在有美苏两个超级大国存在的情况下，不能久远指望美国；加强法德合作，

---

[1] 中国法国史研究会编：《法国史论文集》，北京：生活・读书・新知三联书店1984年版，第351页。

第九章 报国维志——一个国家，总要有一些仰望星空的人

建立一个统一的欧洲是必要的。

戴高乐在访问联邦德国时的演说中说："联合，为什么要联合呢？首先是因为我们一起直接受到威胁。面对着苏联的统治野心，法国知道，假如德国在法国以前屈服，那么法国的肉体和灵魂就会受到怎样的危险，而德国也不会不知道，假如在它背后，法国不再支持它的话，它的命运也将就此而注定。联合，自由世界的联合，亦即欧洲和美洲之间的相互承担义务，只有在旧大陆上也像美国在新世界那样建立起强大和繁荣的堤防，才能长期保持它的安全和坚固。而这个堤防，只能以我们两国的团结作为基础。此外，联合，在一个缓和关系和国际间互相了解的前景里，可以使欧洲在东方已经过时的思想体系的统治野心消逝时，建立从大西洋至乌拉尔的平衡、和平和发展，而必要的条件是，在西方要有一个唯一的完全一致的法德政策。"①

两国领导人这年互访后不久——1963年1月22日，戴高乐同阿登纳就在巴黎爱丽舍宫签署了《爱丽舍宫条约》。这一条约的签订，不仅标志着法德两国捐弃前嫌，实现了真正的谅解，而且意味着以法德两国为轴心的欧洲一体化进程从此起步。

坚持国与国之间的平等

作为一个富有远见卓识的大国领导人，戴高乐对于别的国家，不论其大小和政体如何，他都持开放和尊重的态度。他认为，一个国家的体制应该适合那个国家和人民的情况，由那个国家的政府和人民自己决定，国家与国家之间是平等的，应该互相尊重。正是在这样的思想主导下，戴高乐实行了非殖民化政策，加强了同第三世界的合作。

实行非殖民化政策的直接效果，是卸掉了国家殖民战争的重负，加快了经济发展。过去旷日持久的殖民战争，既带来了频繁的内阁更迭和长期的政治动荡，还直接掏空了国库。戴高乐执政之初，法国的财政已濒临破产。而伴随着法兰西第五共和国的创立，伴随着戴高乐一系列大刀阔斧的政治经济改革，特别是伴随着发生在阿尔及利亚的殖民问题的解决，法国就迎来了第二次世界大战后经济发展的10年黄金时代，年平均增长率高达7%~8%。到

---

① 中国法国史研究会编：《法国史论文集》，北京：生活·读书·新知三联书店1984年版，第349—350页。

1965年时，法国再次由债务国变为债权国。

实行非殖民化政策的另一重要成果，是告别殖民主义以后，使法国成了一个名副其实的现代民主国家，并由此焕发出新的活力，不仅为法国自身的健康发展提供了必要的保障，而且推动了国际关系民主化方面的良性发展。

最富远见和勇气的是，在极为敏感的冷战时代，戴高乐不但疏远了北约，而且还采取了与东方阵营改善关系的一次次重大行动。

1964年10月，不顾美国的反对，戴高乐促成法国成为第一个与中国建立大使级外交关系的西方大国。其实，尼克松1972年的中国破冰之旅，与戴高乐在1963年同尼克松的一次交谈也有关。当时，戴高乐就告诉尼克松说："你现在承认中国要比你将来由于中国强大起来而被迫承认它更好一些。"①

1966年，在法国退出北约军事组织的同时，戴高乐又访问了苏联，并建立了就共同关心的问题定期举行双边磋商的机制。

1967年和1968年，戴高乐还访问了波兰和罗马尼亚。

实践证明，戴高乐的这些外交行动和法国的这些作为，对冷战形势乃至整个第二次世界大战结束后世界历史的发展进程都产生了积极的影响。同时，这也体现了法国对于世界和平的热爱和对于世界多元文化的认同，折射着"自由、平等、博爱"的大革命传统。无疑，这也还证明了戴高乐作为一个世界大国政治领导人的成熟。

1932年时，戴高乐曾出版《剑锋》一书。戴高乐认为，在历史条件具备的情况下，领袖人物的作用时常是举足轻重的；在相同的历史条件下，不同的人物也往往可以导演出不同的戏剧；之所以会出现这种差异，根源就在于领袖人物的品质。在《剑锋》这部著作中，戴高乐提出，一个领袖人物必须具备3种关键性的品质：为了指出正确的道路，他需要有智慧和天赋；而为了引导人民遵循这条道路，他需要有权威。戴高乐还说，权威来自威信，来自领袖的魅力。②

事实上，作为法国的最高领导人，戴高乐在长达十年的总统生涯中，一面孜孜以求地塑造法国的世界大国地位，另一面也是以自己对于整个国家和人民的影响力与号召力作为保障的。在法国同时代的人中，他的威信是无人

---

① 〔美〕理查德·尼克松：《领袖们》，施燕华等译，海口：海南出版社2008年版，第71页。
② 〔美〕理查德·尼克松：《领袖们》，施燕华等译，海口：海南出版社2008年版，第43页。

第九章 报国维志——一个国家，总要有一些仰望星空的人

能与之匹敌的，他的魅力是令人倾倒的。

不过，戴高乐的这些并非与生俱来，而是他的非凡经历所造就的。正如尼克松所说："犹似一种法国的美酒，其味醇厚，有劲儿，而又清香，这些戴高乐都兼而有之。而也像这种美酒一样，戴高乐的品格经受了时间的考验。"①

1890年11月22日，戴高乐生于法国北部里尔一个世代笃信天主教的小贵族家庭。其家族从16世纪到1789年大革命爆发时止，祖祖辈辈都在司法界做官。戴高乐的父母都是热忱的爱国者，其父在普法战争时曾加入志愿者队伍与德国人作战并获得军功勋章。在先辈民族主义情绪的熏陶下，戴高乐自幼习武，立志投考军校。

1909年8月，戴高乐终于通过了法国最好的初级军校——圣西尔军事学院的考试。3年学习毕业后，他以少尉军衔到步兵团任职。

1914年第一次世界大战爆发后，由于在与德军作战中表现出色，戴高乐很快被提升为上尉。1916年3月，在凡尔登战役中他受伤被俘。虽然在德国人的监狱中曾多次设法越狱，但都未获成功。直到1918年11月一战结束，戴高乐才从俘虏营中获释回到法国。

1922年11月，戴高乐再次如愿以偿地进入法国高等军事学院学习，毕业后供职于总参谋部。这期间，他潜心研究军事科学，先后出版了《敌人内部的倾轧》《剑锋》《关于职业军》《法国和它的军队》等多部著作。

第二次世界大战爆发时，戴高乐任坦克旅旅长，1940年5月升任装甲师师长，6月又出任国防部副部长。这是他首次担任政府职务。6月14日巴黎失陷后，曾被戴高乐视为"恩师"的贝当元帅出任总理，但他一上任即向德国乞降。这使戴高乐非常气愤，遂毅然与贝当政府决裂，离开法国，飞赴英国。他6月18日在伦敦广播电台向国人喊话指出："无论发生什么情况，法兰西抵抗的火焰决不应该熄灭，也绝不会熄灭。"戴高乐在伦敦树起了第一面法国反抗德国法西斯的旗帜，伦敦也由此成为"自由法国"运动的中心。

1941年至1943年，戴高乐曾先后组织和领导军事反抗力量、法兰西民族解放委员会与敌进行斗争，期间也曾与美、英发生摩擦，但他坚持抵住各种

---

① 〔美〕理查德·尼克松：《领袖们》，施燕华等译，海口：海南出版社2008年版，第39页。

压力，维护了法国的利益。1944 年 6 月，戴高乐出任法国临时政府首脑，指挥军队加入盟军，为解放法国和世界反法西斯战争的胜利作出了重大贡献。

在评价戴高乐这一时期的工作时，后来的法国总统德斯坦曾经这样说："戴高乐几乎是单独一人成功地赢得了法国的合法地位。他和罗斯福总统和丘吉尔首相一起参加了重要的国际会议，并使法国参加了柏林停战的签订，使法国恢复了大国地位，成为联合国安理会常任理事国。"①

戴高乐不仅是法国人心目中的民族英雄，也是一位值得称赞的好父亲。

1928 年，戴高乐的夫人将要分娩时不幸遇到车祸，当场昏死过去，虽然经医生的抢救转危为安，但由于在治疗的过程中大量服用药物，致使女儿小安娜一生下来就是一个迟钝弱智的孩子。面对这样的现实，戴高乐夫人没有一点厌烦的表示，她对丈夫说，宁可放弃自己所有的地位和金钱，也要让安娜享受一个正常孩子的欢乐。戴高乐十分同意妻子的解释，他激动地说："不是安娜自己要求到人间的，我们的责任就是让孩子获得真正的幸福。"

为了使安娜生活在一个更可能好一些的环境里，戴高乐夫妇购买了一处环境优美的住宅，使安娜既可以避开众人的目光，又可以安静地与父母在一起。

戴高乐身材魁梧，智力超群，身居高位，从外表看上去十分威严，似乎令人难以接近，但他对这个女儿却十分慈祥。无论小安娜提出什么要求，他都尽量满足，从不拒绝。随着小安娜逐渐长大，戴高乐每天晚饭后总牵着女儿的手围着花园散步，还不时地为她讲故事、唱歌和表演哑剧。小安娜虽然不能说话，但在高兴的时候也会像别的小孩子一样欢快地笑出声来，而爸爸是唯一能够使她发笑的人。戴高乐陪伴女儿的时候，从来没有急躁和厌烦过，即使在二战流亡期间也把安娜带在自己身边。他总是以神圣的父爱抚平小安娜心灵的创伤。戴高乐一生节俭，却用自己的著作费为小安娜设立了专用的委托金。

在安娜即将欢度 20 岁生日的时候不幸被肝炎夺去了生命，戴高乐含着热泪站在女儿的墓前久久不愿离去，好像还有许多话要同孩子倾诉。直到天黑了，戴高乐才对妻子说："走吧，现在她已经和别人一样了。"安娜去世后，戴

---

① 中央电视台《大国崛起》节目组编：《大国崛起·法国》，北京：中国民主法制出版社 2006 年版，第 221 页。

第九章 报国维志——一个国家，总要有一些仰望星空的人

高乐在痛苦中决定：将安娜生前住过的房子改建为"安娜·戴高乐基金会"办公处，决定继续帮助同安娜一样的弱智孩子。

1970年11月9日，《希望回忆录》一书未及完成，戴高乐即患心脏病去世。按照他的遗愿，他被安放在一樽价格仅为72美元的橡木棺材内，由他的乡亲——其中一个是屠夫，一个是乳酪制造工人，一个是农民——抬往墓地，安葬在了他心爱的女儿安娜的身边。阔别22年之后，父女俩又在这里重逢了。

戴高乐是当代法国的杰出伟人，是法兰西民族的一面旗帜，人们永远敬重他纪念他。如今，巴黎凯旋门所在的广场已经被改名为"夏尔·戴高乐广场"。

历史的启示

人类政治的发展已经到了这样的阶段：一方面，人们不愿意把国家和民族的命运寄托在少数几个人身上，尤其是不愿意看到专制主义的出现；而另一方面，时代的发展又要求有更高水平的领袖。正如美国前总统尼克松所指出的，"今后的年代要求有最高水平的领袖"；因为"新世界的一个重要特征，就是事物的变化日趋迅速。一个国家在其发展的某一时期需要某种领袖，而在另一个时期也许就需要另一种领袖了，并且这些不同时期是迅速地接踵而至的"。①

然而，历史的尴尬之处又在于，人类从来就无衡量领袖人物的统一公式，更谈不上有专门培养总统或总理的机构。不过，即便如此，人类政治文明的发展进步又证明，人们对领袖人物的要求和期待也总是具有诸多共性的。

一个杰出的领袖，必定是机遇、竞争和历史的产物。虽然有的人生来就是伟大的，有的人可以靠别人硬捧出来伟大，但是，唯有经过靠自己奋斗达到的伟大才最伟大。人类有史以来的政治制度在某种意义上就是一种造就、选拔、整合和制衡社会精英的机制，其中又以一个民主、开放和稳定的选举社会为最理想。领袖人物理应是这种理想机制的弄潮儿。

---

① 〔美〕理查德·尼克松：《领袖们》，施燕华等译，海口：海南出版社2008年版，第5、318页。

一个杰出的领袖，必定是富于远大理想和政治抱负的人。这是领导者前行的动力。领导者如果没有一项伟大的事业，不是充满了革命激情、革命的乐观主义和理想主义，就永远不能名列前茅。领导者必须为某个目的服务，目的越崇高，领袖的潜在形象就越伟大。有了目的还要行动，还要能产生实际效果。如果产生不了实际效果，同样就辜负了事业，辜负了历史。

一个杰出的领袖，必定既是果敢的实干家，又是深刻的思想家。光靠声望不能成为领袖，单凭人才出众也不行。政治领导人必须能够鼓舞拥护者。伟大的思想可以改变历史，但只能在产生了能给这些思想以力量的伟大领袖之后才能实现。亦如尼克松所指出的："伟大的领袖需要有伟大的想象力，它能激励领袖，又能使领袖去激励全民族……尽管领导需要有技巧，但领导远远不是有技巧就行。就某种意义来说，管理企业好比写散文，领导国家好比写诗。在很大程度上，领袖办事必然是靠符号与形象，以及成为历史动力的能启发人们觉悟的思想。"①

一个杰出的领袖，必定是更加充满信心，更加坚强有力的人。领袖人物是用自己的意志影响历史进程的领导者。拥护者可以凭愿望，但领导者必须凭意志。如果要像历史上的伟大领袖那样克敌制胜，就必须相信自己。如果要像历史上的伟大领袖那样自找苦吃，就必须相信自己的事业。只有自己相信自己，才能说服别人相信自己。只有自己具有坚强的意志，才能懂得如何去调动别人的意志。

一个杰出的领袖，必定能够战胜权力的诱惑，能比别人更好地运用权力。在国家政治和国务活动中，权力即意味着成千上万乃至千百万人的生死命运、昌盛贫困和悲欢离合。这是任何领袖人物永远都不能忘记的。领袖人物的权力，从根本上说就是用来创造历史并推动历史向良性方向发展。个人集权制、领导职位终身制和指定接班人制，本质上都带有专制主义的色彩，这已经与时代格格不入。人民不会再成为任由英明领袖和官僚阶层驱使的奴仆和工具。

一个杰出的领袖，必定能够善于发现和善于纠正自己的错误。人非草木，孰能无过。更不容说历史常常是在曲折中、黑暗中寻找方向，不犯错误的领袖是没有的，关键是出错时如何纠正。如果能建立一种法治程序和民主机制，

---

① 〔美〕理查德·尼克松：《领袖们》，施燕华等译，海口：海南出版社2008年版，第4页。

第九章 报国维志——一个国家，总要有一些仰望星空的人

使国家和政府的领导人能同民众更紧密地结合，当领导人发生变化或显露他的某些不良品质时能够有效地纠正他、改变他或者撤换他，这才是国家健康发展的根本保证。

一个杰出的领袖，必定是个具有无穷的耐性，个人修养极好的人。虽然美德不是一个领袖人物所独有的素质，但是，一个不具有良好道德的领袖必定不会成为一个杰出的领袖。领袖人物必须勇于奉献。正如毛泽东同尼克松交谈时所说的，"没有牺牲就不会有胜利"①。领袖人物甚至不一定需要社会即刻就对自己作出什么评价，给予什么结论性的回报，因为对领袖人物的最终评价不是一朝一夕或是几年之内就能够作出的。"只有到了晚上，人们才能看清那一天是何等美妙。"能够活着听见历史对自己作出真正评价的领袖，永远是少数。

在全球化的浪潮中，国与国之间的竞争既表现为全体国民的竞争，又表现为领袖集团特别是最高领导者的竞争。尽管人们每天都能目睹政治家的风采，倾听政治家的声音，也常被一些政治家的魅力所倾倒，但究竟怎样才能真正地把自己的民族精华拥上宝塔尖，产生出杰出的领袖人物，却是人类至今都没有完全解决的问题。

虽然不能认为美国现在的选举制度就是世界上最好的选举制度，也不能认为美国迄今为止产生的44位总统就一定是美国两百多年历史上各个时期的顶尖人物，但是又必须看到，美国的选举制度确实具有强大的优胜劣汰功能，他们所产生出来的总统无疑都是他们所在时代的民族骄子。这些政治精英在角逐总统大位时，其竞选亮相、竞选演说、竞选纲领，无不体现着他们的素质、胆识、智慧和活力，也无不代表着人类政治文明尤其是制度文明的重大进步和成果。有理由认为，这也是美国对于人类政治发展的一大贡献。不过，这不应成为他们的专利。无论是平民百姓还是意欲成为时代骄子的未来领袖人物，都应当向着建立人类理想的优秀人才遴选制度而继续努力。

---

① 〔美〕理查德·尼克松：《领袖们》，施燕华等译，海口：海南出版社2008年版，第225页。

第十章
Chapter Ten

文化维我
——万物从此始，万物归此宗

本来你的马车不会输给任何一辆马车的，但忽一日，人家改用汽车了，你的马车再好，也不过是马车罢了。

——欧洲格言①

---

① 〔美〕斯塔夫里阿诺斯：《全球通史》，吴象婴、梁赤民译，上海：上海社会科学院出版社1999年版，第151页。

第十章 文化维我——万物从此始,万物归此宗

1988年,有一篇题为"中国人与美国人之比较"的短文曾盛传一时。其文曰:

"中国人在街上争吵,在人代会上比较心平气和;美国人在街上客客气气,在国会上却争论不休。

中国的朝代多;美国的广告多。

中国人进商店像小媳妇;美国人进商店像大爷。

中国人爱夸祖宗;美国人爱夸自己。

中国政府爱人民;美国政府怕人民。

中国的报上成就多;美国的报上灾难多。

中国人不直接选国家领导人,而直接选经理、厂长;美国人直接选国家元首,却无权选经理、厂长。

中国人是乐观主义者,喜欢描述未来的美好前景;美国人是悲观主义者,总担心未来会发生什么不测……"①

无论这篇短文中的观点有多么错误或是有多么夸张,但有一个观点却是正确的,即该文认为,中国人同美国人之间之所以出现这么多区别,主要原因在文化;虽然社会制度、生产力水平等方面的原因也很重要,但文化上的差异影响更持久更绵长更顽强更深刻。

文化是一个国家一个民族创造的精神财富和物质财富,是人类特有的历史积累、精神记忆和生存方式。就一时一事来说,文化的力量也许是弱小的,但就长久来说,文化的力量却是无坚不摧的。能够真正把一个国家一个民族凝聚在一起并使之生生不息的还是文化。可以说,文化是人们信仰和道德的源泉,是人们内心安宁的保证,是一个民族赖以生存和繁衍的根。

国家的所有功能都总会体现在文化上,文化是国家生命的表达形式。当文化枯竭,不能促进国家发展、反而制约国家发展的时候,就需要改变旧文

---

① 史仲文:《中国人走出死胡同》,北京:中国发展出版社2004年版,第1页。

化，创造新文化，以重新振兴国家。历史上，总是那些文化占优又肯于学习的民族和国家发展最迅速。

美国：安于现状不是美国人的特点

美国的这一天属于奥巴马。

甚至全世界的这一天都属于奥巴马。

2009年1月20日，美利坚合众国第44任总统贝拉克·奥巴马于上午11时30分宣誓就职。

在这一天，有200多万人拥入只有60多万常住人口的华盛顿来参与庆祝奥巴马就职，创造了只有麦加朝圣时才能一见的超大人群聚集。美国有线电视新闻网称，从林肯纪念碑到华盛顿纪念碑，人群站满了每一个空间。为了满足众多的人群的需要，华盛顿部署了18000名警力以及7000个流动厕所。美联社的调查显示，高达93%的美国人相信奥巴马是一名"胜过常人"的总统或"杰出的总统"。有线电视新闻网公布的民调显示，84%的受访者认可奥巴马，68%的受访者说他们对奥巴马就任感到激动和高兴。

在这一天，有关奥巴马的消息主导了世界各国报纸的头版和电视新闻的画面。法新社说，"奥巴马热在星期二席卷了全球，人们希望美国的这位新总统能够把世界带向一个没有危机的新时代"。西班牙《国家报》在头版奥巴马和夫人的大幅图片上面写着几个大字："美国梦上台。"路透社称，欧洲各国媒体对奥巴马就职进行了铺天盖地的报道，就像是本国在换领导人一样。英国《金融时报》以"罗斯福的影响力外加林肯的诗篇"为题来形容奥巴马就职对于美国人乃至整个西方的震撼。根据美国全球语言监测机构公布的数据，20日这天，全世界各大报纸、电视台和广播电台围绕奥巴马就职共播发了35000篇报道，全球有15亿人收看电视，这个数字前所未有。美联社评论说："从来没有哪位美国总统能像他那样，让整个世界有所期待。"①

---

① 《环球时报》2009年1月21日第1版；《光明日报》2009年1月22日第8版；《参考消息》2009年1月23日，第6版。

第十章　文化维我——万物从此始，万物归此宗

不过，人们如此追捧奥巴马并不仅仅在于他的个人魅力——尽管他的身世、他的演讲才能是令人着迷的；并不仅仅在于他组建了具有崭新形象的新政府——尽管他组建的超党派新政府中囊括了包括希拉里、盖特纳在内的众多美国政坛明星；也不仅仅在于布什政府的成绩和名望欠佳——虽然这些因素都存在。人们最在意的、也是最根本的还在于，奥巴马是一路喊着"改变"的口号走上美国总统岗位的，值此全球性的经济危机之际，人们是渴望他执政之后能够迅速地带来"改变"。确切地说，美国人是希望他改变美国；其他国家的人则是希望他改变美国的对外政策。所以从本质上来看，与其说是人们喜爱奥巴马，还不如说是人们喜爱"改变"。

奥巴马20日上任后，人们又对奥巴马的工作表现进行了追踪报道，关注的焦点仍然是"改变"。

法新社评论："美国总统奥巴马在白宫的头100个小时中取得了骄人业绩。他改变了一些引人注目的国内和国家安全政策，在很大程度上结束了布什时代。"①

英国《独立报》网站以"奥巴马：激动人心的开端"为题发表文章称："的确，在奥巴马上任的头100个小时里，变革已经在美国出现。"②

美国盖洛普公司和《今日美国报》联合进行的一项民调显示，68%的美国人认可奥巴马上任之后的表现。这一数字接近历届新任总统支持率的最高值——1961年肯尼迪总统就任时72%的支持率。美国新罕布什尔大学政治学教授丹蒂·斯卡拉说："我认为到目前为止，一切都不错。奥巴马与上届政府划清了界限。"③

那么，美国人为什么会如此地倾心于"改变"呢？

诚然，"改变"就意味着创新和探索，能不断地有所创造有所发明，总是令人向往的；诚然，"改变"就意味着机遇和希望，在一个物质主义相对盛行的时代里，财富和富足总是令人陶醉的。但是在美国，"改变"的根本意义，或者说"改变"的真谛，还在于其民族精神、民族文化——"改变"早已是美利坚民族性格的一部分。

---

① 《参考消息》2009年1月26日，第2版。
② 《参考消息》2009年1月26日，第2版。
③ 《参考消息》2009年1月26日，第2版。

历史地看,美利坚民族本身就是"改变"的产物

在一次以弘扬酒文化为主题的盛宴上,聚集了来自中国、俄罗斯、法国、意大利、德国以及美国的酿酒大师们。为了在这次影响重大的酒文化大会上取得好成绩,各国精英都带来了自己最醇正的名酒,以期一举夺魁。首先出场的是中国大师。他带来的香味醇厚的陈年茅台,酒瓶一开即香气四溢。接着出场的俄罗斯大师,给众人倒了一杯热辣似火的伏特加,饮者顿感活力四射。法国大师带来的是充满法兰西风情的大香槟,使欢宴者很快联想到了浪漫的赛纳河畔。意大利大师和德国大师带来的分别是原汁原味的葡萄酒和威士忌,使现场又洋溢着亚平宁半岛的雍容华贵和德意志国度的严谨理性。最后出场的是美国人,只见他拿着一只空杯,不慌不忙地把现场各国的酒都倒一部分在自己的杯里,然后微笑着对大家说:"这就是美国的酒,我们博采众长,并在这个基础上进行综合和创作。"

也许这个故事有一些演绎的成分,但其中对美利坚民族大熔炉性质的形容则是形象而恰当的。

早在18世纪末,一个移居美国的法裔人就在他的《美国农民书简》这部书中说,美国人是一种新人,具有奇特的混合血统,这在任何别的国家是无法看到的。20世纪初,又有一位英国移民创作了名为《熔炉》的这一剧本。剧本中的一句经典台词是:"美国是上帝的坩埚,一个伟大的熔炉,欧洲的各个种族在这里都得到了冶炼和重铸。"自这出剧上演后,"熔炉"一词便成为美国社会广泛使用的俗语。

美国历史学家、《美利坚合众国史》的作者班克罗夫特对自己的民族和国家显然是有着更为深刻的认识。他说:"我们这片土地不仅接纳所有各国的人民,而且接纳他们的思想观念。抹掉世界任何一个主要民族留下的印记,我们的命运就会是另外一种样子。意大利人哥伦布和西班牙人伊沙贝尔发现新大陆,为移民和商人敞开了大门;法国为我国的独立贡献了力量;我们的语言起源于印度;我们的宗教来自巴勒斯坦;回响在我们教堂中的赞美诗产生于意大利、阿拉伯沙漠、幼发拉底河畔;我们的艺术来自希腊;我们的法律取自罗马;我们的海事法典本于俄国;英国为我们提供了代议制样板;而北美各殖民地立旨崇高的共和联盟也遗留给我们一系列宝贵的财富:在思想领

域,教导我们要各种意见兼蓄并收;在行动领域,则留给我们那富有创造力的联邦原则。因此,我国比任何其他国家都更充分地体现出人类的统一性。"①

美国的国家统计数据表明,在过去的几世纪里,约有6570万人从世界各地移居美国。他们之中有英国人、法国人、荷兰人、丹麦人、德意志人、犹太人、西班牙人、葡萄牙人、意大利人……白种人、黄种人、黑人;贵族、富商、工场主;平民、奴隶、破产工人;基督徒、天主教徒、印度教徒、佛教徒;改革家、冒险家、淘金者;囚徒、海盗,等等。各色人等,只要一踏上美国这块土地,不管他们是自觉还是不自觉,不管他们是恐惧、迷惘、失落还是欢呼、雀跃、惊喜,都会马上融入到美利坚民族这个大熔炉之中。

美国确实创造出了一种多民族、多种族的人群重新聚合的新模式。在美利坚民族这个大熔炉里,所有的人都自觉不自觉地改变了自己。

历史地看,美利坚的民族性格中也充满着"改变"的因子

虽然美国的文化是从欧洲移植过来的,但在美国再生的欧洲文化却与欧洲本土的文化区别很大。加上美国的开国元勋们在立国之初即集世界各国政体之精华创建了优秀的政治文化,因此使美国人从开国起似乎就具有了现代人的诸多特质。

他们理解传统的思想遗产,但不去迷信。能够对历史遗产古为今用,去芜存菁,唾弃那种认为古人圣人的言论和行为都是金科玉律的愚昧态度。他们是美利坚新文化的主人和革新派,从不俯首贴耳地跪倒在传统和权威之下,而是主动地赋予传统以新的生命力和存在形式。

他们的思想往往是自由无拘的。有美国学者指出:"美国人认为自由的人民可以自我管理,不需要国王、皇帝或独裁者来告诉他们怎样过活。美国人不需要政府来告诉怎么做,他们需要的是,政府能确保竞争的公平性,让游戏规则对每个人一律平等。最重要的是,美国人确信,他们的命运是操纵在自己手中。他们相信智能、勇气和勤劳必定会得到回报,而且没有人是注定要殿后的。""美国是由不受拘束、不按牌理出牌、渴望改变自己命运的人所建

---

① 尹钛编:《美国精神》,北京:当代世界出版社2008年版,第162—163页。

立的。"①

他们的思想是开放扬弃的。不断地开拓新土地、不断地发现和利用新事物，快速的自然流动性和社会流动性，使美国人对于社会系统之间的相互开放和社会系统内部不同部分之间的相互开放都习以为常。

他们的思想也希望时时履新。美国人的骨子里生来就有一种拓荒精神。清教徒在北美荒芜的土地上披荆斩棘，勇往直前，将一个蛮荒之地建成为一个生机勃勃的新大陆，这种顽强的、不屈不挠的开拓进取精神，被一代又一代的美国人所继承。虽然很久以来美国人就经济富裕，生活舒适，大可不必再为生活而奋斗，但他们总是追求改变，富于冒险，不愿意按部就班。他们相信，除了一些可资借鉴的经验以外，过去的事不值得感兴趣，只有远大的未来才是他们的舞台，他们的前途注定要在改变中获得。

深刻了解自己民族习性的前总统尼克松曾经这样描述美国人的这一特质："安于现状不是美国人的特点。在美国历史上，宁静期和蓬勃变化期交替出现。但这种宁静历来只是表象，而不是实质。一种力的躁动在表壳下翻腾着。现状充其量只是进一步大显身手之前的小憩——稍事停顿、充满电池以便接受新的挑战。而美国历史周期中的另一个阶段破土而出，只是个时间的问题。对于伟大民族和伟大人物来说，真正的满足不在于玩味过去的成就，而只能来自从事新的冒险。"②

尼克松的这段话，再恰当不过地说明了美国人性格中所固有的一种渴望"改变"、不断探索新的领域的激情与基因。

历史地看，美利坚民族的发展史也就是"改变"史

美国国家专利商标局主任理查德·马斯比曾经讲道："我一直相信美国故事就是创造的故事，国家本身也是被创造出来的。"③

这一观点是很有见地的。美国230多年的历史其实也就是不断创造、不断"改变"的历史。自建国起，"改变"就从来没有停止过。

---

① 《美国研究》2001年第1期，第128、131页。
② [美]理查德·尼克松：《1999年：不战而胜》，王观声等译，北京：世界知识出版社1989年版，第317页。
③ 中央电视台《大国崛起》节目组编：《大国崛起·美国》，北京：中国民主法制出版社2006年版，第161页。

第十章 文化维我——万物从此始，万物归此宗

1776年《独立宣言》的发布是"改变"，13块殖民地挣脱母邦的束缚联合成了一个新国家。

1789年《美利坚合众国宪法》的实施是"改变"，新生不久的国家由邦联制改变成了联邦制，共和国有了自己的第一个总统和强有力的中央政府。

19世纪60年代的南北战争是一场"改变"与反"改变"，最终又靠"改变"——废黜奴隶制——才巩固联邦并获得新的发展机遇。

19世纪末20世纪初的持续进步主义运动是"改变"，在不断地改变中，美国步入世界舞台。

1933年开始的罗斯福新政是"改变"，经典的传统的自由主义经济发展模式从此被颠覆，政府开创了大规模干预社会经济生活的先例。

20世纪下半期相继推进实施的"公平施政""新边疆""伟大社会""国家绩效评估"等一系列发展纲领，同样是"改变"。并且通过这些一个又一个的"改变"接力，成功地把美国的发展推向了巅峰。

可以说，正是因为有历史上众多的"改变"才成就了美国的世界奇迹。

可以说，正是因为有历史上众多的"改变"才使美国具有了持续的自我再生能力。

还可以说，正是因为有历史上众多的"改变"才延续了美国的成功，使其始终保持了在世界上最具活力、最为开放、最为自我的社会。

可见，美国人对"改变"情有独钟、于"改变"情不自禁是大有道理的。

日本："这是世界上最讨厌的国家又是世界上最值得学习的国家"

2008年9月，韩国《中央日报》社组织对世界各国的信任指数进行了调查。令人费解的是，韩国民众既认为日本是世界上最令人讨厌的国家，同时又认为日本是世界上最值得学习的国家。韩国《中央日报》社的这项调查显示：在"最讨厌的国家"这项测题中，日本高居首位，57%的被调查者都认为是日本这个邻国；在"最值得学习的国家"这项测题中，日本同样排在第一位，占

被调查者的24%，分别高出居第二位的美国6个百分点、居第三位的德国15个百分点。学习日本什么呢？韩国人的答案是：学习日本善于学习的文化传统。①

原来韩国人认为，日本是世界上最热爱学习、最善于学习、学习最富有成效的国家。

其实，韩国人给出的答案人们不应该感到意外。

自古以来，日本就是一个善于学习的民族，这一传统源远流长。在历史上，日本曾三次大规模地向外国学习，先是向中国，再是向欧洲，后来是向美国。

中日两国历史上一向是近邻，虽然从未有过十分亲密且相互非常了解的时侯。但在文化上却具有一个共同的背景，因为日本的文化最初是借鉴中国的。

在两国的历史上，日本人对中国的兴趣要比中国人对日本的兴趣浓厚得多。这也属自然，因为日本在发展成一个具有较高文明的国家时，中国已经经历了至少两千年的成熟文明了。日本接受中国文化是从中国汉代开始的。它袭用了中国的书写体系和许多伦理观念、历史观点，还在很大程度上采用了中国的政治和经济结构、文学准则和美学观点等。这种对中国文化的借鉴在7世纪至9世纪期间最盛行，后来一直持续到17世纪。19世纪初时，许多受过教育的日本人也仍然感到自己是中国文化的子孙。

及至20世纪90年代，宫泽喜一任职期满从日本首相的岗位上退下来时，一时兴起，在记者招待会上居然朗诵了一首中国唐代古诗。诗云："寒雨连江夜入吴，平明送客楚山孤；洛阳亲友如相问，一片冰心在玉壶。"宫泽抑扬顿挫，把中国唐代诗人王昌龄的这首《芙蓉楼送辛渐》诗朗诵得激情四射，令日本举国震动。因为宫泽著名的是英文，他长期在财政部门工作，擅于与美国人打交道，国民想不到他竟然连唐诗也能背诵如流。第2天，《朝日新闻》大篇幅报道了宫泽喜一朗诵唐诗的消息，盛赞他学识渊博。

显然，日本政坛不乏这种高手。20世纪70年代的田中角荣首相一上任便积极发展与中国的外交关系。一次，在乘飞机前往北京的途中，田中忽诗兴

---

① 参见《日本为世界上最讨厌的国家和最值得学习的国家》，中国新闻网，2008年10月3日。

第十章 文化维我——万物从此始，万物归此宗

大发，口出一首自作的七绝："国交途绝几星霜，修好再开秋将到；邻人眼温吾人迎，北京空晴秋气深。"

日本人的中国文化情结由此可见一斑。

日本大规模地向欧洲学习是在明治维新以后。这是一次自觉的学习，成功的文化引进，在日本近代以来的发展史上具有至关重要的作用。

还是在1872年初的一天，皇宫里侍奉天皇的女官同往常一样来到天皇所在的御所，准备给天皇梳理头发。按照当时的宫廷习俗，她还要给天皇涂脂抹粉。但进门以后她不禁大吃一惊，与她同行的人也惊讶失色。天皇居然已经将自己的头发剪掉了，这是历史上从未发生过的。天皇何以会这样呢？

原来，作为雷厉风行地推行文明开化政策的一部分，明治政府于1871年8月9日发布了《断发脱刀令》，宣布日本人有剪掉长发、解除佩刀的自由。这是天皇的率先垂范之举。

此后不久，明治政府又接连发布了若干有关文明开化的法令：允许士族和平民通婚，采用阳历，确定西式礼服为官员的正式礼服。这些法令的目的很明确，就是废除日本中世纪以来在衣食住行方面的风俗习惯，鼓励和移植西方的生活方式。

为此，明治政府作了大量的宣传工作实行这些改革。社会中出现了大量的小册子，讲解断发、易服、食肉的道理。政府参议木户孝允自己主办了《新闻杂志》，不断报道天皇和宫内官员穿西式服装的消息。司法省和东京府还制定了一些有关文明违章处罚的法令，以督促文明开化政策的实施。

东京的面貌也随之一新。出现了第一家西餐馆，各式各样的日本人来这里大吃牛排，而牛肉原先被认为是脏东西，是根本不能吃的。而现在却有许多人喝着啤酒和白兰地，说着蹩脚的英语，用筷子在牛肉火锅里找肉吃。到西餐馆的人不仅有官员和名流，也有人力车夫、演员和学生。在银座这条日本最早的西方大街上，马路两边的瓦斯灯在夜里将这里照得一片通明。临街种植的松树、枞树和樱花让这里看起来充满欧陆风情。马路上还时常可以看到身穿西装、头戴礼帽的政府官员在漫步。妇女们也穿起细勒腰身的时髦欧式服装，或撑着洋伞，或手捧洋书，在街上行走。

这一切都是日本学习西洋、推行文明开化政策所带来的变化。

不过，比起人们的日常生活，这些社会表层的变化来，日本对于欧美价

值观念和社会制度的学习借鉴可要深刻得多。

　　1871年至1873年，明治政府派出了大型使节团遍访欧美。使节团的正使是维新运动核心人物、政府右大臣岩仓具视，副使是另一位维新运动核心人物、政府大藏卿大久保利通。使节团的主要成员包括政府参议木户孝允、工部大辅伊藤博文、外务少辅山口尚芳等。这是一个拥有48名正式成员的使节团。

　　明治政府赋予使节团的任务是：适应国家整体更新，修聘问之礼，笃友好之谊；借修改条约向各国政府阐明并洽谈日本的目标意图；从制度、法律、财政和教育等方面，考察最开化昌盛的国体与实际事务的处理，看能否适用于日本。同时规定，使节团的成员还分科对主管事务进行对口学习。

　　在这次将近两年的学习考察中，使节团先后到了英国、法国、比利时、荷兰、德国、俄国、丹麦、瑞典、意大利、奥地利、瑞士和美国共12个国家。这对使节团成员是一次刻骨铭心、催人急起直追的学习考察。其间，岩仓具视、大久保利通、木户孝允、伊藤博文等，曾多次站在轮船甲板上，面对波涛汹涌的太平洋泪流满面；曾躺在飞驰的火车上残梦忽破，彻夜不眠。他们痛彻地感到，日本已经不适应这个世界了，必须奋起。

　　就在这次学习考察后不久，日本的文化引进出现了一个飞跃。明治政府的宪法是以德国为原型制定的，教育制度是以法国为样板的，大学建设则效法了美国，海军是英国皇家海军的复制品，陆军参照了法国，铁路和电报是按着英国的模式建立的。这样一来，明治维新后的日本，实际上就把西方资本主义国家当时最先进的方面都悉数吸收了。

　　第二次世界大战结束后，战胜国美国又成了日本学习的主要样板。虽然这次学习开始时有些强制性的因素，但没过多久就变成了自觉的行动。从美国的国家制度、价值观、经济管理，一直到日常的生活方式，都大量地涌进了日本。

　　像这种广泛地、真实地面向外部世界，学习外部世界，不仅是日本民族的一个传统，而且几乎天生就是日本民族性格中的一部分。

　　日本民族是一个混血民族，其文化也是一种混合文化。大约一万年以前，西伯利亚、北中国、南部亚洲的3种原始人即先后进入日本。后来，由于陆桥沉降，日本成了孤悬海上的列岛。进入列岛的3种原始人便克服差异，慢

第十章 文化维我——万物从此始,万物归此宗

慢融合,逐渐形成了日本民族。从最初起,日本文化的源头就是多元复合的,其基因中本身就包含有寒带民族、温带民族和热带民族的文化因子,与欧洲文化、中国文化、印度文化有着直接的血亲关系。按照文化人类学的观点,如果一个民族在其形成民族之前能兼容几种尽管很原始但差异很大的人群及其文化基因,那么这种文化就会具有很强的生命力和适应性;在它在遇到先进的异质文化时,就会像水往低处流那样比较自然地引进和吸收,而不会碰到传统文化的巨大障碍。而日本民族正是属于这样一种情况。

所以,每当遇上比自己强大得多的优势文化时,日本总是能贪婪地吮吸外来文明的乳汁,用以滋润和壮大自己。特别是近代以来,虽然在东方国家中日本是最晚接触西方文明的,但在向西方学习方面日本又是最先开始的,也是最为成功的。

在向外部世界学习的过程中,日本之所以每每成功,很少走弯路,这与他们一直奉行自己特有的文化引进方式关系极大。日本在学习借鉴外部的先进文化时,虔诚而不迷信,开放而不失去自我。虽说对异质文化的吸收较少障碍和比较自然,但对外部再先进的文化也从不囫囵吞枣,盲目照搬,而是采取现实主义和实用主义的态度,对自己有用的就拿来,不适合本土的就改造,一切是以需要、功利和效果为标准的。这既是日本对待外来文化的态度,也是日本引进外来文化的一个成功战略。

明治政府1871年至1873年派出使节团考察欧美后,如若照搬欧美的经验,通过引进移植来实现经济现代化,这也应属正常,因为欧美是世界工业革命的发源地,现代资本主义生产占尽先机。但是日本没有头脑发热,简单盲目。他们是把欧美的经验与自己的基础条件反复进行分析对比,特别是充分考虑自己资金不足和技术、管理落后等状况,制定了切合自己实际的经济发展政策。

如在农业方面,他们没有一味追求欧美先进的农业技术与农机具,而是针对日本的情况,首先着眼于提高农村的生产积极性,从改善农民生活入手,来加快农业发展。对于先进的农业技术与农机具只是进行了有选择性地吸收和引进。

再如在工业生产方面,日本最初也没有效法欧美当时盛行的靠规模效益的做法,而是从本国的资源、工业基础和实际需要出发,走了一条虽然迅速

但却是稳打稳扎、步步攀高的渐进路子。日本先是发展纺织和机器制丝业，以满足广大农村市场和外销的需要；后来是根据本国具有丰富的森林资源和市场对于纸张、印刷日益增长的需要，重点发展造纸业和印刷业；再后来，才是在轻纺工业高度发展的基础上，大力进行矿山开发，大力发展动力工业，并建立相应的冶炼加工业和矿山机械业，从而为现代机械制造业的发展打下了基础。

这种虽然崇拜但不盲从、虚心学习但不全盘照搬的做法，不仅广泛地存在于生产领域、自然科学领域和社会政治领域，即使在日本人的精神世界里也同样是如此。

日本民族同时信奉几种宗教——儒教、佛教、神道教等，虽然历史上的欧洲曾因宗教纷争战乱频仍，生命涂炭，但在一个日本人的内心世界里，这些宗教可以同时安然相处，并不存在矛盾和冲突。这中间的重要原因，就在于对于外来宗教的教义，日本人都依据自己的需要绝无例外地做了选择或进行了改造。

儒教的核心是"仁"——仁慈、忠恕之意。而到了日本，其核心则是"忠"，即效忠。这就对日本人忠于天皇、忠于上司、忠于集团这些性格的形成，乃至对整个传统伦理道德的形成，都起到了精神支撑作用。

佛教在印度和中国主要讲的是"大慈大悲"和"因果效应"，而日本则重点强调了其中的"和谐"和"无我"。这就对形成日本人的"和为贵"思想以及献身精神，起了强化剂作用。

道教在古代中国是追求清静、隐居、修仙和长寿，属于一种消极无为的宗教。而登陆日本后，日本人则把它同原有的神道结合起来，融合成为一种新生的宗教即神道教，后来还被定为国教。

日本就是通过这种选择性的吸收和功利主义的改造，成功地实现了外来文化为我所用。

在历史上，无论哪个国家和民族，当面对强大的外来文化时一般都会产生对自己文化的怀疑和批判心理。但日本却又是一个例外。虽然在整个历史上，日本都在面向外部进行学习借鉴，其文化也大多是靠学习借鉴得来的，但在日本并不存在对本民族文化的放弃或搞历史虚无主义。不管如何开放，如何大规模地引进，日本文化的根基始终都是自己的。明治维新后，虽然日本看似成了西方资本主义国家的混合体，但内核一直没有变。二战后虽然按照美国的意志被改造，但日本民族并没有自我沉沦，反而还创造出令人叹为观止的发展奇迹。

所以，虽然世界上先进的优势的文化几乎都能在日本文化的各个层面中有所表现，但日本始终保持了自己独立的和特有的文化。在今天的世界大国中，日本也是民族和文化最为单一和统一的国家。这说明，日本这种以自己为主、以实际需要为主、坚持"外来养分"与"内部养分"的有机统一，通过广泛地吸收、借鉴并融合升华而形成的大和民族合成文化，蕴含着巨大的活力与创造力。这是近代以来日本始终能够以全民族为一个团队在世界大国的舞台上博弈的关键所在，也是日本即使在遭到毁灭性灾难后也能够得以重生并迅速崛起的根本原因所在。

由此可见，韩国人因为日本最善于学习而把其排在世界上最值得学习的国家首位，是很有见地和道理的。

法兰西：一个靠思想文化造就的大国

近代以来，法国一直是一支世界性的力量。

300多年前，它凭路易十四的强大王权称霸一时。

200多年前，它依靠拿破仑的军功横扫欧洲。

100多年前，它拥有的海外殖民地仅次于英国。

几百年来，虽然世界局势变化多端，但总是能够听到它在大国舞台上发出的声音；虽然它自身饱经磨难，并曾以自己的鲜血点缀胜利者的光环，但在世界上的每一出历史大剧上演的时候，甚至当那些曾经不可一世的强者都不复往日胜景的时候，法国却依然光彩依旧，始终跻身于世界强国之列。

无论如何都应当承认，法国是一个以文化著称于世，靠文化矗立于世界大国之林的国家。对于人们生活的各个方面，从日常起居到国家政治，从社会生产到风土人情，法国人都把它演绎成了文化。无论是政府官员还是普通百姓，法国人都莫不以自己的文化为傲。

在人们的饭桌上，法国大餐是最棒的。

在墨西哥的一本杂志上就写有这样的话："欧洲的各民族中，唯有法国人真正关心人们的饮食。毫无疑问，在西方世界里，如果一家饭馆以其烹饪而著称，那么灶头的上方肯定飘扬着三色旗。如果在慕尼黑、苏黎世或伦敦，有人表现出不一般的厨艺，他也是从法国人那儿学来的。"①

以色列和匈牙利两个国家都生产优质奶酪，但他们的奶酪往往都要贴上法国佩里戈品牌的标签，否则就难以销售。因为在人们的眼里，如果没有了法国的奶酪，就等于没有了阳光。匈牙利出版的烹饪书籍中也写道："无论什么时候，我们的厨师或最老道的大厨们，都会竭尽全力地模仿法国厨艺烹制的菜肴，以取悦他们的贵客。"

世世代代的法国人也都坚信，世界上最好的佳肴盛馔出自他们的沃土。1977 年，法国戈尔·米欧研究所进行的一项调查显示：84%的法国人认为法国大餐是世界上最棒的，只有 4%的人认为此项殊荣应赋予中餐，另有 2%的人选择意大利菜或北非菜系。法国著名厨师奥古斯特·埃斯考菲曾雄踞西方高级烹饪界近一个世纪，在他的记忆里，始终相信这样一种观点："经常有人问我，为什么法国的厨师总是比其他国家的厨师高一筹。对我来说，答案很简单：法国的土地有着无可比拟的优势，生产世界上最好的蔬菜、最美味的水果和最棒的葡萄酒。法国还出产肉质最精细的家禽，最松软的猪肉，品种最多、肉最细嫩的野味。法国的海岸提供了最鲜美的鱼类和贝类。"②

法国的烹饪大师还认为，发现一道新菜要比发现一颗行星更伟大。鹅肝是法国最有名的也是世人最喜欢吃的一道菜。为了这道菜，法国人动足了脑筋，很多鹅都是专门为了制作又肥又嫩的鹅肝而采取特殊办法喂养的。为了一只鹅的肝尽可能重，农夫往往要先选一批大肥鹅，然后每天灌之以酒；只有让鹅经常处于酒精中毒状态，肝才有可能长大。一般，要等到鹅肝长大到原来体积的数倍——重则达到 1 公斤左右后，农夫才杀鹅取肝。这时，鹅肝的价值也远远超过了鹅其他部分的价值。可见，为了吃，法国人是不择手段的。并且，为了吃，还有不要命的。在一个屠夫的墓志铭上就写有这样的话："我杀了很多猪，吃了太多的肉。也许是肉害了我，43 岁就躺下了。"

---

① 天放编：《法国精神》，北京：当代世界出版社 2008 年版，第 74 页。
② 天放编：《法国精神》，北京：当代世界出版社 2008 年版，第 12、13 页。

第十章 文化维我——万物从此始，万物归此宗

在服饰上，法国的服装业向来是世界的符号。

早在太阳王路易十四时代，法国的服装业就十分发达。当时的内阁大臣即夸口称，"法国的服装业等于西班牙的金矿"。

到了20世纪40年代，自法国时装大师蒂奥推出一款圆肩、紧腰、宽下摆的新潮女装并迅速风靡欧美后，法国即成为世界时装中心，引领世界时装设计潮流至今。

现在在巴黎，每年都有两次世界时装盛会——春夏时装博览会和秋冬时装博览会。每次博览会，都代表着全球服饰在材料上、设计上和制作技术上的最高水平与最新发展。

在语言上，法国人认为，"是英语和法语一样，而不是法语同英语一样"。法国人总觉得，英语是法语的产物。法国人的根据是，打开一本英文辞典，半数以上的词汇都源自法语；14世纪以前，在欧洲拥有地位的也是法语。在相当长的历史时期内，法语都被一些欧洲皇室贵族崇为时尚，讲法语是一种身份和地位的象征。

时至1992年，法国国会还郑重地把"法语是法国的官方语言"这句话加入到法国的宪法中。1994年又出台新法律，规定公共场所的所有标语、公告牌必须用法语书写，所有国有的贸易公司和为国家服务的个人在对外交流中必须使用法语。在法国移民法中也规定，凡是申请加入法国国籍的人，一定要会说法语。在法国议会中，成立有专门的法语推广机构——"法语推广委员会"。这个委员会定期组织召开国际性的大会，在全世界推广应用法语，开展保存法语文化的工作。法国政府还确定，每年的3月20日为世界法语推广日。在一次对美国法语教师发表的讲话中，前法国总理诺斯潘谈到了法语在21世纪可能具有的作用，他说："法语不再是权威的语言，但法语的存在却可能使世界语言体系得以维持平衡。"[1]

一般，语言在世界上大多数国家都只是作为一种工具，并无其他更多意义，但是在法国，语言却是一种民族情结，法国人把它看作是一种成就，甚至看作是一种艺术。如果有谁轻视或亵渎法语，法国人马上就会愤怒。为了巩固其语言的优越感，法国建立有官方机构——法兰西学院，专司鉴定法语

---

[1] 天放编：《法国精神》，北京：当代世界出版社2008年版，第23页。

的谬误。法兰西学院成立于1635年，在其创始之初即认为，除非先学习最高尚的艺术——法语，否则就无法更好地理解其他艺术。在法国，法兰西学院是少数几个从王朝时期一直保存至今的官方机构之一，其主要任务就是鉴定和发布综合性的法语词典。法国政府明令，所有法语新词及其解释都必须经过法兰西学院认可才能被使用。

在文学艺术和科学技术上，法国是欧洲古典文化的发祥地，蜚声世界。

法国诞生了若干世界级的名垂史册的古典主义作家。其中最著名的有：喜剧作家莫里哀、悲剧作家高乃依和拉辛、寓言诗人拉·封丹和文学批评家布瓦洛等。及至18世纪、19世纪时，又有伏尔泰、孟德斯鸠、卢梭、雨果、大仲马、司汤达、巴尔扎克等一大批思想家和文豪，在人类文明史上写下了不朽的一页。

法国文学上的成就特别是浓厚的浪漫主义色彩，也影响到雕塑、绘画等造型艺术领域。从13世纪开始，法国就在北部的城市中陆续兴建了一些集中体现这些艺术成果的教堂建筑，并在后来流行全法和西欧各地。当时的宏伟建筑主要就是教堂。它高耸的尖塔，直升的线条，奇突的空间，斑斓的色彩，加上各式各样玲珑精美的雕像、雕花和绘画，都有助于使人感到崇高，觉得神权的无上和神秘。著名的巴黎圣母院、夏特尔教堂、兰斯大教堂和亚眠教堂，就是这一时期法国建筑艺术的代表作。

法国对于人类科学技术方面的贡献，比其文学艺术方面也毫不逊色。单就笛卡尔在17世纪的科学成就，就足以让法国人骄傲。笛卡尔既是一个哲学家，更是一个卓越的科学家——在物理学上，他是能量守恒定律的创立者；在数学方面，他是解析几何的创始人；在心理学、生理学等领域，他也有过重大建树。笛卡尔的科学成果在17世纪上半叶的欧洲科学技术领域占据了统治地位。这对法国后来在自然科学方面赶超英国，成为欧洲自然科学发展的新中心，起到了重要作用。

在大众文化生活方式上，法国人的读书休闲也是有名的。

根据法国民意调查机构的统计，法国人2004年人均读书达到11本，其中2/3的读者年龄在35岁以下。2005年进行的调查中，退休人员有52%的人天天阅读，有34%的人经常去博物馆或参观展览，常看电影的人比例达到22%，欣赏戏剧和音乐的人占到20%。前总统密特朗以酷爱文学、喜欢历史、

第十章 文化维我——万物从此始，万物归此宗

迷恋音乐出名，被人们誉为博学多才的总统、欧洲最有文学修养的国家元首和以文学为乐趣的政治家。在数十年的政治生涯中，哪怕政务再忙，密特朗每天总要读一两个小时的书。他说，"不要以为我生活中充满了政治"，"文学永远是我的乐园"。他还在工作之余著书立说，著有《我的实情》《不断的改变》《蜜蜂与建筑师》等。

当然，法国靠文化跻身于世界大国之列，其文化因子远远不止以上这些。最重要的还是，法国在政治文化方面在世界上是独树一帜、独领风骚的。否则，世界大国的头衔就可能不会落在法国头上。

在法国，人的自由处处被尊重被保护，甚至会强迫你自由。

如果说罗曼蒂克的情感在法国人的生活中算是一种时尚，那么自由自在的心态则已经是一种文化。一个法国男人如果约自己的意中人吃晚饭的时候，他一定会首先贴心地问一句："今晚有空吗？"实际的意思其实是："你今晚自由吗？"在法国人的日常生活中，无论是朋友间聊天抑或是在大街上闲逛，你都会发现自由这个词随处可见。商店的大门上写着"欢迎顾客自由进出"，待租用的出租车上也打着"自由"的小灯。

法国人喜欢发表自己的见解，喜欢参与政治，人人都有不给政府面子的权利。他们动辄游行示威，扛着标语，举着旗子，喊着口号，一路浩浩荡荡，非常热闹。后面一般都跟着警车，缓缓而行，像是保镖。在法国，罢工是经常发生的事，法国民众似乎总爱跟政府作对。不管政府的决策对不对，总有一些人以游行或罢工来加以回应。有新闻记者形容，在法国发生罢工就如同出现下雨天一样正常。

位于巴黎市区的共和国广场虽然不一定是外国游人必到的地方，但却是巴黎人游行示威表达各类诉求的集结地。广场中心矗立着一尊25米高的"共和国女神"，女神右手高擎一束象征着和平的橄榄枝，左手持一本硕大的共和国法典，头上则戴着象征着自由的红色弗里亚帽。法国人也曾输出自由，并且是向美国。纽约哈德逊河口矗立着的自由女神像，就是1876年时法国为祝贺美国独立100周年而特意送去的礼物。

法国人认为，不论在什么情况下，人的自由都必须得到维护。启蒙思想家卢梭认为，虽然"人民总是愿意自己幸福，但人们并不总是能看清幸福"，因此"公民不自由，就强迫他们自由"。法兰西学院院士让·皮埃尔·安格雷

米称:"法国是以自由、平等、博爱这三大思想在全世界发挥影响的。人权在法兰西民族的全部文化遗产中占有重要地位,也载入了联合国的宪章和世界文化遗产。"①

在法国,思想的威力胜于武力。

1778年,当饱受宗教和封建统治迫害的伏尔泰终于回到巴黎时,万人空巷,全城欢呼,人们对于这位思想家的崇敬超过了国王。有一封信曾称他为——"人民的哲学家,欧洲的守护神,祖国的喉舌,国王的历史学家,英雄的歌颂者,风雅事物的最高鉴赏家,艺术的保护者,惜才的善人,天才的知己,一切迫害的谴责者,宗教狂的对头,被压迫者的救星,孤儿的慈父,富人学习的榜样,穷人的靠山,善人的典范。"人们认为,伏尔泰的思想就如同黑暗中的亮光,打破了欧洲中世纪的神学枷锁,开启了科学和理性之门。伏尔泰去世后,在他的棺木上刻有这样一行字:"他拓展了人类精神,他使人类懂得,精神应该是自由的。"②

拿破仑虽然后来成为法兰西第一帝国的皇帝,但他仍然尊崇大革命的基本原则,也深知思想的力量。拿破仑说:"精神胜于武力。统帅的高明之处在于他智力上的素质:洞察力、远见、计算、果断、口才、对人性的了解。不过这些也都是使人们在文职中辉煌的素质。要是只要凭臂力和勇敢就能当统帅,任何英勇的士兵都可以统帅三军了。如今,武力屈从于道义,佩刀的人拜倒在有才能、有学识的人脚下。"拿破仑还说:"世界上只有两种力量——利剑和精神。从长远说,精神总是能征服利剑。"③

能够从一生信奉武力的"军事巨人"口中说出这样的话,足见法国人对于人类思想的顶礼膜拜。

如今,坐落在巴黎塞纳河畔的先贤祠自1791年建成以来共安葬了72位法国历史伟人,其中也绝大多数是思想和文化伟人。尽管两百多年来法国的政体不断变化,但葬入先贤祠中的伟人的思想却恒久地受到人们的景仰。

在法国,革命理想是最神圣的,值得用生命去捍卫。

---

① 中央电视台《大国崛起》节目组编:《大国崛起·法国》,北京:中国民主法制出版社2006年版,第214页。
② 中央电视台《大国崛起》节目组编:《大国崛起·法国》,北京:中国民主法制出版社2006年版,第63、216页。
③ 杨双等主编:《政坛大地震》,合肥:安徽人民出版社1993年版,第82页。

第十章 文化维我——万物从此始,万物归此宗

法国人对于政治问题往往无法妥协。一名法国政府官员在接受英国广播公司的采访时曾说:"法国人不喜欢搞改革,要闹就闹革命。我们的态度从来都是,要么一成不变,要变就天翻地覆。"①

自法国大革命以来,法国人为了自己的理想付出了难以估量的代价。仅大革命初期就有1343人上了断头台,而从1793年春天开始,巴黎几乎成了一座革命气息和恐怖气氛相互交织的城市,凡是涉嫌叛变共和国的人都成了刀下鬼。在1793年至1794年的一年间,被处死者达到4万人,其中一项最快速的处死人的纪录是,一座断头台在38分钟内砍下了21颗头颅。这场大革命产生的另一个后果是,激发了接下来一个半世纪里共和派与贵族、君主派及天主教势力的持续暴力对抗,不少人又为此付出了生命的代价。为了革命,法国人对于鲜血是不吝啬的。在法国大革命领袖人物、雅各宾派政府首脑罗伯斯庇尔的墓志铭上,竟然写有这样的文字:"路人不要为我的死而悲伤——如果我活着,你可能就会死去。"②

在法国,各种"主义""制度"被演绎到了极致。

法国历史的最引人注目之处就在于历经了经典意义的奴隶社会、封建社会和资本主义社会,并在这个过程中创造了许多对于整个人类社会影响至为深远的文化成就。

自17世纪中期以来,法国即孕育出影响近代世界的启蒙运动,进行过各种社会理想的实践,产生了若干影响人类政治进程的思考。封建帝国主义、封建专制主义、空想社会主义、空想共产主义、社会主义、存在主义,等等,都诞生在法兰西这片土地上。从1789到1959年,法国即经历了如前所述的2个帝国、2个君主制政权,以及5个共和国。

对于"共和国",在法国人的头脑里既是政治概念,也是一种文化情怀。"共和国"的情结在法国人的日常生活中无时不有,无处不在。在法国的大多数行政区和省,其报纸的名称都含有"共和国"这个词,如"洛林共和国报""中西部新共和国报""东部共和国报"等。无论在哪个大区哪个省,抑或是市还是镇,到处都有以"共和国"这3个字命名的大道、街、门和广场。法国媒体在报道自己的总统时也从来不用"法国总统"这种称谓,更不会说"我国总

---

① 天放编:《法国精神》,北京:当代世界出版社2008年版,第28页。
② 天放编:《法国精神》,北京:当代世界出版社2008年版,第33页。

统"或"国家元首",而总是要不厌其烦地称"共和国总统"。每逢总统对国民发表正式演讲,结束时也总会高喊这样两句口号:"法兰西万岁!""共和国万岁!"因为在法国人的意识中,共和政体与法兰西民族是等量齐观的。

这就是法国,一个对思想与文化的尊崇早已浸润了人们灵魂的共和国;一个对民族和国家的命运寄予了太多政治色彩和政治抱负的共和国;一个拥有伟大的思想和文化并在伟大的思想和文化的指引下不断前行的共和国;一个不懈追寻自己的思想和理想并在这种不懈的追寻中最终以它卓尔不群的气质走出了自己独特的大国之路的共和国。

正如第五共和国的缔造者和首任总统戴高乐所说,"能够把人民动员起来的是抱负。而如果没有一种伟大的民族抱负,法国就无所作为。在王朝时期,法国有完成民族疆土统一的抱负;后来,法国又有革命信念的抱负;在拿破仑一世,法国的抱负是统治欧洲;在拿破仑三世,其抱负是废除 1815 年条约;在第三共和国时期,法国的抱负是报复;在 1940 年的灾难之后,法国的抱负是解放";而在第二次世界大战结束之后,法兰西的报负又是世界大国,因为"没有了伟大,就没有了法国"。①

俄罗斯:"即使把我们洗上七次也洗不掉 我们的俄罗斯本质"

"即使把我们洗上七次,也洗不掉我们的俄罗斯本质,否则我们的民族可太没出息了!"②

这是俄罗斯 19 世纪的现实主义文学大师屠格涅夫写于他的《回忆录》这部著作中的不朽名句。

人类的思想家之所以被认为是社会的先知先觉者,即在于能穿透历史,超越时空,用寥寥数语就可勾勒以往如烟事物的本质,正确预见后来复杂不测的发展态势。屠格涅夫无疑是这样的思想先驱,他的这一名句也是深刻而

---

① 中国法国史研究会编:《法国史论文集》,北京:三联书店 1984 年版,第 355 页。
② 毓麟主编:《3000 年世界名言大辞典》,北京:汉语大辞典出版社 1995 年版,第 189 页。

第十章 文化维我——万物从此始，万物归此宗

富于哲理的。

在过去的300多年里，俄罗斯命运多舛，经历了太多的大起大落。战争、革命、政权更迭和改革曾循环往复地发生在这个民族身上。仅仅在20世纪就经历了4次改革、两次革命、两次大战和3次政权更迭。俄罗斯民众感叹，"一生都奔波于天堂和地狱之间，今天是魔鬼，明天是上帝"。

20世纪发生的4次改革是：1906年至1911年的土地改革；1921年至1924年实施的新经济政策；1985年至1991年的社会全面改革；1992年以后的私有化改革和社会全面转型。

20世纪发生的两次革命是：1905年至1907年推翻沙皇专制的革命；1917年的十月革命。

20世纪爆发的两次世界大战俄罗斯都未能幸免。

20世纪发生的3次政权更迭分别为：1917年2月，由君主制度更迭为资产阶级民主共和制；1917年11月，由资产阶级民主共和制更迭为苏维埃制度；1991年12月，又由苏维埃制度更迭为议会制。

当然，俄罗斯300多年来最大的挫折还是建立共产主义社会的失败。历经74年的试验之后，超级政权大幕垂落，晚霞散尽，红色苏维埃成了一首扼腕悲歌，世界大国的历史惊变成为20世纪的绝唱，以至于世界的格局和力量平衡都被打破。

但是，即便发生了这么沉重的跌落和致命的打击，俄罗斯的民族精神却没有沉沦，对自己理想的追求却从未泯灭。

1993年，时任总统叶利钦即在其国情咨文中宣称："俄罗斯在世界上尚未找到一个合适的位置……只有一个强大的俄罗斯才能使苏联地区保持安定。世界也需要一个强大的俄罗斯。"①

1999年北约国家轰炸、肢解南斯拉夫期间，叶利钦愤怒地谴责道："克林顿竟然想对俄罗斯指手画脚，他不知道俄罗斯是什么样的国家，俄罗斯到底意味着什么。"②就在叶利钦动怒时，一支200人的俄罗斯先遣部队已经神不知鬼不觉地空降在贝尔格莱德机场，先于北约军队6个小时。

---

① 〔美〕理查德·莱亚德等：《俄罗斯重振雄风》，白洁等译，北京：中央编译出版社2006年版，第267页。
② 张昊琦编：《俄罗斯精神》，北京：当代世界出版社2008年版，第59页。

2000年初，普京在担任俄罗斯代总统期间就在因特网上发表了自己的纲领性宣言——《千年之交的俄罗斯》，详细阐明了俄罗斯的现状、历史教训和未来的机遇。在勾画俄罗斯长期的战略时普京将精神建设摆在第一位，提出了"新俄罗斯思想"。这一思想的支撑点为4个方面，即爱国主义、强国意识、国家权威和社会互助精神。普京的这一思想具有很强的针对性，是对苏联解体后在俄罗斯占主导地位的政治思潮的挑战和反正。其爱国主义实际上就是强调俄罗斯民族主义，主要是针对自戈尔巴乔夫以来社会上盛行的世界主义和民族虚无主义的；其强国意识，主要是针对一些党派力图使俄罗斯尽快融入西方大家庭的"欧洲—大西洋主义"这一政治主张的；之所以强调国家权威，针对的是20世纪90年代以来占统治地位的认为市场万能的"自由主义"；提倡社会互助精神，则是针对一度泛滥的以个人主义为核心的西方文化，同时也为俄罗斯传统文化的核心——集体主义正名。① 此后，普京就开始按照他的纲领重建俄罗斯。

2008年1月，普京在第43届慕尼黑安全会议上发出了自己总统任内在国际舞台上的最强音，对美国施行单边主义、推进北约东扩、在东欧部署反导系统等，进行了猛烈抨击。普京发表讲演后，美国和北约国家顿感"震惊和失望"，认为这是冷战结束以来俄罗斯对美国"最具攻击性的"的言论。而在俄罗斯国内，普京的讲演却赢得了一片叫好声。俄罗斯民众支持自己的总统挺直腰杆对美国人说"不"！他们认为，一个堂堂大国不应该只是炮轰诸如格鲁吉亚、波罗的海沿岸3国这些"小麻雀"，而应该主要对付美国和北约这样的"大公牛"。

2008年8月，作为对波兰和捷克允许美国在其境内部署反导系统的回击，俄罗斯高调宣布停止履行《欧洲常规力量条约》，恢复了中断15年之久的远程战略轰炸机例行战斗值班飞行。俄罗斯民众觉得，"俄罗斯又回来了"。此后不久，俄罗斯海军又远航加勒比海，跑到美国的后院同委内瑞拉进行联合军演。及至2009年初，又发生了同乌克兰的断气风波。

以上这一系列的行为，都不是孤立的事件或单纯的军事、经济行为，而是有着深刻的原因的。

从俄罗斯国内来看，经过普京卓有成效的治国，俄罗斯已经实现了从危

---

① 邢广成等主编：《梅德韦杰夫和普京：最高权力的组合》，长春：长春出版社2008年版，第60页。

第十章 文化维我——万物从此始，万物归此宗

机到复兴、从稳定到发展的成功跨越。在经济方面，至 2007 年底，俄罗斯的经济规模已增长到 1.37 万亿美元，成为世界 10 大经济体之一；黄金外汇储备总额已达到 4845 亿美元，仅次于中国和日本而居世界第三位。在政治方面，俄罗斯产生了历史上公民普选的政府，政治稳定的局面基本形成。在民族融合方面，车臣问题得到有效解决，分离主义势力得到有效遏制，恐怖主义也遭到致命打击。自 1992 年以来，俄罗斯就致力于建立一种新的经济制度和建立一个能正常运作的民主制度，彻底结束混乱的局面、权力的真空和动荡的局势。如今，这些目标都一一实现了。

从国际方面来看，经历了 10 多年在国际舞台上的落寂之后，虽然俄罗斯的目标不再是战胜西方，甚至不再同西方互为竞争对手，但通过普京的 8 年执政，恢复了实力的俄罗斯在战略上不再退让，在政策上不再取悦于人，在行动上更加积极主动，彻底扭转了一段时期的外交被动局面。尤其是在 2007 年，通过对以往军事思想和军事战略作出新的修改，把北约东扩、美国在东欧部署反导系统和在欧洲国家建立反导基地视为国家安全的现实威胁；接着又出台《俄罗斯联邦对外政策概论》，强调进一步改变冷战结束以来形成的对俄罗斯不利的国际政治发展趋势后，俄罗斯的外交行动便更加清晰和有力，又在逐步恢复往日的尊严。

这一系列的重大行动及其背景都充分说明，俄罗斯这几年来之所以在一些问题上不断地与西方发生碰撞，单从俄罗斯方面来看，其根本原因还在于俄罗斯的世界大国情结，还在于俄罗斯从来就没有放弃过最终重返世界大国舞台中央的努力。

长期以来，大多数西方人之所以惧怕一个强大的俄罗斯，是因为他们将俄罗斯视为一个竞争对手。他们非常希望 20 世纪 90 年代初期的那个相对软弱、愿意合作的俄罗斯是国际外交领域的一个永恒特征；但是，这种愿望很快就落空了。即使丧失了先前苏联时期的霸权，俄罗斯仍拥有世界第二大核武器库，依然是一支可怕的力量。虽然苏联的解体削弱了俄罗斯但并没有把它摧毁，俄罗斯不仅保留了一个大国的特征和基础，而且一直保留着大国的勃勃雄心。

近年来，俄罗斯在同西方的交往中不再像 20 世纪 90 年代初期那样顺从忍让，这就是一种民族精神和民族追求的能动反映。俄罗斯 19 世纪的思想家

别尔嘉耶夫即认为，俄罗斯民族不是能同西方合作或融合的民族。他说："俄罗斯民族是最两极化的民族，它是对立面的融合。它可能使人神魂颠倒，也可能使人大失所望，从它那里永远可以期待意外事件的发生。它最能激起对它的热烈的爱，也最能激起对它的强烈的恨。这是一个以其挑衅性而激起西方其他民族不安的民族。"①

从俄罗斯的发展轨迹中，人们不难看到的是，俄罗斯的血液中永远都流淌着一种不屈服、不认输、不屑于暂时的得失，迷信着自己存在独特的命运，相信俄罗斯比其他卑下的物质主义国家要高出一等的思想。甚至历史上经历了如此众多、如此重大的灾难，俄罗斯也把它看成是为了高出别人一等而必须经历的理所当然的过程和必须付出的理所当然的代价。

在俄罗斯的思想领域，历来存在着影响巨大的两大流派，即斯拉夫文化优越论和西化论。但这两个派别在相信俄罗斯负有一种救世主式的拯救人类的使命问题上，却表现出高度的一致。斯拉夫文化优越论的代表人物陀斯妥耶夫斯基说，"我们伟大的俄罗斯会向全世界讲出它的新的真理，一种健康的真理，一种世界上的人从来都没有听到过的真理"；"俄罗斯民族的使命是拯救欧洲和整个世界"。② 主张西化的领军人物恰达耶夫也说："有一些民族注定要教给这个世界一些伟大的道理，我们就是一个这样的国家。"③

虽说俄罗斯民族独特命运的情怀、世界大国的情结，不一定就是屠格涅夫所指的俄罗斯民族的本质，但是，从俄罗斯的历史文化和现实表现中，人们毕竟还是看到了俄罗斯民族所特有的一面，这就是：永远都是世界目光，永远都是世界地位。

---

① 张昊琦编：《俄罗斯精神》，北京：当代世界出版社 2008 年版，第 15 页。
② 〔美〕理查德·莱亚德等：《俄罗斯重振雄风》，白洁等译，北京：中央编译出版社 2006 年版，第 40 页。
③ 〔美〕理查德·莱亚德等：《俄罗斯重振雄风》，白洁等译，北京：中央编译出版社 2006 年版，第 41 页。

第十章　文化维我——万物从此始，万物归此宗

德国：人文精神是一切事业的基础

德国是一个现代化后发国家，在强国之路上跌撞颠簸，遍体鳞伤。但自第二次世界大战结束尤其是20世纪90年代初两德统一后，德国已不是原来意义上的德国。

在国际舞台上，德国是举足轻重的大国，对欧洲和世界事务一直发挥着重要作用。

在国家发展上，德国的GDP已经达到2万多亿欧元，长期居欧洲第一位和世界第三位。只是到了2008年，世界第三的位置才被中国取代。

在世界的主要大国中，当谈论别的国家时，人们会比较容易地提出这样或那样的批评，而在谈论德国的时候，人们往往是一片赞扬声。2009年2月6日，英国广播公司和美国马里兰大学全球舆论调查中心公布了它们每年一度的"国家形象"调查结果——"全球对德国的印象依然最好"。①

种种迹象表明，虽然二战后的德国在欧洲和国际社会中曾经面临发展的瓶颈和彷徨，甚至至今也仍然难以完全消除，但在总体上又不能不看到的是，作为一个世界级大国，德国似乎已经领悟到了国家、民族乃至人的真谛。正如德国语言学家克利斯托夫在总结德国时所说："人文精神是一切事业的基础。"②

作为二战的发动国，如何对待战争责任，这是德国重返欧洲、回归正常国家发展道路的第一步。如今的德国，对战争已经有了比较正确的认识，对战争罪行已经有了比较正确的态度，国家也比较彻底地走出了战争的阴影。

这是通过一系列的国家行为来实现的：

——1952年，在国家经济极度困难的条件下，德国签订了向以色列进行赔偿的协定。

——1953年，德国通过了战争受害者赔偿法。根据这项法律，凡在战争

---

① 《参考消息》2009年2月7日，第3版。
② 舒绍福编：《德国精神》，北京：当代世界出版社2008年版，第221页。

中受到政治、种族和宗教迫害的人都可以得到赔偿。到 2005 年时，德国支付的战争赔偿总额已达到 1250 亿马克。

——1963 年，德国同法国签署《合作条约》，两国真正和解。

——1970 年，德国总理勃兰特冒着凛冽的寒风来到华沙犹太人死难者纪念碑，双腿下跪，以此认罪赎罪，被誉为"欧洲约一千年来最强烈的谢罪表现"。

——1970 年，德国总统赫利向全世界发表赎罪书，对战争进行反省认罪，承认德国"给世界人民和国家带来了无穷的灾难，应该谴责自己"。

——1998 年，德国总统赫尔佐克在纪念犹太人被害的大会上指出："对犹太人的屠杀是德国历史上最恶劣、最无耻的事件，国家自身成了有组织犯罪的凶手。"①

——2005 年 5 月 10 日，德国"被害欧洲犹太人纪念碑"在德国的象征——勃兰登堡门和德国的政治中心——议会大厦的旁边揭幕。这一举动也曾让世界震惊。这处纪念场所除纪念碑外，还设有纪念馆。在纪念馆的入口写着这样的话："我们要为这一空前的犯罪行为进行忏悔，对其历史责任毫不退却，并将它视为德国国家的态度。"历史学家弗莱评论说，这是有史以来最具有标志性的事件——"一个国家在自己首都的中心坦白了自己最大的历史罪行"。②

德国人对战争的悔罪程度是虔诚的，并且不希望战争再从德意志的土地上燃起。1990 年实现再次统一后，虽然德国与众多国家接壤，但无任何纷争，许多边境都是仅仅以人行道作为国界标记，完全处于一种自由状态。这些都为德国赢得尊严、重新回归世界产生了极为深远的影响。

如今的德国，社会和谐，族群团结，人们热爱祖国与热爱自由、热爱生活是紧密地联为一体的

坐落在首都柏林的菩提树下的国家公墓，静静地躺着德国历史上的诸多伟人，其中又数黑格尔、费希特这两位思想先驱最为瞩目。人们纪念他们景仰他们，是因为人们普遍地尊崇和接受他们的思想，在自己的记忆中永远地保留着他们对国家和民族命运的历史性思考。

---

① 舒绍福编：《德国精神》，北京：当代世界出版社 2008 年版，第 133 页。
② 舒绍福编：《德国精神》，北京：当代世界出版社 2008 年版，第 133 页。

第十章 文化维我——万物从此始，万物归此宗

终生都在为德国的统一和强大而努力的黑格尔曾告诫人们："人只有在国家中才有其合理的存在"，"人只有在国家中始有其本质"。①

费希特更是用无数直舒胸臆的激动人心的演讲来动员人民献身自己的国家。他大声疾呼："朋友，你胸中还存在着德意志的心脏吗？那就让它跳动起来吧！你身上还流动着德意志的热血吗？那就让它奔腾起来吧！"②

德国人之爱德国，不仅仅是对于乡土的爱，而是经历了长期分裂的痛苦和统一后迅速崛起这种大悲大喜之后而由衷地激发出来的爱，是一种自豪的爱，是一种超越感情的精神之爱。这种爱犹如一种巨大的无形的力量，使德国人凝聚在一起，无论在什么地方都可以使人感觉到这一点。1998年的夏天，诺维斯基生平第一次离开自己的家乡前往美国加入职业篮坛，那时谁也不会想到NBA从此会出现一位超级巨星。"德国小伙，你已经为达拉斯小牛效力了6年，有没有考虑加入美国国籍呢？"未经丝毫考虑，诺维斯基即脱口而出："当然不会，德国永远是我的祖国。"在诺维斯基的头脑里，祖国是神圣的，爱国是不言而喻的。

"你就是德国的奇迹！"这是德国2005年9月至2006年1月开展的《你是德国》大型宣传活动的电视片片头语。当时，德国国家电视台等25家大型传媒和广告公司发起了《你是德国》的公益宣传活动，虽然志愿者是由40多位著名电视节目主持人、著名记者、国际足球明星以及科学家、作家、影视明星组成，这些人职业不同、观点各异，但都无一例外地传达着同一个信息："热爱德国，振兴德国！"代表着生机与活力的他们，在这部电视片中争相向全德国人宣告："不要说你无能为力，不要说你声音过于渺小，因为你知道，竞技场上每一个声音汇合在一起就是一首响亮的交响曲。""你是我们的一部分，我们的一部分是你！你是德国！你的愿望犹如在你身后燃烧的火焰。""无论你在什么地方，无论你在什么岗位，你就是德国！""我们曾经一起推倒了横在我们中间的那堵高墙。我们有足够多的手，手与手相接，心与心相连！""我们是8200万个灵魂！让我们用劳动弄脏我们的手吧！你就是那双手！你就是8200

---

① 中央电视台《大国崛起》节目组编：《大国崛起·德国》，北京：中国民主法制出版社2006年版，第167页。
② 中央电视台《大国崛起》节目组编：《大国崛起·德国》，北京：中国民主法制出版社2006年版，第168页。

万中的一员！"……这场活动被认为是德国人爱国情怀的一次集中展现。有美国学者评论说："事实是，德国人就是德国人，不像任何其他人，而且从他们的历史来看，简直不可能指望他们像任何其他人。"①

在德国人的心目中，国家是高于一切的，只有国家强大，个人的自由和幸福生活才有可能。德国人历来认为："自由不仅仅是摆脱封建强权的个人自由，追求自我发展的自由，而且也是国民分享、协助国家的自由。国民不应只是政府机构救济、关照、帮助的简单对象。真正的强大应是国家的更加强大，而不是个体的更加强大。义务比权利更重要，自由归根到底是国家的自由。"②

如今的德国，被认为是思想和智慧的国度，已经并还在继续为人类供应着精神产品

正如同德国作家埃米尔·路德维希所形容的那样，德国的历史就像是一辆双层公共汽车，文化生活和政治生活有着各自的发展道路，尽管汽车由德国的统治者们把握着方向盘，也曾使德国历史上的政治生活长期处于滞后的状态，但是，德国还是成了许多伟大诗人、作家、作曲家和孜孜不倦的思想家的诞生地，成了"整个世界的教师"③。

在社会政治领域，宗教改革先驱马丁·路德在教堂门上贴出的 91 个论点，曾引发整个西方世界的宗教改革，欧美宗教从此分成天主教和基督教两大阵营，马丁·路德也成为全世界新教的鼻祖。伟大的思想家马克思，其辩证唯物主义和科学共产主义学说被全世界的共产党人视为理论基础；即使在今天的资本主义世界，马克思的《资本论》仍然被人们所推崇。1999 年，英国广播公司曾在全球范围举行"千年思想家"的网上评选活动，结果，马克思高居榜首。

在社会文化领域，作曲家巴赫是西方古典音乐的开创者，也是现代音乐的鼻祖。其他作曲家如贝多芬、莫扎特、勃拉姆斯、施特劳斯等也都光照世界。文学家、诗人歌德和海涅，既是德国文学无可争议的领军人物，也是当

---

① 舒绍福编：《德国精神》，北京：当代世界出版社 2008 年版，第 72 页。
② 舒绍福编：《德国精神》，北京：当代世界出版社 2008 年版，第 84 页。
③ 舒绍福编：《德国精神》，北京：当代世界出版社 2008 年版，第 216 页。

第十章 文化维我——万物从此始，万物归此宗

之无愧的世界文坛巨匠。

在军事思想领域，克劳塞维茨的《战争论》曾在西方备受尊崇，在世界军事史上留下了光辉的一页，给人们带来了无尽的思考，以至于英国军事评论家利德尔·哈特感叹："英国人最先发明了坦克，但德国人利用坦克发明了闪击战的军事理论；法国人发明了飞机，而德国人却最先使用了飞机俯冲轰炸的战术。"①

海涅在谈到康德之后的德国哲学时曾说："德国被康德引入了哲学的道路，因此，哲学变成了一件民族的事业，一群思想家突然出现在德国的大地上，就像用魔法唤出来一样。"②其实，突然出现的不只是思想家，还有一个个科学和文化巨人。自诺贝尔奖颁发以来，被授予诺贝尔奖的德国人已近80人，在世界上仅次于美国。近代以来，正是因为有了黑格尔、费希特、康德、费尔巴哈、马克思、恩格斯、叔本华、尼采、歌德、海涅、席勒、巴赫、贝多芬、勃拉姆斯、洪堡、爱因斯坦、普朗克、海德格尔、伽达默尔、哈贝马斯等无数前后相继的思想和科学文化巨擘，才照亮德国的天空，同时也深刻地影响到全世界。

如今的德国，人们的秩序、忠诚、顽强、精进和素质，到处被传为佳话

长期以来，德国人即以遵守纪律、尊重法治著称。1944年冬季，柏林被盟军所围，民众的生活陷入困境，燃料缺乏有可能导致许多居民冻死。于是政府不得不让市民上山砍树，用作燃料。但规定，只能砍伐老树或劣质树——是否是老树或劣质树，由林业人员确认并在树上画一个红圈。同时规定，如果砍伐没画红圈的树，则要受到处罚。虽然当时的市政管理名存实亡，公务员尽数抽到前线去了，但直到整个冬季结束，没有发生一起居民乱砍滥伐的事件，人们全部忠实地执行了规定。有非德国亲历者感叹，德国人"做到了无政府的条件下不发生无政府的现象"。

在德国，政府领导人的亲属不能免费享用政府提供给领导人的交通工具；领导人本人非公务活动也不能免费使用政府提供的交通工具。所以人们看到，为了节省，施罗德总理在职时每次外访都让妻子和女儿乘坐普通航班，而自

---

① 舒绍福编：《德国精神》，北京：当代世界出版社2008年版，第220页。
② 舒绍福编：《德国精神》，北京：当代世界出版社2008年版，第209页。

己则坐着空荡荡的政府专机前往目的地。每逢周末家人出游，施罗德也大多开属于他自己的那辆"大众"，而在后面则跟着一辆具有防弹功能的豪华轿车，上面坐满了保镖，两车相伴而行。德国人认为，政府首脑没有理由不受法律法规的约束，他们坚信法律法规是至高无上的，任何人都不能侵犯。

德国人的这种信念是历史上德意志宗教骑士团精神的延续。历史上的宗教骑士团有3项誓言，即安贫、守贞和服从。围绕着这3项誓言而制定的团规是绝不能违犯的，即使是骑士团团长也不例外。德国历史学家特赖奇克曾描述骑士团的生活：直到今天我们还看到，统治人和利用人的艺术在这里发展到了何种高度。一个人发过安贫、守贞和服从的誓言后就成为骑士团的成员。从此，他不能佩戴自己家族的纹章，不能与凡俗之人同住，不能单独骑马外出，犯过者经常是被指定到仆人的饭桌上进餐或是接受刑法惩戒。在这种可怕的纪律中，在一个总是使骑士团显得光荣崇高而个人渺小可怜的世界里，终于培养出了克己献身的精神。①

列宁对德国人的这种素养曾给予充分肯定，他说："有理智的人不会反对我们革命者向德国帝国主义学习。我们要学习德国人的纪律性，否则，我们的民族将会灭绝，将永远被奴役。"②

最能代表德国人顽强作风和敬业精神的，也许足球场上的德国球员算是一个窗口。在2006年的世界杯大赛上，德国队最终是靠点球制胜而将夺标大热门阿根廷队淘汰的。在这场点球大战中，有一个不为人知的小细节，即德国的守门员莱曼之所以表现得如此顽强神勇，与一张纸条有非常大的关系。这张纸条是德国守门员教练科普克在点球大战前亲手交给莱曼的，而莱曼在每个阿根廷球员罚点球前都必然要看一看这张纸条。特别是在阿根廷队第四个出场的坎比亚索射门前，莱曼从右腿球袜中掏出这张纸条看了又看，直到确信自己明白无误之后才将纸条塞回袜中。果然，莱曼轻松地将坎比亚索射出的球扑出，同时也将阿根廷队"扑出"了世界杯四强。原来，在这张神秘的只有10厘米见方的小纸条上，写满了阿根廷队队员射点球的重要信息，这是赛前莱曼和教练一起搜集和分析的结果。他们早在数月前就准备好了所有阿根廷国家队球员射点球的资料。令人叹服的是，这张纸条从上到下依次所写

---

① 舒绍福编：《德国精神》，北京：当代世界出版社2008年版，第83页。
② 参见舒绍福编：《德国精神》，北京：当代世界出版社2008年版，第1页。

第十章 文化维我——万物从此始，万物归此宗

的内容与实际发生的情况完全一致：克鲁兹——长距离助跑，射右上角；阿亚拉——注意他的腿，射左下角；罗德里格斯——大力抽射右边；坎比亚索——短距离助跑，射左上角……就是凭借这张"绝世秘笈"和莱曼的出色发挥，阿根廷队的两个点球被拒之门外。获胜后莱曼并没有特别的兴奋，他只是说："作为德国队的门将，你要做到的就是将对方射来的球扑出门外，而其他人要做的就是将球射入对方的大门。"

在世界各地，德国产的汽车总是受欢迎的，对于奔驰、宝马、奥迪，人们都津津乐道。其实，世人最倾心的还是德国产品的质量。因为在德国什么东西都可能买到，但要买假的东西却几乎不可能。在消费者的心目中，德国货就等于优质产品，是"安全可靠、一丝不苟"的象征。阿迪公司在德国是食品零售业的龙头，虽然其购物场所平淡无奇，但无论是平民还是富人，是德国人还是到德国的外国人，都发自肺腑地"感谢上帝创造了阿迪"。在这里，物品是绝对可以信赖的，价格永远是最低廉的。美国的沃尔玛公司曾通过"总是最低价"将无数的竞争对手挤垮，但这种通常在其他市场都会奏效的"进攻性倾销战略"在德国却失灵了。经过数年同阿迪的较量之后，沃尔玛这家全球最大的零售商也被迫退出了德国市场。

如今的德国，虽然国富民富，富甲一方，但人们仍然以节俭为荣，质朴无华

尤其是在德国政坛，领导人多是普通平民出身，身居高位后也一如既往，继续守"平"。

前总理科尔曾在德国政坛创造了一连串的"最"：16岁加入基督教民主联盟党，成为该党最年轻的党员；35岁出任莱法州基督教民主联盟党的议会党团主席，成为当时最年轻的议会党团主席；39岁担任莱法州州长，是德国最年轻的州长；43岁升任基督教民主联盟党全国主席，不仅是该党历届主席中最年轻的，在德国大党的主席中也是最年轻者之一；52岁时担任联邦德国总理，又是战后6位总理中最年轻的；他任联邦总理16年，又成为战后在位时间最长的总理。但是，由于家境并不宽裕，科尔是靠勤工俭学读完8年大学的。在课余或假期时间，他曾下河捕鱼，到工地做临时工，开车送货，打扫卫生，只要能挣些钱补贴学习，什么活他都干。在担任公职乃至担任政府首

脑后，科尔仍始终保持着平民的生活方式，一心醉心于公益事业。

前总理施罗德童年时生活在乡下，与母亲及其他6名家庭成员居住在一个没有自来水和厕所的两居室房间里。据一些老邻居接受德国《明星杂志》采访称，施罗德的母亲无钱支付养家糊口的费用在"当地警察局都有名"。施罗德从来没有刻意隐瞒他的卑微出身，但也从来没有试图靠它来获取政治资本。施罗德坦诚："我童年时非常不幸，因为一些同龄的孩子，不管女孩还是男孩，都拒绝跟我一起玩。也许这正是驱使我发奋图强的动力之一。"直到14岁时，施罗德的生活才开始好转。他先在一家瓷器店获得了一份推销员的工作，后来又开始读夜校，4年后又进入大学攻读法律，并成为一名社会民主党成员。童年时代的艰苦激起了施罗德从政的兴趣，他说："我过去的经历，帮我找到了奋斗之路，我想不断改善自己的处境。但我并不想只为自己这么做，我还想通过自己的努力改善其他人的处境。"①所以施罗德出任德国总理后，在公众领域是堂堂正正的一国首脑，在个人生活领域则仍然是一介平民。没有钱住豪华别墅，也住不起政府提供给他的需每月支付1480英镑租金的住房，就租用总理府内一套供工作人员使用的狭小房间。周末出游时由自己亲自驾车。

现任总理默克尔曾于2007年访华。虽是一个大国的领导人，但她在访华期间却处处像一个普通的客人。在南京，入住的是索菲特银河大酒店的普通套房，坚持与一般住店客人一样去大厅吃自助餐。一次切法式长棍面包时，一片面包掉在地上了，她拒绝餐厅经理的帮忙，将面包捡起放到了自己的盘中，一切是这么地自然。其实，默克尔并不是作秀。在国内，默克尔平常就像普通的市民一样在超市排队购物。老百姓赞扬她："我们的总理会在超市里排队并且会取走找回的零钱。她就是一个既普通又伟大的女子，而且还是一位会逛超市的女性。"不仅德国人爱他们的平民女总理，在美国福布斯每年举行的全球最具影响力的"十佳女性"评选中，默克尔也曾若干次荣登榜首。

100多年前，德国哲学家费希特曾说："一个德意志人希望活着并永远是一个德意志人。"②

80多年前，青年时期的毛泽东曾说："德国为日耳曼民族，在历史上早

---

① 舒绍福编：《德国精神》，北京：当代世界出版社2008年版，第119页。
② 舒绍福编：《德国精神》，北京：当代世界出版社2008年版，第6页。

蜚声誉，有一种倔强的特质。一朝决裂，新剑发硎，几乎使全地球的人都挡他不住。"①

无疑，每一个民族或国家的奇迹背后都总有一种精神。德国在经历了长期的分裂和惨烈的战争之后又迅速崛起，令世界感动和敬畏。一个回归主体意识又具科学理性的德意志民族精神是伟大的。

历史的启示

毋庸赘言，文化作为人类精神的外化，其内容和范围已无所不包。它既是经济也是教育，既是艺术也是科学，既是娱乐也是经营，既是体育也是技术，既是宗教也是工业，既是社会事务也是国家政治，既是精英活动也是大众事务。所有的个人、群体、阶级、民族和机构，无不表现其中或被其所浸染。如果说，一个人因其生物学上的生活而需要大自然的话，那么，因其精神上的生活和其社会属性，也同样需要文化环境。否则，其精神和灵魂失去了依托，甚或没有了精神和灵魂，就失去了人的意义。

同样不必赘述，人类已经进入到这样的时代：一个国家一个民族的活力越来越依赖于其文化的昌盛，国与国、民族与民族之间的竞争越来越表现为文化的竞争。在国家和民族的发展中，文化已成为战略源泉，社会生活中最具活力的成分。如果说传统大国的竞争过去比的是物质技术方面的力量的话，那么，21世纪的世界大国角逐的将是文化的力量。谁能够在文化上占优，谁就将成为世界上最后的大国。

当代世界，人类最重大的文化问题是现代化问题。一方面，一个无主体意识的、数典忘祖的文化，是必定会灭亡的。另一方面，一个封闭的、狭隘的、妄自尊大的文化，也同样是要失败的。文化最重要的是创造、再生和升华。为此，应该建立起最大的文化自觉，能够对文化的本质有深刻的了解，对文化传统有正确的把握，对文化潮流有透彻的洞察，对文化的使命有清醒

---

① 舒绍福编：《德国精神》，北京：当代世界出版社2008年版，第141页。

的认识和自觉的担当。

在文化现代化的过程中，尊重、爱护、继承和发展自己的主体文化，拥有自己独立的精神家园，始终是第一位重要的

人类历史上的文化从来都是本土文化与外部文化相互激荡的产物。有许多看似本土的文化，其实也是多种文化相互融合的结果。如果没有这种融合，文化就不会有生命力，就如同没有经过融合的基因没有生命力一样。本土文化的存续和存续面临的真正挑战，不是与外部文化交流不交流的问题，而是在交流中如何把握的问题。

强调在与外部文化的交流中保持本土文化的主体意识，是主张对本土文化要有充分的认识，对外部文化要有所鉴别有所选择，即使再先进的外部文化也要保证引进来之后能够变成营养而不致消化不良。毛泽东曾经形象地告诫人们："一切外国的东西，如同我们对于食物一样，必须经过自己的口腔咀嚼和胃肠运动，送进唾液胃液肠液，把它分解为精华和糟粕两部分，然后排泄其糟粕，吸收其精华。"①成功的文化引进从来不会失去自我，而是为我所用，用以壮大和发展本国本民族的文化。

在文化现代化的过程中，封闭性发展是不可能的，拒绝开放和交流，拒绝接收外部的先进文化，就无异于落后和失败

虽然文化是连续发展的，每一代人所依赖的都是前人的基础和创造，但是，文化的继承过程不是对历史上文化的机械运用和保存，必定是优者活劣者汰。只有能够继续激动后代的文化，才会有存续和继承价值。这是历史的规律，人类进步的保障。

随着世界从传统走向现代，民族国家的疆界被现代化的强大力量打破了，世界上所有的民族和国家都汇集到了现代化的洪流之中。谁如果不主动地顺应这股滚滚洪流，谁就会被这股洪流冲垮淹没。现代化是泛文化的，是超越国家的，是人类的宿命。也正如毛泽东早就指出的，"自从帝国主义这个怪物出世以后，世界上的事情就联成一气了，要想割开也不可能了"②。

---

① 《毛泽东选集》第 2 卷，北京：人民出版社 1991 年版，第 707 页。
② 《毛泽东选集》合订卷，北京：人民出版社 1964 年版，第 147 页。

第十章 文化维我——万物从此始，万物归此宗

因此，被动不如主动，观潮不如弄潮。应勇敢地摒弃本土文化中的糟粕，吸取外部文化中的精华，既延续传统，也让传统与时俱进；既弘扬主体文化，也让主体文化因兼收并蓄而更为丰满，更具有时代气息。处于变革和迅速发展的时代，唯有变革和发展才是延续传统文化的最佳手段。虽然传统性与现代性、本土性与全球性的对立总是存在，但结局一定是融合。只有融合，本土性和传统性才能延续，现代化事业才会一往无前。

在文化现代化的过程中，担心被西化、被美国化同样是站不住脚的。这是懦弱、没有力量、没有自信的表现，其结果同样会招致落后和失败

现代化不等于西化和美国化。通过人们对文化的重新审视不难发现，文化传统与传统文化是既有联系又有区别的。传统文化是指文化的内容和形式，如文学、艺术、医学、哲学、人类学、社会学等，这些都属于传统文化的范畴。文化传统则是指凝聚在这些文化里的价值观念、思想方法和存在方式，它往往体现着一种民族精神。西方抑或美国确实能够向发展中国家输出先进的科学技术、优质的工业产品，以及诸如好莱坞影片、可口可乐、牛仔裤一类的物质文化生活用品甚至现代生活方式等，但它绝不能够输出人的现代性。人的现代性深深地植根在人的、民族的精神之中，不管人的现代性的种子是否出自本土，它都必须是本土文化的产物，都必须生长在自己的国土上。这与西化、美国化是根本不能等同的。

纵观人类的发展过程，人类既不是完全按照经济规律在发展，也不是完全按照政治意图在发展，而是在按照自己的人性而发展。无论各种文化的差异有多大，但基本的人性是无根本区别的。因此，即使在人的现代性方面学习一些西方的和美国的先进元素，也不能称为西化或美国化，而只能是更加人性化、理性化。这不正是人类的目标吗？更何况，一个民族在历史上形成的文化传统是很难被别人同化的——如若轻易即被同化，则正说明这种文化缺乏竞争力和生命力；而对于缺乏竞争力和生命力的文化，还值得保护吗？这不等同于保护落后吗？无论如何，担心被西化被美国化都是没有道理的，也是不必要的。

在文化现代化的过程中，政治现代化是一个必然的、须臾不能回避和不可迟缓的问题

虽然每种文化都有自己要讲的故事，一些神话、传说、民间趣事、历史典故和符号象征等，也有助于在广泛的整体的意义上把人民凝聚起来，但是，政治上的价值观、价值系统和价值层次，对于一个国家和民族的发展来说，无疑具有更为重要和独特的作用。人类从原始社会、奴隶社会、封建社会，发展到现在资本主义社会与社会主义社会并存的局面，离开了政治和政治文化的发展，是不可想象的。

政治现代化的核心是民主政治。在人类历史上，民主政治的观念源远流长。从两河流域及希腊的城邦开始，一步步演变到英美的民权、法国的自由平等博爱，直至今天的民主政治，无不体现出它较之君主制、独裁制或集权制更为公平和合理的特点来。在当今世界，民主政治的观念也举世公认，各个国家和民族莫不把民主政治当作自己政治文化的主要内容。这实际上也是一个不得不做出的选择。因为一个国家一个民族一旦走上了现代化的道路，有了现代的生产、现代的教育、现代的传媒、现代的科学技术、现代的生活方式，就必须有现代的民主政治与之相配套。人类政治是一个不断民主化的进程，民主化铲除着等级与不公，是不可逆转的，也是不会逆转的。

总之，一个国家一个民族要强大，就得依靠文化的力量。历史上的无数国家和民族之所以陨灭，根子上的原因就在于它们在文化上无所依归。一国一民族的兴衰存亡，说到底是它所代表的那种文化的兴衰存亡。一切配称伟大的民族，定是那创造了辉煌文化的民族。一切屹立于世界舞台中央的大国，定是在人类文化创造上有过非凡贡献的大国。人类历史中的一切终将成为过眼烟云，唯文化不朽。

主要参考文献

1. 〔美〕斯塔夫里阿诺斯：《全球通史》，吴象婴、梁赤民译，上海：上海社会科学院出版社1999年版。
2. 〔苏〕格·尼·科洛米耶茨：《葡萄牙现代史概要》，南京师范学院外语系翻译组译，南京：江苏人民出版社1973年版。
3. 〔苏〕伊·莫·马依斯基：《西班牙史纲》，北京编译社译，北京：生活·读书·新知三联书店1972年版。
4. 〔法〕莫里斯·布罗尔：《荷兰史》，郑克鲁等译，北京：商务印书馆1974年版。
5. 〔英〕W. 梅德利科特：《英国现代史》，张毓文等译，北京：商务印书馆1990年版。
6. 〔美〕科佩尔·平森：《德国近现代史》，范德一等译，北京：商务印书馆1987年版。
7. 〔法〕皮埃尔·米盖尔：《法国史》，蔡鸿滨等译，北京：商务印书馆1985年版。
8. 〔俄〕亚历山大·季诺维也夫：《俄罗斯共产主义的悲剧》，侯艾君等译，北京：新华出版社2004年版。
9. 〔美〕加尔文·林顿主编：《美国两百年大事记》，谢延光等译，上海：上海译文出版社1984年版。
10. 〔苏〕阿·米·沙尔科夫：《日本和美国》，复旦大学资本主义国家经济研究所译，上海：上海人民出版社1974年版。

11. 〔美〕理查德·尼克松：《领袖们》，施燕华等译，海口：海南出版社 2008 年版。

12. 〔美〕保罗·肯尼迪：《大国的兴衰》，陈景彪等译，北京：国际文化出版公司 2006 年版。

13. 〔美〕兹比格涅夫·布热津斯基：《大失控与大混乱》，潘嘉玢等译，北京：中国社会科学出版社 1994 年版。

14. 〔美〕J. 艾捷尔编：《美国赖以立国的文本》，赵一凡等译，海口：海南出版社 2000 年版。

15. 〔美〕威廉·德格雷戈里奥：《美国总统全书》，周凯等译，北京：社会科学文献出版社 2007 年版。

16. 〔日〕森岛通夫：《日本为什么成功》，胡国成译，成都：四川人民出版社 1986 年版。

17. 〔美〕S. 佛罗斯特：《西方教育的历史和哲学基础》，吴元训等译，北京：华夏出版社 1987 年版。

18. 〔德〕赫尔穆特·施密特：《伟人与大国》，隋亚琴等译，上海：同济大学出版社 1989 年版。

19. 〔美〕罗兰·斯特龙伯格：《西方现代思想史》，刘北成等译，北京：中央编译出版社 2005 年版。

20. 〔日〕户川猪佐武：《政权角逐》，李汝松译，长春：东北师范大学出版社 1987 年版。

21. 〔美〕英格尔斯：《人的现代化》，殷陆君编译，成都：四川人民出版社 1985 年版。

22. 〔英〕J. 汉默顿：《思想的盛宴》，吴琼等译，北京：九州出版社 2005 年版。

23. 齐世荣主编：《15 世纪以来世界九强的历史演变》，广州：广东人民出版社 2005 年版。

24. 陈之骅、吴恩远、马龙闪主编：《苏联兴亡史纲》，北京：中国社会科学出版社 2004 年版。

25. 中国社会科学院日本研究所编：《日本概览》，北京：国际文化出版公司 1989 年版。

26. 蒋孟引主编：《英国史》，北京：中国社会科学出版社1988年版。

27. 沈炼之主编：《法国通史简编》，北京：人民出版社1990年版。

28. 郝侠君等主编：《中西500年比较》，北京：中国工人出版社1989年版。

29. 中央电视台《大国崛起》节目组编：《大国崛起》系列丛书，北京：中国民主法制出版社2006年版。

30. 唐晋主编：《大国崛起》，北京：人民出版社2006年版。

31. 人民代表大会制度研究所编：《西方议会制度》，北京：人民出版社2004年版。

32. 孙铁主编：《影响世界历史的100事件》，北京：当代世界出版社2005年版。

33. 邓蜀生主编：《影响世界的100个人物》，南宁：广西人民出版社1995年版。

34. 赵伯英、张筱强、周熙明主编：《文化历史20讲》，北京：中共中央党校出版社2005年版。

35. 林尚立等：《政治建设与国家成长》，北京：中国大百科全书出版社2008年版。

36. 叶自成：《中国大战略》，北京：中国社会科学出版社2003年版。

37. 梅朝荣：《人类简史》，武汉：武汉大学出版社2006年版。

38. 李阁楠：《日本的世界战略》，长春：东北师范大学出版社1994年版。

39. 魏克智等：《世纪风云论衡》，呼和浩特：内蒙古人民出版社1997年版。

40. 尹协华：《日本的秘密》，北京：中国电影出版社1999年版。

41. 杨双等主编：《政坛大地震》，合肥：安徽人民出版社1993年版。

42. 周弘：《欧洲社会保障的历史演变》，载《中国社会科学·社会学卷》，1989年第1期。

43. 陶德言主编：《20世纪纵览》，杭州：浙江人民出版社1996年版。

44. 王振华：《英联邦兴衰》，北京：中国社会科学出版社1991年版。

45. 舒绍福、天放、尹钛、张昊埼编：《大国精神》系列丛书，北京：当代世界出版社 2008 年版。

46. 孙晓莉编：《国外廉政文化概略》，北京：中国方正出版社 2007 年版。

47. 李慎明主编：《世界社会主义跟踪研究报告——且听低谷新潮声之一》，北京：社会科学文献出版社 2006 年版。

48. 李慎明主编：《2005 年世界社会主义跟踪研究报告——且听低谷新潮声之二》，北京：社会科学文献出版社 2006 年版。

49. 黄晋章：《苏联大清洗 70 年祭》，载《凤凰周刊》2008 年第 1 期。

图书在版编目(CIP)数据

大国之道：世界性强国兴衰更替的逻辑／肖德甫著．
—北京：中央编译出版社，2016.9

(大国镜鉴)

ISBN 978-7-5117-2677-3

Ⅰ．①大… Ⅱ．①肖… Ⅲ．①世界史-研究 Ⅳ．
①K107

中国版本图书馆 CIP 数据核字(2015)第 113613 号

出 版 人：	葛海彦
出版统筹：	贾宇琰
责任编辑：	杜永明
责任印制：	尹 珺
出版发行：	中央编译出版社
地　　址：	北京西城区车公庄大街乙 5 号鸿儒大厦 B 座(100044)
电　　话：	(010)52612345(总编室)　　(010)52612335(编辑室)
	(010)52612316(发行部)　　(010)52612317(网络销售)
	(010)52612346(馆配部)　　(010)55626985(读者服务部)
传　　真：	(010)66515838
经　　销：	全国新华书店
印　　刷：	河北下花园光华印刷有限责任公司
开　　本：	787 毫米×1092 毫米　1/16
字　　数：	356 千字
印　　张：	22.5
版　　次：	2016 年 9 月第 1 版　2017 年 5 月第 2 次印刷
定　　价：	56.00 元
网　　址：	www.cctphome.com　　邮　　箱：cctp@cctphome.com
新浪微博：	@中央编译出版社　　微　　信：中央编译出版社(ID：cctphome)
淘宝店铺：	中央编译出版社直销店(http：//shop108367160.taobao.com)　　(010)52612349

本社常年法律顾问：北京嘉润律师事务所　李敬伟　问小牛
凡有印装质量问题，本社负责调换。电话：(010)55626985